Teoria do Estado

Teoria do Estado

DO ESTADO DE DIREITO AO ESTADO DEMOCRÁTICO DE DIREITO

2023 · 3ª Edição

Nina Ranieri

ALMEDINA

TEORIA DO ESTADO
DO ESTADO DE DIREITO AO ESTADO DEMOCRÁTICO DE DIREITO
3ª Edição
© Almedina, 2023
AUTORA: Nina Ranieri

DIRETOR ALMEDINA BRASIL: Rodrigo Mentz
EDITORA JURÍDICA: Manuella Santos de Castro
EDITOR DE DESENVOLVIMENTO: Aurélio Cesar Nogueira
ASSISTENTES EDITORIAIS: Isabela Leite e Larissa Nogueira
ESTAGIÁRIA DE PRODUÇÃO: Laura Roberti

DIAGRAMAÇÃO: Almedina
DESIGN DE CAPA: FBA

ISBN: 9786556277806
Março, 2023

Dados Internacionais de Catalogação na Publicação (CIP)
(Câmara Brasileira do Livro, SP, Brasil)

Teoria do estado : do estado de direito ao estado
democrático de direito / Nina Ranieri. – 3. ed. – São Paulo :
Almedina, 2023.

ISBN 978-65-5627-780-6

1. Estado 2. Estado de Direito I. Ranieri, Nina
II. Título.

22-139473 CDU-340.11

Índices para catálogo sistemático:

1. Estado democrático de direito : Teoria 340.11
Inajara Pires de Souza - Bibliotecária - CRB PR-001652/O

Este livro segue as regras do novo Acordo Ortográfico da Língua Portuguesa (1990).

EDITORA: Almedina Brasil
Rua José Maria Lisboa, 860, Conj.131 e 132, Jardim Paulista | 01423-001 São Paulo | Brasil
editora@almedina.com.br
www.almedina.com.br

NOTA DA AUTORA

Este livro foi elaborado a partir das aulas de Teoria do Estado por mim ministradas na Faculdade de Direito da Universidade de São Paulo, desde 2002. Nesse percurso, seu conteúdo beneficiou-se dos aportes e comentários de colegas de academia, professores de diversas áreas, mas, sobretudo, da crítica construtiva de alunos e monitores que me acompanharam. A eles dedico esta terceira edição de Teoria do Estado – do Estado de Direito ao Estado Democrático de Direito que vem a público, revista e atualizada, pela Almedina.

Destinadas a estudantes de Direito, Relações Internacionais, Ciência Política e Ciências Sociais, assim como a todos os que se interessam pelo estudo do Estado e, particularmente, do poder estatal, as lições de teoria do Estado que aqui se desenvolvem não estão organizadas como tradicionais manuais acadêmicos.

Todos os elementos reunidos encontram-se estruturados de maneira a apreciar as relações entre poder e Direito no Estado moderno, acompanhando os diversos problemas que giram em torno de legitimidade, legalidade e efetividade do poder estatal.

O pano de fundo é o Estado de Direito, extraordinário paradigma da civilização moderna, que, aliado à razão jurídica, instituiu um sistema de confiança e previsibilidade, de extração democrática, que conduz ao Estado Democrático de Direito.

Para começar, na primeira parte (O Estado), são apresentados conceitos, estruturas e categorias do Estado moderno, assim como os seus dilemas e paradoxos no início do século XXI. O objetivo é oferecer uma visão panorâmica dos atuais debates acerca do Estado moderno, nos quais perfilam questões relativas à adaptação, eficácia e efetividade do modelo e de seus postulados.

Na segunda parte (Do Estado de Direito ao Estado Democrático de Direito), para se compreender os fundamentos do Estado de Direito, desfilam as principais correntes teóricas e as experiências históricas que propiciam sua construção. Também são analisados sua afirmação e desenvolvimento, dos primórdios à diversidade ideológica que o inspira: o Estado liberal de Direito, o Estado social de Direito e o Estado constitucional de Direito, incluindo-se neste último suas derivações: Estado social-democrático de Direito, Estado de Direito democrático e Estado Democrático de Direito. O enfoque escolhido busca acentuar que a lenta elaboração dos princípios e valores inerentes ao Estado Democrático de Direito resultou de necessidades políticas de convivência social e de proteção da pessoa humana, necessidades estas que não podem ser levianamente desconsideradas nem ignoradas por aqueles que hoje vivem sob tais princípios e valores.

Desenvolver análises inovadoras acerca de temas em relação aos quais muito já foi dito não é uma tarefa simples. A dificuldade aumenta quando se trata de temas vastos, que comportam inúmeros desdobramentos – sejam eles históricos, culturais, filosóficos, políticos ou jurídicos – sobre os quais a doutrina nacional e a estrangeira vêm se debruçando há tempos, como é o caso do Estado Democrático de Direito, modalidade do Estado constitucional de Direito, dimensão axiologicamente ampliada do Estado de Direito.

Embora a partir da segunda metade do século XX o Estado de Direito se tenha firmado como uma fórmula praticamente universal, o fato é que os perfis conceituais, institucionais e normativos do Estado de Direito ainda permanecem incertos e controversos, sobretudo em razão de seu desenvolvimento.

Basta lembrar a frequência com que as noções de "Estado legal", "Estado liberal", "Estado democrático", "Estado social", "Estado constitucional" etc. são confundidas ou utilizadas como sinônimo de "Estado de Direito", dada a sua ambiguidade conceitual. Em relação ao "Estado social", em particular, a imprecisão aumenta, porque a expressão é empregada indistintamente para designar o *Welfare State*, o Estado intervencionista, o Estado social de direito, o Estado socialista, o Estado social constitucional etc. Que dizer, então, dos perfis conceituais do "Estado Democrático de Direito", previsto no art. 1º da Constituição da República Federativa do Brasil de 1988?

Ainda que se parta do pressuposto de que o "Estado Democrático de Direito", no Brasil, seria uma modalidade de "Estado de Direito" – alcançada, portanto, por todos os problemas conceituais próprios àquela noção –, representaria esta fórmula um aprimoramento político e jurídico em relação ao conceito que lhe deu origem? Seria uma derivação do "Estado democrático e social", no qual se constitui a República Federal da Alemanha, desde a Lei Fundamental de Bonn, de 1948, modelo político e jurídico inspirador do "Estado de Direito democrático", que caracteriza a República Portuguesa, tal como está expresso no art. 2º da Constituição de 1976 e do "Estado social e democrático de Direito", previsto no art. 1º da Constituição Espanhola de 1978?

Não é difícil depreender dessa discussão, em especial no que diz respeito ao campo de possibilidades do Estado Democrático de Direito e ao alcance da democracia representativa, a relevância da formação e do preparo do cidadão para viver e atuar nas sociedades do início do século XXI.

Encontram-se nesta obra referências a algumas das doutrinas políticas que, da Antiguidade Clássica à Idade Contemporânea, proporcionam uma visão panorâmica das diferentes concepções de Estado e, de forma correlata, das respectivas justificativas do poder estatal e da exigência da obrigação. Com isso, tem o leitor a possibilidade de acompanhar a evolução do tratamento conferido ao estudo do Estado, com a vantagem adicional de ser introduzido ao pensamento político.

Nesse percurso, é fácil perceber que as doutrinas políticas mais antigas não apresentam uma separação clara entre a vida real e a idealizada, modificando-se a percepção da política e do papel do Estado somente no início do século XVI, a partir de Maquiavel, com o abandono de fundamentos teológicos e generalizações.

Duas advertências finais: primeira, as referências às doutrinas clássicas não têm a pretensão de esgotar a matéria; são meramente exemplificativas. Segunda, a melhor maneira de aprender com os clássicos é ler os próprios clássicos; esperamos que este livro seja um convite para tanto.

Como remate, uma nota:

"As citações em meu trabalho são como bandidos de beira de estrada que repentinamente surgem armados e tomam de assalto as convicções dos passantes" (W. Benjamin).[1]

NINA RANIERI
Verão de 2022/2023

[1] Walter Benjamin, "One way street". *One way street and other writings*. Trad. Edmund Jephcoot. Londres, 1970, p. 95.

SUMÁRIO

PARTE I

O ESTADO

"É bom ter em mente que todo conceito tem uma história e que, nessa história (seja a persistência, seja a transformação dos significados), as vicissitudes da terminologia estão ligadas ao destino das sociedades e das instituições políticas."

G. SARTORI, *A teoria da democracia revisitada: debate contemporâneo,* p. 18.

1. INTRODUÇÃO À TEORIA DO ESTADO

1.1. O que é e para o que serve uma teoria do Estado?

As teorias têm função cognitiva: buscam captar o mundo, racionalizá-lo, explicá-lo, dominá-lo. A teoria do Estado (TE), disciplina jurídica originariamente denominada Teoria Geral do Estado (TGE), não foge à regra: visa a compreender o Estado como fenômeno social, político e jurídico no qual nossa vida se desenvolve.

Existem inúmeras teorias sobre o Estado nas diversas áreas do conhecimento humano. São doutrinas filosóficas, políticas, sociológicas, econômicas, históricas etc., que se recortam na especificidade de sua metodologia e de seus campos de investigação e, sendo complementares, compõem um amplo quadro acerca das origens, da evolução e do desenvolvimento do Estado.

Quando se trata, porém, de estudar o *Estado como pessoa jurídica*, dotada de direitos e obrigações jurídicas, a TE apresenta um campo de investigação próprio: o das inter-relações entre a vida em sociedade, a política – como *praxis* inerente à área pública, o Estado – como epicentro do domínio político – e o Direito.

Desse ponto de vista, além dos aportes das demais áreas do conhecimento, a TE se beneficia de três fontes fundamentais: as doutrinas políticas, a história das instituições políticas e o ordenamento jurídico.

As doutrinas políticas, as clássicas em particular, remetem-nos a ideias, valores e conceitos que permanecem como parte constitutiva de nossa realidade. A história das instituições políticas, por sua vez, compreende tanto a história do conjunto de normas de uma sociedade estatal quanto a de órgãos e entes do Estado. Já na investigação do ordenamento jurídico, além da análise por meio de questões especulativas e dogmáticas próprias da ciência do Direito, o Estado comporta estudos como objeto do direito constitucional, do direito administrativo, do direito tributário entre outros.

A ocorrência dessa sequência é facilmente explicável: as doutrinas políticas implicam juízos de valor acerca de como viver em sociedade, quais regras adotar, qual comportamento imprimir às relações sociais. Portanto, seria impensável a organização federativa norte-americana pós-Independência sem a divulgação da doutrina federalista de **James Madison**, **John Jay** e **Alexander Hamilton**, ou a Revolução Francesa sem as ideias de **Jean Jacques Rousseau** e **Montesquieu**, e assim por diante. Em outras palavras, são as doutrinas que transitam da ideologia para a história das instituições e do direito; nessa passagem, permitem-nos ver outros tempos e, a partir da sua percepção dos problemas, o que é significativo para o presente.

A TE serve-se, dialeticamente, de todas aquelas fontes – daí ser uma teoria geral – com o objetivo de reunir, analisar e sistematizar conhecimentos úteis ao aperfeiçoamento da vida nas sociedades estatais, com foco nos debates sobre o poder, a política, o Estado e o Direito. O que é o Estado? Qual a sua natureza? Para que serve? Quais são seus fins? Como surgiram os Estados? Todos são iguais? Como evoluíram? Que formas assumiram? Que formas poderão assumir?

Também estão no campo de análise os problemas relativos ao poder do Estado e à obrigação política: o que é o poder estatal? Qual sua natureza e seu fundamento? Como se distingue das demais formas de poder? Em que circunstâncias o poder estatal é legítimo? Como limitar o poder do Estado? Quais as estruturas de poder que se desenvolveram ao longo da evolução do Estado e quais suas vantagens e desvantagens? Quem exerce o poder estatal e como?

Incluem-se, portanto, entre seus problemas, o estudo das origens do Estado, de seu fundamento, suas finalidades, características, tendências, configurações futuras etc.

Essa ordem de indagações nos leva às relações entre o Estado e o direito: como a força bruta se transformou em poder jurídico? O que é o Estado de Direito? Quem governa e como governa o Estado de Direito? Como o Estado cria o direito que o limita?

Da abrangência de seu campo investigativo, pode-se notar que a TE é uma disciplina cognitiva e axiológica, a qual inclui juízos comparativos e juízos de valor. Por essa razão, requer metodologia analítica, fazendo uso de induções, deduções e analogias, além de espírito crítico para a constante atualização de seus postulados e paradigmas.

EXPLICANDO CONCEITOS – I
TIPOS: MODELOS EXPLICATIVOS DA REALIDADE ESTATAL

Em suas origens a metodologia empregada pela TGE valeu-se do conceito de *tipo*, formulado por **George Jellinek.**

Tipos são modelos explicativos da realidade estatal, construídos indutivamente a partir da identificação de características e processos comuns, nos quais se vislumbram certas regularidades. Na metodologia dos tipos não se isolam causalidades, mas a atenção se concentra em situações políticas semelhantes, contemporâneas, para projetá-las em análises objetivas da realidade estatal.

"Situações sociais análogas, análogo desenvolvimento histórico e condições exteriores análogas, produzem análogas formações políticas", afirma **Jellinek.**[1]

O pensamento tipificador é uma espécie de pensamento conceitual por via do qual são apreendidas as congruências e incongruências entre fenômenos análogos, assim como as relações que se estabelecem entre estes e sua evolução. Para tanto, toma de elementos históricos, sociais e jurídicos.

O tipo é relativo. Não é estável nem estático; é mutável *pro futuro*, uma vez que toda nova formação pode provar que um elemento tido por típico até aquele momento não o é. O tipo tampouco tem o sentido ideal, conforme se observa na tipologia de **Max Weber**. Nesta, são enfatizados determinados traços da realidade, até concebê-los na sua expressão mais pura, de forma que é construído no plano das ideias, e não no próprio fenômeno estudado.

"O conceito de tipo ideal vem ocupando sem interrupção o pensamento filosófico desde a Grécia até nossos dias, passando pela escolástica da Idade Média", lembra **Jellinek.** [2] Este 'tipo ideal', argumenta, " tem valor essencialmente teleológico (...) corresponde a uma necessidade íntima, inevitável da natureza humana. " É o que demonstram todas as especulações políticas sobre

[1] Teoria geral do Estado, p. 25.
[2] Op. Cit. Pp. 25-26.

o Estado – a busca do tipo ideal: dos fins do Estado à sua fundamentação jurídica, das teorias que tomam do Direito Natural para fundamentar o absolutismo do Príncipe à soberania popular, passando pelas doutrinas do Estado cristão, do constitucionalismo, da separação de poderes, todas são expressão de "ensaios orientados para fixar, de modo definitivo, o 'tipo ideal' do Estado". [3] Conclui, enfim, radicalmente , que os tipo ideais "não são objetos do saber, mas do crer; por isso as ideologias políticas têm tanta semelhança com o fanatismo religioso."[4]

O tipo proposto por **Jellinek** é denominado "tipo empírico", por oposição ao "tipo ideal". Designa o sentido empírico (o ser) que expressa a unificação de fenômenos comuns, da mesma forma como os biólogos, por exemplo, expressam suas identificações de fenômenos da natureza. Seu objetivo, repita-se, é reunir num único conjunto elementos comuns presentes em um determinado estágio evolutivo do Estado, por via da "extração de notas comuns que se apresentam numa grande variedade de casos particulares"[5], de tal forma que se possa analisar as relações entre eles,

O desenho do tipo empírico de **Jellinek**, enfim, cumpre a função pratica de estabelecer unidade na variedade, além de permitir a compreensão de um fenômeno particular por meio de seus fundamentos e dele extrair consequências prováveis, aplicáveis a situações análogas.

Assim como os tipos ideais permitiram o desenvolvimento das doutrinas políticas, o uso pioneiro da metodologia científica própria das ciências sociais por **Jellinek** levou a uma apreciação mais consistente do Estado.

Tal metodologia alterou profundamente o conceito de tipo empregado nos estudos anteriores sobre o Estado, idealizado a partir de uma determinada concepção. "O conceito de tipo ideal vem ocupando sem interrupção o pensamento filosófico desde a Grécia até nossos dias, passando pela escolástica da Idade Média", lembra **Jellinek.**

Este 'tipo ideal', argumenta, " tem valor essencialmente teleológico (...) corresponde a uma necessidade íntima, inevitável da natureza humana e tem grande significação prática. " É o que demonstram todas as especulações políticas sobre o Estado – a busca do tipo ideal: dos fins do Estado à sua funda-

[3] Op. Cit. P. 26

[4] Id. Ib.

[5] Op. Cit. P. 29

mentação jurídica, das teorias que tomam do Direito Natural para fundamentar o absolutismo do Príncipe à soberania popular, passando pelas doutrinas do Estado cristão, do constitucionalismo, da separação de poderes, todas são expressão de "ensaios orientados para fixar, de modo definitivo, o 'tipo ideal' do Estado". Conclui **Jellinek**, radicalmente, que os tipos ideais "não são objetos do saber, mas do crer; por isso as ideologias políticas têm tanta semelhança com o fanatismo religioso."

Assim como os tipos ideais permitiram o desenvolvimento das doutrinas políticas, o uso pioneiro da metodologia científica própria das ciências sociais por **Jellinek** levou a uma apreciação mais consistente do Estado, ainda que dirigida a uma concepção jurídica de Estado.

1.2. Origem

A TE é uma disciplina recente, de origem germânica, criada sob a denominação de Teoria Geral do Estado (TGE). Formalmente, surge no início do século XX, com a edição da obra de **George Jellinek,** intitulada *Teoria geral do Estado* (1900). Suas raízes, contudo, podem ser encontradas em estudos anteriores, voltados à sistematização jurídica de fenômenos políticos, elaborados, também na Alemanha, na primeira metade do século XIX. Tal elaboração não foi obra de especulação teórica, mas de necessidade política e jurídica.

Ao final do século XVIII, na Europa ocidental e na América do Norte, firmou-se a ideia de que a lei era o instrumento por excelência de controle da sociedade. Como assegurar, contudo, a liberdade de legislar e a garantia de que as leis não seriam arbitrárias?

Se, por um lado, a solução foi encontrada no constitucionalismo (como fizeram os Estados Unidos da América, em 1787, e a França, em 1791), de outro, foi buscada na ciência jurídica (como fez a Alemanha); somando-se tudo, procurava-se controlar tanto a elaboração como a interpretação da lei.

Ocorre que a Alemanha, diferentemente dos Estados Unidos e da França (Estados unificados com legislação de âmbito nacional), não se encontrava unificada, nem possuía legislação nacional (a criação do Império Alemão só ocorreria em 1871).

A necessidade de organizar politicamente o Estado nacional alemão sob poder soberano, em território onde o Estado moderno não se consolidara, é que levaria à elaboração de uma nova ciência do Direito. Nesse percurso, enfrentaram-se as correntes jurídicas do *historicismo* e do *positivismo*, com vitória desta última; ambas estão na origem da recuperação do Direito romano como fundamento dessa nova ciência.

1.2.1. Historicismo e positivismo

O *historicismo*, produto da **Escola Histórica do Direito** da qual **F. C. Von Savigny** foi o maior expoente, palmilhava um caminho pioneiro. Substituiu a visão jusnaturalista do Estado (fundada na racionalidade lógico-dedutiva inerente à crença iluminista na razão humana) por uma abordagem calcada em sua realidade histórica, cujo problema fundamental estava em saber *como a essência do Direito era dada pela História.*

O pressuposto teórico da Escola Histórica do Direito residia na ideia de que as forças internas à sociedade, e não o arbítrio do legislador, eram as principais fontes do direito. **Savigny** nomeou esse conjunto de forças – integrado por costumes, crenças, opiniões e a própria jurisprudência – de "espírito do povo" (*Volksgeist*), fator que governa o desenvolvimento "orgânico" do Direito na história. Segundo essa premissa, o Direito romano seria a base, a matriz e a fonte originária de todo o Direito, em relação à qual caberiam apenas alterações pontuais, sem mudanças substanciais. Embora a Escola Histórica se preocupasse com a identificação positiva da continuidade histórica do Direito, o fato de atribuir ao "espírito do Povo" papel central entre as fontes do Direito, conferia certa perspectiva e contextualização das relações entre Estado e poder para além das abordagens meramente racionais.

O *positivismo jurídico* chegou a resultados distintos, não obstante o fato de ter utilizado a mesma abordagem histórica do direito. Em estudos conduzidos pela **Escola Pandectista** – assim chamada por adotar a metódica analítica e sistemática do *Digesto*, ou *Pandectas*, codificação do Direito romano organizada por Justiniano entre os anos 529 e 534 –, prevaleceu a premissa segundo a qual *a lei era a única fonte do Direito.* Com isso, os pandectistas sacrificaram a compreensão mais ampla das relações entre Estado, poder e direito, a despeito de suas próprias convicções acerca da historicidade do direito.

O movimento – igualmente notado na França, com a **Escola da Exegese,** e na Inglaterra, com a **Escola Analítica** – acabou por reduzir as proposições da Escola Histórica a um conjunto ordenado e concatenado de proposições. Ao fim e ao cabo, *o sistema jurídico foi concebido como um sistema fechado, posto que exclusivamente composto por normas positivas, sem incoerências e não passíveis de juízos de valor*, ainda que o viés historicista lhe conferisse certa qualidade contingente.

Essas proposições encaixaram-se como uma luva nos fundamentos do *positivismo jurídico*, fortalecendo a sistematização do direito tanto pela via da codificação (como ocorreu na França) quanto pela exaltação do direito positivo (observada na Alemanha).

Foi nesse contexto político e jurídico que, ao longo do século XIX, ante as incertezas acerca do Estado alemão e em paralelo à busca pela cientificidade do Direito, se elaboraram os pontos de partida da TGE, disciplina de natureza jurídica e traços acentuadamente positivistas.

Seu objetivo foi a racionalização jurídica do poder estatal, por meio da conversão do poder de fato em poder de direito e da consequente outorga dos atributos de legalidade e legitimidade ao processo político; com essa finalidade, institucionalizou juridicamente o Estado, sua organização e suas estruturas. Em outras palavras, o direito público poderia ser trabalhado como sistema, dada a unidade dos seus fundamentos.

A originalidade dessa abordagem teórica residiu no reconhecimento do Estado como formação histórico-social, da qual emanava o direito positivo que lhe conferia a própria personalidade jurídica, isto é, a capacidade de ser detentor de direitos e obrigações. Deve-se sua elaboração aos juristas **Carl Friedrich von Gerber**, **Otto von Gierke** e **George Jellinek,** dentre outros integrantes da corrente doutrinária que floresceu com a prestigiosa **Escola de Direito Público**.

1.2.2. Os desdobramentos jurídicos

Várias consequências decorreram da institucionalização do Estado como ente jurídico.

A principal foi a desvinculação da figura do governante do próprio Estado, o que permitiu o controle do poder e das autoridades governamentais, fortaleceu o Legislativo e a identificação do Direito à legalidade formal. A separação entre direito e política é, igualmente, consequência da individualização da potência estatal.

Tais clivagens estão longe de ser os únicos desdobramentos do reconhecimento do Estado como pessoa jurídica. Também deu ensejo à noção jurídica de povo e à adoção de sistemas jurídicos unificados, de base territorial, o que levou à formulação do conceito jurídico de território como âmbito de validade e aplicação da norma jurídica.

A personalidade jurídica do Estado tornou-se, enfim, um conceito poderoso. Do ponto de vista metodológico, operou com tal eficiência que possibilitou o uso do que o físico norte-americano **Thomas Kuhn** (1922-1966) denominou "paradigmas compartilhados", isto é, pressupostos e pontos de vista que são utilizados como fonte de coerência para a pesquisa científica.[6]

A teoria da personalidade jurídica do Estado não foi, contudo, a maior contribuição da Escola de Direito Público Alemã. O mais importante é que ela alterou a maneira de pensar o Estado, distinguindo seus aspectos político, social e jurídico, identificando seus elementos constitutivos e sua natureza jurídica. Aí residem, na visão de alguns doutrinadores, as condições que tornaram possível o desenvolvimento intelectual da Teoria Geral do Estado entre 1880 e 1930.[7]

1.2.3. As críticas à Teoria Geral do Estado clássica

A despeito das extraordinárias consequências, todo o arcabouço jurídico assim construído significou uma concepção marcadamente *positivista* do Estado, na qual ele era um fim em si mesmo. Não por outras razões, a afirmação do *Rechtsstaat* na Alemanha, primeira institucionalização coerente do Estado de Direito, faz-se contemporaneamente à elaboração dessa doutrina.

Além disso, os tratadistas alemães dedicaram-se de tal maneira a despolitizar a disciplina, que fundaram uma história de conceitos, sem preocupação com importantes problemas do fenômeno estatal, tais como sua finalidade, função, unidade, relações com a sociedade, economia, opi-

6 A estrutura das revoluções científicas, p. 66.

7 Olivier Jouanjan, Eric Maulin. Introduction – La théorie de l'État entre passé et avenir. Journées en l'honneur de Carré de Malberg. http://juspoliticum.com/article/Introduction-La-theorie-de-l-Etat-entre-passe-et-avenir-Journees-en-l-honneur-de-Carres-de-Malberg-549.html.

nião pública, partidos políticos etc. Marcada pelo positivismo jurídico, a TGE tornou-se, sobretudo, uma ciência que elevava ao absoluto um fator social parcial, o Direito, distanciando-se da sociedade.

A profissão de fé de seus adeptos pode ser resumida na seguinte afirmação: a única fonte de todo o Direito era o Estado, em sua plena soberania; o que significava que os direitos individuais nada mais eram senão reflexos do próprio Estado. Ademais, consoante pregava o jus positivismo, a lei, e não a Constituição, era o fundamento desses direitos, o que não lhes conferia solidez, dadas as infinitas possibilidades de alteração de conteúdo e forma por via legislativa.

São expressivas as palavras de **Gerber** a este respeito:

a vida orgânica do *Volk* [povo] e os seus conteúdos ético-espirituais [...] não são relevantes enquanto tais, mas somente enquanto transfundidos e realizados no Estado. O Estado como capacidade de querer, como "personalidade jurídica", é o guardião e o revelador de todas as forças do povo, a suprema personalidade do Direito, [...] e realização da potência ética de um povo que tomou consciência de si.[8]

Como se pode notar, **Gerber** afastava-se da tradição organicista-histórica de **Savigny**, segundo a qual a fonte e todo o direito era a convicção comum do povo.

Gerber não estava sozinho na certeza positivista que reduzia o Direito ao direito estatal. **George Jellinek**, para realçar a soberania como qualidade peculiar do poder estatal, e não do monarca ou do povo, afirmou: "O poder soberano é sem limites somente nesse sentido que nenhum outro poder pode juridicamente impedi-lo de mudar o seu ordenamento jurídico".[9] É o Estado, pois, quem cria o direito positivo e propõe a autolimitação de sua soberania, inclusive no que diz respeito à teoria da separação de Poderes, porquanto esta, de cunho essencialmente político, contradizia a unidade e a indivisibilidade do poder estatal.

No que diz respeito à efetividade do poder soberano do Estado, embora **Jellinek** não propusesse explicitamente uma relação dissociativa entre o Estado, os direitos e os sujeitos (como o faz **Gerber** para carac-

[8] Fundamentos de um sistema de direito político alemão, 1856. Apud COSTA, Pietro, e ZOLO, Danilo, p. 129.

[9] Teoria geral do Estado, p. 275

terizar que o Estado de Direito não é um valor, mas um *modo* de realização da força do Estado), condicionou a efetividade do poder do Estado à obediência de seus súditos, ou seja, o Estado não se impunha, esperava obediência. **Jellinek**, em síntese, reduziu o direito positivo a direito estatal. Tal visão positivista culmina com o monismo de **Hans Kelsen,** que considerou o problema da finalidade destituído de significação e fora do âmbito da teoria do Estado, uma vez que este, por via de conformação legal, poderia ser meio para todos os fins sociais possíveis.[10]

A TGE afirmava-se, nesse diapasão, tal qual uma "teoria pela teoria", como diria **Hermann Heller,** um dos mais ácidos críticos da disciplina na passagem do século XIX para o século XX. Em sua *Teoria do Estado* (publicada em 1934, *post-mortem*) visou oferecer respostas à demanda por perspectivas teóricas que integrassem a realidade social à problemática da TGE, abandonando o formalismo inicial. Para o jurista, também de origem germânica, "os elementos da estrutura estatal e da vida social atuam em conexão e se condicionam reciprocamente; as categorias políticas são mutáveis e as instituições do Estado são criadas e se transformam pela vontade dos homens". Designando o Estado como *unidade organizada de decisão e ação,* identificou a existência real do Estado no fato de o governo poder dispor, de modo total e unitário, sobre o conjunto de atividades necessárias à própria afirmação.[11]

DISCUTINDO CONCEITOS – II
A TGE ORIGINÁRIA: OBJETO E METODOLOGIA EM QUESTÃO

Na criação e desenvolvimento originais da TGE prevaleceu, entre seus tratadistas, o emprego de soluções formais para problemas sociais. A crítica a este tipo de metodologia aponta a falta de relação entre a teoria do Estado e a realidade, bem como o caráter eminentemente positivista de suas afirmações, cujo resultado foi a elevação de um fenômeno parcial (o sistema jurídico) à categoria de elemento central na formulação de uma teoria geral do Estado puramente abstrata.

[10] Teoria pura do Direito, p. 385.
[11] Teoría del Estado, p. 291.

A crítica de Herman Heller

As causas dessa abordagem, aponta Heller, era a "segurança de si mesmo" que caracterizou o pensamento político de antes da I Grande Guerra, posta em xeque pelas revoluções político-sociais do pós-guerra na Alemanha, Itália e Rússia. Até então, prossegue, dispunha-se de um "conjunto de conceitos convencionais, procedentes todos, em maior ou menor medida, da absolutuzação do Estado de Direito, liberal e burguês. E apesar das discussões científicas *intra muros*, os fundamentos da construção eram admitidos por todos; a tal ponto que podia-se aceitar de boa-fé que todos os antagonismos existentes na teoria do Estado não eram, no fundo, nada além de falta de clareza lógica." [12]

Sua proposta é construir não uma teoria geral, universal do Estado, mas uma Teoria do Estado que se propõe a pesquisar "a específica realidade estatal que nos rodeia", segundo suas amplas conexões sociais e políticas.

"Não pode ser matéria da Teoria do Estado (...) investigar 'o fenômeno do Estado em geral', ou 'o' Estado ' na totalidade de suas relações'. E tampouco tratamos de inquirir a essência 'do' Estado (...). Pois (...) aqueles problemas partem da ideia de que o Estado é uma coisa invariável, que apresenta características constantes no tempo, concepção que (...) é completamente errônea. "[13]

"A necessidade de pesquisas metodológicas surge da situação em que se encontra a Teoria do Estado, do mesmo modo que a Ciência do Direito que tem nela a sua base. Quando se fala, e com razão, da crise atual da Teoria do Estado não se deve ver na mesma um fenômeno de decadência, mas ao contrário. A confusão caótica das discussões sobre temas da Teoria do Estado no após guerra alemão significa, sem dúvida, em comparação com a situação precedente e com a que atualmente reina no estrangeiro, um estádio espiritual mais elevado, e se não cabe afirmar que ela represente um renascimento científico, não se pode negar que constitui o sintoma de uma problemática mais profundamente vivida e de um sentimento mais sério para os problemas metodológicos."[14]

[12] Teoría del Estado. P 54-55.
[13] Op. Cit. p. 21
[14] Op. Cit. p. 54.

A crítica de J. J. Gomes Canotilho

"Inicialmente, os propósitos de uma Teoria Geral do Estado eram os de teorizar sobre 'tudo' o que diz respeito a 'todos' os Estados, independentemente do tempo, espaço e condicionamentos sociais (a Teoria Geral do Estado como teoria da 'Ciência do Estado'). A Teoria Geral do Estado ao pretender captar 'o ser do Estado'(...) ou a 'essência do Estado' (...) corre o risco de transforma-se numa ciência 'estatista' e 'ahistórica', com falsas generalizações e 'descontextualizações'."[15]

"Que sentido pôde ter e pode ter ainda hoje 'fazer teoria geral do Estado'? A expressão, banalizada, é preciso reconhecer, não inspira mais grandes obras, aquelas belas totalidades que, pelo prisma do sujeito pensante, restituem a complexidade de um objeto à sua sistematicidade – e assim o simplificam por voltar ao elementar. Os autores das grandes obras que portam esse nome não são numerosos: Jellinek, Carré de Malberg, Kelsen, Heller, dentre os maiores. O movimento, tão promissor, iniciado no final do séc. XIX, se perde nos anos 30. Depois da 2ª guerra mundial, não sobra, por assim dizer, mais nada da teoria geral do Estado. A grande obra de sistematização do direito público, cujos fundamentos seriam claramente expostos, parece se estiolar em múltiplas expressões: teoria da constituição, teoria da democracia, teoria da federação, teoria da integração etc. Um conceito se encontra disseminado, em torno do qual, entretanto, se poderia pensar na unidade do direito público – o Estado, e seu traje de gala – a soberania."[16]

1.3. Desenvolvimento: da Teoria Geral do Estado à Teoria do Estado

A passagem do Estado liberal para o Estado social, estudos sociológicos e políticos propiciou visões mais amplas das relações entre o Estado, o Direito e o poder. Mas, se por um lado, o Estado, como objeto de investigação dessas disciplinas, era considerado uma forma complexa de organi-

[15] J. J. Gomes Canotilho, Direito Constitucional, Almedina, Coimbra, 1993, pp. 157-8.

[16] Olivier Jouanjan, Eric Maulin. Introduction. La théorie de l'État entre passé et avenir. Journées en l'honneur de Carré de Malberg". Jus Politicum. Revue de droit politique, n. 8, setembro 2012. http://juspoliticum.com/article/Introduction-La-theorie-de-l-Etat-entre-passe-et-avenir-Journees-en-l-honneur-de-Carres-de-Malberg-549.html

zação, da qual o direito é apenas um dos seus aspectos, de outro, a abordagem estritamente empírica dos fenômenos sociais e políticos tendia a desconsiderar aspectos importantes do fenômeno estatal, tais como valores, finalidade e análise do Estado propriamente dito.

A obra de juristas como **Santi Romano**, na Itália, **e Carré de Malberg**, na França, por exemplo, se situa no contexto das visões sócio-políticas sob abordagem jurídica. A reflexão de **Santi Romano** fixou-se sobre a concepção do Direito em relação com o Estado e a sociedade, e sobre a concepção do Estado como instituição, correspondente ao ordenamento jurídico (Princípios de Direito Constitucional Geral). **Carré de Malberg** (*L' État de Droit*), por sua vez, é enfático sobre a dependência que se estabelece entre a compreensão jurídica do Estado e os seus elementos políticos, econômicos e sociológicos.

Os exemplos acima demonstram o abandono, pela TGE, da concepção jus positivista do Estado, com o objetivo de conferir-lhe unidade de sentido. De outra parte, o indivíduo, pouco presente na Teoria do Estado do século XIX e ausente em Carré de Malberg, torna-se o dentro das preocupações, uma vez que o excesso de poder exige mais atenção que o poder.

Após a Segunda Guerra Mundial, a TE buscou novas respostas para explicar o fenômeno estatal, tendo-se beneficiado do desenvolvimento da teoria da Constituição e da afirmação do Estado de Direito democrático, como se pode notar nas obras dos italianos **Giorgio Del Vecchio** (*Lo Stato*, 1953, e *Studi sullo Stato*, 1958) e **Giorgio Balladore Pallieri** (*Direito constitucional*, 1949), por exemplo.

Até o final do século XX, a despeito da difusão da ciência política no âmbito dos estudos sobre o Estado, a TE desenvolveu visões amplas da realidade estatal, marcadas por preocupações sociais e democráticas, como as encontradas em **Thomas Fleiner-Gerster** (*Teoria Geral do Estado*, 1980), **Reinhold Zipellius** (*Teoria Geral do Estado*, 1994), **Jorge Miranda** (Teoria do Estado e da Constituição, 2002). Entre nós, destacam-se nas lições de juristas como **Miguel Reale, Paulo Bonavides, Dalmo Dallari** e **Ricardo Lewandowski**, entre outros. **Dalmo Dallari** desenvolve sua teoria do Estado em bases teleológicas e de forma integradora, procurando sintetizar o conhecimento das instituições políticas e da realidade social em estudos que buscam aperfeiçoar o Estado. Seu ponto nuclear está em concebê-lo da perspectiva construtiva de seus fins, o que supõe forte vinculação entre finalidade e legitimidade dos atos estatais. **Paulo Bonavides** comunga da mesma visão, como se pode notar em sua *Teoria do Estado* (1967), assim como **Ricardo Lewandowski** em *Globalização, regionalização e soberania* (2004).

Finda a primeira década do século XXI, a TE se vê diante das perplexidades causadas pela inadequação das estruturas do Estado moderno ao Estado contemporâneo, sobretudo em razão da relativização de sua soberania.

Tal relativização se deve à emergência de outros centros decisórios e de produção do Direito não estatais ou supraestatais, que põem em xeque as premissas modernas de centralidade, unidade e territorialidade do poder estatal. Em consequência, encontram-se igualmente em xeque as premissas do conceito de Estado moderno e Estado nacional, o que levaria à exaustão paradigmática de seus principais modelos teóricos e analíticos. O problema não é trivial; parte da dogmática do direito constitucional e do direito internacional público resulta da conceituação jurídica do Estado, centrada sobre a unidade de seu poder.

O tema não é novo e persiste na segunda década do sec. XXI. Foi desenvolvido, no campo do Direito, sob as mais diversas perspectivas, mas continua relevante na medida em que não há como prescindir do conceito de Estado para análise de situações de direito positivo, em particular do direito público, o que supõe sua constante revisão com base em dados empíricos, sem implicar a ruptura de suas bases teóricas. Tais circunstâncias vêm suscitando o aparecimento de novas pesquisas e estudos de TE, voltadas a identificar seu sentido contemporâneo. [17]

Desde o início do século XXI estamos, em relação ao Estado moderno, diante de uma novidade fundamental que se expressa pela relativização da soberania do Estado nacional e pela fundamentação axiológica do Direito e do Estado nos planos nacional e internacional. Essa novidade vem delineando uma nova modalidade do Estado

[17] Cf. Bucci, Maria Paula Dallari e Murilo Gaspardo (org.). Teoria do Estado: sentidos contemporâneos. São Paulo, Saraiva, 2017. Cf. também Carolina Gabas Stuchi. Fundamentos para uma Teoria Realista do Estado. Análise da Soberania no Brasil. Porto Alegre: Sergio Antonio Fabris Editor, 2015.

moderno, que se caracteriza tanto por ser *Estado internacional* quanto *Estado constitucional e democrático de direito*, em razão da emergência do direito internacional público, sob a orientação dos valores expressos na Carta das Nações Unidas de 1946 e na Declaração Universal dos Direitos do Homem – DUDH –, de 1948, em virtude dos valores e princípios de justiça que constituem o núcleo do modelo axiológico da Constituição como norma.

Tampouco se poderia deixar de considerar, nesse contexto, a tendência mundial de avanço da justiça constitucional em áreas antes reservadas ao Executivo e o Legislativo, devido à porosidade das fronteiras entre o direito e a política no mundo contemporâneo. De outra parte, a despeito da consolidação da democracia representativa nas primeiras décadas do séc. XXI, fenômenos como a crise do paradigma representativo em sociedades de massa e a desconfiança dos cidadãos acerca da democracia e das instituições estatais têm impactado a vida política e o Estado do ponto de vista da legitimidade e da legalidade. O desafio da teoria do Estado é compreender e explicar esse tipo de Estado e a vida política contemporânea, acompanhando sua evolução e induzindo mudanças nos paradigmas que o orientam, se necessário.

DISCUTINDO CONCEITOS – III
TEORIA DO ESTADO E CIÊNCIA POLÍTICA

Teoria do Estado e Ciência Política são disciplinas distintas, que não se confundem. Ambas se inserem no campo das ciências sociais, ambas têm o fenômeno político e o Estado como objeto, mas com campos de investigação e metodologias diversas.

O objeto da TE é o *Estado como pessoa jurídica*, dotada de direitos e obrigações jurídicas; o direito positivo, as doutrinas políticas e a história das instituições políticas integram seu campo de investigação. De abordagem interdisciplinar, sua metodologia é analítica. Emprega os métodos especulativo e dogmático inerentes à ciência do Direito, com intuito descritivo e explicativo; pesquisas doutrinárias e documentais, além de estudo de casos fazem parte desse conjunto,

Já a ciência política é ciência empírica, que se desenvolve em torno da análise do fenômeno político, com o objetivo de classificar, formular generalizações e conceitos gerais. Mais especificamente, pretende formular leis estatísticas e prováveis, de tendência, de regularidade e ou uniformidade, de sorte a formular ou propor teorias. Para tanto, emprega rigorosos métodos quantitativos e qualitativos, analisando as múltiplas variáveis que interferem no objeto principal de estudo, acumulando dados e resultados.

DISCUTINDO CONCEITOS – IV
THOMAS KUHN E A ESTRUTURA DAS REVOLUÇÕES CIENTÍFICAS

Desde que **Thomas Kuhn** identificou a estrutura das revoluções científicas, sabe-se que a adaptação de paradigmas em virtude de novas descobertas não leva a tanto. Um paradigma é um *modelo explicativo*, uma espécie de novelo teórico, por meio do qual se afirma uma teoria substancial. A função do paradigma é solucionar quebra-cabeças, diz **Kuhn**. A solução, contudo, é um empreendimento altamente cumulativo (novelo teórico), cuja qualidade teórica é tão maior quanto a possibilidade de contínua ampliação do alcance e da precisão do conhecimento científico.

Para **Kuhn**, um paradigma só se altera quando fracassa na resolução dos problemas relacionados a determinados fenômenos, em decorrência da descoberta de outros pela pesquisa científica.

Dá-se o fracasso de um paradigma teórico quando os problemas com os quais está relacionado já foram identificados pela ciência e por ela supostamente resolvidos, ou quase resolvidos. Quanto maior a incapacidade de solucionar os problemas já resolvidos, revelada por novas descobertas, maior a intensidade do fracasso. Foi o caso, por exemplo, da alteração dos paradigmas astronômicos de **Ptolomeu** pela teoria de **Copérnico**, ou o da alteração do paradigma newtoniano pela teoria da relatividade de **Einstein**. Ou seja: apenas a ruptura absoluta com as explicações anteriores propicia verdadeiras "revoluções científicas", e apenas estas quebram os paradigmas anteriores.[18]

Logo, se o fenômeno observado, ainda que anômalo, adequar-se ao paradigma em vigência, não há revolução científica. O processo de adequação é a etapa final de um procedimento científico pelo qual se identifica e analisa a anomalia, com o reconhecimento de que, de alguma maneira, a natureza vio-

[18] KUHN, Thomas. A estrutura das revoluções científicas, p. 94 e segs.

lou as expectativas paradigmáticas que governavam determinada teoria. Esse trabalho encerra-se apenas quando a teoria do paradigma for ajustada "de tal forma que o anômalo se tenha convertido no esperado".[19]

"A ciência normal não se propõe a descobrir novidades no terreno dos fatos ou da teoria; quando é bem-sucedida, não os encontra", diz **Kuhn**. A pesquisa orientada por um paradigma deve ser, afinal, "um meio particularmente eficaz de induzir mudanças nesses mesmos paradigmas que a orientam. Esse é o papel das novidades fundamentais relativas a fatos e teoriªs".[20]

[19] Ibidem, p. 78.
[20] Ibidem, p. 78.

CAPÍTULO 1
O QUE É UM ESTADO?

Começando pelo princípio: o que é um Estado?

a) o Estado é uma *forma específica de sociedade política*, organizada mediante regras e dotada de poder superior sobre os seus membros;
b) o Estado é uma *pessoa jurídica de direito público interno e internacional.*

O primeiro conceito é abstrato e indica qualquer tipo assumido pelo Estado em seu desenvolvimento no tempo e no espaço, independente de suas variações, considerando-se *sociedade política*, segundo a definição de **Norberto Bobbio**, *a forma mais intensa e vinculante de organização da vida coletiva.*[1] O segundo conceito, também de forma abstrata, equipara Estado à conotação comumente atribuída à palavra "País". Em ambos, o Estado é visto como unidade político-jurídica, sendo este o seu sentido moderno.

Quando passamos a enunciar os atributos e as qualidades próprias e exclusivas do Estado – isto é, quando passamos a defini-lo política e juridicamente –, a resposta se torna mais complexa.

Qualquer definição de Estado apresentará matizes diversos, segundo a preponderância do aspecto político sobre o jurídico e vice-versa. Definir o Estado com foco na sua personalidade jurídica ou nos grandes movimentos em torno do poder, da luta de classes, da perspectiva histórica, econômica ou social são possibilidades metodológicas; nas entrelinhas de cada uma delas há uma doutrina política, uma determinada concepção de Estado ou um debate acadêmico.

[1] *A teoria das formas de governo*, p. 31.

Há outra dificuldade a ser considerada. A palavra "Estado" tem múltiplos sentidos no uso corrente da linguagem (modo de ser ou estar, classe ou condição, conjunto de condições físicas e morais etc.). A polifonia e a polivalência da palavra são extremamente ricas, permitindo que diferentes grupos em diversas épocas nela encontre suas necessidades de expressão, nos mais diversos idiomas; é uma "palavra viajante", como diz o constitucionalista português **J. J. Gomes Canotilho.**[2] Provavelmente, todos os seus conteúdos são significativos, uma vez que, em tal universo, ao se fixar um sentido à palavra "Estado", não se poderia deixar de captar ou pressentir os demais.

O emprego do vocábulo como unidade política de domínio é recente na história da humanidade. O primeiro a fazê-lo foi **Nicolau Maquiavel**, na célebre frase com que inicia *O príncipe* (1513): "Todos os Estados, todos os domínios que têm poder sobre os homens foram e são ou repúblicas ou principados".[3] Até então, as palavras "cidade", "república", "principado", "*regnum*", "corona" ou "império" haviam sido utilizadas para designar unidades políticas e polos de identidade.

Maquiavel designou algo inteiramente novo em relação à sua etimologia. O vocábulo latino *status*, do qual deriva, é polissêmico; na Idade Média abrangia diversas noções ligadas à ideia de classe social, competências políticas ou prestígio na Corte, além de outras conotações. Por essa razão, há quem suponha que sua grafia, com inicial maiúscula, passou a ser adotada para identificar o sentido fixado por **Maquiavel**.

Depois de **Maquiavel**, foi **Thomas Hobbes** em *Do cidadão* (1642) e em *O Leviatã* (1651) quem deu substância teórica àquele conceito, contribuindo para a fixação de seu sentido. Na base de suas reflexões estão:

a) a convicção racional de que o uso indiscriminado da força gera um estado destrutivo de guerra de todos contra todos;
b) a necessidade da renúncia ao uso privativo da força por parte de cada integrante de uma dada sociedade política em favor de um único indivíduo – o soberano que, a partir dessa renúncia, torna-se

[2] *Direito constitucional*, p. 12.
[3] *O príncipe*, p. 3.

o único detentor do direito de comandar a sociedade política em um determinado território geográfico.

Essas ideias, contudo, difundiram-se lentamente. Até o final do século XVI, o termo "Estado" foi empregado para designar o corpo dos dirigentes do país, prevalecendo, no sentido de Estado, os termos *principatus, dominium, gubernaculum*, também utilizados para designar "política". Após a Paz de Westfália, em 1648, o vocábulo "Estado" adquiriu significado mais objetivo na Europa continental. Na Inglaterra, porém, *government* (*gubernaculum*) continuou a ser utilizado para identificar o poder soberano. No século XVIII, na França, "Estado" designava "estamento", e jamais foi empregado com o sentido de unidade política pelo Império Austro-Húngaro ou pelo Império Russo. Em realidade, Estado era um termo erudito que só se popularizou após as guerras napoleônicas.

A criação dos Estados Unidos da América, no final do século XVIII, assim como o desenvolvimento do direito público europeu, na primeira metade do século XIX, foram os eventos decisivos na consolidação e popularização do significado contemporâneo do termo Estado. Com tal significado, passou a designar as *sociedades políticas juridicamente organizadas em base territorial, dotadas de soberania e governo,* de acordo com os elementos, postulados e estruturas do Estado moderno europeu. Esse tipo de Estado compõe o sistema internacional há cerca de quatro séculos, assegurando a coexistência de diferentes unidades políticas igualmente dotadas de soberania.

Para compreender a natureza, os elementos, os postulados e as estruturas do Estado, examinaremos, nos próximos capítulos, o Estado como sociedade política, do ponto de vista histórico (cap. 2) e das ideias políticas (cap. 3), e o Estado como pessoa jurídica (cap. 4).

CAPÍTULO 2
O ESTADO COMO FORMA ESPECÍFICA DE SOCIEDADE POLÍTICA

Uma sociedade política que controla a população de um território definido pode ser identificada como Estado, se e quando:

a) for diferenciada de outras organizações em atividade no mesmo território;
b) for autônoma;
c) for centralizada;
d) os seus setores estiverem coordenados entre si.

Dessa perspectiva, não houve Estados na maior parte da história da humanidade. Sua especificidade, segundo o sociólogo **Charles Tilly**, decorre do fato de o poder político não ser gerido por um grupo social espontâneo, mas por um ente instituído exclusivamente para essa finalidade e que se encarrega de todas as atividades políticas, inclusive do controle coercitivo da população.[1]

Vão na mesma direção as definições de **G. Poggi**: "complexo específico de práticas operativas, de recursos materiais, de faculdades e grupos de pessoas, voltado à formação e gestão do próprio poder político institucionalizado"[2]; e **A. Giddens**: "um Estado pode ser definido como uma organização política cujo domínio é territorialmente organizado e capaz de acionar os meios de violência para sustentar esse domínio".[3]

[1] *Coercion, capital and European States, AD 990-1990.*

[2] *Sociologia dello Stato*, p. XX.

[3] *O Estado-Nação e a violência*, p. 45.

O Estado assim compreendido é o Estado moderno, propriamente dito. Não foi o único tipo de Estado, mas, até hoje, é o tipo que se mantém operante como tal; o Estado do início do século XXI, aliás, nada mais é senão uma de suas espécies.

DISCUTINDO CONCEITOS – I
O QUE É UMA SOCIEDADE POLÍTICA?

Podem ser definidas como sociedades políticas as entidades que coordenam ações humanas, pela imposição de regras e normas a que todos devem se submeter, para realização de uma finalidade comum. Tal coordenação faz-se mediante uso de poder político (poder de domínio).

As sociedades políticas não são mera aglomeração física dos indivíduos que as compõem; supõem consciência comum de pertencimento ao grupo como apontado por **Georges Burdeau**:

> "(...) só há sociedade política quando, à socialidade, grupamento instintivo nascido da necessidade, sobrepõe-se uma associação fundamentada pela consciência de sua razão de ser e pela representação de seu objetivo. Esse *consenso* que unifica o grupo procede, no início, da aceitação de um estado de fato, mas ele se enriquece com a imagem de um futuro em que a coletividade ficará mais viva, mais sólida e, se possível, mais feliz. A consciência social que se forma a partir de uma constatação se ordena assim ao redor de um projeto." [4]

Nem toda sociedade politicamente organizada é estatal. Os indivíduos encontram poder político em suas relações com a família, a tribo, o clã, a escola, a igreja, em associações cívicas, profissionais, religiosas, econômicas, culturais e políticas. Basta que nelas haja relações de domínio e coerção, ou seja, relações nas quais um ou mais indivíduos exijam de outro (s) comportamentos não espontâneos, referidos a uma finalidade comum.

De modo geral, **o** problema nuclear da política é a dualidade obediência/coerção: Por que obedeço? Por que devo obedecer? É necessário obedecer? Por quê? Quais as consequências de não obedecer? Posso ser coagido a obedecer?

[4] G. Burdeau, op. Cit. P. 4.

Por quem? Como? Em que circunstâncias? Quais os limites do poder a que me submeto?

Quando se trata do Estado, contudo, o poder político apresenta características que não se apresentam nas demais sociedades políticas: é poder de direito, e não de fato, institucionalizado juridicamente e transferido aos governantes, com monopólio das prerrogativas, faculdades, recursos e instituições necessários à tarefa de preservação do próprio Estado e garantia de atendimento de necessidades sociais.

O âmbito, os limites e a autonomia do poder estatal são problemas intrínsecos às sociedades políticas estatais:

- instituído o poder político, é lícita sua intervenção em todos os aspectos da conduta dos membros da comunidade política e nas esferas da sua vida privada?

Todas as ações dos homens estão sujeitas à regulação do Estado?

- deve o poder político limitar-se àquelas zonas da vida social correspondentes às necessidades sociais que constituem a finalidade do Estado?
- há uma esfera própria do poder político ao lado das de liberdade individual e civil? Em caso positivo, como limitá-la?

1. Origens do Estado moderno

O ponto que diferencia o Estado moderno das demais formas históricas de sociedade política consiste na *centralização do poder político em uma instância unitária, exclusiva e laica,* o que supõe a exclusividade da tarefa de governar e o monopólio das prerrogativas, faculdades, recursos e instituições necessários a essa tarefa.

Seus primeiros delineamentos são notados na Europa, a partir do século XIII, em decorrência de sucessivos movimentos de implosão política das estruturas medievais, a favor da centralização e da concentração de poder no monarca, em detrimento da Igreja e da nobreza. A escalada culmina com a Paz de Westfália, ou Ato Geral de Westfália, resultado de tratados de paz celebrados no ano de 1648 entre Estados europeus católicos e protestantes, envolvidos na Guerra dos Trinta Anos, assinalando, simultaneamente, o fim da supremacia papal.

Esses documentos são considerados a certidão de nascimento do Estado moderno, por duas razões principais:

a) consagraram a base territorial como condição para a existência de um Estado e, por consequência, a divisão da Europa em vários Estados independentes;
b) a regra da territorialidade do Direito, de que resultou o reconhecimento recíproco, pelos Estados envolvidos, da soberania do poder político secular em âmbito nacional com seus atributos de inalienabilidade e incondicionalidade.

O Estado moderno é evento de complexidade extrema, seja por suas próprias particularidades históricas, seja por ter introduzido as maiores transformações estruturais da sociedade europeia entre o Medieval e a era contemporânea. No plano jurídico, afirma o princípio da territorialidade, da obrigação política e da aquisição da impessoalidade do comando político, mediante a produção de normas jurídicas, não existindo qualquer Direito acima ou não produzido pelo Estado. No nível político, organiza-se e evolui em razão da necessidade econômica, destruindo o pluralismo orgânico da sociedade corporativa medieval: todos, indistintamente, são súditos, não havendo qualquer mediação entre o príncipe e os indivíduos na vida privada. No plano sociológico, deu ensejo à burocratização monocrática da administração, uma vez que a implementação de comandos executivos, por um quadro administrativo, passa a ser atributo do governo.

Aí está, para **Max Weber**, a "forma mais racional de exercício da dominação".[5] Não por outras razões, **Bertrand Badie** denomina o Estado moderno de "remédio estatal", qualificado como "inovação particular, situada no tempo e no espaço".[6] **Zigmunt Bauman** o chama de "Estado jardineiro", alcunha que visa a acentuar a sua finalidade precípua de impor e garantir a ordem:

> O Estado moderno nasceu como uma força missionária, proselitista, de cruzada, empenhado em submeter as populações dominadas a um exame completo, de forma a transformá-las numa sociedade ordeira, afinada com

[5] Economia e sociedade, p. 145-6.
[6] *Sociologie de l'État*, p. 219.

os preceitos da razão. [...] O Estado moderno era um Estado jardineiro. Sua postura era a do jardineiro.[7]

Tal matriz, contudo, não se cristalizou em uma única fórmula, sendo muitas as espécies de Estado moderno: da perspectiva jurídico-política, identificam-se o *Estado estamental* ou da monarquia limitada, o *Estado absolutista* e o *Estado constitucional*, o *Estado de Direito* e o *Estado Democrático de Direito*; da perspectiva econômico-política, o *Estado liberal*, o *Estado de bem-estar social*, o *Estado intervencionista*, o *Estado desenvolvimentista etc.*; da perspectiva social, o *Estado mínimo*, o *Estado totalitário* e assim por diante. Forçoso concluir, por conseguinte, que o "gênero" Estado moderno desenvolveu flexibilidade notável, modificando-se conforme as necessidades políticas, adaptando-se às exigências sociais, econômicas e culturais, sem perda de sua característica nuclear.

A plasticidade do Estado moderno também foi indiscutivelmente evidenciada com a sua bem-sucedida transposição para os países americanos de colonização europeia, que se tornam independentes a partir do final do século XVIII, fato que se repetirá posteriormente na Oceania, na África e na Ásia. O fato é significativo, especialmente ao se considerar que, até a expansão europeia, o mundo se encontrava dividido em grandes blocos ou sistemas distintos, tais como o árabe-islâmico, o indiano, o tártaro-mongol e o chinês, considerados individualmente. Em todos havia um centro político que fixava regras de conduta de acordo com os seus próprios códigos culturais, os quais compreendiam religiões, governos, leis, escrita etc.; porém, ainda que mantivessem recíprocos contatos eventuais ou permanentes, em decorrência das relações bélicas, comerciais ou culturais, as suas instituições políticas não se equivaliam nem se impuseram umas às outras.

O postulado da centralidade do poder estatal pressupõe que só o Estado tem a capacidade de exercer as funções de proteção e ordem que se esperam do poder político, sendo este o fundamento originário da soberania. Dele resultam a progressiva aplicação da justiça pelos monarcas, a ampliação do poder tributário e o monopólio do recrutamento

[7] *Modernidade e ambivalência*, p. 29.

militar; os três processos são complementares: o controle judiciário tanto fortalecia a arrecadação fiscal quanto as burocracias civis e militares, além de garantir moeda e contratos.

O Estado moderno é a célula germinativa do moderno *Estado-Nação* ocidental. Sua compreensão exige algum conhecimento de sua origem, consolidação e desenvolvimento, assim como dos tipos de Estado que o antecederam.

1.1. Os Estados pré-modernos

Considerando o Estado uma forma de associação, dotada originalmente de poder de dominação, formada por homens e ocupando um território, os teóricos do Estado, de modo geral, identificam os seguintes tipos de Estado preliminarmente ao Estado moderno: o Estado antigo, o grego, o romano e o medieval. Assinalaremos brevemente suas principais características.

1.1.1. O Estado antigo

O Estado antigo, oriental ou teocrático, representa a configuração mais recuada no tempo observada nas civilizações pré-clássicas do Oriente e do Mediterrâneo. Sua base territorial resultou da fixação de tribos nômades em vastas áreas de fácil acesso. Caracteriza-se por *autossuficiência e organização unitária, centralizada e teocrática, em geral de forma monárquica.* Na maioria dos casos, apresenta, ainda, estrutura burocrática em graus variados de complexidade. A ordem social não é igualitária, mas fortemente hierárquica e hierática, oferecendo reduzidas garantias jurídicas aos indivíduos. Ilustram esse tipo estatal a antiga Pérsia, por volta do século V a.C., o Egito a partir de 1.500 a.C, aproximadamente, assim como a China e o Japão.

1.1.2. O Estado grego

O Estado grego é a *pólis*, a cidade-Estado de pequena *extensão territorial*, observada já por volta do século VIII a.C., *na qual há razoável grau de integração entre os habitantes*, consequência do sentimento de identidade e interesses comuns.

Foi na *pólis* que se desenvolveu a chamada "democracia dos antigos", isto é, a modalidade de autogoverno na qual as decisões políticas são tomadas em praça pública (*ágora*), mediante votação aberta e direta dos cidadãos do sexo masculino, propriamente nascidos e com antepassados nascidos naquela localidade. O historiador **Fustel de Coulanges**, a propósito, lembra que: "O cidadão era reconhecido por sua participação no culto da cidade, e dessa participação provinham todos os seus direitos políticos e civis. Renunciar ao culto era renunciar aos direitos" [8]. As cidades gregas foram fundadas como "uma religião" voltada ao culto de antepassados e heróis, a ponto de um cidadão ateniense, por exemplo, não poder jamais mudar-se para nenhuma outra cidade, uma vez que, se o fizesse, perderia o direito aos cultos e, portanto, os direitos políticos, tornando-se um "ser sem lar, sem família, sem leis" (**Aristóteles**, *A política*). Em uma sociedade desse tipo, é evidente que a liberdade individual não existia.

> A religião, que dera origem ao Estado, e o Estado, que sustentava a religião, apoiavam-se mutuamente, sustentavam-se um ao outro, e formavam um só corpo; esses dois poderes associados e perfeitamente unidos constituíam um poder quase sobre-humano, ao qual a alma e o corpo se submetiam igualmente.[9]

No mundo grego, Estado e sociedade confundiam-se em um todo orgânico: o Estado é a comunidade dos cidadãos, na qual prepondera o fator religioso como amálgama social, sendo muito restrita a autonomia da vontade. Nesse tipo de Estado, observa-se grande diversidade de formas de governo, havendo, até mesmo, cidades governadas de modo despótico.

1.1.3. O Estado romano

O Estado romano, ou *civitas,* é, originariamente, a associação religiosa e política das famílias e das tribos (*gens*), que, posteriormente, adota várias formas de governo – monarquia, república, principado, império – assumidas no período que vai de sua fundação (754 a.C.) à morte de Justiniano (565 d.C.). Nesse largo espaço de tempo, Roma manteve a unidade

[8] Coulanges, Fustel de. *A cidade antiga*, p. 259.

[9] Idem, ibidem.

do poder político sem ter jamais abandonado as características originais de cidade-Estado. Isso se deve à sua organização em bases municipais e à noção de poder político como poder supremo (denominado *imperium*, *potestas* ou *magestas*), cuja plenitude pode ou deve estar reservada a uma única origem e um único detentor.

A partir do século III a.C., foram denominados *municipia* os territórios pertencentes a comunidades originariamente independentes que, incorporados ao território estatal romano, perdiam a natureza de *civitas*. Às *municipia* eram impostos certos serviços e prestações (denominados *munera capere*) e exigida a submissão às leis romanas, garantindo-se, contudo, certa autonomia, que se expressava pela preservação de normas e costumes locais preexistentes. Tal garantia foi especialmente notada no campo das relações privadas, mas também na organização administrativa. Esta, exercida pela magistratura e pelas corporações locais, independentemente da forma de incorporação dos habitantes à cidadania romana, não incluía direitos políticos (em especial o direito de voto) até prova de inconteste fidelidade e progressiva latinização.

Disso resulta a expansão da cidadania em seu espaço territorial, em contraste com o caráter meramente pessoal, restrito, das cidades-Estado gregas. Não obstante, conservou-se, ainda que em parte, a concepção aristocrática do povo romano, com desigualdade e exclusão dos demais, o que seria alterado com a expansão do cristianismo.

1.1.4. O Estado medieval

Tipo observado no período compreendido entre os séculos X e XV, aproximadamente, o Estado medieval caracteriza-se pela *descentralização e dispersão do poder político*. Tal característica é consequência direta da fragmentação de grandes sistemas de governo – como o romano – em numerosas formações autônomas, criadas à margem de qualquer estrutura central, favorecendo o desenvolvimento dos governos locais. É ilustrativo, nesse sentido, o emprego da expressão "Estado mosaico", por **Joseph R. Strayer**, para qualificar o Estado medieval na França.[10]

[10] *As origens medievais do Estado moderno*, p. 57.

Nesses núcleos, o príncipe é o centro da vida política, o que não implica a relação direta e imediata entre este e seus súditos. A relação política é mediada por estamentos, formando uma espécie de pirâmide feudal na qual, em seus diferentes níveis, observa-se um processo de privatização do poder que, de *imperium*, passa a ter a natureza de *dominium*. Os direitos expressam-se em privilégios, regalias, imunidades etc., concedidos a determinados grupos sociais, como ocorreu na Magna Carta (1215), por exemplo.

Das formações medievais resultam, a partir do final do século XI, unidades políticas persistentes no tempo e geograficamente estáveis, com instituições duradouras e impessoais que propiciam a formação de consenso quanto à necessidade de uma autoridade suprema e a aceitação dessa autoridade como objeto da lealdade básica dos súditos, no âmbito da ideologia cristã. Conforme registra o jurista italiano **Francesco Calasso**, são esses os elementos que permitem falar em "Estado" no final da Idade Média, uma realidade que se constituiu à sombra da ideologia da *communitas humanitatis* do Império e da Igreja.[11]

2. A evolução do Estado moderno

A evolução do Estado moderno pode ser estudada de diferentes perspectivas: histórica, cultural, econômica, jurídico-política etc. Ficamos apenas com a perspectiva jurídico-política, que reconduz as análises acerca de seu desenvolvimento aos problemas de legitimação e legalidade do poder estatal. Desse ponto de vista, identificam-se, em linhas gerais, três tipos de Estado moderno: o *Estado estamental*, o *Estado absolutista* e o *Estado constitucional*, este último com expressivas variantes.

A evolução do modelo e sua exportação para diversas partes do mundo não podem ser desvinculadas da expansão marítima e colonial, da criação da ONU e do desenvolvimento da tecnologia de informação e comunicação. Todos esses eventos contribuíram, de diferentes maneiras, para a universalização do modelo estatal europeu.

[11] *Gli ordinamenti giuridici del Rinascimento medievale*, p. 237.

2.1. O Estado estamental

O Estado estamental ou da monarquia limitada apresenta-se como forma de *organização política intermediária entre o Estado medieval e o Estado absolutista*. Seus traços distintivos, notados já a partir do século XIII, em grande parte do território europeu, são:

ser mais institucionalizado que o Estado medieval;
ter referência territorial;
dispor de um sistema de governo dualista, fundado em dois centros de poder, distintos e mutuamente reconhecidos – o do monarca e o da comunidade política integrada por "estados", "cortes" ou "estamentos".

A afirmação do Estado estamental é corolário da ascensão e do desenvolvimento econômico de cidades medievais que adquiriram poder e autonomia política; seu legado político reflete-se no fortalecimento de governos territoriais e na absorção de territórios menores e mais fracos por Estados maiores e mais organizados, o que, por sua vez, exige maior organização interna, tanto política como administrativa.

Em linhas gerais, identificam-se três fases na consolidação do Estado estamental em direção ao Estado absolutista. Na primeira delas, a organização do Estado – seja no plano da decisão ou no da administração – se faz pela articulação social vertical, por categorias, baseada no reconhecimento jurídico de direitos e liberdades tradicionais e no prestígio da posição social adquirida.

De fato, quanto mais homogênea a comunidade política, maior a sua capacidade de agir politicamente. Representa, portanto, um grupo dotado de maior ou menor significado político, que estabelece e exige respeito a direitos e obrigações em benefício de seus membros, colabora com o governante e participa do governo.

Nesse período, a unidade territorial e o poder tendencialmente hegemônico do príncipe beneficiam-se das forças sociais tradicionais (nobreza, clero, comerciantes), organizadas em assembleias deliberativas, com poder político, a quem o príncipe pede ajuda financeira. Em troca, o príncipe garante àquelas forças a participação nos altos cargos administrativos e políticos, necessários ao crescimento do Estado e de sua burocracia.

Posteriormente, a articulação político-social evolui para uma formação horizontal, em virtude da contraposição das relações de produção capitalista às posições de classe social. A emancipação financeira propicia ao Estado uma gestão exclusivamente política e a delimitação de uma esfera pública, executiva, rigidamente separada das relações sociais, na qual o recrutamento dos funcionários e a execução política não consideram graus de parentesco, privilégios hereditários nem interesses de propriedade.

Na terceira fase, à medida que o príncipe e seu aparelho administrativo passam a controlar as finanças do país, observa-se um gradual distanciamento entre as figuras do príncipe e as forças sociais tradicionais e, por consequência, entre o público e o privado, o político e o social, estabelecendo-se uma articulação horizontal que dá causa ao absolutismo. O controle real das finanças foi resultado da supressão de privilégios fiscais concedidos à nobreza e do apoio da burguesia urbana, empenhada em uma distribuição mais justa dos encargos fiscais.

2.2. O Estado absolutista

No Estado absolutista, governar é um ofício que se exerce mediante a máxima *concentração e centralização de poder no soberano*. Desse pressuposto resultam: a produção da lei pelo soberano e não mais pelo acordo entre os estamentos; a normatização uniforme de várias matérias em âmbito nacional; a existência de sistema judiciário próprio. A lei torna-se, portanto, um instrumento de autoridade e, de modo geral, para o indivíduo, não havia como reivindicar direitos perante o Estado. Além disso, o governante é *legibus solutus*, isto é, não está vinculado nem limitado pela lei, que é produto de seu poder absoluto.

Com tais características principais, esse tipo de Estado afirmou-se no território europeu entre os séculos XVI e XVIII, aproximadamente.

É equivocada, contudo, a concepção do Estado absoluto como aquele em que o poder foi exercido de forma desenfreada. Na verdade, encontrava-se limitado pela lei divina, pela lei natural, pelos pactos e leis fundamentais e também por poderes e direitos das corporações, das ordens religiosas e das cidades. Segundo o filósofo italiano **Pietro Costa**, o caráter absoluto do poder era apregoado apenas para reiterar a originalidade de um poder centralizado, sem que jamais tenham sido anulados ou omitidos seus limites tradicionais:

> Poderíamos afirmar, com uma frase só aparentemente provocatória, que o Estado "absoluto" é o mais bem-sucedido Estado de Direito: um Estado, exatamente, pelo direito (e pelos direitos), titular de uma soberania que, longe de criar com a sua potência legislativa uma ordem integralmente dependente dela, "encontra" uma ordem já constituída, defronta-se com direitos e privilégios que florescem à sua sombra e sofre os inevitáveis condicionamentos de um e outro.[12]

A partir do século XVIII, o ofício de governar afirma-se racionalmente, na esteira do Iluminismo dominante, associado a uma série de fenômenos históricos, políticos e jurídicos essencialmente "modernos", como as revoluções burguesas, a cidadania, o liberalismo, o capitalismo, o Estado de Direito, o constitucionalismo, a soberania nacional etc. Todos esses eventos, no período que se segue ao final do século XVIII, põem em xeque a legitimação exclusiva do príncipe à titularidade do poder; estão voltados, igualmente, à consolidação da centralidade do poder estatal e à unificação da Nação ao Estado, sem perda do objetivo de instauração e manutenção da ordem. Nessa viragem, o Estado passa a ser visto da perspectiva dos súditos (*ex parte populis*), e não mais da do soberano (*ex parte principis*), o que, no dizer de **Bobbio**, foi "a reviravolta, a descoberta da outra face da Lua, até então desconhecida [...]".[13]

O Estado de polícia (*Polizeistaat*), observado na Prússia de Frederico II (1740-1780) e sucessores, é a mais típica tradução dessa última fase. Sua finalidade é a garantia do bem-estar dos súditos, o que, por evidente, depende da prosperidade do Estado, dependente da arrecadação, a qual, por sua vez, depende do bem-estar financeiro dos súditos. Nesse círculo virtuoso, promover o bem-estar – e a ordem, por consequência – significava intervir na economia e na assistência social, sendo o vocábulo "polícia" empregado para designar o conjunto de instituições criadas pela autoridade estatal para a realização de tais benefícios e da ordem. Não

[12] O Estado de Direito: uma introdução histórica, p. 101-2.

[13] *Estado, governo, sociedade*, p. 64.

por acaso, dá-se, contemporaneamente, a criação de exércitos nacionais e de sólidos aparatos administrativos e coativos.

É do Estado absolutista – mais precisamente, de seu legado histórico resumido na necessidade de construir a unidade do Estado e da sociedade – que deriva a concepção de *Estado-Nação*, ou Estado nacional, qual seja, o Estado com predominância de determinadas características ditas "nacionais" (língua, religião, valores, história e tradições comuns etc.), que se afirmará a partir do século XIX.

2.3. O Estado constitucional

No Estado constitucional, *o poder e o governo encontram-se regulados pelo Direito, com respeito à pessoa humana e seus direitos*; sua pedra angular é a limitação do poder, a instauração e a manutenção da ordem, por meio da Constituição.

São garantias institucionais do Estado constitucional a proteção das liberdades públicas (limitação negativa do poder), a tripartição de Poderes (limitação constitucional do poder) e a centralidade de instituições representativas (em geral, concretizada no Parlamento).

Em sua primeira fase (séc. XVIII), o Estado constitucional é produto das revoluções burguesas (a inglesa, a francesa e a americana). Identifica-se, originalmente, ao Estado representativo, no sentido de que constitui a forma pela qual os cidadãos, dotados de direitos políticos, fazem-se representar no governo, direta ou indiretamente. Desse ponto de vista, sua evolução coincide com o alargamento dos direitos políticos, até o sufrágio universal, do qual derivam a constituição de partidos políticos organizados, a elaboração de sistemas eleitorais, de representação majoritária ou minoritária etc.

Esse tipo de Estado afirmou-se durante os séculos XIX e XX, e permanece atuante no século XXI. Sua evolução dá-se por meio de uma sucessão de subtipos – Estado Liberal, Estado Social, Estado Democrático, Estado Internacional e Constitucional de Direito – tratados na sequência, os quais conservam as suas premissas fundamentais, com paulatino alargamento do Estado de Direito e das noções de liberdade, igualdade e solidariedade.

CAPÍTULO 3
TIPOS DE ESTADO CONSTITUCIONAL

Quando nos colocamos ante a sucessão de tipos de Estado constitucional, vários níveis possíveis de compreensão se apresentam segundo o ângulo que examinamos: social, econômico, político, jurídico etc. Interessa-nos, em particular, o fator político, isto é, a organização da disputa e conservação do poder.

As fases do Estado constitucional, a seguir, foram organizadas de acordo com este último fator, podendo-se nelas observar a evolução democrática do exercício do poder.

1. O Estado constitucional do século XIX e início do século XX. O Estado liberal

A finalidade do Estado constitucional do século XIX e início do século XX, até o final da Primeira Guerra Mundial, foi garantir a liberdade privada, política e econômica, assim como a segurança e a propriedade.

No plano político, caracteriza-se pela soberania de base popular ou nacional e pela centralização da produção jurídica, razão pela qual o Poder Legislativo tem preeminência sobre o Executivo. Com tais atributos volta-se à consolidação da unidade nacional, expressa pela continuidade do território e das fronteiras naturais, por uma língua, uma moeda, um sistema fiscal, uma Constituição e um sistema jurídico. Aí está a base do Estado-Nação, unidade jurídico-política que se organiza em torno dos princípios da territorialidade e da nacionalidade.

Também denominado Estado liberal, Estado liberal de direito ou Estado representativo, tem como fundamentos ideológicos o individualismo, o liberalismo e a democracia.

Segundo o *individualismo*, o Estado é o resultado da associação de vários indivíduos e das relações que estabelecem entre si. Essa posição se contrapõe ao organicismo, corrente de pensamento iniciada na Antiguidade Clássica que prega a anterioridade do Estado em relação ao indivíduo. **Aristóteles** formulou o ponto de partida e a síntese do organicismo, ao afirmar que "[...] a cidade é por natureza anterior ao indivíduo".[1] Sem individualismo, não haveria liberalismo nem democracia.

O *liberalismo* designa determinada concepção de Estado limitado pelo Direito que, nesse sentido, contrapõe-se ao Estado Absoluto. A *democracia*, por sua vez, designa uma forma de governo na qual o poder deriva do povo, contrapondo-se às formas autocráticas de governo.

O poder do Estado é impessoal; a lei é geral e abstrata. A Constituição garante a liberdade contra o poder arbitrário estatal e a igualdade perante a lei, além de direitos civis e políticos, notadamente a propriedade, liberdade de manifestação, expressão, associação e religião. Garante-se, em alguns Estados, o controle de constitucionalidade das leis.

As chamadas Constituições clássicas ou liberais, tais como a Constituição americana de 1778 e a Constituição francesa de 1792, representaram o meio, por excelência, de concretização do Estado liberal. Ao limitarem o poder do Estado pela separação de Poderes e dos direitos individuais, as Constituições liberais permitiram distinguir a esfera política da econômica e, por consequência, instituir um sistema descentralizado de mercado. Além disso, ao institucionalizar o poder político, a soberania nacional e o povo como sujeito de direitos e deveres, tais Constituições asseguraram o conceito jurídico de igualdade formal e de direitos inalienáveis e fundamentais do homem.

Em larga medida, nesta primeira fase (final séc. XVIII/ séc. XIX), as estruturas política e administrativa do Estado constitucional são as mesmas do Estado de polícia; demonstram a concepção de Estado de uma classe social restrita, beneficiária da Revolução Industrial. O *Rechtsstaat*, por exemplo, pode ser tipificado como a mais perfeita representação jurídica do Estado liberal de direito.

[1] A política, p.47.

Do ponto de vista da democracia, o Estado liberal é um Estado representativo. O governo é exercido por representantes dos titulares do poder (o povo, a nação ou coletividade), mas de forma censitária posto que a participação no poder é limitada às elites possuidoras.

Jeremy Bentham (*Uma introdução aos princípios da moral e da legislação*, 1789) e **James Mill** (*Elements of political economy*, 1821), por exemplo, partindo de diferentes pressupostos teóricos, justificam tal restrição sob o argumento de que qualquer ameaça ao direito à propriedade ou à sociedade de mercado comprometia o bem comum, o único fundamento real para a adesão dos cidadãos ao governo.

A democracia liberal restringiu a participação política e, da mesma forma, o próprio sentido da política, que não só se encontrava numa esfera distinta da sociedade como separada do sistema econômico. A ideia de liberdade, nesse contexto, conectava-se à liberdade de escolher entre diversas alternativas e não à de se submeter a decisões políticas previamente tomadas, mesmo que por deliberação da maioria.

É a **Alexis de Tocqueville**, sobretudo, que deve ser creditada essa construção. A democracia liberal, em sua visão, não se contrapunha ao liberalismo, mas o assegurava, porquanto, se a igualdade era a igualdade de direitos, a liberdade estava, justamente, na possibilidade de gozar esses direitos, sendo essa a razão do sucesso da democracia americana. A liberdade democrática, assim, era uma liberdade de compromisso, uma convenção moral que o homem reivindicava para a defesa de seus direitos.[2] Não que **Tocqueville** tenha sido um democrata; antes de tudo, foi um liberal, que protegeu a liberdade do indivíduo quando contrastada à igualdade social; nesse sentido, vale lembrar a sua argumentação a respeito da *tirania da maioria* e dos *perigos do despotismo democrático*. Mas nem por isso deixou de defender a democracia, como ocorreu, por exemplo, perante a Assembleia Constituinte francesa de 1848, ocasião em que exaltou a igualdade em liberdade que a democracia propiciava em oposição à igualdade na servidão, imposta pelo socialismo.

[2] Cf. TOCQUEVILLE, Alexis de. A democracia na América.

Do Estado liberal de direito, os cidadãos esperam que seus interesses sejam protegidos e sua participação na vida pública tem esse objetivo. A função dos governantes, como representantes eleitos pelos cidadãos que atuam em nome da soberania popular, é proteger tais interesses, sem qualquer interferência na vida social e econômica. O Estado é absenteísta.

Num período posterior, a extensão do sufrágio (masculino), a ampliação das condições de elegibilidade aos cargos públicos, assim como a formação de partidos políticos ideológicos e o fortalecimento dos sindicatos, propiciam reivindicações por igualdade e, por consequência, o fim do Estado Liberal clássico. Esses elementos introduzem uma marcante diferença política no Estado representativo: enquanto, na primeira fase, o sufrágio restrito assegura a eleição de indivíduos e a formação de partidos no Parlamento, na fase do sufrágio universal, os partidos se formam fora do Parlamento, assegurando antes a eleição do partido do que a do indivíduo.

DISCUTINDO CONCEITOS – I
OS QUATRO MARCOS INICIAIS DO LIBERALISMO

Quatro eventos ocorridos em 1776, em diferentes locais, podem ser considerados marcos iniciais do liberalismo. São eles: a Independência americana; a publicação de *A riqueza das nações*, de Adam Smith, na Inglaterra; a edição do *Décret d'Alard*, na França; e a utilização, por Robert Fulton, da máquina a vapor na produção industrial.

No plano político, a *Independência americana* cria um Estado voltado aos princípios da liberdade, com organização política e econômica adequada a essa finalidade. No plano econômico, *A riqueza das nações* é a obra seminal que lança os fundamentos da ciência econômica, para torná-la independente da filosofia e da teologia, e que permite a formulação da síntese *laissez-faire, laissez-passer*, cunhada por Du Pont de Nemours. No plano jurídico, o *Décret D'Allard* extingue as corporações de ofício, estabelecendo-se, em território francês, a liberdade de profissão sem necessidade de se estar filiado ou ser autorizado por nenhum tipo de entidade. Finalmente, no plano tecnológico, surge a aplicação do princípio da máquina a vapor aos teares, deflagrando-se a Revolução Industrial inglesa.

DISCUTINDO CONCEITOS – II
A CONDIÇÃO FEMININA

No século XIX, a despeito do movimento de democratização política que se seguiu à afirmação das liberdades públicas e por meio do qual as massas populares adquiriram a possibilidade de exercício dos direitos de cidadania, as mulheres continuaram excluídas da esfera política.

Sobre a situação feminina, nesse período de afirmação dos valores democráticos, afirma Eric Hobsbawm:

> [...] se a economia estava assim masculinizada, também o estava a política. À medida que a democratização avançava e o direito de voto – local e nacionalmente – era concedido, após 1870, as mulheres eram sistematicamente excluídas. A política tornou-se, assim, um assunto de homem, a ser discutido em tavernas e cafés onde os homens se juntavam ou nas reuniões às quais compareciam, enquanto as mulheres permaneciam confinadas à parte privada e pessoal da vida, para a qual a natureza as havia exclusivamente predisposto (ou assim se argumentava).[3]

Como se faz notar, o amplo exercício da cidadania, num primeiro momento, não atingiu a população feminina, que continuou excluída. Nas palavras de Hobsbawm: "[...] os homens eram o sexo dominante, e as mulheres, seres humanos de segunda classe: posto que careciam totalmente de direitos de cidadania, não se podia sequer chamá-las de cidadãs de segunda classe" (id. ib).

A luta das mulheres pelo direito de voto ganha corpo e visibilidade com as manifestações sufragistas do final do séc. XIX e inicio do séc. XX, dando origem o que se convencionou denominar "feminismo ". Originariamente, movimento social e político que buscou a igualdade de direitos entre gêneros, sob as mais variadas perspectivas, cujo desenvolvimento global é habitualmente classificado por "ondas" de mobilização. Iniciado na Inglaterra, no final do séc. XIX, com a luta pelo direito ao voto (primeira onda), renovou-se nos anos 1960 e 1970, reclamando o direito à sexualidade, os direitos reprodutivos e o aborto (segunda onda). Desde os

[3] A era dos impérios, p. 282-3.

anos 1980, afirma-se como corrente teórica política que pensa a desigualdade em relação à mulher como princípio organizacional da sociedade, com críticas à rígida separação das esferas pública e privada (inerentes ao masculino e ao feminino, respectivamente) e seus reflexos na democracia, na justiça, na concepção de cidadania, entre outros temas clássicos da teoria política (terceira onda). Nos anos 1990, o debate sobre a igualdade ampliou-se para desconstruir a ideia abstrata de mulher universal (branca, escolarizada, classe média), que não capta a diversidade do universo feminino. O feminismo contemporâneo desenvolve categorias de análise não limitadas a oposições binárias; o uso das mídias sociais para mobilização ou conscientização é uma das características dessa nova onda.

2. O Estado constitucional do pós-Primeira Guerra Mundial. O Estado social

O Estado constitucional do pós-Primeira Guerra Mundial é denominado Estado social, Estado intervencionista, Estado providência, Estado de bem-estar ou *Welfare State.*

Equipara-se ao Estado liberal no que diz respeito ao império da lei, à divisão de Poderes e à expressa previsão constitucional de direitos individuais.

Diferencia-se dp Estado Liberal em razão de duas alterações principais:

a) substituição da posição absenteísta do Estado liberal por uma posição ativa, necessária à efetivação dos novos direitos de crédito reconhecidos aos indivíduos e traduzidos como poder de exigibilidade em face do Estado (saúde, proteção social, vida familiar normal, instrução e cultura, solidariedade nacional etc.);
b) adição, à função liberal de aplicação vinculada da lei como norma geral e abstrata, por meio de autorizações, proibições, habilitações etc., da função de gestão direta de serviços públicos (daí ser denominado "social", muito embora expressão Estado Social só venha a ser constitucionalizada pela Lei Fundamental de Bonn de 1948, em seu art. 20, 1). Cuida-se, pois, de um Estado intervencionista.

A esse processo – que pode ser visto como extensão e aprofundamento do Estado garantidor clássico, sendo os direitos econômicos e sociais uma extensão dos direitos civis e políticos – agrega-se a necessidade de serem corrigidos e compensados os desvios socioeconômicos por ele provocados. Em comparação com o tipo liberal, o Estado social é bem mais complexo, em decorrência, justamente, do reconhecimento ampliado dos direitos dos indivíduos.

São esses os valores que fundamentam as várias configurações do Estado social, segundo o grau de proteção oferecido (do mínimo – apenas alguns grupos – ao máximo – todos os cidadãos). Tais configurações, na maioria das vezes, conferem respostas à crescente incapacidade do mercado para regular as relações econômicas, especialmente as mais carregadas de implicações sociais.

Exemplo marcante das novas Constituições sociais, com elevada proteção de direitos, é a Constituição de Weimar de 1919 – com sua concepção democrática, de orientação social, expressa na organização do Estado e no rol de direitos sociais (educação, saúde, trabalho, previdência social etc.) – é exemplo marcante das novas Constituições sociais. Já a Constituição mexicana de 1917 apresenta grau elevado de proteção em relação a direitos trabalhistas e previdenciários.

A Constituição de Weimar introduziu a substituição da posição absenteísta do Estado em relação à sociedade e aos direitos individuais por uma posição ativa, necessária para a efetivação dos novos direitos. Esta não era uma ideia estranha aos franceses ou aos ingleses. Aos franceses, porque o art. 21 da Constituição de 1793 já incluía a previsão de que a sociedade era responsável pela subsistência dos cidadãos; aos ingleses, em virtude do pioneirismo na elaboração de sistemas públicos e privados de proteção social, identificados já no século XVI (com a introdução da taxa sobre a propriedade fundiária, em 1573, destinada a programas assistenciais de controle do Estado) e no século XVIII (com a regulamentação de associações de socorro mútuo). A diferença é que, constitucionalizados, tais direitos se traduziam como poderes de exigir.

Contudo, muito criticada, teve breve duração. Do ponto de vista político, o fato de ter sido promulgada pela Assembleia que antes ratificara o Tratado de Versalhes, tornava-a ilegítima aos olhos de parte da população. Além disso, ameaçada pelos custos políticos da hiperinflação e do desemprego que marcaram o primeiro pós-guerra, apresentava outra fraqueza: não estabelecia limites substanciais à sua reforma, razão pela qual possibilitou a transição do regime social-democrata ao regime nazista, sem solução da continuidade legal.

Enquanto no modelo liberal a cobertura de solidariedade é marginal e destinada aos pobres, no modelo redistributivo das sociais-democracias, a cobertura é universal para todos os cidadãos e, em algumas situações, também para os não cidadãos residentes. Nos Estados Unidos, a edição do *Social Security Act* (1935) e a do *Beveridge Report* (1942) exemplificam a ampliação da noção de assistência social. A propósito, observa o historiador **Eric Hobsbawm** que o próprio Estado, nessa atividade, unificou a classe trabalhadora, visto que, progressivamente, qualquer grupo social poderia perseguir seus objetivos políticos mediante pressões exercidas com o governo nacional.[4]

Passada a fase de consolidação da postura governamental intervencionista, fase que não é contemporânea nem uniforme nos diferentes contextos em que se desenvolve (a Europa dos dois períodos de pós-guerra, no século XX; a América no período que se segue à crise econômica de 1929 e o *New Deal*; a migração da população rural para as cidades, na América Latina etc.), as estruturas administrativas do Estado social tornaram-se extremamente complexas, quando comparadas às da esfera de atuação neutra do Estado liberal.

Em uma etapa posterior, nota-se o advento da programação e planificação econômicas e ao da formação de grandes organizações no âmbito do Estado e da sociedade civil. Outro aspecto digno de nota nessa viragem diz respeito à inversão da preeminência do Parlamento sobre o Executivo. Motivada por problemas inerentes a um sistema representativo defeituoso, a revalorização do Executivo fez-se notar seja para diminuir o poder do Parlamento, seja para obter maior margem de ação diante de necessidades sociais e econômicas.

[4] A era dos extremos.

DISCUTINDO CONCEITOS – III
ESTADOS SOCIALISTAS

Foi também o apelo à intervenção estatal, no modelo do Estado social que, nas primeiras décadas do século XX, levou à consolidação de regimes nacional-socialistas, de extração fascista ou nazista, inseridos no tipo Estado socialista.

O Estado socialista expressa, de modo geral, a ideia de sociedade planejada. Adota a forma constitucional, mas escapa aos fundamentos democráticos e de proteção à pessoa humana que lhe são inerentes; por essa razão, *não pode ser considerado um Estado materialmente constitucional.* Identifica-se ao Estado totalitário, gênero do qual os Estados fascistas e comunistas são espécies.

No plano jurídico, caracteriza-se mais pela negação de um ou vários elementos do Estado constitucional democrático do que em razão de elementos distintivos próprios.

No plano político, predomina a existência de partido único no sistema de governo, o que reintroduz, neste tipo de Estado, sob nova roupagem, o princípio monocrático de poder. Em face dessa característica, nenhum outro tipo de Estado moderno pós-absolutista ofereceu tanto poder a quem tem poder, uma vez que no partido se concentram as decisões ideológicas, políticas e econômicas, o que implica o aumento da interferência estatal na regulação da sociedade.

Como sistema econômico, o socialismo indica uma forma de interação social na qual:

> os direitos de propriedade são fortemente limitados;
> os principais recursos econômicos estão sob o controle das classes trabalhadoras;
> a sua gestão tem por objetivo promover a igualdade social e não somente a jurídica ou política, mediante intervenção do Estado.[5]

Para tanto, o direito de propriedade é limitado e os principais recursos econômicos são dirigidos pela classe trabalhadora.

As palavras *socialismo* e *socialista* adquiriram seu significado moderno nos programas de cooperação estabelecidos entre as classes trabalhadoras operárias

[5] Cf. Bobio, Pasquino E Mateucci, op. Cit. P. 1196 e seguintes.

em formação durante a Revolução Industrial.[6] A partir de 1840, estabeleceu-se certa equivalência entre socialismo e comunismo na Europa, com variantes em função das diversas formas associativas (sindicais, políticas, comunitárias) presentes nos programas de cooperação.

O Estado socialista é produto das revoluções proletárias do século XX, com raízes na concepção marxista do comunismo, expressa no *Manifesto do partido comunista* (1848). Segundo esta, o sistema econômico capitalista, em sua expansão, aniquilaria progressivamente as classes sociais intermediárias em decorrência da inserção destas no operariado proletário que, inevitavelmente, se tornaria a grande maioria da população. É justamente o caráter majoritário do proletariado que assegura a revolução socialista, na qual é desmantelada a estrutura capitalista, e a fase da "ditadura do proletariado" que a ela se segue. Sua expressão mais sensível foi a da ex-União das Repúblicas Socialistas Soviéticas (URSS), definida por Bobbio como "Estado burocrático dominado por uma oligarquia que se renova por cooptação".[7]

DISCUTINDO CONCEITOS – IV
ESTADOS TOTALITÁRIOS E ESTADOS AUTORITÁRIOS

De modo geral, pode-se dizer que o totalitarismo se opõe ao liberalismo em decorrência da possibilidade de expansão ilimitada do poder político.

De acordo com as ideologias que animaram as diversas versões de Estado totalitário na Europa até o final da Segunda Guerra Mundial, a sociedade e o Estado, compreendidos como organismos éticos, são superiores ao indivíduo.

O império da lei, a garantia dos direitos fundamentais e o liberalismo são substituídos, no plano dos valores, pela defesa da pátria e da nação ou da missão histórica da raça, em benefício da defesa do capitalismo. Paralelamente, a supremacia da vontade do ditador sobre a lei e a exaltação da violência e do terror são invocadas como instrumentos necessários, e plenamente justificáveis, de controle social. Já a lei é concebida como "decisão" do titular do Executivo (Carl Schmitt), e não como expressão da vontade geral.

Decorre desses pressupostos, como consequência lógica, a tendência de os Estados totalitários conformarem toda, ou quase toda, a vida social, o que lhes

[6] Ibidem.
[7] Ibidem.

assegurou a possibilidade de realizar amplos programas sociais para as massas, caminho tanto para a legitimidade do poder quanto para a popularidade do governante.

O conceito de Estado totalitário não coincide com os de Estado autoritário ou autocrático, embora possam ser combinados entre si. Estado totalitário é aquele em que o poder estatal se subtrai à vontade da maioria, enquanto o Estado autoritário refere-se àqueles nos quais o domínio do poder é realizado em nome próprio. Via de regra, o termo "totalitário" é empregado para designar regimes políticos mais recentes, com partido político único. No século XX, o substantivo totalitarismo foi inicialmente empregado como uma autodescrição do fascismo italiano e, com o tempo, passou a indicaras forças que derrubaram os regimes liberais democráticos no início do século XX. Tais forças, segundo a organização proposta por **Eric Hobsbawm,** ou eram de extração militar, de direita ultraconservadora ou de direita fascista (mobilizadora das massas); todas tiveram apoio da Igreja, contrária ao Estado secular e à herança do Iluminismo, da Revolução Francesa e ao "comunismo ateu". Também faziam oposição à revolução trabalhista e socialista, que subvertera a velha ordem social. Além disso, todos eram nacionalistas, autoritários e hostis às instituições liberais.[8]

Por essas razões é que durante a primeira metade do século XX, para milhões de europeus, o fascismo e o comunismo foram melhores alternativas que a liberal democracia. **Timothy G. Ash** (*Free world*, 2005), analisando essas escolhas, faz notar a relatividade da aplicação de valores ditos "ocidentais" no próprio Ocidente. Nesse sentido, diz Ash, Adolf Hitler foi um "anti-Ocidente ocidental", embora europeu e produto da civilização ocidental.[9]

DISCUTINDO CONCEITOS – V
HANNAH ARENDT E AS ORIGENS DO TOTALITARISMO

Segundo Hannah Arendt, a novidade do totalitarismo em relação a formas despóticas anteriores reside no fato de destruir os grupos e instituições que compõem o seu círculo de relações privadas, desconectando-o da sociedade em que vive.

[8] A era dos extremos, p. 116-7.
[9] Free world, p. 215-6.

A destruição da sociedade de classes e a subsequente falta de representatividade política geram "o burguês isolado de sua classe social, que se preocupa fundamentalmente com o seu bem-estar e o de sua família e que, nessa perspectiva, faz qualquer coisa para manter sua segurança e tranquilidade. "No conjunto, os indivíduos, desunidos, formam a "sociedade de massas", onde a preocupação com o interesse de um grupo ou classe foi substituído pelo interesse de cada um.

A sociedade de massa, na perspectiva de Arendt, abrange, pois, grande número de indivíduos que não possuem interesses comuns, não se filiam a partidos políticos ou a qualquer outro coletivo, dada a ausência de objetivos compartilhados e a falta de certeza de pertencerem ao mesmo mundo.

"Os movimentos totalitários objetivam e conseguem organizar as massas — e não as classes, como o faziam os partidos de interesses dos Estados nacionais do continente europeu, nem os cidadãos com suas opiniões peculiares quanto à condução dos negócios públicos, como o fazem os partidos dos países anglo-saxões. Todos os_grupos políticos dependem da força numérica, mas não na escala dos movimentos totalitários, que dependem da força bruta, a tal ponto que os regimes totalitários parecem impossíveis em países de população relativamente pequena, mesmo que outras condições lhes sejam favoráveis. Depois da Primeira Guerra Mundial, uma onda antidemocrática e pró-ditatorial de movimentos totalitários e semitotalitários varreu a Europa: da Itália disseminaram-se movimentos fascistas para quase todos os países da Europa central e oriental (os tchecos — mas não os eslovacos — foram uma das raras exceções); contudo, nem mesmo Mussolini, embora useiro da expressão "Estado totalitário', tentou estabelecer um regime inteiramente totalitário, contentando-se com a ditadura unipartidária."[10]

"O sucesso dos movimentos totalitários entre as massas significou o fim de duas ilusões dos países democráticos em geral e, em particular, dos Estados-nações europeus e do seu sistema partidário. A primeira foi a ilusão de que o povo, em sua maioria, participava ativamente do governo e todo indivíduo sim-

[10] ARENDT, Hannah – Origens do Totalitarismo, p. 358.

patizava com um partido ou outro. Esses movimentos, pelo contrário, demonstraram que as massas politicamente neutras e indiferentes podiam facilmente constituir a maioria num país de governo democrático e que, portanto, uma democracia podia funcionar de acordo com normas que, na verdade, eram aceitas apenas por uma minoria. A segunda ilusão democrática destruída pelos movimentos totalitários foi a de que essas massas politicamente indiferentes não importavam, que eram realmente neutras e que nada mais constituíam senão um silencioso pano de fundo para a vida política da nação. Agora, os movimentos totalitários demonstravam que o governo democrático repousava na silenciosa tolerância e aprovação dos setores indiferentes e desarticulados do povo, tanto quanto nas instituições e organizações articuladas e visíveis do país. Assim; quando os movimentos totalitários invadiram o Parlamento com o seu desprezo pelo governo parlamentar, pareceram simplesmente contraditórios; mas, na verdade, conseguiram convencer o povo em geral de que as maiorias parlamentares eram espúrias e não correspondiam necessariamente à realidade do país, solapando com isto a dignidade e a confiança dos governos na soberania da maioria.

Tem sido freqüentemente apontado que os movimentos totalitários usam e abusam das liberdades democráticas com o objetivo de suprimi-las. Não porque os seus líderes sejam diabolicamente espertos ou as massas sejam infantilmente ignorantes. As liberdades democráticas podem basear-se na igualdade de todos os cidadãos perante a lei; mas só adquirem significado e funcionam organicamente quando os cidadãos pertencem a agremiações ou são representados por elas, ou formam uma hierarquia social e política. O colapso do sistema de classes como estratificação social e política dos Estados-nações europeus foi certamente 'um dos mais dramáticos acontecimentos da recente história alemã' e favoreceu a ascensão do nazismo na mesma medida em que a ausência de estratificação social na imensa população rural da Rússia (esse "grande corpo flácido destituído de educação política, quase inacessível a idéias capazes de ação nobilitante", como disse Górki) favoreceu a deposição, pelos bolchevistas, do governo democrático de Kerenski."[11]

[11] Op. Cit. P. 362

"Na prática, pouco importa que os movimentos totalitários adotem os padrões do nazismo ou do bolchevismo, que organizem as massas em nome de classes ou de raças, ou que pretendam seguir as leis da vida e da natureza ou as da dialética e da economia. A indiferença em relação aos negócios públicos e a neutralidade em questões de política não são, por si, causas suficientes para o surgimento de movimentos totalitários. A sociedade competitiva de consumo criada pela burguesia gerou apatia, e até mesmo hostilidade, em relação à vida pública, não apenas entre as camadas sociais exploradas e excluídas da participação ativa no governo do país, mas acima de tudo entre a sua própria classe."[12]

DISCUTINDO CONCEITOS – VI
SISTEMA SOCIAL, SISTEMAS ECONÔMICOS E SISTEMAS POLÍTICOS

Um sistema pressupõe interação, sendo o sistema social uma espécie de ordem inclusiva na qual a interação se faz entre duas ou mais pessoas que, nela, podem perceber como os outros agem ou agirão, além de terem condições de atuar em conjunto para a consecução de determinados objetivos.[13] Sistemas econômicos e sistemas políticos são subsistemas do sistema social.

Sistemas políticos *lato sensu* designam o conjunto de instituições e processos políticos que se caracteriza pela interdependência mútua de seus elementos. Ex.: democracia, autoritarismo, totalitarismo e ditadura, sendo que o par democracia/autoritarismo implica a dicotomia maior/menor oportunidade de participação nas decisões estatais.

Sistemas econômicos, por sua vez, designam a forma pela qual as relações de mercado e a propriedade dos bens de produção são definidas; ou seja, identifica o conjunto de instituições por via do qual dada sociedade define como enfrenta os problemas relativos à escassez de recursos que podem ser sintetizados nas seguintes questões: o que, como e para quem produzir. Desse ponto de vista, os sistemas podem ser centralizados ou descentralizados.

Nos sistemas centralizados, as decisões econômicas são tomadas pelas mesmas pessoas que tomam decisões políticas, do que decorre a apropriação dos bens de produção pela sociedade em virtude de seu poder político. Em outras

[12] Op. Cit. P. 363
[13] Dahl, R. "Modern Political Systems", p. 7.

palavras, há coincidência, ou justaposição, dos sistemas político e econômico, com fundamento na capacidade de previsão e execução dos órgãos centrais. São seus exemplos os chamados sistemas socialistas, entre eles o sistema econômico implantado pelos jesuítas nos territórios das Missões, o cubano e o soviético.

Nos sistemas descentralizados dá-se a separação das decisões econômicas e políticas, isto é, os respectivos sistemas operam em esferas distintas, com fundamento na capacidade coordenadora do mercado. O sistema capitalista nos países democráticos é seu paradigma.

O par capitalismo/socialismo diz respeito à dicotomia público/privado em relação à propriedade dos bens de produção.

Nenhum sistema político é inteiramente democrático ou ditatorial, nem inteiramente capitalista ou socialista (como é o caso da China, por exemplo). As dicotomias mencionadas tendem a simplificar a complexidade que se estabelece pela sua interação, até porque determinadas instituições ou processos podem ser vistos, para certos propósitos, como parte do sistema político e do sistema econômico, concomitantemente.

Do ponto de vista sociológico, capitalismo e socialismo não são modos de produção, mas modos de desenvolvimento social, distinguindo-se o modo de produção do de desenvolvimento pela separação das relações de trabalho da ação política.

Do ponto de vista político, o socialismo é um subsistema econômico em relação a uma sociedade autoritária, assim como o capitalismo o é em relação a uma sociedade democrática.

3. O Estado constitucional da segunda metade do século XX. O Estado democrático

De traços acentuadamente sociais e intervencionistas, o Estado constitucional democrático é o tipo observado desde a segunda metade do século XX, com as seguintes características principais:

a) adoção de sistemas políticos democráticos;
b) supremacia da Constituição e ênfase nos controles jurídicos;
c) subordinação da vontade legislativa ao conteúdo de justiça previsto na Constituição;

d) irradiação do conteúdo de justiça por intermédio de princípios e valores por todo o sistema jurídico;
e) incidência da Constituição sobre as relações privadas e não somente os poderes públicos;
f) ampliação do reconhecimento e proteção dos direitos humanos, com valorização do indivíduo na esfera pública e na privada;
g) máxima expansão econômica por meio da intervenção em setores antes reservados à iniciativa privada, como o industrial, o financeiro etc.

Tais características encontram-se presentes no constitucionalismo europeu do pós-guerra, como se extrai, em particular, da Lei Fundamental de Bonn (1948), da Constituição da República Italiana (1948), da Constituição espanhola (1978) e da Constituição portuguesa (1976). Em todas há marcante positivação de normas de direitos fundamentais e princípios de justiça material, como expressões normativas dos valores sociais, sob fiscalização constitucional rígida pelos tribunais constitucionais.

O desenvolvimento do Estado constitucional em tal direção não se dá por acaso. É resultado de transformações políticas, sociais e econômicas de natureza democrática e intervencionista; do fim dos regimes autoritários de diversos matizes e da organização da comunidade internacional, com a criação da ONU, em 1945

O movimento de expansão estatal reflui nas últimas décadas do século XX, devido a dois fatores que se influenciam reciprocamente: a reavaliação das relações Estado/sociedade e a internacionalização.

Do ponto de vista político, esse tipo de Estado é fortemente marcado pelo fracionamento de seu poder, em virtude do florescimento, no decorrer do século XX, de inúmeras entidades – partidos políticos, sindicatos laborais e patronais, associações profissionais, culturais etc. –, além de associações de defesa ecológica, de defesa do consumidor, de usuários do serviço público etc. Todas são representativas de segmentos sociais, integrantes do denominado "terceiro setor", que passaram a exercer pressões sobre o Estado, visando a realização de determinados interesses.

Ainda no plano interno, a tendência é a diminuição da esfera pública, mediante privatizações e o desaparecimento das empresas públicas.

A partir dos anos 1990, após o fim da União Soviética e da Guerra Fria, os Estados reduzem o uso da força e dos exércitos, seja pela diminuição dos gastos militares (com exceção dos Estados Unidos) seja pela abolição do serviço militar obrigatório (observada desde os nãos 1960); a defesa militar, no período, transforma-se de dever nacional em tarefa supranacional, atribuída à OTAN e à ONU.

Ainda no plano internacional, proliferam os poderes públicos supraestatais criados pelos próprios Estados que integram a chamada "governança global".

Paralelamente, os Estados perdem o monopólio tecnológico e o das comunicações entre os indivíduos, posto que esses podem se conectar diretamente por meio de redes eletrônicas independentemente do Poder Público. Além disso, diversos aspectos econômicos, antes regulados pelos Estados, destes se desvinculam; é o caso das transações financeiras internacionais e das sociedades multinacionais, que se encontram sob a jurisdição de vários Estados.

Para os Estados, as tensões e ambiguidades que resultam desse modelo de convivência entre o público e o privado, o interno, o externo e o supranacional exigem adaptações recíprocas, mediante novas formas de convivência entre os diversos ordenamentos jurídicos (ver capítulos 17 e 18).

DISCUTINDO CONCEITOS – VII
ONDAS DE DEMOCRACIA

Após a II GG, a maioria dos Estados do planeta tornou-se democrática, em movimentos que **Samuel Huntington** (*A terceira onda*, 1994) denominou "a segunda e a terceira onda de democratização".

Segundo **Huntington**, as ondas de democratização consistem em movimentos simultâneos, que ocorrem em curto espaço de tempo, nos quais se operam transições de regimes autoritários para regimes democráticos. A primeira onda de democratização ocorreu após a Revolução Francesa, durante o século XIX e início do século XX, mais precisamente entre 1828 e 1926, período no qual o sufrágio se espalhou pelo continente europeu e norte-americano. Esse movimento foi sucedido pela onda inversa do totalitarismo, à qual se seguiu a segunda onda de democratização, entre 1943 e 1962, com a democratização da Alemanha, Itália e Coreia do Sul. A onda reversa, por sua vez, é identificada na expansão dos regimes militares ditatoriais na América do Sul. A terceira onda, finalmente, inicia-se com a Revolução dos Cravos em Portugal (1974), alcançando, sucessivamente, o sul da Europa (Espanha e Grécia), a América Latina e o Leste Europeu nas décadas seguintes.

DISCUTINDO CONCEITOS – VIII
A CONFIGURAÇÃO PLURALISTA DO ESTADO

Alguns processos ilustram a configuração pluralista do Estado da segunda metade do século XX.[14]

Participação da sociedade civil. À proliferação de grupos que exercem pressão sobre os órgãos e poderes estatais, na busca de reconhecimento e realização dos interesses que defendem, soma-se à institucionalização de vários meios de vida e participação da sociedade civil na tomada de decisões dos poderes públicos, por exemplo, o assento em órgãos consultivos e deliberativos, as audiências e as consultas públicas. Por outro lado, nota-se "maior proximidade entre instituições públicas e sociedade e maior atuação do setor privado no exercício de funções públicas, acentuando-se a valorização da responsabilidade social dos cidadãos isolados ou associados e aumento das formas de concretização do princípio democrático".[15]

Desestatização da sociedade. "Quaisquer que sejam as orientações de seus governos, as democracias ocidentais conheceram, ultimamente, um duplo movimento: de redução do espaço do Estado em benefício do mercado e de redução desse espaço em benefício dos cidadãos; é a desestatização da sociedade, mesmo que figure, sob muitos aspectos, mais como transformação das modalidades de intervenção pública do que verdadeira regressão desta".[16]

Redefinição das fronteiras entre estado/sociedade. O estado torna-se definidor de macrorregras e mediador entre os grandes grupos; estado e sociedade são interdependentes, vinculados e condicionados por um número crescente de inter-relações. "com o florescimento de grupos e associações, multiplicam-se os modos de solução de problemas mediante negociação, acor-

[14] Cf. a propósito Odete Medauar, O Direito Administrativo em evolução, p. 87-8

[15] Ibidem.

dos, protocolos de intenções entre setores interessados, com ou sem o envolvimento do estado."[16]

4. O Estado constitucional das primeiras décadas do século XXI. O Estado internacional e constitucional de direito

Origens. A gênese desse tipo de Estado coincide com o final da Guerra Fria, assinalada pela queda dos regimes socialistas alemão e soviético. Os fatos que lhe dão causa são conhecidos. Aos acontecimentos econômicos e políticos que se seguiram à queda do Muro de Berlim, ao colapso da URSS e à destruição do sistema internacional estabelecido após a Segunda Guerra Mundial (em decorrência da substituição da ordem bipolar, marcada pelo equilíbrio de forças entre os Estados Unidos e seus aliados e a URSS, pela hegemonia americana), somaram-se os processos de descentralização do poder do Estado e de sua internacionalização acentuada.

A partir da década de 1990 observaram-se, ainda, configurações jurídicas inéditas que decorrem de situações diversas, como a integração comunitária (cujo exemplo mais marcante é a criação da União Europeia e a adoção de moeda única), o direito de ingerência (como ocorreu no Afeganistão e no Iraque, por parte dos Estados Unidos) e o de assistência humanitária, assegurando que a tutela dos direitos humanos exorbita o âmbito do território do Estado (como se verificou na ex-Iugoslávia em 1999), entre outras.

Características. O Estado moderno das primeiras décadas do século XXI, na tipologia das formas de governo, caracteriza-se por ser, simultaneamente, democrático, internacional e constitucional de Direito.

Estado internacional, em razão da emergência do direito internacional público, sob a orientação dos valores das Nações Unidas, expressos na Carta de 1946 e na DUDH, de 1948., é delineado não como produto da globalização ou da regionalização, mas como um tipo de Estado moderno que compartilha valores no nível mundial.

Estado constitucional de direito, devido aos valores e princípios de justiça que constituem o núcleo do modelo axiológico da Constituição

[16] Op. cit. p. 113.

como norma, possui possibilidade permanente de atualização do sistema jurídico diante das sociedades pluralistas contemporâneas. Essa associação significa a ampliação do conceito de Estado de Direito e da noção de igualdade social que, nessa concepção, adquire uma nova dimensão pela congregação da igualdade formal à igualdade material.

Deve-se ao Estado internacional e constitucional de direito a compreensão alargada do princípio da legalidade, por via da necessária adequação da produção jurídica da lei, bem como de sua aplicação e interpretação aos valores expressos na Constituição e nas normas internacionais, especialmente em matéria de proteção à pessoa humana.

Inserido num mundo cada vez mais interdependente, o Estado do século XXI não é autossuficiente política, jurídica ou economicamente, sobretudo por obra de processos de transnacionalização dos mercados de insumos, produção, capitais, finanças e consumo, e da perda do controle estatal sobre a moeda. A saída do Reino Unido da União Europeia a partir de 2016 e a guerra da Ucrânia em 2022 demonstraram quão interdependentes são os Estados do séc. XXI.

Várias consequências derivam desse processo de dependência mútua, já observado desde a segunda metade do século XX. A mais visível é a ligação que se estabelece entre os Estados, as demais pessoas jurídicas de direito público e os chamados "atores" da nova ordem internacional: empresas globais, minorias étnicas, sindicatos, partidos políticos, comunidades regionais e locais etc.

Todos são polos dinâmicos das relações internacionais, com os quais o Estado mantém um processo de permanente negociação. Desse ponto de vista, o Estado se insere numa rede decisional, na qual se incluem as arbitragens internacionais e a atuação dos diversos atores da globalização e da regionalização, com prevalência da economia sobre a política.

Sua soberania é partilhada ou compartilhada com os demais sujeitos da ordem internacional e regional, provocando o declínio da autoridade estatal assim como a perda do monopólio do poder político e, por consequência, da autoridade e centralidade decisórias. A intervenção humanitária, por exemplo, decorre do pressuposto de que se um Estado não protege o seu povo de genocídio, crimes de guerra, limpeza étnica e demais crimes contra a humanidade, a comunidade. Nesse sentido a decisão das Nações Unidas sobre a responsabilidade de proteger, adotada unanimemente em 2005 pelos Estados membros. Assim se alteram as estruturas originais do sistema de Estados e da ordem internacional, nos quais os Estados eram os únicos sujeitos e titulares de direitos.

Também no plano nacional, o Estado contemporâneo, constitucional e democrático, que adota a separação clássica de Poderes, isto é, a divisão de poder territorial nas suas diversas expressões (federais ou regionais), não assegura unidade e coerência de ação. Em muitos casos, as forças presentes nos diversos órgãos e níveis de poder não obedecem aos mesmos programas e princípios políticos nem resultam da mesma base de legitimação, conforme a quantidade e heterogeneidade de partidos políticos, a sua expressão no Legislativo e no Executivo, e a configuração do regime de governo. O declínio da autoridade estatal em razão do alargamento da base eleitoral, do fortalecimento dos sindicatos e dos partidos, todos envolvidos em manobras de coalisão, configura o que a doutrina italiana vem chamando de "Estado pluriclasse".[17]

São espécies do Estado internacional e constitucional: o Estado social-democrático de direito, o Estado de direito democrático e o Estado Democrático de Direito.

Consequências jurídicas. No campo do Direito, a consequência mais notável desses processos foi a intrusão, no território nacional, de normas internacionais em áreas antes reservadas à competência humanos fortaleceu esse entendimento após a criação da ONU; fortaleceu, igualmente, a definição das finalidades dos Estados democráticos e as da ordem internacional, em função da proteção da vida e dignidade humanas, independentemente de nacionalidades.

Os Estados, nesse contexto, tornam-se necessários não apenas como instâncias de concretização, mas também como instâncias decisórias para efetivação dos direitos humanos, de tal sorte que a ordem internacional ganha o *status* de espaço público universal, fundado no princípio da igualdade perante a lei. Foi o que se verificou, de forma paradigmática, no chamado "caso Pinochet", por via da aplicação, pela justiça inglesa, do princípio da jurisdição universal compulsória em situações de crimes internacionais relativos a graves violações de direitos humanos (desapa-

[17] Cf. Giannini, Massimo Severo. "La denominada crisis del Estado". Revista de La Facultad de Derecho de La Universidad Complutense, Madrid, n. 73.

recimento de cidadãos espanhóis na Argentina e no Chile, além da prática de crimes de tortura, terrorismo e genocídio).

Nesse caso, em virtude de um pedido de extradição em nome do então Senador e ex-ditador chileno Augusto Pinochet, encaminhado pelo juiz espanhol Baltasar Garzón à Inglaterra em 1998, a Câmara dos Lordes suspendeu, de forma inédita, os privilégios de imunidade do ex-chefe de Estado pelos atos cometidos. A despeito da morte de Pinochet antes de seu julgamento (2006), o precedente assinalou a afirmação do princípio da jurisdição internacional e do direito global.

No campo da paz e da segurança, se os atentados terroristas de 11 de setembro de 2001 nos Estados Unidos, além de tantos outros, expuseram a vulnerabilidade dos Estados, a Guerra do Iraque, em particular, trouxe à luz as profundas divisões da comunidade internacional e as diferenças entre os Estados-membros no enfrentamento de ameaças à segurança mundial. Por outro lado, a excessiva preocupação com a segurança coletiva ante ameaças como o terrorismo, o narcotráfico, o crime organizado e as armas de destruição em massa arrefeceu iniciativas internacionais em prol dos direitos humanos que, a despeito de muitas conquistas, demonstrou sua baixa efetividade no plano da atuação conjunta dos Estados. Às necessidades especiais da África, por exemplo, somaram-se violações do direito humanitário internacional (a exemplo do ocorrido em Darfur, no Sudão, entre 2004 e 2008) e violações sistemáticas de direitos em situações de deslocamento forçado de pessoas (como verificado no Congo, na Costa do Marfim e na Libéria).

Outros problemas jurídicos para os Estados decorrem do aumento dos produtores de do direito, notadamente no âmbito do direito internacional de proteção à pessoa humana e ao meio ambiente. Como se delineia essa nova distribuição de competências? o que fica para os Estados? quais os fundamentos do direito? (ver capítulos 12 e 19).

DISCUTINDO CONCEITOS – VII
A SOCIEDADE EM REDE SEGUNDO MANUEL CASTELLS

Manuel Castells propõe o conceito da "sociedade em rede" para designar a nova morfologia social da era da informação, na qual, apesar de tudo, "o Estado e a afirmação da identidade coletiva nacional/cultural provaram reunir forças decisivas na arena da concorrência global".[18] "Rede" significa, literalmente, "um conjunto de nós interconectados"; dependendo do tipo de rede, varia a natureza do nó.

As redes têm capacidade de expansão ilimitada: impulsionadas pelas novas tecnologias de informação, integram novos nós, à velocidade da luz, desde que compartilhem dos mesmos códigos de comunicação, dos mesmos valores ou objetivos. É o caso, *v. g.*, dos mercados de bolsas de valores e suas centrais de serviço, na rede dos fluxos financeiros globais; dos Conselhos Nacionais de Ministros e de comissários europeus, na rede política que governa a Europa; e também dos campos de coca e papoula, laboratórios clandestinos, pistas de aterrissagem secretas etc., nas redes ilícitas de tráfico de drogas, que invadem economias, sociedades e Estados no mundo inteiro.

A morfologia da rede, adverte Castells,

> é uma fonte de drástica reorganização das relações de poder. As conexões que ligam as redes (por exemplo, fluxos financeiros assumindo o controle de impérios de mídia que influenciam os processos políticos) representam os instrumentos privilegiados do poder. Assim, os conectores são os detentores do poder. Uma vez que as redes são múltiplas, os códigos interoperacionais e as conexões entre redes tornam-se as fontes fundamentais da formação, orientação e desorientação da sociedade.[19]

Além disso, a difusão da lógica das redes modifica substancialmente a operação e os resultados dos processos produtivos, de poder e de cultura, dado que o espaço dos fluxos e o dos espaços físicos, o do tempo instantâneo das redes computadorizadas e o tempo cronológico das relações cotidianas vivem lado a lado, sem se relacionarem.

Na sua avaliação, porém, a sociedade em rede representa uma transformação qualitativa da experiência humana, marcada pela autonomia da cultura *vis-à-vis* às bases materiais da existência humana. No que diz respeito às relações entre a natureza e a cultura, a sociedade em rede propiciou "um modelo genuinamente cultural de interação e organização social". Historicamente, o

[18] Op. cit. p. 257.
[19] Op. cit. p. 566-7.

primeiro modelo é o da dominação da natureza sobre a cultura; o segundo, estabelecido nas origens da Era Moderna, presenciou a dominação da natureza pela cultura; no novo estágio, encontramo-nos face a um modelo no qual a cultura refere-se à cultura, tendo suplantado a natureza a ponto de a natureza ser renovada artificialmente como forma cultural.[20]

DISCUTINDO CONCEITOS – VIII
TEMPO E ESPAÇO

Os Estados do século XXI são, por definição, interdependentes. Muito além dos efeitos econômicos e sociais dos processos de transnacionalização, análises conduzidas no campo da Ciência Política evidenciam outras consequências em relação às noções tradicionais de tempo e espaço, com impactos nos elementos do Estado.

Uma delas, conduzida por **Zaki Laide**, conclui pela existência de um "tempo mundial", de dimensão sociológica. O fenômeno é identificado pela ocorrência da "ressonância", isto é, pela capacidade apresentada por determinados acontecimentos em propagar a ideia de uma nova era, com o que se obtém um novo repertório de unidade de medida do tempo. Foi o que aconteceu, por exemplo, em relação aos atentados terroristas de 11 de setembro de 2001 nos Estados Unidos, que expuseram a vulnerabilidade dos Estados. Na sequência, e em decorrência, a Guerra do Iraque trouxe à luz as profundas divisões da comunidade internacional e as diferenças entre os Estados-membros no enfrentamento de ameaças à segurança mundial. A ação unilateral dos Estados Unidos no Iraque, ademais, pôs em xeque a autoridade da ONU. Se até então, desde o final da Segunda Guerra Mundial, a tendência da política mundial era enfraquecer a força dos Estados, no período posterior a 11 de setembro de 2001 o sentido se inverteu, sendo mais importante ampliar a força interna dos Estados do que limitá-la, em nome da segurança. A mesma avaliação pode ser feita em relação à crise econômica e financeira mundial iniciada em 2008.

Richard Rosencrance, por outro lado, identifica, por obra da subversão dos parâmetros temporais pela tecnologia da comunicação, a emergência do "Estado virtual", aquele no qual o território não significa poder, dado que sua

[20] Op. cit. p. 564-73.

economia depende de fatores móveis de produção.[21] O Estado virtual especializa-se em técnicas modernas e serviços de pesquisa; suas rendas derivam não apenas de pesquisas de fabricação de alto valor, mas também de *design* de produtos, marketing e finanças, atividades para as quais o tamanho do Estado não é determinante. Segundo Richard Rosencrance em *The rise of the virtual State* (1999), os Estados virtuais devem alcançar ainda maior prosperidade no século XXI, substituindo as unidades autossuficientes que prevaleceram no passado. São exemplos desses Estados os chamados "tigres asiáticos": Hong Kong, Taiwan, Singapura e Coreia do Sul.

Por todas essas razões, é que **Karoline Postel-Vinay** (*A transformação espacial das relações internacionais*, 2004) aponta a conveniência de se adotar uma noção de "espaço" que supere, na conjuntura atual, as instabilidades da divisão interno/externo, decorrentes tanto das transformações do cenário internacional quanto das mutações das regiões, como se observa, por exemplo, na internacionalização das regiões.[22] Ou seja, propõe uma noção de espaço situado além da territorialidade, de visualização ainda confusa, mas que tem na hipótese regional sua manifestação mais tangível. A região, desta forma, aparece como uma terceira dimensão, que permitiria ultrapassar a oposição entre "território" e "redes". Exemplo disso, diz a autora, apoiada em estudos desenvolvidos no Japão acerca das novas regiões transfronteiriças asiáticas, é o elo lógico que se estabeleceu entre o regionalismo clássico e o regionalismo fundado na atividade translocal, sendo este último nada mais do que o prolongamento do primeiro; seu fio condutor seria, justamente, "[...] a reivindicação de uma entidade espacial caracterizada por uma certa coerência sociológica e geográfica (que lhe daria sua qualidade regional) e representaria, precisamente, um espaço pertinente para a ação".

Entre aqueles estudos, destaca-se o de **Kenichi Ohmae** (*The rise of region states*, 1993), no qual os Estados regionais são conceituados como "zonas econômicas naturais", estas, sim, relevantes para o mapa da globalização econômica. Nesse sentido, diz o autor, pouco importam as fronteiras políticas do Estado-Nação que, como unidade de convivência e organização, se tornou artificial e mesmo disfuncional, visto que o vínculo primário dos Estados regionais é com a economia global e não com seus "hospedeiros". É o caso, por exemplo,

21 Op. cit. p. 47.
22 Op. cit. p. 158.

do norte da Itália, do País de Gales, e também da região formada entre San Diego (Califórnia) e Tijuana (México), entre a Indonésia e Singapura, entre Hong Kong e o sul da China.[23]

DISCUTINDO CONCEITOS – IX
O CHOQUE DE CIVILIZAÇÕES SEGUNDO HUNTINGTON

Samuel P. Huntington, em *The clash of civilizations* (1993), ao analisar a ordem mundial após o fim da Guerra Fria, argumenta que as diferenças entre os povos não mais serão determinadas por razões ideológicas, políticas ou econômicas, mas culturais. Assim sendo, levanta a possibilidade de um grande conflito civilizatório, fundado nas diferenças étnico-religiosas que dividem a humanidade. Este seria a última fase na evolução dos conflitos do mundo moderno.

Da Paz de Westfália ao século XIX, os conflitos se deram entre príncipes. Após a Revolução Francesa, entre os príncipes e o povo. Após a Primeira Guerra, entre ideologias (comunismo, nazifascismo e democracia liberal). Durante a Guerra Fria, entre as duas superpotências (EUA/URSS). Todos esses conflitos foram, basicamente, conflitos da civilização ocidental. Com o fim da Guerra Fria, a política internacional move-se em direção à interação entre civilizações ocidentais e não ocidentais, e entre as não ocidentais, em particular a chinesa e a islâmica.

Tais argumentos foram retomados em *The Clash of Civilizations and the Remaking of World Order (1996)*, obra na qual **Huntington** refuta a ideia da hegemonia da cultura ocidental e do conceito de uma civilização universal, além de afirmar a crescente importância da religião na política global, dado o fim das ideologias. Conclui, enfim, ser inevitável o mundo multicultural, ante a impossibilidade de um império global. A preservação do ocidente requer a renovação da identidade ocidental.

Para seus críticos, **Samuel Huntington** simplificou seus argumentos, tomando uma parte pelo todo. Edward W. SAid (*The Clash of Ignorance, 2001*)[24] alega que o professor de Harvard não considerou a dinâmica interna e a pluralidade de cada civilização ou religião; não poderia,

[23] Foreing affairs, 72, 1992/1993, p. 78/86.
[24] The Nation. 22/10/2001

ademais, condenar todo o Islã (mais de um bilhão de pessoas) com base em comportamentos reprováveis, mas isolados. **Richard Rosencrace** (*Review: Samuel Huntington's The Clash of Civilizations and the Remaking of World Order*)[25] centra sua crítica na falta de fundamento científico em se adotar o critério "civilização" como único elemento de análise; em verdade, prossegue, diversos conflitos culturais ocorrem nas fronteiras. Além disso, variáveis como guerras e cooperação econômica entre civilizações constituiriam importantes elementos de análise. **Rosencrance**, contudo, conclui que a cultura é, sem dúvida, importante nas relações internacionais e que **Huntington** está correto em sugerir que a civilização ocidental deveria encontrar meios de se compor com a civilização chinesa dentro de uma sociedade mais plural de nações.

[25] American Political Science Review, Vol. 92, Issue 4 (December 1998), pp. 978/980.

CAPÍTULO 4
DOUTRINAS POLÍTICAS E CONCEPÇÕES DE ESTADO

Diversas concepções de Estado como sociedade política derivam das doutrinas políticas clássicas. Algumas delas encontram-se a seguir relacionadas com o propósito de realçar seus principais aspectos e fundamentos. O objetivo dessas variações sobre o mesmo tema é apresentar ao leitor diferentes análises acerca das formas políticas de convivência humana em sua complexidade, procurando acentuar suas ideias nucleares e sua contribuição à evolução do pensamento político e à configuração dos diversos tipos de Estado.

Como se poderá notar, tais concepções podem ser classificadas em mais de uma categoria, dadas a riqueza de conteúdos e as múltiplas leituras que propiciam. As categorias escolhidas não são estanques nem incomunicáveis, mas dinâmicas e complementares, podendo ser estabelecidas diversas relações entre todas, o que significa que não há concepções fechadas ou definitivas sobre o Estado, mas inúmeras maneiras de projetá-lo.

1. O Estado como dever-ser

Na Antiguidade e na Idade Média, estudos teleológicos – voltados à indagação das razões da existência do Estado – preocuparam-se mais com o "dever-ser" do que com o "ser" do Estado, não distinguindo entre a realidade dos fatos e as valorações ético-sociais. Nessa corrente, a forma adotada pela sociedade política não influencia o julgamento do analista; nela se incluem, entre outros, **Platão**, **Aristóteles**, **Santo Agostinho** e **Santo Tomás de Aquino**.

1.1. Platão (427-347 a.C.) e Aristóteles (384-322 a.C.)

Em *A república* (século IV a.C.), **Platão** apresenta uma concepção ideal de Estado que ele próprio reconhece jamais ter existido em lugar algum. Convicto de que só existem Estados corrompidos, ainda que em graus desiguais, sobretudo em razão de sua falta de identidade com os cidadãos, o propósito de **Platão** é descrever, didaticamente, uma república ideal voltada à realização da justiça.

A justiça, por sua vez, resulta do fato de cada cidadão (seja governante ou filósofo, seja guerreiro ou produtor) realizar suas obrigações na medida das próprias aptidões. Ou seja: a justiça é composta da ação de cada cidadão, na observância da lei e no cumprimento de suas funções (ainda que essa concepção possa equivaler a um único tipo de conduta). Assim, a construção de uma legislação coerente com os objetivos do Estado pressupunha fixar os meios pelos quais os cidadãos alcançassem suas virtudes.

Nessa ordem de ideias, como se pode perceber, os princípios de justiça e de política são complementares e o Direito é compreendido como o instrumento que forja a república ideal; seu objetivo é permitir que a sociedade ascenda a formas superiores de conhecimento, além de proporcionar o bem de todos. O Estado apresenta-se, portanto, como resultado de uma organização social construída racionalmente, ainda que em bases utópicas.

Em *A política* (século IV a.C.), **Aristóteles** concebe o Estado como sociedade política. Tal sociedade é o *locus*, por excelência, de convivência e realização humanas; sua finalidade é suprir as necessidades básicas dos cidadãos, além de lhes garantir um modo de vida racional e virtuoso; é, enfim, a "esperança de um bem":

> Como sabemos, todo Estado é uma sociedade, a esperança de um bem, seu princípio, assim como de toda a associação, pois todas as ações dos homens têm por finalidade aquilo que consideram um bem. Todas as sociedades, portanto, têm como meta alguma vantagem, e aquela que é a principal e contém em si todas as outras se propõe à maior vantagem possível. Chamamo-la Estado ou sociedade política.[1]

[1] *A política*, p. 1.

Na base dessa doutrina estão três proposições fundamentais:

o homem é um ser racional;
o homem é um ser político;
o homem tem natureza racional e política, naturezas que se complementam na tarefa de definir as próprias leis de organização social, sob as quais viverá em sociedade, em bases éticas e justas.

É o que se extrai da seguinte passagem inscrita na Introdução de *A política*:

> [...] assim como o homem civilizado é o melhor de todos os animais, aquele que não conhece nem justiça nem leis é o pior de todos. [...] o discernimento e o respeito ao direito formam a base da vida social e os juízes são seus primeiros órgãos.[2]

O homem é um *animal racional* porque tem o conhecimento desenvolvido, os sentimentos do bem e do mal, do útil e do nocivo, do justo e do injusto. A racionalidade é, enfim, a característica que o distingue de todos os demais seres, de tal forma que só uma vida de acordo com a razão consiste na verdadeira vida humana. Mas o homem não pode bastar-se a si próprio, o que seria antinatural ou, em outras palavras, inumano. A sua tendência natural é viver em grupo: primeiro na própria família, depois nas aldeias, em virtude da união de várias famílias, e, mais tarde, nas cidades, em razão da união de diferentes aldeias, daí ser *naturalmente* talhado para a sociedade política, o que também o particulariza como *animal político*.

Da conjugação da natureza racional do homem à sua natureza política extrai-se a capacidade deste de se dar as próprias leis – leis que trarão ordem à sociedade política. O liame entre os indivíduos e os interesses sociais é, portanto, determinado pela lei. Nesses termos, cabe ao legislador estabelecer um sistema jurídico coerente e eficaz para que a plena realização humana seja alcançada, o que nada mais significa senão definir regras de comportamento destinadas à realização da justiça.

[2] Ibidem, p. 5.

A busca da ordem social justa é um dado importante na doutrina aristotélica, especialmente em face da heterogeneidade da organização estatal, composta por homens dotados de diferentes virtudes. A própria justiça é uma virtude que remete ao conjunto de preocupações éticas relativas à vida humana. **Aristóteles** apresenta, pois, uma compreensão ética da política, vinculada à atividade legislativa, na qual o conceito de justiça é elemento-chave.

O Estado ideal dependeria da qualidade dos cidadãos, sendo considerados bons cidadãos aqueles que fazem uso da prudência como governantes e do reto julgamento como governados. Essa condição, por sua vez, depende, em grande medida, da forma de governo: quando um governante faz uso do poder em benefício de interesses particulares, a comunidade política sofre porque se realiza menos, assumindo uma forma corrompida ou degenerada em relação à forma ideal; o mesmo se dá quando o cidadão não visa ao interesse comum. Não por outras razões, sua célebre teoria das seis formas de governo apresenta juízos de valor acerca das melhores e piores alternativas para a realização do bom governo.

A teoria das formas de governo de **Aristóteles** foi elaborada com base em dois critérios, um objetivo e outro subjetivo: o número de pessoas que exercem o governo (quem governa?) e como governam (no interesse de quem? De forma justa ou injusta?). O resultado é a classificação das formas boas e más, em número crescente de titulares, em uma relação biunívoca, na seguinte conformidade: às formas boas – monarquia (governo de um), aristocracia (governo de poucos) e democracia (governo de muitos) – correspondem as formas más (tirania, oligarquia, demagogia ou oclocracia). A distinção entre as formas boas e más aceita, ainda, uma classificação hierárquica: a pior forma é a degeneração da forma melhor, de tal modo que as demais degenerações são menos ruins que a pior. Nesse contexto é possível compreender a dimensão ética da análise da *pólis*, da perspectiva do "dever-ser".

1.2. Santo Agostinho (354-430), Santo Tomás de Aquino (1225-1274) e Francisco de Vitória (1483-1546)

Santo Agostinho, em *A cidade de Deus* (416-427), e **Santo Tomás de Aquino**, na *Summa theologica* (1266-1273) traçam, igualmente, concepções idealizadas de Estado, forjadas sob os princípios da lei divina, com valorização da igualdade entre os homens e da justiça como tarefa do Estado. Nelas, a justificativa da obrigação política é igualmente teológica, o temor a Deus justificando o temor ao soberano em graus e intensidades variados. Em **Agostinho** prevalece a fé, inteiramente; em **Tomás de Aquino**, a razão assume uma dimensão notável em comparação à justificação religiosa. Tais diferenças demonstram a evolução da cristianização na sociedade feudal do século IV, em que viveu **Agostinho**, ao século XIII, de **Tomás de Aquino**. No primeiro caso, a sociedade ainda se debatia entre a vida pagã e cristã, o que pressupõe a escolha entre uma e outra, fato totalmente superado nos anos 1200.

A construção filosófica de **Santo Agostinho**, especialmente em *A cidade de Deus*, subordina a razão à fé em benefício da consolidação do cristianismo. Toda a sua fundamentação do Direito e da organização da sociedade é marcada por essa visão. Partindo das ideias platônicas relativas ao Estado legal, atribui natureza divina à tarefa de realização da justiça pelo Estado – uma espécie de desejo divino, por assim dizer –, de forma que a "justa razão" nada mais significaria senão resultado e exigência da própria imagem de Deus. A própria ideia de *res publica* gira em torno da concepção da justiça como desejo divino; em verdade, onde não existe justiça não existe sociedade e não há *res publica*. Enfim, recuperando, em parte, a inatingibilidade do Estado ideal platônico, conclui que a verdadeira justiça só se encontraria no Estado fundado por Cristo (a *civitas divina*).[3]

Agostinho tem uma visão pessimista a respeito do homem, jamais liberto do pecado original, que é a causa da corrupção de sua natureza. A única possibilidade de redenção, especialmente na vida social e política, faz-se pela obediência à lei natural – sempre presente na mente humana –, aperfeiçoada pela revelação cristã. As bases do jusnaturalismo cristão estão aí lançadas e serão aperfeiçoadas, no século XIII, por **Tomás de Aquino** à luz da filosofia grega.

Na *Summa theologica*, visando a emancipar a filosofia da teologia, **Santo Tomás de Aquino** confere à razão o papel de influenciar a moral. **Aquino** entende ser possível o domínio racional das paixões humanas pela fé, na busca da mais perfeita realização.

[3] *A cidade de Deus*, Livro II, cap. XXI.

Fortemente influenciado por **Aristóteles**, identifica Deus como a causa final de todo ser natural, compartilhando da convicção helênica de que cada ser tende, inevitavelmente, à realização de sua essência. Por essa linha de argumentação, a natureza do homem tende à perfeição, em conformidade com sua essência, que é a de um ser dotado de razão. Logo, somente pela razão será alcançada a perfeição, propósito inexorável de uma vida moral.

Mas, se **Aristóteles** conclui que a realização do homem está na vida política da *pólis*, **Santo Tomás** só a entende possível na vida eterna, o que significa dizer que toda a atividade humana deve voltar-se a esse fim. Sendo o Estado produto da razão humana, sua finalidade – além de assegurar a subsistência da comunidade e a convivência pacífica entre todos – será, necessariamente, a de propiciar a realização humana.

Há, portanto, uma coincidência de interesses entre o Estado e a Igreja em face dos ideais cristãos: cada qual, nas respectivas áreas de atuação, temporal e espiritual, deve propiciar o caminho para a felicidade suprema: o Estado pela regulação social e a Igreja pela redenção dos crentes. Nessa ordem de raciocínio, o Estado se submete à Igreja – entidade superior em razão de seus fins.

Outro postulado que decorre do ideal cristão e que anima toda a vida do Estado é a coincidência entre Direito e Justiça. Sendo o Direito de inspiração divina, não havia nenhuma possibilidade de ser elaborado pelos homens. Segue, portanto, que suas normas e seus princípios não poderiam ser objeto de decisão, mas de conhecimento e obediência; o Direito, em verdade, estava inscrito, por Deus, no coração dos homens, posto que criados à sua imagem e semelhança. O que significa dizer que era um Direito natural, intuitivo, apenas deduzido da consciência ou revelado pela Igreja. Logo, não dependia da política, nem em conteúdo nem em validade. Era válido por instituição divina. A Política, por consequência, esgotava-se na imposição do direito vigente.

A ideia de justiça era tributária dessa concepção. Fosse o poder político exercido a serviço do Direito, gozaria de legitimidade e poderia exigir observância. Mas, ainda que o príncipe recebesse de Deus a sua autoridade e que, em decorrência, qualquer resistência à sua vontade constituísse resistência à própria vontade de Deus, a obediência dos súditos às autoridades seculares estava limitada às normas justas. Em situações contrárias à justiça, o direito de resistência era legítimo.

É evidente que a validade e a permanência de um Direito imutável e indisponível pressupunham, igualmente, uma ordem social imutável, o que significa dizer que, alteradas as condições sociais ou postas em dúvida as verdades religiosas em que se fundava, o Direito vigente perdia legitimidade.

A mesma linha de justificação teológica do poder do Estado, ainda que mitigada, encontra-se na sofisticada teoria da soberania estatal de **Francisco de Vitória,** tal como exposta nas *Relectiones*, resumos escritos das aulas que ministrou na Universidade de Salamanca, durante as décadas de 1520 e 1530.

Neles, identifica a existência de normas e princípios jurídicos inerentes à natureza humana e que, por essa razão, são dotados de superioridade hierárquica em relação às normas expedidas pelo monarca. Logo, diz **Vitória**, a ordem jurídica obriga a todos, inclusive o príncipe que a elabora e pode revogá-la; ademais, como o príncipe recebe a sua autoridade da república, em seu benefício deve usá-la, de modo que todas as leis, indistinta e necessariamente, devem voltar-se ao benefício de todos.

Tais normas e princípios compõem o conjunto dos direitos naturais dos povos e dos Estados, de caráter universal e de instituição divina, na qual são sujeitos de direitos a *communitas orbis,* ordem jurídica mundial composta por Estados soberanos (*republicae*) e a humanidade.

A ideia de soberania como um conjunto de direitos naturais dos povos oferece uma nova forma de legitimação à conquista da América, sendo este o objetivo imediato da obra de **Francisco de Vitória**. Para tanto, trouxe as discussões sobre o Direito natural dos domínios da Teologia Moral para o campo jurídico, para concluir que as normas de proteção aos direitos dos índios americanos integravam um corpo jurídico imanente à natureza humana, e daí o direito/dever de proteger os convertidos, correlato ao direito dos espanhóis de defenderem os seus direitos na hipótese de não conversão ou não submissão. Complementarmente, a concepção de **Vitória** permite fundar uma nova doutrina de legitimação da guerra justa.[4]

[4] A propósito, consultar FERRAJOLI, Luigi. *A soberania no mundo moderno*; SOARES, Guido Fernando Silva. *Curso de direito internacional público*, v. I; e WALZER, Michael. *Guerras justas e injustas*.

Tanto na tradição escolástica quanto na teoria da soberania de **Vitória** não existe a possibilidade de o Direito ser elaborado pelos homens. O Direito é posto não como objeto de decisão, mas de conhecimento e obediência; além disso, como Direito e Justiça eram coincidentes, o Direito não dependia da Política, nem em conteúdo nem em validade; era válido por instituição divina. A tarefa da Política, nessa conjuntura específica, ficava, pois, restrita à aplicação e conservação do Direito, sendo poder legítimo aquele que estava a serviço do Direito.

2. O Estado como realidade tangível

A separação do "ser" e do "dever-ser", na análise do Estado, só ocorreu, de forma consistente, com a obra de **Nicolau Maquiavel**. Ao longo do tempo, seguiram essa postura analítica pensadores como **Jean Bodin**, **Hugo Grotius**, **Thomas Hobbes**, **John Locke**, **Jean-Jacques Rousseau**, entre outros.

É ilustrativa da análise política de **Maquiavel** a seguinte passagem de *O príncipe* (1513), inscrita no capítulo XV, sugestivamente intitulado "Coisas pelas quais os homens, e especialmente os príncipes, são louvados ou vituperados": "[...] há tamanha distância entre como se vive e como se deveria viver, que aquele que trocar o que se faz por aquilo que se deveria fazer aprende antes a sua ruína do que a sua preservação [...]".[5] Nesse mesmo sentido, outro trecho paradigmático é a da já citada frase que dá início à obra, na qual objetivamente diz: "Todos os Estados, todos os domínios que tiveram e têm poder sobre os homens foram e são ou repúblicas ou principados".[6]

Descrições assemelhadas, de natureza empírica, podem ainda ser identificadas em **Jean Bodin**, na abertura de *Os seis livros da república* (1576): "República é o reto governo de várias famílias e do que lhes é comum, com poder soberano".[7] E também em **Hugo Grotius** (*Do direito de guerra e paz*, 1625): "O Estado é uma reunião perfeita de homens livres, associados para gozarem da proteção das leis e para a sua comum

[5] *O príncipe*, p. 72.

[6] Ibidem, p. 47.

[7] *Los seis libros de la república*, p. 11.

utilidade".[8] Outros exemplos: o Estado é a "realização de uma regra da razão, fundamental para o bem-estar humano" (**Thomas Hobbes**, *Do cidadão*, 1642);[9] "é o garantidor da liberdade, por intermédio da lei" (**John Locke**, *Segundo tratado sobre o governo civil*, 1690);[10] "é a pessoa, corpo social em que se concretiza a vontade geral" (**Jean-Jacques Rousseau**, *O contrato social*, 1762)[11] etc.

Nas análises realistas, o ponto de partida é a observação da sociedade política estatal e do tipo de *vínculo* existente entre os indivíduos que a compõem. Nesse tipo de abordagem, variam a finalidade do Estado e as formas pelas quais sua perenidade deve ser assegurada. O problema metodológico que as atinge, em termos científicos, está em saber em que medida a realidade do Estado pode, de fato, ser isenta de apreciações valorativas.

No período em que floresceu a absolutização do Estado, primado da segurança do reino ou do povo, em nome do qual o indivíduo abria mão de alguns ou de todos os seus direitos naturais a favor do governante, prevalece nas concepções de Estado como se observa em **Jean Bodin** e **Thomas Hobbes**, teóricos dos principais modelos absolutistas europeus. Essa matriz conformará, de modos diversos, as doutrinas contratualistas do Estado.

No contratualismo, o Estado é concebido como um ente artificial, produto exclusivo da vontade dos homens; seu fundamento é o consenso. Racionalizações dessa natureza estão presentes nas obras de **Hobbes, Samuel Von Pufendorf, Hugo Grotius, Locke** e **Rousseau**, entre outros. Temas, como contrato social, passagem do estado de natureza para o estado civil, liberdade e soberania, serão enfrentados de maneira exaustiva à luz do direito natural.

2.1. Nicolau Maquiavel (1469-1527) e Jean Bodin (1530-1596)

As concepções estatais racionais têm origem na crise política da Europa, no século XVI, que foi interpretada de diferentes ângulos teóricos. Todas

[8] *Del derecho de la guerra y de la paz*, t. I, p. 60.

[9] Do cidadão, 1992, p. 41.

[10] Segundo tratado sobre o governo civil, 2004, p. 104.

[11] O contrato social, 1996, p. 48.

ensejaram a revisão das bases filosóficas, políticas e jurídicas de um sistema no qual a revelação divina determinava não apenas a salvação do homem, como também todo o sistema político.

Maquiavel foi o primeiro pensador a perceber essa fragilidade. Rompendo com a tradição escolástica ao se calar sobre a origem divina do poder ou sobre o uso legítimo do poder, sua análise, como é algo cediço, possibilitou a separação das ligações do mundo político com a religião e a metafísica, inaugurando as concepções preponderantemente racionalistas sobre o Estado.

O interesse de **Maquiavel** estava centrado nos corpos políticos criados e mantidos à força no território italiano, fora dos parâmetros hierárquicos e teocráticos de origem medieval. Por essa razão, dedicou-se a identificar os perigos que ameaçavam os novos principados descrevendo os meios de adquirir e conservar o poder político, sem nenhuma justificativa teleológica ou axiológica.

Em *Os seis livros da república*, **Bodin** desenvolve uma teoria sobre a legitimidade do poder marcada por preocupações acerca das polêmicas teológicas da Reforma, das guerras religiosas e da anarquia política que se encontravam na base da crise de autoridade desencadeada com o fim do Império Romano-Germânico.

Seu objetivo, tal como o de **Maquiavel**, era apresentar uma solução para as novas coletividades independentes, em particular para a França. Nesse sentido, propõe a estruturação unitária do comando político por via da afirmação do poder monárquico em face de qualquer outro poder, secular ou eclesiástico.

Porém, diferentemente de **Maquiavel**, submeteu o poder político (*puissance*) ao Direito, emanação da bondade e prudência divinas. Assim, o poder supremo, centralizado em uma única competência de direção normativa que coordena juridicamente a conduta dos homens, "não significa outra coisa senão a possibilidade de derrogação das demais leis civis, sem atentar contra a lei de Deus".[12]

Afirma **Bodin**, desde logo, que não pretende "desenhar uma república ideal, irrealizável, no estilo das imaginadas por Platão ou Thomas

[12] *Los seis libros de la república*, p. 50.

Moro, da Inglaterra, mas cingir-se às regras políticas, o mais possível".[13] Contudo, a despeito da descrição empírica da realidade estatal e de suas exigências, nele se percebe, sobretudo, o desejo de restaurar o equilíbrio entre Moral e Política, entre Direito e Poder.

O conceito de Estado ("República é um reto governo de várias famílias, e do que lhes é comum, com poder soberano")[14] é revelador dessa intenção. Nele, a expressão "reto governo" é uma concepção ainda convergente com a ideia romana de *justitia;* e o poder soberano, como foi visto, um poder conformado às leis naturais. O Estado, portanto, é a realização do justo, sendo "a verdadeira felicidade da república e a do indivíduo a mesma coisa".[15]

2.2. Tomas Hobbes (1588-1679) e Hugo Grotius (1583-1645)

Em **Hobbes**, o Estado é apresentado como a realização de uma regra da razão, fundamental para o bem-estar humano em nome de sua segurança, mediante submissão contratual. Por essa razão, a segurança do povo é a lei suprema, estando a ela obrigados os governantes:

Uma cidade, portanto, assim como a definimos, é uma pessoa cuja vontade, pelo pacto de muitos homens, há de ser recebida como sendo a vontade de todos eles, de modo que ela possa utilizar todo o poder e as faculdades de cada pessoa em particular para a preservação da paz e da ordem.[16]

A justificação do Estado é ética, transcendendo o vínculo contratual de tutela dos súditos, dado que a lei natural é moral, divina, princípio da razão e da paz. Logo, tudo o que o Estado decide é justo, uma vez que a ordem jurídica tende a se confundir com a ordem moral; além disso, o Estado é fonte suprema, e não derivada, do princípio da legalidade e da validade das normas: o que agrada ao príncipe tem força de lei. O que também pode ser expresso pelo princípio "a autoridade, não a verdade, faz a lei" (*auctoritas, non veritas facit legem*), inscrito na tradução latina de *O Leviatã*, de 1651, em oposição ao princípio jusnaturalista "a verdade,

[13] Ibidem, p. 15.
[14] Ibidem, p. 46 e 11.
[15] Ibidem, p. 14.
[16] *Do cidadão*, Parte II, cap. V, 9, p. 109.

não a autoridade, faz a lei" (*veritas, non auctoritas facit legem*), de tradição clássica.

Contemporaneamente, **Hugo Grotius** oferece em *Dos direitos da guerra e da paz*, de 1625, uma análise política na qual prevalece a ideia da paz no interior dos Estados e no cenário internacional, graças a obrigações pactícias mútuas, fundadas no direito natural e no direito das gentes. O Estado é pacífico, não belicoso. Não se pode perder de vista que, de acordo com o direito então vigente, o Estado Absoluto era um Estado limitado pelos *iura et privilegia* dos indivíduos, das classes, das corporações, das ordens religiosas, das universidades, das cidades britânicas detentoras do *self-government* etc.

Grotius em Dos *direitos da guerra e da paz*, datado de 1625, apreende o Estado como "um corpo perfeito de pessoas livres que se unem, pacificamente, para gozar seus direitos". Sua perspectiva é ética e jusnaturalista: a utilidade da associação, voltada à garantia da paz e dos direitos naturais, é o fundamento do poder do Estado, daí se seguindo que Estado justo é aquele que se encontra apto a garantir os direitos naturais, "ditame da razão certa" (Livro I, Cap. I, n. X.1). Reside, nessa proposição, o fundamento da limitação da soberania, posto que qualquer ato do governante que contrarie os termos do pacto torna-se injusto ("[...] uma promessa legítima dá um direito a um beneficiário da promessa." Livro I, Cap. III, XVII, n. 2). **Grotius** justifica a soberania externa por intermédio da "guerra justa" (para a preservação da vida e das coisas úteis à vida, o que não é contrário ao direito natural – Livro I, Cap. II, I, n. 4); aceita, igualmente, a guerra privada, para repelir o dano ou em legítima defesa (Livro I, Cap. III, I, n. 2).

Como se pode notar, **Grotius** se afasta do fundamento divino da soberania, assim como o direito natural, para justificar a base contratual das relações políticas; mais que isso, situa a soberania em relação ao homem – produtor e fim de toda a ordem jurídica. A mesma lógica se reflete na ordem internacional: por meio de pactos, os diversos Estados comprometem-se com a garantia da paz.

3. O Estado como realidade histórica: Hegel, Marx e Engels

No século XIX, a apreensão do Estado como realidade histórica, inteiramente construída e produzida pelo homem, tal como se revela nas obras do filósofo alemão **Georg Wilhelm Friedrich Hegel** ou no materialismo histórico introduzido nas obras de **Karl Marx**, consiste, igualmente, em concepções realistas. Completa-se, dessa maneira, o movimento de elaboração de doutrinas políticas fundadas no "ser" do Estado, iniciado por **Maquiavel**, suplantando-se, em definitivo, as teorias acerca da origem natural ou divina do poder do Estado.

3.1. George W. F. Hegel (1770-1831)

A teoria política de **Hegel** é considerada, sob certos aspectos, o ponto mais alto do jusnaturalismo contratualista. Partindo do pressuposto de que a exigência básica do contratualismo – o sacrifício dos interesses individuais em benefício do todo – levava a conclusões equivocadas, **Hegel** propõe a inversão de seus termos, refinando-os.

Retomando o conceito aristotélico do homem político e a doutrina organicista – manifestada não só em **Aristóteles**, mas também em **Santo Tomás de Aquino** –, **Hegel** entende que o Estado (o viver coletivo) precede o indivíduo, e não o contrário. Não é, pois, o homem quem cria o Estado, mas o Estado que forma o cidadão, a ponto de só no Estado ter ele sua essência garantida. Em outras palavras, todo o valor que o homem tem, toda a sua realidade espiritual, ele a possui mercê do Estado.

De acordo com **Hegel**, o contratualismo, ao identificar o interesse particular ao próprio conteúdo do Estado, confundiu Estado e sociedade civil, o que constitui uma premissa falsa, dado que a adesão ao Estado não era uma escolha individual, e sim uma imposição: não havia outra opção.

Ademais, a existência pressuposta de indivíduos livres e iguais, vivendo no estado de natureza, fora da sociedade ou da história, nada mais seria senão ficção. Sendo assim, a relação entre Estado e indivíduo é substantiva, e não meramente formal: apenas como membro do Estado é que o indivíduo ascende à sua objetividade, verdade e moralidade. Em outras palavras, o Estado é a totalidade orgânica de um povo, não um agregado – o que equivale conceber o Estado como unidade e multiplicidade simultaneamente.

A visão dialética da história tem influência capital nessa doutrina. Como pensador do Estado-Nação, **Hegel** faz entrar a história das sociedades nas discussões filosóficas e políticas.

No Estado da filosofia hegeliana, a vontade individual consubstancia-se na vontade social, de modo que o Estado constitui um fim em si mesmo, a totalidade moral, "que não serve a nenhum fim fora de si".[17] Sua essência está, justamente, na conjunção do geral com o particular, de tal sorte que, quando não existe a união, o Estado perde sua realidade: "o fim universal não progride sem a vontade e o conhecimento do particular, resguardados os direitos deste".[18]

Hegel concebe o Estado como um organismo no qual a vida da parte está no todo. Mais especificamente:

O princípio dos Estados modernos tem esta imensa força e profundidade: permite que o sujeito da subjetividade alcance a extrema autonomia da particularidade pessoal, ao mesmo tempo que o reconduz à unidade substancial, mantendo assim uma unidade no seu próprio princípio.[19]

Hegel ainda distinguiu, de forma pioneira, a sociedade civil do Estado em seus *Princípios da filosofia do Direito* (1821) (tal distinção havia sido apenas pressentida pelos contratualistas). É na sociedade civil que identifica a esfera dos interesses privados, esfera na qual se movimentam os carecimentos e as dependências recíprocas que os homens solucionam por meio da divisão do trabalho e da troca, assim como organizam a defesa de seus interesses por meio da justiça e das corporações. O Estado político, por oposição, é o *locus* dos interesses públicos e universais no qual aquelas carências e contradições são solucionadas. Em outras palavras, o Estado é a unidade que recompõe e reconcilia, a expressão mais elevada da liberdade do homem.

Nesse sentido, a concepção de que o Estado é o "corpo moral e coletivo" de todos os cidadãos, presente na doutrina de **Rousseau**, é, de certa maneira, retomada por **Hegel**, que nele identifica a "substância ética" e o "espírito do mundo".

3.2. Karl Marx (1818-1883) e Friedrich Engels (1820-1895)

Na doutrina marxista, diversamente, o Estado é instrumento de dominação para preservação da propriedade e dos interesses da burguesia,

[17] *Princípios da filosofia do Direito*, p. 204.

[18] Ibidem, p. 205.

[19] Ibidem, p. 212.

portanto, de exploração do proletariado. O que significa dizer que não visa ao bem comum, mas ao interesse daqueles que detêm o poder, sobretudo dos beneficiários da Revolução Industrial. O Estado, assim concebido por **Karl Marx**, é um permanente estado de natureza, ou "reino da força", para tomar da classificação empregada por **Norberto Bobbio**. Tal concepção deriva, principalmente, dos *Manuscritos de 1844*, de *A ideologia alemã* (1846), do *Manifesto comunista* (1848) e de *O capital* (1867), posto não haver, na obra de **Marx**, nenhum texto consagrado exclusivamente ao Estado.

O Estado, na teoria marxista, não é jurídico nem ético, mas econômico e político, na linha de pensamento de **Hegel**; contudo, diverge frontalmente desta no que diz respeito ao caráter organicista que o filósofo alemão lhe imprime. Em **Marx**, a concepção do Estado é mecânica: a rotação das classes, que culminará no desaparecimento destas, é o que condiciona a natureza e os fins do Estado. Como instrumento de dominação, o Estado é arma poderosa nas mãos da classe privilegiada contra as classes pobres e oprimidas.

O materialismo histórico de **Marx** não se preocupa com a forma de governo, mas com quem exerce o poder. Vem daí o interesse com o modo pelo qual o Estado afeta a luta de classes, a acumulação, a expansão do capital e as lutas em torno do mercado mundial, por via da crítica da economia política e das funções atribuídas ao poder do Estado. Essa teoria é substancialmente uma crítica radical às sociedades capitalistas e não se limita ao aspecto puramente doutrinário. **Marx**, aliás, posiciona-se contra qualquer separação drástica entre teoria e prática, entre pensamento e realidade, porque, segundo ele, tais dimensões são abstrações mentais que, no plano concreto e real, integram uma mesma totalidade complexa.

Mas, ainda que a filosofia política de **Marx** se abebere do realismo, não se pode deixar de nela notar certa rendição ao "dever-ser", representada pela negação do Estado. É o que se pode deduzir do fato de que, para **Marx**, a única saída para o estado de natureza estatal é seu fim.

No mesmo diapasão, seu compatriota, amigo pessoal e parceiro autoral, **Friedrich Engels**, defende, em *A origem da família, da propriedade privada e do Estado* (1884), sua obra principal, que o Estado é um produto da sociedade, tomando forma quando esta chega a determinado grau de desenvolvimento. O Estado surge, portanto, na sua concepção, como uma instituição que assegura as novas riquezas individuais contra as tradições comunistas do mundo primitivo; que consagra a propriedade privada e, sobretudo, imprime o selo geral do reconhecimento da sociedade às novas formas de aquisição da propriedade, que se desenvolvem mediante acumulação. O Estado, por conseguinte, é uma instituição que não só perpetua a divisão da sociedade em classes, mas também o direito de a classe possuidora explorar a não possuidora e legitimar o domínio da primeira sobre a segunda.

No século XIX, uma das características marcantes das ideologias políticas foi a crença na decadência gradual do Estado, até seu desaparecimento. A convicção era de que tanto a Reforma, ao ensejar um processo de fragmentação da unidade religiosa e de secularização da cultura, quanto a Revolução Industrial haviam iniciado dois processos de desconcentração de poder; o primeiro provocaria o fim do monopólio do poder ideológico-religioso, mercê da liberdade religiosa e de pensamento que se impôs, e o segundo promoveria o avanço da iniciativa privada frente ao poder econômico que o Estado anteriormente detinha. Ao Estado, por consequência, nada mais restaria senão o monopólio do poder coercitivo. Nem a Reforma nem o desenvolvimento da sociedade industrial reduziram as funções do Estado; ao contrário, ampliaram-nas, e tampouco tiveram elas fim nos países onde ocorreu a Revolução Socialista. O século XX, ademais, produziu Estados totalitários nos quais a ampliação das funções estatais chegou a extremos.

Por outro lado, no exercício do poder do Estado, não são abandonados os elementos centrais da teoria clássica da soberania, desenvolvidos em torno da noção do "poder incontrastável de mando"; ao contrário, os Estados, centrados em seus particulares interesses mercantilistas, acentuam-nos. É o que se comprova, no plano externo, pela instabilidade do sistema de Estados, composto por unidades estatais soberanas com interesses diversos e justapostos, observada no decorrer do século XIX e que é prova dessa exacerbação. No plano interno, a despeito da soberania nacional ter sido a expressão jurídica da doutrina do pacto social (**Rousseau**) e de seu postulado básico de auto-organização como fonte de legitimidade do poder estatal e do Direito, não se pode deixar de notar o valor totalitário que herda do antigo princípio da soberania absoluta.

Os textos de **Marx** e **Engels** sobre a política, em geral, e o Estado, em particular, não são numerosos e, no mais das vezes, tratam de aspectos específicos e altamente contingentes relativos aos efeitos do poder do Estado sobre a luta de classes, a acumulação e a expansão do capital, inclusive no mercado econômico mundial, e não aos seus aspectos institucionais. Apesar disso, boa parte da literatura sociológica sobre o Estado foi produzida por autores que a eles recorreram.[20]

4. O Estado como força: Carl Schmitt (1888-1985)

Carl Schmitt é geralmente apresentado como representante do *decisionismo jurídico,* corrente do pensamento que vincula a ideia de ordem à decisão soberana, sob fundamento metafísico ou teológico, o que ocorre, por exemplo, na teoria do direito divino dos reis. Em sua obra, porém, tal como na de **Hobbes**, não há fundamento moral para a autoridade, que decide e cria o Direito. Nesse sentido, é paradigmática a afirmação, contida em sua *Teologia Política* (1922), de que "soberano é quem decide no estado de exceção"[21].

Sua teoria do Estado revela os mesmos traços, apresentando-se, também, radicalmente decisionista. Nela, a política está acima de qualquer outro elemento caracterizador do Estado. Na verdade, **Schmitt** submete o Direito à Política ou, em outras palavras, remete todo Direito ao âmbito político.

Considerando ser a vida social naturalmente caótica e ameaçadora, conclui pela necessidade de serem garantidas e promovidas, pelo Estado, formas ordenadas de interação entre as diversas comunidades. Tal poder, em última análise, volta-se à repetida identificação, separação e exclusão do inimigo, posto ser impossível tipificar, com antecedência, todas as situações nas quais se apresentaria um estado de necessidade ou suas consequências. A essência da Política, portanto, reside no confronto amigo/inimigo, razão pela qual o Estado, em sua soberania, detém o monopólio da decisão política expressa pelo "poder de exceção". Assim sendo, as decisões políticas não estão sujeitas à avaliação legal/ilegal, mas à análise da sua eficácia. Em outras palavras, a Política é anterior à norma

[20] Cf. Gianfranco Poggi. A evolução do Estado moderno, p. 12.

[21] Teologia Política, p. 7

jurídica e a ela não se sujeita. É o que se revela na seguinte afirmação: "O Estado não *tem* uma Constituição, segundo a qual se formaria e se fundaria a vontade estatal; em vez disto, o Estado *é* Constituição, ou seja, é uma situação presente de ser, um *status* de unidade e ordenação".[22]

Conhecido como o teórico jurídico do nazismo, ou *Kronjurist* do III Reich, em razão de seu decisionismo radical, **Carl Schmitt** viveu intensamente as transformações europeias do início do século XX provocadas pela Revolução Bolchevique de 1917 e pelas consequências geopolíticas da Primeira Guerra Mundial. Os efeitos do Tratado de Versalhes e a perda do território alemão para a França marcaram-no profundamente, como a toda uma geração de alemães. Entretanto, segundo **Ronaldo Porto Macedo**:

> **Schmitt** nunca foi "nazificado" e é certo que os seus textos antissemitas e panfletários, do período de 1933-1936, representavam mais o oportunismo político de um intelectual seduzido pelas falsas avaliações sobre seu poder de influência num Estado Total cujos fundamentos auxiliaram na elaboração.[23]

5. O Estado como ordenamento jurídico: Hans Kelsen (1881-1973)

Em posição diametralmente oposta a **Schmitt** está **Hans Kelsen,** que parte do primado da Norma sobre o Poder. Para ele, o problema do poder do Estado era secundário (premissa que será revista na última fase de sua obra), uma vez que toda a política deveria estar subordinada ao Direito, conforme expõe em sua *Teoria pura do direito* (1934).

Esta não é uma visão inovadora. **Immanuel Kant** já havia antecipado, de certa maneira, o Estado jurídico; a diferença é que, nele, o Estado não se dissolve na ordem jurídica, nem a ela se subordina. É, sobretudo, o resultado da legislação humana, cuja realização se encontra fundada na boa vontade humana, isto é, "máximas que possam simultaneamente ter-se a si mesmas por objeto como leis universais da natureza".[24] Esta visão, presente em obras anteriores à Revolução Francesa, evolui no sentido de situar a Política entre o Direito e a História, o que confere ao Estado, e

[22] *Teoría de la Constitución*, p. 30.

[23] *Carl Schmitt e a fundamentação do Direito*, p. 27 e 31.

[24] *Metafísica dos costumes*, p. 81.

também à Política, um aspecto conjuntural. É o que se pode notar, com clareza, em o *Conflito das faculdades* (1789), obra na qual analisa os efeitos da Revolução Francesa.

Já na teoria de **Kelsen**, é evidente que não pode existir outro poder que não seja o jurídico, entendendo-se por poder jurídico o atribuído pelo ordenamento a certos indivíduos com a finalidade de produzir e aplicar as normas. Portanto, seja na prática de um ato administrativo, seja na definição de políticas públicas ou na tomada de decisões, o Estado age apenas de acordo com as normas (princípio da estrita legalidade); nessas tarefas, nada mais faz que produzir o Direito, que também se insere no contexto do ordenamento jurídico.

O Direito, como conjunto harmônico de normas subordinadas umas às outras, forma uma unidade lógica e congruente, sujeita à norma fundamental, que não é dotada de conteúdo determinado, mas que assegura a possibilidade de convivência social pela realização do dever-ser.[25] Daí por que **Kelsen** vê nas decisões dos juízes e nas declarações de vontade a realização do dever-ser, atribuindo-lhes a natureza de fontes do Direito, ou de *vis* instauradora do processo normativo. O caráter constitutivo da decisão judicial, em verdade, nada mais revela senão um processo pelo qual o Direito se recria. A lei não é, pois, um comando originário da vontade estatal exclusivamente, em correspondência à ideia da norma social.

Mas, se no campo teórico, **Kelsen**[26] ofereceu a fundamentação que permitiu ampliar o conceito de proposição normativa para além do conceito da norma legal parlamentar, de outro lado dissolveu o conceito de soberania no conceito de ordenamento jurídico, a ponto de fazer coincidir sua validade com a do próprio ordenamento.

Em síntese, não há em **Kelsen** um conceito de Estado distinto do conceito de Direito: o Estado é um tipo de ordenamento jurídico. Há de se notar, entretanto, uma importante nuance nessa concepção: a força é o conteúdo das normas jurídicas, e não o meio para a realização do Direito, o que converte o Estado de coator em garantidor da ordem. É o que se encontra explicitado na seguinte passagem:

[25] Cf. *Teoria pura do Direito*, cap. V, p. 267 e segs., referente à dinâmica jurídica e ao fundamento de validade que a norma fundamental confere a uma ordem normativa.
[26] *Teoria pura do direito*, 1922.

> É usual caracterizar-se o Estado como uma organização política. Com isto, apenas se exprime que o Estado é uma ordem de coação. Com efeito, o elemento "político" específico desta organização consiste na coação exercida de indivíduo a indivíduo e regulada por essa ordem, nos atos de coação que essa ordem estatui. São-nos precisamente aqueles atos de coação que a ordem jurídica liga aos pressupostos por ela definidos. Como organização política, o Estado é uma ordem jurídica.[27]

Trata-se de uma pretensa concepção despolitizada do Estado que, levada ao extremo, permitia que a legitimação do poder estatal fosse alcançada pela mera aplicação de determinados procedimentos previstos no direito positivo, independentemente de seu conteúdo material. No outro extremo encontra-se a posição de **Carl Schmitt**, já comentada, que submete o Direito à Política. Em outro sentido, como que por uma terceira via, **Hannah Arendt** propõe não o problema da precedência, mas o da função do Direito na delimitação da esfera pública.

6. O Estado como moradia do poder político: Hannah Arendt (1906-1975)

Para além da oposição estabelecida entre **Schmitt** e **Kelsen**, **Hannah Arendt** desenvolve a ideia de que a Política precisa de um "lar", que pode ser arquitetado e estruturado na Constituição.[28] Complementarmente, evoca a imagem de cercas e muros em torno desse lar, para bem delimitar o espaço público, isto é, o espaço do Estado que é o espaço da Política. O argumento de **Arendt** é o de que a Política depende de liberdade, mas também de equidade –, a capacidade de ser igual no espaço público –, o que só se verifica onde há limitações, inclusive limitações espaciais.

Assim sendo, o Direito (a Constituição, em particular) garante a liberdade de participar da coisa pública e a isonomia, como a capacidade de ser igual no espaço público, posto que a lei cria, para cada um de nós, uma *persona* que atua no espaço público, assegurando que sejamos iguais em termos políticos, independentemente de quaisquer outras diferenças ou similaridades.

[27] *Teoria pura do direito*, p. 385.
[28] "The rights of man: what are they?". *Modern Review*, p. 24-37.

O propósito de **Hannah Arendt** é garantir que a formação da opinião política parta de um ponto de vista comum, a fim de que a atuação política se faça por meio de ações comuns, compartilhadas e concertadas entre os cidadãos. Dessa perspectiva, a Constituição é uma "obra em construção"; sua autoridade não advém da coação ou da força de suas estruturas, nem de sua legitimação material ou formal, mas da disposição de todos em realizá-la.

A solução para a instabilidade da Política, em **Arendt**, porém, prefigura-se na "promessa" que a Constituição encerra, e que significa o comprometimento de todos, perante todos, de atuar conforme o acordo prefixado, contra incertezas e adversidades futuras. Não é o traço contratualista da Constituição (que a princípio parece limitar nossa liberdade), mas a mística da promessa que ela envolve, que cria algo especial: o poder de uma comunidade política cuja importância está precisamente na faculdade de mitigar a imponderabilidade que a liberdade humana encerra.

A complementaridade entre Direito e Política que nos propõe **Arendt**, na compreensão do espaço público estatal e da importância da Constituição, é fundamental para que se possa apreender o sentido do Estado Democrático de Direito. As relações entre os indivíduos, o Direito e o poder do Estado, da perspectiva da equidade como possibilidade de participar da coisa pública, assumem nova dimensão, pois se a Constituição é uma "obra em construção", o Estado Democrático de Direito, nesse sentido, certamente também o é.

Posição análoga à de **Arendt** é encontrada em **Georges Burdeau,** para quem o Estado é a representação do poder político institucionalizado ou, nas suas palavras, o Estado nada mais é senão "o suporte do poder político".[29]

[29] *O Estado*, p. 1

CAPÍTULO 5
O ESTADO COMO PESSOA JURÍDICA

1. A personalidade jurídica do Estado

O que significa, exatamente, a personalidade jurídica do Estado? O que é e como age o Estado na qualidade de ente jurídico?

Personalidade jurídica é um conceito técnico: designa capacidade jurídica; uma pessoa jurídica é um sujeito de direitos e deveres. Só o Direito atribui personalidade jurídica, tornando algo ou alguém capaz para a prática de atos jurídicos com todas as suas consequências. Os seres humanos são as pessoas jurídicas tradicionais do Direito; além deles, vários outros entes detêm personalidade jurídica, tais como o Estado, as organizações internacionais, as empresas, as fundações, as associações etc.

Compete ao direito internacional público fixar as condições pelas quais um Estado adquire personalidade jurídica na ordem internacional e, similarmente, ao direito constitucional dos Estados no que concerne às condições de aquisição da personalidade jurídica na ordem nacional. Tomemos do Direito brasileiro para exemplificar. Conforme o art. 40 do Código Civil, as pessoas jurídicas são de direito público, interno ou externo, e de direito privado. São pessoas jurídicas de direito público interno a União, os estados, o Distrito Federal e os Territórios (embora hoje não haja territórios no Brasil), os municípios; as autarquias e as demais entidades de caráter público criadas por lei (art. 41). São pessoas jurídicas de direito público externo os Estados estrangeiros e todas as pessoas que forem regidas pelo direito internacional público (art. 42).

O conceito de personalidade jurídica do Estado é de grande utilidade prática. Permite estabelecer um critério fixo e uniforme de imputação, fixar a unidade do Estado e a continuidade de sua estrutura e funções, além de possibilitar a definição do relacionamento do Estado com outras pessoas de direito público e privado, nos planos nacional e internacional. Dela derivam as diversas teorias acerca da responsabilidade do Estado, segundo as quais ele é responsável por atos correspondentes a cada uma das funções que exerce (administrativa, jurisdicional e legislativa). Todo esse arcabouço é corolário da afirmação do Estado como Estado de Direito e da ampliação dos direitos dos indivíduos perante o próprio Estado.

Entre as capacidades que a personalidade jurídica atribui aos Estados está a *de entrar em relações com os demais Estados.* É dela que deriva um dos fundamentos do princípio da igualdade entre os Estados afirmado na Carta da Organização das Nações Unidas, de 1945, e reproduzido no art. 4º, V, da Constituição da República Federativa do Brasil de 1988:

> "A República Federativa do Brasil rege-se nas suas relações internacionais pelos seguintes princípios: [...]
> V – igualdade entre os Estados."

Em resumo, como pessoa jurídica de direito interno, o Estado é titular de direitos e destinatário de obrigações jurídicas, conforme previsto na Constituição nacional, na legislação infraconstitucional e nas normas de direito internacionais recepcionadas pela ordem jurídica nacional. Como pessoa jurídica de direito internacional, é igualmente titular de direitos e destinatário de obrigações jurídicas estabelecidas na ordem jurídica internacional.

2. Origens da teoria da personalidade jurídica

Ao que tudo indica, a ideia da personalidade jurídica do Estado deriva da concepção alemã de *Fisco,* espécie de personificação privada do Estado Absoluto destinada, exclusivamente, a posicioná-lo como parte hierarquicamente superior aos particulares, em situações de conflitos tributários ou de natureza patrimonial.

A expressão surge, pela primeira vez, no ano de 1837, em escritos do constitucionalista alemão **Wilhelm Eduard Albrecht,** professor da Universidade de Göttingen que influenciou **Carl Friedrich von Gerber** e, posteriormente, os demais juristas integrantes da Escola Alemã de Direito Público, entre eles **Otto Friedrich von Gierke** e **Georges Jellineck**.

No percurso teórico de conversão do Estado em centro de imputação jurídica de direitos e deveres, **Gerber** identificou, de forma pioneira, a personalidade jurídica do Estado com base na convicção de que o Estado era um organismo moral, e não mera criação conceitual, conforme demonstra em sua obra mais importante, *Fundamentos de um sistema de direito político alemão*, lançada em 1865. Estabelecida essa premissa, **Gierke** concluiu, por decorrência lógica, que, sendo o Estado um organismo, sua vontade teria de se expressar necessariamente por meio de seus órgãos (as pessoas físicas). Dessa conclusão resultou, por sua vez, a identificação das relações entre a pessoa jurídica do Estado, seus órgãos e os titulares dos órgãos. Conferindo solidez científica a esse raciocínio, **Jellinek** fez notar que, sendo a personalidade jurídica uma capacidade criada pela ordem jurídica, era indiferente para o Direito, do ponto de vista técnico, atribuí-la a uma pessoa ou a uma unidade coletiva – como o Estado. O processo de imputação seria exatamente o mesmo.

É bem verdade que a ideia da personificação do Estado não era propriamente novidade: as teorias contratualistas já a haviam elaborado, fosse pela noção de coletividade, fosse pela de nação. Exemplo marcante é o do Estado hobbesiano, encarnado na figura do Leviatã – ser dotado de vontade própria, criado e fortalecido pelos direitos de autogoverno que os indivíduos lhe cediam ao se tornarem membros da sociedade estatal.

O salto propiciado por **Gerber** e seus seguidores foi construir uma teoria que tornava o Estado habilitado para a prática de atos jurídicos, como sujeito de direitos e obrigações, depositário da soberania estatal, independentemente da pessoa física do governante. O exercício da soberania, nessas circunstâncias, passava a ser competência jurídica dos Poderes Legislativo, Executivo e Judiciário. Tal teoria não era uma ficção, não se fundamentava em argumentos de autoridade, fossem culturais ou divinos, nem tomava do organicismo biológico que comparava o Estado a uma pessoa como causa justificadora. Era uma teoria técnica, sobretudo técnico-jurídica, que possibilitava a compreensão e a racionalização do fenômeno estatal. A ideia nuclear era a de que se o Estado não se confundia com os governantes, tampouco se confundia com a coletividade que formava a Nação (com o que combatiam, subsidiariamente, a doutrina francesa da soberania da Nação).

A teoria da personalidade jurídica perpetrou o maior golpe doutrinário até então sofrido pela forma monárquica de governo e por sua correlata concepção da titularidade monárquica da soberania. O governante, a partir de sua difusão, passou a ser apenas mais um órgão do Estado.

Mas a teoria revelou-se muito mais abrangente. A personalidade estatal tornou-se um conceito poderoso, graças ao fato de conferir natureza jurídica ao poder estatal. Com isso, possibilitou o controle técnico do poder e das autoridades governamentais, fortaleceu o Legislativo e identificou o Direito à legalidade formal. Por outro lado, permitiu expressar a unidade da realidade jurídica do Estado, da qual derivam a adoção de sistemas jurídicos unificados, de base territorial, a formulação do conceito jurídico de território como âmbito de validade, a aplicação da norma jurídica e a noção jurídica de povo.

Ao longo dos séculos XIX e XX, adotada pela maioria dos sistemas jurídicos romano-germânicos, a teoria da personalidade jurídica ganhou corpo. Nos Estados de organização federal, foi atribuída aos estados que os integram e, em alguns casos, também aos municípios, como ocorre no Brasil. No campo do direito administrativo, reproduziu-se de forma geométrica, devido à sua atribuição a entidades descentralizadas da Administração Pública – autarquias, fundações, empresas públicas e sociedades de economia mista. Recentemente, o Direito Comunitário Europeu, por via do Tratado de Lisboa (2007), conferiu personalidade jurídica própria à União Europeia. Até a entrada em vigência do Tratado, apenas a Comunidade Europeia, que deixou de existir, detinha tal natureza.

DISCUTINDO CONCEITOS – I
THOMAS HOBBES E A IDEIA DE PESSOA ARTIFICIAL DO ESTADO

A representação pioneira do Estado como pessoa artificial, na figura do monstro bíblico mencionado no Livro de Jó, insere-se na obra "O Leviatã"(1651), de T. Hobbes, como "uma pessoa de cujos atos uma grande multidão, mediante pactos recíprocos uns com os outros, foi instituída por cada um como autora, de modo a ela poder usar a força e os recursos de todos, da maneira que considerar conveniente, para assegurar a paz e a defesa comum."[1] (Primeira Parte, Cap. XVII)..

É no Capítulo XVI, da Primeira Parte, significativamente intitulado "Sobre as pessoas, autores e coisas personificadas", ao enfrentar o problema da representação política pessoal e de terceiros, que Hobbes introduz o tema da personificação artificial e suas consequências:

> "Pessoa é tida como aquela cujas palavras ou ações são consideradas quer como suas próprias quer como representando palavras ou ações de outro homem, ou de qualquer outra coisa a que sejam atribuídas, sejam palavras verdadeiras ou ficção.
>
> Sendo as palavras a ela atribuída, então ela se chama uma pessoa natural. Quando estão representando palavras e ações de outro, chama-se pessoas fictícia ou artificial. (...) Personificar é representar, seja a si mesmo ou a outro. (...)
>
> As pessoas artificiais emitem palavras e ações que pertencem àqueles a quem representam. Nesses casos a pessoa é o ator e aquele a quem pertencem suas palavras e ações é o autor. Aí o ator age por autoridade. Aquele a quem pertencem bens e posses é chamado proprietário (...). Quando se trata de ações é chamado autor.
>
> O direito de posse se chama domínio e o direito de fazer qualquer ação se chama autoridade. Por autoridade se entende sempre o direito de praticar qualquer ação. Efeito por autoridade significa sempre feito por comissão ou licença daquele a quem pertence o direito.
>
> Deduz-se que, quando o ator faz um pacto por autoridade, obriga através disso o autor, como se este mesmo ali estivesse, não ficando o autor menos sujeito a todas as consequências."[2]

A concepção de pessoas e coisas personificáveis, cujos fundamentos podem ser encontrados no direito romano (Livro XIV do Digesto), mais precisamente nas responsabilidades do preposto cabe perfeitamente ao conceito de Estado hobbesiano, com dupla vantagem: permite atribuir-lhe estrutura estável, além de capacidade de ação em nome do povo.

[1] O Leviatã, p. 131.
[2] O Leviatã, p. 123.

3. A racionalização jurídica do poder estatal

O reconhecimento do Estado como sujeito de direitos e deveres, por obra da publicística alemã dos primórdios do século XIX, é corolário do adensamento teórico do conceito jurídico de soberania, em virtude de duas razões principais: converter o poder de fato em poder de direito e outorgar ao processo político legitimidade e legalidade.

A compreensão desse processo requer algum conhecimento acerca da racionalização jurídica do poder estatal, fenômeno pelo qual a lei – e não a força física – serve-se do poder jurídico para impor determinado tipo de comportamento mediante sanção, impedimento legal ou violência física em situações específicas. O constitucionalismo, as declarações de direito, a divisão dos poderes, o princípio da legalidade, a atribuição de personalidade jurídica ao Estado, a positivação das normas internacionais, entre outros, são meios de institucionalizar e jurisdicionalizar o poder, levando à sua racionalização.

Dessa perspectiva, a natureza diferenciada do poder estatal decorre de sua organização e limitação jurídicas, e não apenas de seu caráter coercitivo, exclusivo e universal. O poder estatal jurisdicionalizado constitui um importante meio para neutralizar a ambiguidade do Estado, transformando-o de "inimigo" em "amigo" do homem, por assim dizer. É evidente, nesse processo, a importância e a centralidade do Direito nas sociedades modernas.

Uma das principais características das várias teorias do Estado moderno está, justamente, no duplo e convergente movimento de estatização do Direito e juridificação do Estado, coroado pelo reconhecimento de sua personalidade jurídica, levando à distinção entre poder de fato e poder de direito. Se, em tal processo, o Direito é considerado do ponto de vista da soberania, de outro lado, o Estado é considerado do ponto de vista do ordenamento jurídico, para o que o reconhecimento de sua personalidade jurídica é fundamental. Como resultado, o Direito é restringido ao direito estatal e o Estado, a um Estado jurídico.

Ao processo de juridificação do Estado e estatização do Direito concerne o problema da precedência do Direito ou da política na condução do Estado, ou seja, o problema da delimitação e do controle do poder estatal, de sua legitimidade e legalidade.

A palavra *legitimidade*, em relação ao poder estatal, refere-se ao *grau de consenso popular capaz de assegurar a obediência sem recorrer à força*. Já a *legalidade* exprime a *ideia da produção do Direito pelas leis e da adequação do exercício do poder a elas*. Refere-se, também, à garantia de igualdade de todos perante a lei.

A legitimidade diz respeito à titularidade do poder, a legalidade, ao seu exercício. É a legitimidade que transforma a obediência em adesão; é a legalidade que assegura a isonomia e a previsibilidade de relações e decisões. Poder ilegítimo é poder de fato, poder ilegal é poder arbitrário.

Legitimidade supõe ideologia; significa, concomitantemente, uma situação e um valor de convivência social. Logo, é um conceito dinâmico, aberto, que inclui a promessa de uma sociedade justa na qual o consenso, que é a essência da legitimidade, possa se manifestar livremente.

Legalidade exprime legitimidade. É o princípio da legalidade que supõe o bom governo em oposição ao governo tirânico, que é o governo dos homens, e não o das leis, ou seja, o mau governo, no sentido que já lhe atribuíam **Platão** e **Aristóteles**. A isonomia grega, o *Rule of Law* britânico e norte-americano, o *Rechtsstaat* da doutrina alemã e o Estado de Direito francês expressam a ideia do bom governo, assim como o Estado Democrático de Direito brasileiro, o Estado de Direito Democrático português e o Estado social e democrático de direito espanhol.

De que maneira o poder político, que se caracteriza pela posse exclusiva do monopólio da força e pela negação de limites, pode ser poder legítimo e legal? Inúmeras teorias e diversas respostas foram elaboradas para solucionar o dilema, algumas sobrepõem legitimidade e legalidade, outras as distinguem. Nesse contexto, surge a indagação: é da legitimidade que surge a legalidade do poder ou é da legalidade que surge a sua legitimidade?

Várias respostas, em diferentes épocas e contextos histórico-sociais, foram oferecidas a essas questões pelas diversas teorias de legitimação do poder político. Sem pretender fazer um inventário completo das diferentes causas justificadoras do poder e da obrigação política no Estado moderno, basta lembrar, *grosso modo*, que, durante a Idade Média, a relevância social da defesa do reino determinou a atribuição da prerrogativa *legibus solutus* ao príncipe. Durante os séculos de formação do Estado moderno, a segurança da população foi o elemento de justificação da centralização do poder, tanto em razão das guerras confessionais do século XVI, causadoras do cisma na fé religiosa, quanto do confronto, na arena política, de forças desconhecidas do sistema medieval. Já entre os séculos XVII e XIX, a relevância social da proteção e segurança da individualidade humana, expressa pelo reconhecimento de direitos de liberdade e igualdade, constituiria o critério de legitimação do poder estatal. Da segunda metade do século XX em diante, a democracia é, por excelência, o princípio legitimador do poder estatal.

A legitimação pela democracia, cuja principal característica é a igual distribuição do poder de decisão coletiva entre todos os membros da coletividade, tem no indivíduo, sujeito de vontade racional, seu ponto de partida: a pressuposição de que todos os membros da coletividade são iguais na capacidade de juízo político. O objetivo desse tipo de legitimação é possibilitar a convivência das diversas crenças e valores, transformando o potencial conflito em diálogo e competição não violenta.

Não há, na formação e no desenvolvimento do Estado moderno, nenhuma teoria política que tenha dispensado o fundamento ético à legitimação do poder do Estado, ou se omitido acerca da divergência antitética entre legitimidade e legalidade.

DISCUTINDO CONCEITOS – II
PRINCÍPIOS DE LEGITIMIDADE DO PODER

Na sistemática analítica de **Norberto Bobbio**, os princípios de legitimidade do poder são classificados por meio de duplas antitéticas referidas a três grandes elementos unificadores: a vontade, a natureza e a história. Tais elementos ou justificam o poder do governante (e são *ex parte principis*) ou estão a favor dos governados (e são *ex parte populi*).[3]

Em relação à *vontade*, os governantes recebem o poder ou de Deus ou dos homens. Segundo essas doutrinas, denominadas *voluntaristas*, a lei é feita pela autoridade. Se a autoridade é divina, a lei vem de cima para baixo, por assim dizer, como ocorre na teoria do direito divino dos reis (os reis são ungidos por Deus, são sagrados como representantes da majestade divina e delegados

[3] ???

pela Providência para a execução de seus desígnios, conforme teorizado por Jacques-Bénigne Bossuet) e nas teorias absolutistas (é *ex parte principis*). Se a lei é terrena, dá-se exatamente o contrário; nesta última hipótese trata-se da vontade do povo (é *ex parte populi*). Como podemos observar, **Bobbio** concebe a estrutura do poder como uma pirâmide na qual ou o poder desce do vértice para a base ou sobe da base para o vértice.

Em relação à *natureza*, a legitimação do poder advém ou da força ou da razão. Tais doutrinas (chamadas *naturalistas*) opõem-se às doutrinas voluntaristas e nelas se encontram os fundamentos do direito natural. A "lei da força" remete à concepção do poder como força bruta; sua legitimação faz uso da distinção entre fortes e fracos, sábios e ignorantes, dominadores e dominados (é *ex parte principis*). Em outras palavras, distingue entre quem tem capacidade de comandar e quem não tem, nada restando a estes últimos senão obedecer. Quando a lei natural é identificada à razão, como ocorre no jusnaturalismo, atribui-se ao governante a capacidade de reconhecer e aplicar as leis naturais; seu fundamento é *ex parte populi*.

Em relação à *história*, encontram-se, igualmente, duas vertentes teóricas: a que toma do passado histórico e/ou de sua continuidade como princípio legitimador, e que contém as chamadas teorias *tradicionalistas* do poder (*ex parte principis*), e as que tomam o exercício do poder no futuro (teorias *revolucionárias* e *ex parte populi*), que representam novas etapas no curso da evolução política e só podem ser legitimadas *a posteriori*.

Na classificação de **Bobbio**, quando os fundamentos das teorias de legitimação justificam o poder do governante e são *ex parte principis*, elas tendem a ser mais conservadoras. Além disso, não se encontram disponíveis politicamente, no sentido da disputa do poder, devido à exigência de vigência incondicional do poder, que deriva do princípio teocrático, do caráter natural da força ou da tradição. O Direito assim produzido, portanto, não se fundamenta em decisões políticas, mas na concordância de seu conteúdo com o Direito tradicional ou transcendente. Se são *ex parte populi*, tendem a ser mais favoráveis à mudança, valendo-se do princípio democrático, do racionalismo ou do progresso, sob pressão de ajuste, em benefício da constante transformação social.

4. A definição jurídica de Estado e os seus efeitos

Se a natureza específica do Estado como pessoa jurídica decorre do fato de o poder estatal se organizar e se limitar juridicamente, sua definição não pode ser senão jurídica. A doutrina, em geral, não diverge nessa análise, embora nela se possam distinguir definições nas quais preponderam elementos políticos e outras nas quais preponderam elementos jurídicos.

Nas definições *preponderantemente políticas*, o poder do Estado prevalece sobre o Direito e está acima de qualquer outro elemento caracterizador do Estado. "Unidade política" (**Carl Schmitt**) ou "força material irresistível" (**Léon Duguit**), apenas para dar dois exemplos clássicos desse tipo de definição. No final do século XX, a definição evoluiu para valorizar a *capacidade do Estado de exercer o poder e de acionar os meios de violência*, nuançando a importância do monopólio do poder.

Nas definições *preponderantemente jurídicas*, a subordinação do poder político ao Direito é o elemento nuclear. A necessidade de uma definição jurídica de Estado só surgiu no século XIX, no contexto da constitucionalização do Estado e da sua percepção como pessoa jurídica dotada de direitos e obrigações definidas em lei. A consequência prática dessa definição, além de subordinar o poder político ao Direito, estava em designar o titular da soberania e não a pessoa física que a exercia. São significativas desse período a compreensão do Estado como "ordem coativa normativa da conduta humana" (**H. Kelsen**); "unidade de decisão e ação", no sentido que lhe atribuem **H. Heller** e também **G. Del Vecchio**, "corporação territorial" (**G. Jellinek**) ou, ainda, "pessoa jurídica territorial soberana" (**Santi Romano**).

Mas, até hoje, são escassas as regras jurídicas concernentes à definição de Estado. No direito internacional, o art. 2º da Convenção de Montevidéu, de 13 de abril de 1933, firmada no âmbito da Organização dos Estados Americanos – OEA, determina que o Estado como pessoa de Direito Internacional deve, necessariamente, reunir os seguintes requisitos: população permanente, território determinado, governo e capacidade de relacionar-se com os demais Estados.

No direito público brasileiro, no conjunto das definições jurídicas, merecem destaque as de **Miguel Reale** e **Dalmo Dallari**, que equilibram os aspectos políticos e jurídicos do Estado sob perspectiva ética. Em ambas, o Estado é apresentado como unidade político-jurídica, estando o elemento ético a conferir finalidade para o exercício do poder, o que deve ser garantido pelo Direito.

Segundo **Reale**: "O Estado, de maneira geral, é a sociedade juridicamente organizada, isto é, organizada para a satisfação das aspirações individuais e coletivas, o que se exprime também dizendo: é a institucionalização do poder para a realização do bem comum".[4] De acordo com **Dallari**, o Estado é "a ordem jurídica soberana que tem por fim o bem comum de um povo situado em um determinado território".[5]

A definição de **Reale**, denominada *culturalista*, deriva de sua teoria tridimensional do Estado. Segundo tal teoria, em toda e qualquer hipótese de Estado possível há três elementos conjugados ou coimplicados, nenhum deles podendo ser compreendido plenamente sem os outros dois: o *fato*, que designa a relação permanente de poder, com uma discriminação entre governantes e governados; o *valor*, identificado na finalidade da convivência social, em virtude da qual o poder se exerce; e a *norma*, que identifica a mediação do poder na atualização dos valores.[6] Nessa formulação atemporal e rigorosamente precisa do fenômeno estatal, a conformação momentânea e circunstancial do Estado pouco importa, para fins de definição, pois permite compreender e captar a sua complexidade na pluralidade de seus momentos conceituais. Em outras palavras, a dinâmica da teoria tridimensional é adequada à dinâmica do Estado, suportando a inovação em continuidade.

Também na definição de **Dallari**, o ponto nuclear está na conjugação dos fatores não jurídicos ao seu elemento jurídico. Não perde de vista, portanto, que o Estado é uma sociedade política que, com autoridade superior, fixou as regras de convivência de seus membros. Assim, ao defini-lo, integra todos os elementos que compõem o Estado, e apenas estes.

A noção de poder está implícita na de soberania, que, no entanto, é referida como característica da própria ordem jurídica. A politicidade do Estado é afirmada na referência expressa ao bem comum, com a vinculação deste a um certo povo e, finalmente, a territorialidade, limitadora

[4] Teoria do direito e do Estado, p. 112.

[5] Elementos de teoria geral do Estado, p. 119.

[6] Ibidem, p. 112.

da ação jurídica e política do Estado, está presente na menção a determinado território.[7]

Dessas noções, extrai-se a seguinte definição jurídica de Estado: pessoa jurídica de direito público interno e internacional, com direitos e deveres reconhecidos na ordem nacional e internacional, dotada de soberania, povo, território e finalidade.

A *soberania* é o poder jurídico mais alto existente dentro do território do Estado, sendo o *território* o âmbito de validade espacial das normas. O *povo* consiste no elemento pessoal, identificado no conjunto de cidadãos do Estado. A *finalidade* expressa o elemento teleológico que responde à indagação: quais são as necessidades fundamentais que a sociedade política se propõe a satisfazer?

Tais elementos não são formalmente reconhecidos nem universalmente aceitos, embora constituam paradigmas do direito nacional e internacional. O problema não é meramente formal, tampouco teórico.

O conceito original de soberania, por exemplo, relativizou-se, mas ainda é, hoje, a base das estruturas e categorias políticas e jurídicas do Estado.

Já o conceito de povo deve ser diferenciado de conceitos análogos – nação, sociedade, população, raça, pátria etc. Apresenta-se, ademais, como um conceito plurívoco, podendo ser empregado como sinônimo de humanidade, de coletividade humana (o povo de um país), de multidão, de categoria não privilegiada de uma sociedade estamental (o "terceiro estado", na França), de opinião pública dominante (a voz do povo), de administrado etc.

Por outro lado, embora não seja possível haver Estado sem povo, dado que é para o bem do povo que o Estado se forma, a análise do território como elemento do Estado só se torna pertinente a partir do século XIX, em face da consolidação dos Estados-Nação. Até então, os filósofos políticos que haviam se dedicado a definir o Estado jamais o tinham tomado como seu elemento constitutivo, mas como mera condição exterior, de apoio geográfico; prova disso seriam os Estados nômades, que mudavam continuamente de território sem, contudo, alterar sua existência,

[7] Ibidem, p. 119.

ou os Estados que – como ocorreu em Atenas durante a ocupação persa (século V a.C) – se encontraram privados de seus territórios. Contemporaneamente, o que dizer acerca da soberania sobre o território da Cidade do Vaticano ou da Autoridade Palestina?

Essas questões são complexas e demonstram as dificuldades da TGE, do direito constitucional e do direito internacional em face de conceitos que não são imutáveis, tampouco abstratos. De modo concreto, tanto uma disciplina como as outras fundamentam suas estruturas e categorias nos elementos clássicos do Estado moderno, deles tomando como dados preestabelecidos, o que não significa, contudo, que tais elementos não possam ser postos em xeque pela realidade e questionados no plano teórico.

4.1. A personalidade jurídica do Estado no Direito Internacional Público

É do Direito Internacional Público – DIP que advém a caracterização dos Estados como pessoas jurídicas dotadas de encargos, capacidades e competências distintas de todas as demais pessoas e sujeitos que compõem a comunidade internacional. Compõem tais características seis capacidades fundamentais:

a) capacidade de produzir atos jurídicos internacionais (tratados, convenções, acordos etc.);
b) capacidade de integrarem como partes as obrigações internacionais de reparação de danos (oriundos de ilícitos internacionais);
c) capacidade de acesso aos procedimentos contenciosos internacionais;
d) capacidade de se tornarem membros ou de participar de organizações internacionais;
e) capacidade de estabelecerem relações diplomáticas com os demais Estados (direito de legação);
f) capacidade de exercer, frente a outros Estados, a efetiva e legítima proteção às suas pessoas físicas e jurídicas nacionais (proteção diplomática).

Correlato ao tema das capacidades dos Estados na ordem internacional, está o do nascimento e extinção de Estados. A quem a ordem internacional reconhece tais atributos? A quem os nega? Quando se extinguem?

A existência jurídica de um Estado depende do seu reconhecimento formal pelos demais Estados, em termos práticos, significa sua aceitação e ingresso na ONU, com a certificação de que os seus elementos constitutivos do Estado – território, povo, finalidade e soberania – acham-se presentes. Assim nasce um Estado como pessoa jurídica de direito público, com os mesmos deveres, direitos e prerrogativas de todos os demais Estados que compõem a ordem internacional, a exemplo do que ocorreu com o Sudão do Sul em 2011, ou com o Kosovo em 2008, apenas para mencionar os mais recentes.

Essa problemática será tratada nos tópicos seguintes.

DISCUTINDO CONCEITOS – III
OS TRÊS MODELOS TÍPICOS DAS RELAÇÕES INTERNACIONAIS, NA VISÃO DE CELSO LAFER

Conjugando lições de filosofia política às relações internacionais, Celso Lafer identificou afinidades entre os campos da paz e da guerra, da economia e dos direitos humanos e as tradições do pensamento de Nicolau Maquiavel (*O príncipe*) e Thomas Hobbes (*O Leviatã*), Hugo Grotius (*Dos direitos da guerra e da paz*) e Immanuel Kant, respectivamente. Conforme ressalta, tais afinidades são esquivas e os campos interdependentes, o que exige reflexão, como também exige a atividade diplomática.[8]

1) Modelo maquiavélico-hobbesiano – Com foco no realismo do poder, tem na anarquia do "estado de natureza" e da "guerra de todos contra todos", tal como elaborados por Hobbes, o ponto crucial da vida internacional. Esse modelo concerne ao campo estratégico-militar; nele se incluem os problemas jurídicos e políticos relativos ao poder estatal e à sobrevivência do próprio Estado, da perspectiva da guerra e da paz. Sua lógica está em induzir a visualização dos demais atores da ordem internacional como aliados, protetores ou

[8] Comércio, desarmamento e direitos humanos - reflexões sobre uma experiencia diplomática, 1991, p. 15 e segs., e 184 e segs.

inimigos. Sua nota característica é a *instabilidade*, resultado de acordos firmados sob a cláusula *rebus sic stantibus*, isto é, sob a possibilidade de alteração unilateral a qualquer tempo, em virtude de alteração imprevisível no conjunto das condições que motivaram a celebração do acordo. É o campo, por excelência, da política do poder e da razão de Estado. Seu substrato é a visão apologética do Estado belicista, voltado à garantia e promoção dos interesses nacionais, exclusivamente, presente em *O príncipe* e *O Leviatã*. Dadas as suas características, como pontua Lafer, observa-se "a resistência dessa tradição à inclusão dos direitos humanos na agenda internacional".[9]

Do ponto de vista jurídico, as relações internacionais se desenrolam com prevalência do direito nacional sobre o internacional (o que corresponde a uma ordem jurídica denominada *monismo nacional*).

2) Modelo grociano – Concerne à área das relações econômicas, na qual se articulam o peso e o reconhecimento dos Estados como mercados, em sentido amplo. Nele prevalece o jogo de interesses econômicos, solucionados com fundamento na cooperação, na racionalidade e na reciprocidade. Tais elementos constituem suas notas características, produto de acordos fundados no princípio *pacta sunt servanda* (que impõe o cumprimento das obrigações acordadas), sem possibilidade de alteração unilateral e que, por essa razão, elevam-se à categoria de verdadeiros contratos jurídicos.

Da perspectiva desse modelo, há possibilidades de solidariedade na comunidade internacional, o que comporta a organização e interação dos Estados e demais atores internacionais em regime de colaboração, e não a anarquia prevalecente no modelo maquiavélico-hobbesiano. A doutrina política inspiradora, elaborada por **Grotius** em *De iuri belli ac pacis* propõe, portanto, a evolução das relações internacionais, em comparação com o modelo anterior, para um modelo de composição dos interesses. Ou, nas palavras de **Lafer**, a tradição que remonta a **Grotius** "[...] identifica na sociedade internacional um ingrediente positivo de sociabilidade que permite lidar, através do Direito e das organizações internacionais, com o conflito e a cooperação entre os Estados e dessa maneira reduzir o ímpeto da 'política do poder'".[8] A ideia subjacente, conforme Grotius, é a de que o sistema institucional e normativo internacional é falho e limitado, mas é aperfeiçoável.

[9] Op. cit. p. 185.

A ordem jurídica, nesse caso, é *dualista*, posto incorporar tanto o direito nacional quanto o internacional como ordenamentos distintos e separados, porém complementares. Na prática, significa que as normas internacionais são válidas para um determinado Estado desde que apoiadas no direito nacional, ainda que tenham fontes distintas.

3) Modelo kantiano – Corresponde ao campo dos valores, no qual giram afinidades e discrepâncias em relação à forma de se conceber a vida em sociedade. Por apresentar uma visão cosmopolita dos problemas globais (como ocorre em relação à proteção do meio ambiente e dos direitos humanos), que se sobrepõe ao jogo de interesses dos atores internacionais, seria o modelo ideal das relações internacionais. Seu objetivo pode ser sintetizado pela possibilidade de realização do princípio "todo ser humano é um fim em si mesmo", presente na obra de **Kant** (especialmente em *A paz perpétua*, 1795) e, posteriormente, na de **Hans Kelsen** (*A paz por meio do Direito*, 1944). O conceito nuclear de **Kant**, nessa obra, corresponde ao ideal de racionalização da ordenação internacional: se o mundo não é Estado de Direito, pode ser dotado de princípios e normas; seu propósito é a construção de patamares de juridicidade internacional e a definição de mecanismos de implementação da paz como base dessa convivência. Para tanto, pressupõe a vigência de uma comunidade jurídica superior ao Estado, por via da qual os Estados pactuam a paz e estabelecem a comunidade jurídica internacional.

O ideal kantiano da paz perpétua foi o que levou à criação da Liga das Nações em 1919 e da ONU em 1945. Esse modelo supõe o *monismo internacionalista*, ordem jurídica das relações internacionais na qual há prevalência do direito internacional sobre o nacional, o que significa dizer que o direito internacional é superior ao nacional na hierarquia das fontes.

5. Formação, reconhecimento e extinção de Estados

Estados surgem de forma originária ou derivada. O reconhecimento de Estados é ato jurídico unilateral dos demais Estados, que produz efeitos na ordem internacional. Correlato ao nascimento de Estados encontra-se o problema da extinção de Estados, assim como o da composição e atuação da sociedade de Estados e da ordem internacional.

5.1. Formação originária de Estados

Na origem remota dos Estados, seu nascimento se encontra associado à complexa estruturação social e jurídica de sociedades políticas, mediante subordinação a determinadas regras de conduta. Em outras palavras, o Estado surge no momento em que o poder de um governante tornou-se exclusivo sobre um determinado território, de tal forma que as regras de conduta por ele impostas criaram *relações subjetivas de mando e obediência*, que têm a coação como fundamento.

Tais relações supõem domínio exclusivo e poder político, às quais se associa o conceito de soberania. A função do poder político é a de subordinar os interesses particulares dos membros da sociedade política ao interesse geral, de acordo com um direito comum a todos. A sociedade política estatal, portanto, embora expresse as ideias de coletividade e de comunidade desde as suas origens, teve no poder político o seu traço distintivo em comparação com outros tipos de sociedades.

As teorias acerca da formação originária dos Estados podem ser agrupadas em duas vertentes principais: patriarcal e contratual. Em ambas, conjuga-se ao modelo de formação do domínio algum tipo de justificação – ou legitimação – do poder.

As teorias patriarcais, também ditas familiares, sustentam ter surgido o Estado espontaneamente, de sociedades primárias, isto é, de núcleos familiares ou tribais, por via de pactos, posse ou concessão de terras, fosse por liderança religiosa, fosse por liderança militar ou econômica. É o caso, por exemplo, dos celtas em relação à Inglaterra, à Escócia e à Irlanda, ou o caso dos francos em relação ao que seria a França pré-revolucionária.

Para ilustrar essa teoria, vejamos a seguinte passagem de *A cidade antiga*, de **Fustel de Coulanges**:

> A tribo, como a família e a fratria, estava constituída para ser um corpo independente, porque tinha culto especial, do qual os estranhos eram excluídos. Uma vez formado, nenhuma nova família poderia ser nele admitido. Duas tribos também não podiam fundir-se em uma: a religião opunha-se a isso. Mas, assim como várias fratrias se haviam unido em uma tribo, várias tribos puderam associar-se entre si, com a condição de que o culto de cada

uma fosse respeitado. No dia em que se fez essa aliança, a cidade começou a existir[10].

As teorias contratuais, por sua vez, sustentam que o Estado seria produto de um acordo, como ocorreu, por exemplo, na criação dos Estados Unidos da América. As teorias contratualistas, contudo, remontam à Antiguidade, tendo na ideia de associação para enfrentamento de necessidades comuns o seu fundamento. Exemplo sempre lembrado pela doutrina, extraído do Antigo Testamento, foi a aliança celebrada por David, em Hebron, com as tribos de Israel, antes de ser sagrado rei (Segundo Livro de Samuel 5,3). Também **Aristóteles**, em *A política*, já assinalava a ideia de uma convenção entre os homens, em benefício de sua mútua segurança e prosperidade, como razão da formação do Estado.

5.2. Formação derivada de Estados

Consiste no modo mais comum de criação de Estados na atualidade; dá-se por via da chamada *sucessão de Estados*, após a extinção de um ou mais Estados, conforme o direito internacional. Esta assinala a mudança de titularidade da soberania em um dado território, o que, em termos práticos, significa que o Estado sucessor assume as obrigações jurídicas do Estado predecessor.

Tal mudança de titularidade da soberania verifica-se em três situações:

a) sucessão por separação;
b) sucessão por desmembramento;
c) sucessão por união.

A descolonização de diversos Estados asiáticos e africanos, nos anos de 1960, é exemplo de formação derivada, por via da sucessão por separação; nos anos de 1990, a divisão da antiga União das Repúblicas Socialistas Soviéticas (URSS), assim como as da antiga Iugoslávia e da Checoslováquia, de sucessão por desmembramento; a reunificação das duas Alemanhas, de sucessão por união. O mesmo exemplo, visto do ângulo da

[10] Op. cit. p. 111.

República Democrática Alemã (Alemanha Oriental), revela uma forma de extinção de Estado, dada sua fusão a outro.

5.3. Extinção de Estados

Um Estado deixa de existir quando desaparece um ou mais de seus elementos constitutivos. Da extinção resulta a sucessão de Estados. O desmembramento da URSS, da Iugoslávia e da República Tcheca nos anos 1990 em diversos novos Estados ilustram essa problemática, inerente ao direito internacional.

Várias são as maneiras pelas quais um Estado deixa de existir na ordem internacional:

antes da criação da ONU, a absorção de um Estado por outro (o Havaí pelos Estados Unidos, em 1850; a Áustria pela Alemanha nazista, em 1938);
a ocupação de um Estado por outro e sua subsequente transformação em colônia (a Argélia, em relação à França);
a incorporação de um Estado a outro, como ocorreu com a Alemanha Oriental em relação à Alemanha Ocidental.

5.4. Reconhecimento de Estados

É o ato jurídico unilateral pelo qual os demais Estados reconhecem, formalmente, a existência jurídica de um novo Estado. O ato pode ser individual ou coletivo, expresso ou tácito, *de jure* ou *de facto*, consoante a doutrina internacionalista. Via de regra, o reconhecimento de Estados supõe a certificação de que os elementos constitutivos do Estado – território, povo, finalidade e soberania – acham-se presentes.

A existência política de um Estado, contudo, independe do seu reconhecimento pelos demais Estados. A criação política do Sudão do Sul resultou do plebiscito promovido entre seus habitantes, assim como o Kosovo anunciou secessão unilateral em 2008. Os seus respectivos reconhecimentos como pessoas jurídicas de direito internacional público, como os direitos e obrigações que só uma pessoa internacional pode ter, foram posteriores, assim como a sua admissão como membros das Nações Unidas.

Tema clássico do direito internacional, o estudo do reconhecimento de Estados tem evoluído segundo a processualística de admissão de novos membros na ONU e a afirmação do direito de autodeterminação dos povos. Os Estados da União Europeia, por outro lado, limitaram o reconhecimento de novos Estados da Europa Oriental e ex-União Soviética à observância de determinadas linhas de orientação em matéria de Estado de Direito, democracia e direitos humanos (Declaração de 16 de dezembro de 1991).

DISCUTINDO CONCEITOS – IV
FORMAÇÃO DERIVADA E RECONHECIMENTO DE ESTADO

O caso do principado de Andorra

O principado de Andorra, região independente da França e da Espanha (países entre os quais se situa), só foi reconhecido internacionalmente como Estado em 1993, com a ratificação e a aprovação de sua primeira Constituição.

O documento em questão não só estabeleceu uma clara divisão entre os Poderes Executivo, Legislativo e Judiciário – até então inexistente – como determinou ser o Estado uma democracia parlamentar, formado pelo Conselho Geral (Parlamento), um chefe de Governo e dois copríncipes, com poderes limitados: o presidente da França, representando os interesses franceses, e o Bispo de Urgel, representando os interesses espanhóis. A transformação política de Andorra, com a constituição formal de um estado democrático de direito, decorreu essencialmente de uma exigência feita pelo Conselho da União Europeia em 1990. Para poder integrar o bloco europeu, seria necessária tal transformação, adotando o Estado um modelo de Constituição moderna, com a devida proteção dos direitos de seus cidadãos. Formou-se então uma comissão tripartite com vistas a elaborar o texto constitucional, finalizado em abril de 1991. Após ser submetida a um referendo popular, a Constituição foi aprovada em 1993, definindo a estrutura político-institucional do Estado, bem como os poderes dos chefes de Estado (os dois copríncipes) e do chefe do Governo, eleito pela população. Também em 1993, Andorra ingressa nas Nações Unidas. A despeito de não integrar, oficialmente, a União Europeia, Andorra é um país reconhecido pelo bloco, figurando entre os países europeus não membros.

CAPÍTULO 6
ELEMENTOS DO ESTADO – SOBERANIA: O ELEMENTO POLÍTICO

1. Conceito e definição

A *soberania* é o atributo que confere supremacia política e jurídica ao poder Estado dentro do seu território.

Todos os Estados são soberanos, sendo esta a característica que os torna iguais na ordem internacional. O titular da soberania é o próprio Estado e não o governante, a Nação ou o povo.

Como poder político, o fundamento da soberania deriva do primado da independência fundamental do poder do Estado. É o "poder que tem uma Nação de se constituir em Estado, declarando, de maneira originária e exclusiva, o seu Direito", sintetiza **M. Reale.**[1] O poder "incontrastável de querer coercitivamente e de fixar as competências", diz **Dalmo Dallari.**[2] Desse ponto de vista, as noções de soberania e poder originário e exclusivo são complementares.

Como poder jurídico, segundo **Ricardo Lewandowski,** "corresponde ao poder originário e exclusivo do Estado, enquanto pessoa moral, de declarar e assegurar por meios próprios a positividade do seu direito e de resolver, em última instância, sobre a validade de todos os ordenamentos internos."[3] Deve-se a **Kelsen**, e também àqueles que o antecederam nos estudos jurídicos sobre o Estado (entre eles, os já citados **Gerber**, **Gierke** e **Jellinek**), a elaboração do conceito de soberania como expressão da unidade e da validade de uma ordem jurídica. Desse ponto de

[1] Teoria do direito e do Estado, p. 145.
[2] Elementos de teoria geral do Estado, p. 80.
[3] Globalização, regionalização e soberania, p. 235.

vista, soberania e personalidade jurídica do Estado são aspectos de uma única realidade.

Paradigma do direito constitucional e do direito internacional público, o conceito de um poder estatal de domínio, superior a todos os outros poderes nele existentes em dado território nacional, encontra o seu fundamento na evolução histórica e nas vicissitudes políticas do Estado moderno. Nele se adensam todos os problemas relativos à justificação e legitimação do poder do Estado que remontam à gestação e nascimento do Estado moderno, há cerca de cinco séculos. As razões da elaboração do conceito empírico do poder superior do Estado não nasceram de mera especulação e sim de necessidades sociais específicas, associadas à penosa eliminação da fragmentação feudal.

No plano jurídico, a elaboração do conceito de soberania é consectária do processo de transformação do poder de fato em poder de direito. Tributário das ideias de **Francisco de Vitória**, **Bodin**, **Grotius** e **Hobbes**, e também de **Locke**, **Rousseau** e **Sieyès**, esse processo se fortalece com o constitucionalismo e a teoria da personalidade jurídica do Estado.

Com a edição da Carta da Organização das Nações Unidas (1945) e da Declaração Universal dos Direitos do Homem – DUDH (1948), contudo, a soberania dos Estados deixou de ser uma espécie de "carta branca" para o exercício do poder. Esses documentos limitam formalmente a soberania dos Estados, subordinado-a, juridicamente, a duas obrigações principais: a garantia da paz e o respeito aos direitos humanos. Além desse fenômeno de intrusão das normas do direito internacional no território dos Estados, os fenômenos da regionalização e da globalização, intensificados na segunda metade do século XX, também puseram em xeque as premissas da centralidade e da homogeneidade do poder estatal soberano.

Embora seja incontestável que os Estados, na atualidade, perderam autonomia na condução e execução de parte de suas atividades, a essência da soberania estatal não se vê afetada para o fim de realizar as funções que se esperam do poder estatal, especialmente no plano nacional. Ainda é o conceito jurídico de Estado que vem assegurando, desde o final do século XX, as relações horizontais entre os Estados e a centralidade do poder estatal, mesmo diante das novas configurações do poder não estatal em escala mundial.

A hipótese teórica, portanto, é a de que, enquanto houver necessidade política, como de fato ainda há, a soberania estatal não será suplantada, o que implica dizer que as recentes transformações históricas enfrentadas pelo Estado moderno tornaram mais flexível a noção de soberania, em relação à tradição legada pela teoria clássica.

A compreensão do significado da soberania no Estado moderno e de sua evolução exige um exame mais detido do conceito de poder político, da identificação do poder do Estado ao poder coator, da evolução do conceito de soberania e de sua titularidade.

1.1. Poder e poder político

O conceito de poder, de modo geral, designa a potencialidade de um sujeito influir, condicionar ou determinar comportamentos, tanto em relação a indivíduos como em relação à natureza ou a objetos. As expressões poder social, poder político, poder ideológico, poder religioso, poder econômico, poder militar, poder de fato, poder de direito etc. indicam a multiplicidade e a especificidade de formas de superioridade que podem ser utilizadas, na vida social, para que um indivíduo ou grupo de indivíduos afirme seus interesses, mesmo quando contrários aos interesses dos demais. Mas são as formas de poder do homem sobre o homem na especificidade da ordem política que remetem à noção de soberania.

O poder político particulariza-se pelo fato de ser exercido na esfera política, aquela na qual a luta pelo poder é mais abrangente que nas demais esferas da vida em sociedade, posto envolver decisões sobre valores fundamentais. Sua especificidade tem raízes no sentimento universal do medo suscitado ou presumido pela aptidão em demonstrar força ou violência física. Consiste em relações intersubjetivas de mando e obediência que têm a coação como fundamento.

Para que o poder político se manifeste, depende:

a) de vínculo entre os indivíduos envolvidos nessas relações;
b) de finalidade;
c) da posse exclusiva dos instrumentos mediante os quais a força é exercida.

Se essas condições não estiverem presentes, não há poder político. Em tal equação, a força é elemento necessário, mas não exclusivo nem determinante. É nesse campo que a ideia de poder invoca outros termos correlatos, como dominação, força, influência, persuasão, eficácia, autoridade, coerção, sanção, temor, obediência etc.

Visando a aprofundar a compreensão desses elementos, vejamos como **Georges Burdeau** e **Norberto Bobbio** analisam o poder político.

Segundo **Burdeau**, a nota distintiva do poder político reside em sua finalidade, que, necessariamente, deve ser de interesse do grupo em que se manifesta. É o que denomina "finalidade socializada", elemento que confere caráter instrumental ao poder político: "Para que um poder se revista de caráter político, é necessário que sua finalidade esteja socializada, ou seja, sua finalidade tem de ser apreciada com referência ao grupo".[4]

Isso significa que existe poder político em toda sociedade, seja ela religiosa, econômica, cultural etc. O que distingue o poder político exercido nas sociedades de objetivo limitado ou específico daquele pertinente à sociedade estatal é o fato de seu exercício não visar à realização de valores religiosos, econômicos ou culturais, mas voltar-se à própria conservação da sociedade política. Nesse caso, "o vínculo político deixa de ter significado instrumental; torna-se um conceito existencial". Para **Burdeau**, o Estado é a representação do poder político institucionalizado, que assim se despersonaliza e se formaliza. Em conclusão, o Estado nada mais é senão "o suporte do poder político".[5]

Norberto Bobbio acrescenta outros elementos constantes à definição de poder político:

> o poder coator no sentido mais estrito da palavra, poder exclusivo (do titular) e universal (alcança a totalidade dos sujeitos passivos), que não só pretende impedir a formação de grupos políticos adversos como também reclama o monopólio das decisões legítimas e a possibilidade de intervir, de modo imperativo, em todas as esferas e atividades sociais e nas ações que têm rela-

[4] O Estado, p. 3

[5] Op. cit., p. 1

ção direta ou indireta com a conquista e o exercício do poder supremo, ou soberano, sobre uma comunidade de indivíduos em um território.[6]

Com as noções acima expostas, podemos avançar nas relações entre o poder político e o Estado, relações essas fundadas na noção de política. Sinteticamente, "política" designa uma forma de atividade humana que, de alguma maneira, tem como referência o Estado.

A expressão clássica dessa proposição é encontrada em *A política*, de **Aristóteles.** O homem é naturalmente feito para a sociedade política, nela se realizando como ser racional. É o que se depreende das seguintes passagens, inscritas na Introdução da obra:

> Ora, a natureza de cada coisa é precisamente seu fim. Assim, quando um ser é perfeito, de qualquer espécie que ele seja – homem, cavalo, família –, dizemos que ele está na natureza. [...] Bastar-se a si mesma é uma meta a que tende toda a produção da natureza e é também o mais perfeito estado. É, portanto, evidente que toda Cidade está na natureza e que todo homem é naturalmente feito para a sociedade política.[7]

A associação da política à atividade da *pólis*, originalmente proposta por Aristóteles, adquiriu firmeza de significado ao longo do tempo. Basta observar que as diversas derivações dos radicais gregos *kratos* (força, potência) e *arché* (autoridade) são todas originárias do vocábulo "política" e indicativas de formas de governo ou de poder: "aristocracia", "democracia", "monarquia", "oligarquia", "poliarquia", e até mesmo "burocracia", "fisiocracia" etc.

A especificidade do poder político não se restringe, evidentemente, às ideias de força, potência e autoridade; alcança a noção de dominação, que está fortemente identificada com o poder estatal, ainda que não exclusivamente, o que nos remete às relações clássicas de dominação como a de mandantes e vassalos, governantes e governados, soberanos e súditos, Estado e cidadãos etc.

[6] A política, p. 137.
[7] A política, p. 4.

DISCUTINDO CONCEITOS – I
MAX WEBER E O PODER POLÍTICO

No campo da sociologia política, foi **Max Weber**, em *Economia e sociedade* (1922), o cientista que apreendeu com maior propriedade as especificidades do poder político, dedicando seus estudos à elucidação da natureza particular das relações entre a obediência dos "dominados" e a legitimidade que fundamenta a pretensão dos "dominantes", e não do poder propriamente dito. Nessa linha de investigação, "dominação" é a probabilidade de encontrar obediência e "legitimidade", a qualidade que transforma a força em Direito, a obediência em dever. Dominação legítima, portanto, é aquela aceita como válida pelos dominados.

A obra de **Weber** foi um divisor de águas no âmbito das ciências sociais. Desde seus primeiros trabalhos já estão presentes os grandes temas e a reflexão metodológica que marcariam sua profícua e intensa carreira científica. Preocupado com a configuração histórica de sua época e, particularmente, com o Estado nacional, faz deste o ponto de partida para a discussão do conflito, do confronto de interesses e valores, da dominação e do poder nas diversas esferas da vida social – a econômica, a jurídica, a religiosa etc. Nesse campo cognitivo, a noção de *luta* é o elemento nuclear de toda relação social.

Seu rigoroso esquema analítico leva em conta a autonomia das diversas esferas sociais, sem desprezar os inúmeros momentos e formas pelos quais se articulam conforme suas distintas lógicas internas. O objetivo é trazer à tona as peculiaridades individuais, na busca de afinidades e tensões presentes na vida cotidiana dos indivíduos. O problema é saber se é possível encontrar algum sentido em tais afinidades e tensões e identificar certas regularidades de conduta. Em outras palavras: o que importa nos fenômenos sociais é seu *sentido*, ou seja, a finalidade que os indivíduos imprimem às próprias ações, e não a existência de estruturas sociais preexistentes.

Esse processo o leva ao conceito de *relação social*, fenômeno que se caracteriza por ser dotado de um *sentido compartilhado*, mas cuja ocorrência só pode ser pensada em termos de probabilidade, que será maior ou menor dependendo do grau de aceitação do sentido da ação pelos seus sujeitos. O conceito de relação social remete ao de legitimidade.

A *legitimidade* é um tipo específico de relação social cujo conteúdo de sentido é incorporado e compartilhado pelos indivíduos como regra orientadora de sua conduta. A dimensão fundamental da legitimidade, portanto, é a de *validação social compartilhada* de uma ordem, o que lhe confere vigência específica e probabilidade de determinar a continuidade de determinadas linhas de ação. É o que se observa nos processos de *dominação legítima*, tal como identificados por **Weber**. Sua continuidade não depende do modo de funcionamento do sistema social, nem do mero consenso, mas da persistência de uma problemática social que envolve, pelo menos, dois elementos: a) uma tensão expressa pelo conflito de interesses entre dominados e dominantes, e b) a possibilidade de ruptura da legitimidade.

A tipologia weberiana da dominação legítima organiza-se com base em três critérios legitimadores: o racional, o tradicional e o carismático. Cada um deles determina uma forma de obediência específica e um tipo de quadro para garanti-la.

A dominação de tipo racional é própria das sociedades modernas, sua legitimidade deriva do ordenamento jurídico que estabelece como são escolhidos o detentor do poder e as formas de seu exercício; sua fonte primária é a lei, que constitui o parâmetro que delimita a amplitude da ação do governante e o grau de sujeição dos governados. A burocracia desempenha papel fundamental na dominação racional, uma vez que os comandos alcançam os destinatários por meio de atos dos funcionários, com funções especializadas e organizados hierarquicamente. A dominação de caráter tradicional é consuetudinária – fundamenta-se em tradições que determinam os modos e os limites do exercício do poder; o quadro administrativo é formado com base em laços de lealdade, por meio de servidores (e não funcionários). A dominação carismática é verificada a partir das características pessoais do chefe (profeta, guerrilheiro etc.); a fonte do poder é sua personalidade.[10]

DISCUTINDO CONCEITOS – II
THOMAS HOBBES, O MEDO E O PODER POLÍTICO

"[...] a origem de todas as grandes e duradouras sociedades não provém da boa vontade recíproca que os homens tivessem uns para com os outros, mas do medo recíproco que tinham uns dos outros."[11]

O excerto acima é expressivo da forma pela qual **Thomas Hobbes**, equacionou o problema do medo na experiência política. O tema é tratado em duas de suas obras de maior repercussão: *Do cidadão* (1642) e *O Leviatã* (1651). Em ambas, o Estado, dotado de poder político, nada mais é senão uma reação ao medo, ou seja, ao estado de natureza, segundo o qual a normalidade consiste na guerra de todos contra todos.

O estado de natureza hobbesiano representa a vida fora da sociedade estatal politicamente organizada, onde a força e a fraude são as ações dominantes. A caracterização deste estado de natureza é aterrorizante, posto que onde não há poder não há lei e, onde não há lei, não há justiça. Nesse cenário é que Hobbes cunha a famosa caracterização do homem lobo do homem, prevalecente no estado de natureza.

O tema foi originalmente discutido em *Do cidadão*, obra na qual **Hobbes** apresenta sua visão do homem em sociedade, acentuando os benefícios dessa convivência:

> Fora dele [do Estado] assistimos ao domínio das paixões, da guerra, do medo, da miséria, da imundície, da solidão, da barbárie, da ignorância, da crueldade; nele, ao domínio da razão, da paz, da segurança, das riquezas, da decência, da socialidade, da elegância das ciências e da benevolência.[8]

A passagem do estado de natureza para o estado civil só é possível no momento em que todos atribuírem o máximo poder coercitivo a quem tenha direito ao poder supremo – entenda-se absoluto, esta é a única condição que garante a segurança de todos.[13] Tal atribuição é o resultado da submissão da vontade de todos à de um homem, ou conselho de homens, por via de contrato, dando origem à "união", base da cidade ou sociedade civil, ou Estado civil: "[...] pessoa cuja vontade, pelo pacto de muitos homens, há de ser recebida como a vontade de todos eles; de modo que ela possa utilizar todo o poder e as faculdades de cada pessoa em particular, para a preservação da paz e a defesa comum".[14] Segue daí o interesse do homem em se associar e instituir um Estado civil forte para garantir a realização dessas aspirações. Nessa linha de raciocínio, o absolutismo monárquico é uma consequência natural.[9]

O pacto ou o contrato assim realizado, explica **Hobbes**, "[...] é alguma coisa mais que o consenso e o acordo, é uma real unificação dos indivíduos numa só pessoa" (*Do cidadão* II, XVIII). A fusão dos indivíduos em um único corpo – mediante acordo comum que os submete ao príncipe – é o núcleo da teoria

[8] Op. cit. p. 109.
[9] Op. cit. p. 122-7.

contratualista hobbesiana. No Estado consensual, os homens associam-se pelo temor uns dos outros; no conquistado, por temerem o que governa.

2. A identificação do poder estatal ao poder coator

A identificação do poder estatal ao poder coator remonta à Idade Média. Corresponde à diferenciação, na comunidade universal formada pela Igreja e pelo Sacro Império Romano-Germânico, entre o poder do papa e o do imperador. Elaborada entre os séculos XIII e XIV, implicava, basicamente, as seguintes premissas: o poder da Igreja é espiritual, o do Estado é terreno.

Com fundamento nessa oposição, que a nós parece óbvia, podemos compreender a complexidade do problema da divisão do poder político e de suas respectivas áreas de influência: o poder da Igreja é exercido em benefício da fé; para tanto, serve-se de meios psicológicos como castigos, prêmios extraterrenos, enfim, o céu ou o inferno; o poder estatal atua em benefício da conquista e manutenção do poder político, servindo-se de meios de coerção física: exércitos, aparato policial, sistema prisional, a guerra ou a paz.

Foi **Marsílio de Pádua**, em *Defensor pacis* (1324), quem lançou as bases teóricas dessa dissensão ao afirmar a superioridade do Estado sobre a Igreja. Seus principais argumentos podem ser assim sintetizados: a Igreja não é uma organização hierárquica, mas um conjunto de fiéis que creem em Cristo (no caso das Igrejas cristãs, naturalmente); integra, portanto, a comunidade.

Mais que isso, o Igreja, na verdade, consiste na comunidade perfeita, quer como conjunto de cidadãos, quer como conjunto de crentes. Ora, sendo a própria comunidade, submete-se ao legislador humano – o príncipe –, que nada mais é senão o *legislator humanus fidelis*. Dessas premissas Marsílio extrai a conclusão lógica de que a única autoridade concebível é a do príncipe, que força e obriga. A coação não traz nenhum benefício espiritual, razão pela qual a Igreja não comporta autoridade. E mais: admitir dois centros de autoridade, em uma única comunidade, significa dividi-la, destruí-la.

A tese de **Marsílio de Pádua** beneficiou-se, posteriormente, entre outros aportes, das proposições do frade franciscano de origem inglesa

William de Ockham, um dos mais expressivos teóricos medievais dedicados à separação entre fé e razão e entre poder espiritual e poder terreno.

Origens – Embora o primado da superioridade e da homogeneidade do poder do Estado tenha se afirmado entre os séculos XVI e XVII, seu núcleo conceitual tem origens na noção de soberania, tal como principia a se configurar no século XIII.

O ponto de partida é o aforismo "rei que não reconhece superior é imperador em seu reino" (*rex in regno suo imperator et superiorem non recognoscens*) – originalmente inscrito na bula *Per venerabilem* (1202), de Inocêncio III. A máxima foi reproduzida, a seguir, na obra do canonista inglês Alan, de 1208, aproximadamente, dedicada à diferenciação do poder espiritual em relação ao poder civil, e, mais tarde, nos *Livres des coutumes et des usages de Beauvoisin*, codificação do direito vigente datada de 1280, aproximadamente, de autoria do nobre e jurista francês Philippe de Remi Beaumanoirs.

Neste último, a palavra soberania é empregada para qualificar uma autoridade dotada de poder superlativo, comparada a todos os demais poderes políticos existentes. Seu sentido geral remete à ideia de que: "cada barão é soberano em seu baronato, e os reis são soberanos sobre todos e sobre todo o seu reino".[10]

Recepcionada na ordem jurídica com tal significação, a palavra soberania passou a identificar a máxima autoridade no plano político. Para as monarquias feudais, indicava a soberania *de facto*, com superioridade de poder interno; para o Imperador, a soberania *de iure* no plano jurídico abstrato.

Parece contraditório falar-se de poder supremo e reconhecer-se a coexistência de várias soberanias (a dos barões, a dos reis, a do imperador). Esse problema foi perfeitamente compreendido por canonistas e civilistas, o que explica o recurso ao conceito de *iurisdictio* forjado no Direito romano para designar o complexo de poderes e funções necessárias e suficientes à existência e coexistência de ordenamentos particulares.

Com esse sentido é que o termo "jurisdição" foi empregado pelo jurista italiano **Bártolo de Sassoferrato**, ainda no século XIV, para iden-

[10] Beaud, Olivier. La puissance de l'État, p. 38-9.

tificar os diversos graus de jurisdição da sociedade medieval – da mínima (o barão no feudo) à máxima (o imperador no mundo) –, todos plenos em seu âmbito de incidência. Com o passar do tempo e a queda do Sacro Império, o grau máximo de jurisdição foi atribuído exclusivamente ao rei, com supressão de todas as demais, sob regime absolutista. Resolvia-se assim, definitivamente, o problema feudal da coexistência de soberanias (senhorial, real e papal).

A construção era inédita, política e juridicamente. Em primeiro lugar, porque os laços pessoais do sistema feudal eram fundamentalmente diferentes do poder abstrato, perpétuo e institucional que caracteriza a noção moderna de soberania. Em segundo lugar porque assim se instauravam novas categorias e estruturas de exercício do poder político, como a noção de território.

G. Jellinek lembra que a Antiguidade Clássica, por exemplo, não conheceu o conceito de soberania em razão de um fato histórico de suma importância: faltava a oposição do poder do Estado a outros poderes, sendo que apenas esse dado é que poderia trazer à consciência o conceito de soberania.[11] Alguns autores, como **Bertrand Badie**, relativizam tal afirmação. O que faltava, diz o sociólogo francês, era a noção de alteridade, a consciência de que outras comunidades políticas deteriam os mesmos direitos de existência independente; ou seja, à lógica imperial romana repugnava reconhecer qualquer soberania porque a própria pretensão universal do Império anulava a ideia de soberania, como a concebemos.[12] Além disso, a ideia de império implica a de vassalagem, o que significa dizer que as *gentes* do Império Romano não eram nem de dentro nem de fora, nem soberanos nem independentes, eram, tão somente, vassalos conquistados. Essa atitude imperial transcendeu culturas, tanto no Oriente Médio como na Ásia, nelas prevalecendo a dificuldade de entender o resto do mundo como governos, populações e territórios dotados de direitos iguais de soberania. Em síntese, a tese de **Badie** é a de que a soberania só existe no reconhecimento pelo outro e na reciprocidade, o que supõe igualdade, territorialidade, jurisdições, pluralidade, fórmulas

[11] Teoria do Estado, p. 331.
[12] Um mundo sem soberania, p. 31.

que não se coadunam com modelos políticos imperiais.[13] Seja como for, o fato é que na evolução do Estado, houve quem soubesse e quisesse governar de outro modo.

A soberania é, por excelência, o atributo particularizador do Estado moderno. É o elemento que o distingue de todas as entidades políticas e tipos estatais até então observados, por designar o caráter supremo da potência estatal inteiramente independente. Sua transformação de poder de fato em poder de Direito é expressão da racionalização do poder político, resultado de sua institucionalização e do ato de jurisdicionalizar, que, por sua vez, caracterizam o Estado de Direito.

3. A doutrina clássica da soberania

Entre as várias correntes políticas e jurídicas que contribuíram, ao longo de séculos, para a afirmação do conceito de soberania, a mais conhecida – mas já superada – é a chamada doutrina clássica da soberania. Seus integrantes se inserem, com diferentes matizes, num arco que vai de **Francisco de Vitória** a **Hobbes**, passando por **Maquiavel, Bodin** e **Grotius.**

Seu postulado reside na ideia de que só o poder estatal homogêneo, superlativo e independente tem condições de cumprir adequadamente a função de coerção, proteção e ordem que se espera do poder político.

Tal raciocínio é facilmente explicável. Superado, na Europa, o sistema político e jurídico medieval – estruturado sobre relações pessoais de suserania e vassalagem – houve a necessidade de se conceituar a submissão do súdito ao monarca, deslocando-se o centro de imputação da obrigação política dos poderes intermediários para o ápice da pirâmide hierárquica. O conceito de soberania forjado pela teoria clássica mostrou-se perfeito para esse fim, com a vantagem adicional de, ao vincular a soberania ao monarca, promover a identificação deste com o Estado, de tal forma que só por seu intermédio o Estado se torna realidade.

Segundo a doutrina clássica, a soberania é um "poder incontrastável de querer coercitivamente e de fixar competências",[14] do qual decorrem os atributos de superioridade, unicidade, indivisibilidade, inalienabilidade e imprescritibilidade do poder soberano. É o que diz a Constituição

[13] Op. cit., p. 33-9.

[14] Dallari, op. cit., p. 80.

Francesa de 1791, em seu art. 1º, Título III. A soberania é una porque não se admite num mesmo Estado a convivência de duas soberanias; é indivisível porque se aplica à universalidade dos fatos ocorridos no Estado; é inalienável porque se o Estado perder sua soberania, pela renúncia voluntária ou pela força, deixa de existir como tal. Finalmente, é imprescritível porque não sofre nenhuma limitação temporal; este atributo, em particular, vincula-se à ideia de estabilidade e permanência do Estado.

Se **Maquiavel** deu o seu ponto de partida – ao propor a secularização e o fortalecimento do Estado, mediante o uso virtuoso da força (*virtu*) pelo príncipe (*O príncipe*) –, foi **Jean Bodin** quem elaborou seus fundamentos em *Os seis livros da República*. O desenvolvimento posterior desta teoria, com os aportes de **Francisco de Vitória, Hugo Grotius** e **Thomas Hobbes**, entre tantos outros, permitiu compreender as manifestações de poder do Estado como produto de um sistema de cooperação juridicamente coordenada.

Bodin argumenta que o cerne do poder reside na faculdade de legislar sobre os súditos e os estamentos, independente de seu consentimento. O poder de dispor, portanto, deve ser a manifestação de uma única competência de direção normativa, que coordena a conduta dos homens segundo estrutura juridicamente organizada. "Este poder de criar e abolir leis engloba simultaneamente todos os demais direitos e características da soberania de modo que, a rigor, apenas existe esta característica de soberania. Todos os outros direitos soberanos são a ele subsumíveis."[15] Consiste, pois, na característica essencial do poder do Estado que lhe garante a independência perante os órgãos internos e a da faculdade de regulação independente dos poderes externos, passos importantes na evolução do pensamento político moderno.

E mais: "A característica mais eminente do Estado, o direito de soberania, apenas pode existir, a rigor, numa monarquia, porque ninguém, além de uma pessoa, pode ser soberano no Estado".[16] [17] O príncipe, contudo, não é soberano absoluto – o poder absoluto e soberano pertence apenas a Deus. A lei divina e a lei natural transcendem a soberania humana, legiti-

15 ????

16 Os seis livros da República, cap. IV, n. 4.

17 Id. Ib.

mamente atribuída e exercida pelo príncipe desde que este não contrarie a vontade divina. Aí se encontram os fundamentos do direito divino dos reis.

A lógica da construção de **Bodin** é a seguinte: a soberania só é legítima se for sacralizada; como tal, não pode ser limitada, seja por outra jurisdição, seja por qualquer outro tipo de controle, com exclusão da suserania papal e da imperial.

O curioso é que, a despeito de lançar os fundamentos do direito divino dos reis, **Bodin** desloca a titularidade da soberania para a comunidade política. O titular da soberania é uma "corporação", provinda do povo, que necessita de um chefe que assegure a unidade entre todos. É o que proclama na frase de abertura de sua obra mais famosa: "República é o reto governo de várias famílias, e do que lhes é comum, com poder soberano".[18] A doutrina de **Bodin**, nesse aspecto, foi superada pelas teorias que atribuem a soberania à pessoa do soberano, identificando o monarca e o Estado como sujeito e objeto do domínio, como originariamente elaborado por **Hobbes**. Exemplo paradigmático dessa visão é a famosa frase de Luiz XIV, no auge do absolutismo monárquico do século XVIII, "L'État c'est moi".

Segundo **Hobbes,** só um Estado forte pode garantir aos homens a realização de suas aspirações de paz, segurança e defesa; esta garantia finalidade é o que legitima a forma de Estado rigidamente absolutista, defendida em *O cidadão* e *O Leviatã*, na qual os direitos monárquicos de decisão suprema constituem a essência da soberania e da própria política. Se o soberano nasce contratualmente – por via da celebração de um pacto que visa libertar os homens do caótico estado de natureza e, concomitantemente, assegurar-lhes a vida pacífica e organizada que só existe no estado civil – o político só faz sentido por meio do Estado que dele deriva.

Decorre dessa proposição a premissa de que o Estado é fonte suprema e exclusiva do princípio da legalidade, e também da validade das normas (o que agrada ao príncipe tem força de lei), do monopólio estatal da produção jurídica e da consequente unidade do ordenamento jurídico, assim como da sua independência de fontes jurídicas extra ou supraes-

[18] Ibidem, cap. I.

tatais. Dessas ideias resultará profundamente condicionada a imagem do Estado construído no século XIX e na primeira metade do século XX pela jus publicística italiana e alemã, especialmente no que diz respeito à sua personalidade jurídica.

Hobbes, contudo, não expande essas ideias para a sociedade internacional de Estados, a contrário de **Vitória** e **Grotius**, que submetiam todos os Estados ao direito, em suas relações internacionais. A sociedade internacional dos Estados configura-se, portanto, como uma sociedade selvagem em estado de natureza, compostas por homens artificiais (os novos Leviatãs).

Após a Paz de Westfália (1648), consolidados e secularizados os Estados nacionais, compôs-se o ideário moderno do Estado como pessoa artificial, fonte de todo o Direito e detentor do monopólio da produção jurídica. Aí estão as principais causas da unidade do ordenamento jurídico, que se liberta de fontes extra ou supraestatais. Põe-se em questão, enfim, uma nova maneira de governar, na qual os elementos internos e externos ao Estado devem ser, a qualquer custo, solidariamente arranjados.

A visão política da doutrina clássica da soberania não era a da responsabilidade do soberano em relação aos súditos, mas a da obrigação moral; seu declínio coincide, justamente, com as tentativas de justificação da soberania mediante uma relação de confiança entre governantes e governados. Largamente difundida, seus ecos repercutiram no século XIX e alcançaram a primeira metade do século XX, fortalecendo a soberania interna dos Estados e alimentado a permanente instabilidade internacional que marcou esse período.

DISCUTINDO CONCEITOS – III
A PAZ DE WESTFÁLIA (1648)

Denominam-se "Tratados de Westfália" ou "Paz de Westfália" os tratados que encerraram duas guerras religiosas entre católicos e protestantes. O Tratado Hispano-Holandês, de 30 de janeiro de 1648, pôs fim à Guerra dos Oitenta Anos; o Tratado de 24 de outubro de 1648, celebrou a paz entre o sacro imperador romano-germânico, o rei da França e seus aliados, no contexto da Guerra dos Trinta Anos.

Por meio deles, consagrou-se a regra *hujus regio, ejus religio*, ou seja, "na região deles, a religião deles", o que implicou, para os Estados, o mútuo reconhecimento da soberania no território nacional e igualdade no plano internacional. Do ponto de vista prático, significava reconhecer que em determinado território vige a ordem jurídica imposta pelo seu soberano. Aí se encontram as raízes do princípio da territorialidade do Direito, que passaria a reger a concepção de existência, eficácia e aplicabilidade das normas jurídicas nacionais, em substituição ao princípio da personalidade do ordenamento jurídico vigente em épocas anteriores. Aí se encontram definidos, igualmente, os elementos essenciais à existência dos Estados modernos: base territorial e sistema jurídico nacional.

Com o propósito de serem acessíveis a um maior número de pessoas, os tratados foram celebrados em língua francesa – e não em latim, idioma erudito até então empregado nos atos oficiais.

Os tratados também deram origem ao direito internacional clássico, caracterizado como um direito de fonte voluntária, de base contratual, originado da vontade de Estados soberanos que se autolimitavam em razão dos respectivos interesses nacionais.

4. As doutrinas democráticas: da soberania do príncipe à soberania popular e nacional

Na Inglaterra, a edição do *Bill of Rights* (1689) abriu caminho para a supremacia do Parlamento, para o governo representativo e para a construção das doutrinas da soberania popular e da soberania nacional, nas quais se invertiam as relações de poder entre governantes e governados. Dá-se início ao assalto contra o absolutismo, de notáveis consequências jurídicas, políticas e institucionais.

Se na soberania do príncipe o poder soberano é *legibus solutus* (i.e., está livre do poder das leis), por deter o monopólio ilimitado da produção jurídica e ser seu criador, na soberania popular e na nacional, o poder soberano submete-se à lei, ademais de estar despersonalizado e unificado. Nesse sentido, a soberania é atribuída ao povo ou à nação.

John Locke, o filósofo inglês que vive a Revolução Gloriosa e prega a submissão do rei ao Parlamento, deixa claro, em *Segundo tratado sobre o governo civil* (1690), que o Estado não é um fim em si mesmo, mas instrumento da missão confiada pelo povo aos governantes. Nessa formulação, o Direito não só preexiste como limita o Estado; logo, o povo era, e permanece, titular do poder supremo. Tais proposições caem como uma luva para os objetivos de transferência da titularidade da soberania do príncipe para o povo ou para a nação, dos revolucionários americanos e franceses, cujas bases filosóficas e políticas encontram-se também em **Montesquieu** e **Rousseau**.

Montesquieu, sempre lembrado pela teoria da separação de Poderes exposta em *O espírito das leis* (1748), é quem identifica, na mesma obra, a relação entre o Direito natural e as leis da natureza, anteriores à constituição da sociedade e "assim denominadas por derivarem unicamente da constituição do nosso ser".[19] Logo, o Direito não é, nem poderia ser, elaborado livremente pelo homem: "as leis, na mais ampla acepção, são as relações necessárias que derivam da natureza das coisas".[20] Nesse sentido, prossegue:

> todos os seres têm suas leis: a Divindade tem suas leis; o mundo material tem suas leis; os animais têm suas leis; o homem tem suas leis. [...] Existe, pois, uma razão primitiva, e as leis são as relações existentes entre ela e os diferentes seres, e as relações dos diferentes seres entre si.[21]

A tarefa do legislador, por conseguinte, é escolher, entre as diversas relações possíveis, a que mais se coaduna com as condições e necessidades próprias de cada Estado, o que, em última análise, significa a particularização do justo.

Trata-se de um direito racional, que pode ser descoberto pela razão humana uma vez que sendo esta, igualmente, um produto da natureza, tem a capacidade de compreender as "relações necessárias que derivam da natureza das coisas". **Montesquieu** identifica, pois, as limitações inerentes ao poder político em dados extrajurídicos, que condicionam a ordem jurídica.

Jean-Jacques Rousseau, em *Do contrato social* (1762), segue na mesma direção, mas com enfoque distinto. A lei justa é expressão da vontade

[19] O espírito das leis, p. 78

[20] Op. cit., p. 77.

[21] Ibidem.

geral – frase imortalizada no art. 6º da DDHC, de 1789 –, sendo a vontade geral a manifestação da razão que identifica o justo e o bem comum do povo. Tal manifestação supõe um pacto social preliminar, do qual deriva o poder político absoluto – a soberania – sobre os membros da sociedade. A soberania, nessa construção, é propriedade daqueles que celebraram o pacto, circunstância que a limita à vontade geral.

A propósito da doutrina da soberania popular, **Paulo Bonavides** faz notar que **Rousseau**, ao contrário de **Montesquieu**, não teme o poder nem contradiz o princípio da soberania; pelo contrário, sua doutrina é antes uma doutrina apologética do poder, na qual não existem direitos anteriores ou superiores ao Estado. Na verdade, como não há direitos que não tenham sido abrangidos pelo contrato social, o direito não é a antítese necessária do poder. A vontade geral é o critério de legitimação que reveste o poder de caráter jurídico, porque é fundado no consentimento. É também a vontade geral que provoca a transmutação dos direitos naturais em direitos civis, mercê do contrato social.[22] A mesma ideia é encontrada em **Kant**, com algumas variações: o contrato social é que dá ensejo à criação do Estado, em virtude da transformação do estado de natureza em estado civil. O Estado, por conseguinte, não *foi* constituído conforme o contrato social, mas deve ser assim constituído. O contrato social é o princípio regulatório que caracteriza o estado civil como estado jurídico, do qual é corolário o princípio de certeza, estabilidade e permanência das relações, que se particulariza no Direito.

Os desdobramentos dessa poderosa doutrina da vontade geral – na qual se verifica uma fundamental identidade entre vontade geral/vontade de todos/vontade legítima e justa – logo se fizeram notar. Se o povo é o titular e a fonte do direito de legislar, deveria ser, por maior razão, o titular do poder constituinte. Essas são as bases do pensamento de **Emmanuel J. de Sieyès** acerca do poder constituinte originário, exposto em *O que é o Terceiro Estado?* (1748), e do princípio democrático como princípio fundamental do ato constitucional.

Sieyès identifica o povo à nação e desloca a titularidade da soberania daquele para esta. O povo é o "terceiro estado", grupo que compõe

[22] BONAVIDES, Paulo. Do Estado liberal ao Estado social, 4.ed., 1980, p. 17-8.

os "Estados Gerais" franceses juntamente com a nobreza e o clero, mas que até a Revolução Francesa não tivera nenhuma expressão nas decisões políticas. Nesse sentido, o terceiro estado era nada. Considerando-se, porém, que o concurso da massa de trabalhadores na execução de tarefas braçais, agrícolas, comerciais, industriais etc., inteiramente desprezadas pelos privilegiados (o clero e a nobreza) – era fundamental para que a nação subsistisse e prosperasse, o terceiro estado era tudo. Era uma nação completa, abrangia tudo quanto pertencia à Nação. Logo, o que não era terceiro estado, não pertencia à Nação.

Não por outras razões, a DDHC proclamava em seu art. 3º: "o princípio de toda a soberania reside essencialmente na Nação. Nenhuma corporação, nenhum indivíduo pode exercer autoridade que aquela não emane expressamente."

Reforça-se, assim, a soberania interna dos Estados, conferindo-se, tanto por via das proposições de **Rousseau** quanto das de **Sieyès**, um valor totalitário ao antigo princípio da soberania absoluta. Nos dois casos, o povo se anulava no Estado.

É preciso distinguir entre os movimentos revolucionários inglês e francês: na Inglaterra, depois da Revolução Gloriosa, nunca houve a intenção de deslocar a soberania para a população; a ideia era limitar o poder real e não suprimi-lo. Na França, diversamente, o objetivo era suprimir o poder real, por ser real, não se cogitando nem seu abrandamento nem sua limitação. A filosofia da limitação do poder em **Locke** é menos radical do que em **Montesquieu**. Prova disso é o reconhecimento expresso, da parte de **Locke**, de que o soberano detém uma margem de atuação não vinculada pelo Parlamento em matéria de política externa e de colmatagem de lacunas legais.

Locke denomina o primeiro de "poder federativo" e de "prerrogativa" aquela espécie de poder discricionário, composto de todos os poderes remanescentes ou eventuais que o príncipe possa exercer em benefício da realização do bem comum, como, aliás, ocorria nos primórdios dos governos. Diz **Locke**:

> Chama-se "prerrogativa" a este poder de agir pela discrição a favor do bem público, sem a prescrição da lei e, com frequência, até contra ela. [...] É fácil imaginar que nos primórdios dos governos quando as comunidades, por

> serem pequenas, pouco diferiam das famílias, e também divergiam bem pouco pelo número de leis; e os governantes, tidos como pais para elas e zelando pelo seu bem, seu governo se baseava quase inteiramente em prerrogativa.[23]

Como se pode notar, há um certo rendimento à prevalência do poder do monarca, por parte de **Locke**, ainda que a legitimação do poder, nas duas situações, derivasse do interesse público que constituía o seu limite. Já **Montesquieu**, inspirado pela aversão ao absolutismo própria dos revolucionários, não se compadecia de tradições ou da visão positiva de **Locke** acerca das monarquias. Seu objetivo era o de dividir o poder entre titulares que não se confundiam, nem confundiam suas funções. Mais: a preservação da liberdade dependia da negação da soberania estatal, isto é, a divisão dos poderes era precondição da preservação dos direitos do indivíduo, da liberdade natural e ilimitada que desfrutava nas sociedades pré-estatais. O passo seguinte seria a elaboração do conceito jurídico de soberania. A teoria da personalidade jurídica do Estado vem ao encontro dessa síntese.

5. A soberania no início do século XXI

As circunstâncias. O Estado moderno dos primórdios do século XXI se defronta, no seu território e na ordem internacional, com uma pluralidade de centros decisórios e de produção do direito, não estatais ou supraestatais, o que implica a relativização da centralidade, unidade e territorialidade do poder estatal. Sua soberania é partilhada ou compartilhada com os demais sujeitos da ordem internacional e regional, provocando o declínio da autoridade estatal assim como a perda do monopólio do poder político.

De outro lado, a prevalência da economia sobre a política, em grande parte por obra de processos de transnacionalização dos mercados de insumos, produção, capitais, finanças e consumo, e da perda do controle estatal sobre a moeda, associada à tecnologia da informação e à organização da sociedade em rede relativizou a soberania dos Estados. Por essa razão é

[23] Cf. Locke, John. Dois tratados sobre o governo civil, capítulos XII e XIV, p. 117.

que, na sociologia e na ciência política, fala-se do renascimento dos Estados como "atores", com sua competência institucional original dividida entre outros atores públicos e privados no cenário mundial, sofrendo a concorrência dos jogos informais de poder, animados por redes com as quais os Estados têm de conviver, dentro e fora de seu território.

Esse conjunto de problemas vem sendo enfrentado pela doutrina já há algum tempo, tanto sob o signo da crise quanto sob o da metamorfose do Estado moderno na atualidade, sem consenso teórico. Segundo **Sabino Cassese**, identificam-se na doutrina três grandes correntes que estudam tal problemática: a) a funcional ou macropolítica, que afirma o enfraquecimento do Estado em benefício do mercado e de interesses privados; b) a administrativa, que atribui a perda de poder pelo Estado à criação das organizações internacionais e à atribuição de maior poder às regiões; c) a nacional ou doméstica, que entende que o processo de perda de poder se deve a alterações internas, resultantes de processos de privatização, de reformas administrativas do setor público e, em decorrência, do enfraquecimento da máquina estatal, particularmente do executivo.[24]

Embora todas as correntes tenham em comum a preocupação com a soberania do poder do Estado e com as limitações a ela impostas, as duas primeiras raciocinam em termos de "governança", entendida esta como o vasto conjunto de instituições, redes, regulamentações, normas, costumes e usos de natureza pública ou privada, política ou social, escritas ou não, que contribuem para a estabilidade, orientação e efetividade de um regime político e da máquina pública estatal, e asseguram sua legitimidade. A terceira corrente raciocina em termos de "governabilidade".

Mas, inobstante os seus diferentes pontos de partida, as três correntes teóricas apontam os mesmos fatores como responsáveis pela difusão ou compartilhamento do poder estatal e, resultante disso, pelo enfraquecimento do Estado.

Em breve síntese, são eles: 1) as consequências da estagnação econômica nas finanças da maior parte dos Estados nacionais, que se seguiu aos "choques do petróleo", nos anos 1970; 2) a mudança do paradigma econômico, que de dirigista e keynesiano passa a monetarista e neolibe-

[24] L'Erozione dello Stato: uma vicenda irreversible? Dallo Stato monoclasse alla globalizzazione, 2000, p. 7-10.

ral, encorajado pelo Fundo Monetário Internacional (FMI), pelo Banco Mundial e pela Organização para a Cooperação e Desenvolvimento Econômico (OCDE), com consequências diretas na diminuição do papel do Estado nas políticas públicas; 3) o enfraquecimento das coalizões que normalmente sustentavam o expansionismo dos Estados (sindicatos, profissionais liberais, partidários da proteção social etc.), e simultâneo fortalecimento de setores que apoiavam a retração do Estado (Ministério da Economia, bancos centrais, empresas multinacionais etc.); 4) as pressões emanadas do mercado financeiro, cada vez mais significativas à medida que este foi se tornando mais liberalizado, internacionalizado e multinacional; 5) a criação da União Europeia, a adoção da moeda única, o enfraquecimento da legislação nacional em face das decisões das Cortes europeias; 6) a revolução tecnológica, as consequentes alterações de tempo e espaço, os seus efeitos na liberalização dos mercados financeiros e as alterações provocadas nas estruturas administrativas e hierárquicas dos serviços públicos; 7) as reformas administrativas do setor público, inspiradas pelo setor privado, traduzidas nas privatizações, desregulamentação etc.; 8) as mudanças de política interna e internacional provocadas pelo terrorismo, redes criminosas internacionais, lavagem de dinheiro, e também pela proteção do meio ambiente, dos imigrantes etc., e a necessidade da cooperação internacional.

As consequências. As circunstâncias mundiais e domésticas que levaram o Estado contemporâneo a conviver com novos centros de poder não implicam, necessariamente, a perda da soberania. Do ponto de vista jurídico, aliás, a dispersão da centralidade do poder no Estado moderno não é exclusiva da contemporaneidade.

Os problemas teóricos enfrentados pelos jusnaturalistas do contratualismo clássico de **Hobbes** a **Monstesquieu** não foram outros senão aqueles decorrentes da multiplicidade das fontes normativas que caracterizaram o Estado moderno até o advento do constitucionalismo. É notório que o grau de complexidade que caracterizava as diversas esferas de poder na sociedade feudal foi de tal magnitude que, em algumas regiões, por volta do século XIII, levou mesmo à negação total de qualquer poder superior. Essa foi uma tensão herdada, em grande medida, pelos sistemas jurídicos dos Estados nacionais formados no século XVII que, por sua vez, produziram um direito mais complexo, irracional e desregulado que o atual. Prova disso se encontra na ordem jurídica do *Ancien Regime,* integrada por diversas fontes normativas e pela superposição de ordenamentos. O pluralismo normativo impregnou de tal forma a concepção jurídica europeia que a Escola Histórica do Direito, nesse sentido, fez forte oposição aos projetos de codificação do século XIX, voltados à previsibilidade e segurança jurídicas. Ainda no início do século XX, o pluralismo remanescente é qualificado por **G. Mosca,**[25] no início do século XX, como um fenômeno de "neofeudalismo". **Léon Duguit,**[26] ante o mesmo fato, chegou a declarar: "O Estado morreu".

Todos esses fatos nos demonstram que o pluralismo normativo tem convivido com o Estado moderno, sem descaracterizá-lo. A existência de poderes e ordenamentos não estatais já foi reconhecida e elaborada pela Teoria do Estado do século XIX (por **G. Jellinek** e **Otto Von Gierke**, em particular), inclusive em relação ao direito internacional (aqui, principalmente por **Jellinek**, em *Die rechtliche Natur der Staatenverträge,* de 1880), e pela doutrina italiana (notadamente com **Santi Romano**, *O ordenamento jurídico*, 1917), e convive com a esfera deôntica estatal, até porque escapa ao centro político estatal o interesse relativo à esfera privada, uma vez que se volta, primordialmente, à *res publica.* É por essas razões que parte da doutrina nas áreas da sociologia, da ciência política e da história se tem posicionado em favor da natureza relativa, e não dogmática, da soberania, mesmo antes do fenômeno da globalização.[27]

De outra parte, não é simples pensar o Estado como entidade política interdependente, quando todas as definições que lhe foram atribuídas supõem a sua independência. **Luigi Ferrajoli** considera que a superação das atuais aporias relativas à soberania estatal depende da mudança radical do próprio conceito de soberania. Em primeiro lugar porque com a subordinação do poder legislativo de maioria à Constituição e aos direi-

[25] A decadência do Estado liberal.

[26] As transformações do direito público, 1913.

[27] A propósito, cf. R. Zippelius, Teoria geral do Estado, 1997, p. 74. Cf. também Bertrand Badie, Um mundo sem soberania: os Estados entre o artifício e a responsabilidade, 1999; Thomas Biersteker e Cynthia Webwe, State sovereignty as social construct, 1996; Stephen Krasner (org.), Problematic sovereignty. contested rules and political possibilities, 2001; Stephen Krasner. Sovereignty: organized hypocrisy, 1999; entre outros.

tos fundamentais nela estabelecidos, consequência direta do modelo do Estado constitucional de direito, a soberania interna como poder absoluto dissolveu-se completamente. Em segundo lugar, porque a soberania externa hoje se desvanece na presença de um direito internacional, considerado como *ius cogens* pelos Estados. Em terceiro, porque a oposição entre soberania e direito, entre a ausência e a existência de limites e regras é um problema de consistência e legitimidade conceitual, o que, do ponto de vista da teoria do Direito, torna a soberania um "pseudoconceito" ou um "conceito antijurídico".[28]

As reflexões de **Stephen Krasner** remetem a conclusões semelhantes. Identificando quatro diferentes sentidos para o termo soberania – soberania doméstica, soberania interdependente, soberania legal internacional e soberania westfaliana – qualifica os dois últimos como "hipocrisia organizada", eis que embora estruturados sobre fundamentos lógicos, não resistem à lógica de consequências, posto que os poderes dos Estados são assimétricos e não submetidos a autoridades institucionais efetivas, especialmente no sistema internacional.[29]

Para o politólogo americano, a soberania doméstica refere-se à organização interna de um Estado e ao nível de eficácia do controle exercido pelas autoridades estatais. A soberania interdependente concerne à habilidade das autoridades públicas no controle dos movimentos transfronteiriços. A soberania legal internacional refere-se ao reconhecimento mútuo dos Estados e outras entidades como pessoas jurídicas de direito internacional. Finalmente, a soberania westfaliana refere-se à ideia do "poder incontrastável de mando" que caracteriza o poder do Estado.

O alcance da expressão "hipocrisia organizada" fica claro ao considerarmos, com o autor, que, longe de assegurar equilíbrio e igualdade dos Estados nos planos nacional e internacional, tanto em face do poder de influência ou coerção de Estados mais fortes quanto perante poderes não estatais, a efetividade de suas normas está sempre em jogo, por manobras de coalização, cooptação etc. Isso sem se levar em conta a impossibilidade de um sistema jurídico nacional ou internacional tudo prever e tudo controlar. Apesar de tudo, ressalta, a soberania dos Estados nacionais é

[28] A soberania no mundo moderno, 2002.

[29] Cf. Krasner, Stephen D. Sovereignty: organized hypocrisy, 1999, p. 9-40.

tomada como pressuposto lógico de um sistema político-jurídico efetivo entre os Estados.

Neil MacCormick pensa os mesmos problemas no contexto da União Europeia, para concluir que as características originalmente atribuídas à soberania estão longe de serem verificadas na Comunidade, razão pela qual fala em "pós-soberania": nem política nem juridicamente, nenhum Estado-membro tem condições de decidir soberanamente sobre os seus assuntos internos, mas somente de forma partilhada ou compartilhada. Considera, entretanto, que a soberania não foi inteiramente negada pelos tratados constitutivos da União Europeia, posto que, em matéria de política externa, os Estados conservam sua independência.[30]

Nessa direção confluem, ainda, as conclusões de **Lewandowski**, visto que

> [...] embora os Estados possam ter eventualmente a autonomia cerceada em alguns aspectos, a soberania, ao menos no que tem de essencial, não se vê afetada. Na realidade, jamais um Estado, por mais poderoso que fosse, logrou subtrair-se integralmente aos condicionamentos de natureza jurídica ou de ordem fática. [...] As teorias que sustentam o declínio da soberania, ademais, refletem uma compreensão inadequada desse conceito, em especial porque não levam em conta o locus de onde provém a autoridade política, que corresponde ao Estado, o qual, por sua vez, aufere seu poder do povo.[31]

No caso da União Europeia, prossegue:

> [...] falta-lhe, de resto, a competência das competências, ou seja, a capacidade originária de alterar ou alargar o seu âmbito de competências, que é própria do poder soberano. Por essa razão, mantém-se ainda intacto o padrão westfaliano de relacionamento horizontal entre os Estados, enquanto modelo fundado na soberania, na supremacia da ordem jurídica interna, na aplicação do direito internacional em conformidade com os ditames da legislação local e na consideração do povo territorialmente localizado como fonte de legiti-

[30] Questioning sovereignty, 1999.
[31] Op. cit., p. 300.

midade, ainda que, em outras áreas, sobretudo na econômica, a heteronomia decisória tenda a avançar mais.[32]

Ademais, orientado pela democracia, as transformações por que vem passando o Estado moderno contemporâneo não alteram a sua centralidade na promoção dos direitos fundamentais, dado que a legitimação democrática do poder estatal impõe prioridades à atuação do Estado e da sociedade. Outro argumento é que as Constituições nacionais continuam sendo o fundamento da legalidade e legitimidade das comunidades estatais, não se pode negar a existência de um centro do qual emana o sistema jurídico, inobstante a penetração das normas internacionais nos territórios nacionais (conforme determinados procedimentos igualmente previstos nas Constituições).

Sopesados todos os fatores, é possível concluir que o que há de novo no cenário contemporâneo da pluralidade de centros decisórios e de produção do Direito é uma *forma inédita de socialização, decorrente da interação dos múltiplos centros decisórios,* na qual nenhum deles se encontra apto a exercer o poder de forma hegemônica e preeminente, como faz o Estado.

Para a Teoria do Estado, o problema consiste em saber de que maneira essa novidade afeta a capacidade de o Estado cumprir suas funções e em que medida tais efeitos repercutem na soberania estatal. Parece evidente, contudo, que, se as finalidades para as quais o Estado é configurado são atendidas, a relativização da soberania é um fator menos relevante do que aparenta ser, inclusive no plano do Direito.

DISCUTINDO CONCEITOS – IV
GOVERNANÇA E GOVERNABILIDADE

Os conceitos de governança e governabilidade referem-se a fenômenos antigos; no entanto, é recente a atenção dada a eles pela doutrina estrangeira e nacional. Isso ocorre, para citar Norberto Bobbio, porque "os sistemas políticos atuais são bem mais difíceis de governar e de transformar do que os sistemas políticos historicamente já existentes".[38]

[32] Op. cit., p. 301.

Segundo Luiz Carlos Bresser Pereira, *governabilidade* é a capacidade política de governar, que deriva da relação de legitimidade do Estado e do seu governo com a sociedade. Em sua concepção, a governabilidade nos regimes democráticos depende: a) da adequação das instituições políticas capazes de intermediar interesses dentro do Estado e na sociedade civil; (b) da existência de mecanismos de responsabilização (*accountability*) dos políticos e burocratas perante a sociedade; (c) da capacidade da sociedade de limitar suas demandas e do governo de atender aquelas demandas afinal mantidas; e, principalmente, (d) da existência de um contrato social básico. Esse acordo social básico, afirma Bresser Pereira, seria justamente o contrato social hobbesiano, que garante às sociedades avançadas legitimidade e governabilidade. Tal acordo, nos países em desenvolvimento – marcados por forte heterogeneidade – está muitas vezes ausente ou imperfeito, daí a importância de pactos políticos com projetos de desenvolvimento que viabilizem o governo.[39]

Governança, também na concepção de Bresser Pereira, é a capacidade financeira e administrativa do governo, em sentido amplo, de implementar políticas. No mesmo sentido, afirma Eli Diniz em "Planejando o Desenvolvimento: a centralidade da dimensão político-democrática" que *governança* se refere à capacidade de governo do Estado e à possibilidade de implementação das políticas e consecução das metas coletivas. Pode-se compreendê-la como o conjunto de mecanismos e procedimentos que se relacionam à dimensão participativa e plural da sociedade, em seus diversos seguimentos.

CAPÍTULO 7
ELEMENTOS DO ESTADO – POVO: O ELEMENTO PESSOAL

1. Conceito e definição

O povo de um Estado é constituído por seus cidadãos, isto é, pelos indivíduos a ele juridicamente vinculados por meio da nacionalidade e da cidadania. Nas democracias, o conceito de povo é fundamental, pois é por intermédio de sua vontade que se legitimam as decisões políticas; identificar o povo, portanto, significa identificar quem detém o poder soberano.

O conceito de povo compreende as gerações presentes, passadas e futuras, sendo irrelevante se seus integrantes se encontram ou não no território nacional. Essa é uma das razões pelas quais um único indivíduo pode deter duplas ou triplas cidadanias, como é o caso de muitos cidadãos brasileiros descendentes de italianos, espanhóis, portugueses etc., aos quais se reconhece, legalmente, o vínculo de cidadania com os países de origem de seus antepassados.

O elemento pessoal do Estado constitui, ainda, a base do princípio da continuidade do Estado.

2. Conceitos análogos

Povo é um termo plurívoco, que evoca outros importantes conceitos para a compreensão do fenômeno estatal, como "nacionalidade", "cidadania", "apatridia", "população", "etnia", "nacionalismo", "minoria", todos em relação e influências mútuas.

2.1. Nacionalidade

A nacionalidade é vínculo genérico, de natureza política e jurídica, que liga o indivíduo ao Estado, por nascimento ou naturalização, estabelecendo entre ambos uma relação de imputação que o torna sujeito de direitos e deveres, de acordo com suas regras internas. É originária quando decorre de nascimento no local (critério do *jus solis*) ou de descendência (critério do *jus sanguini*); é derivada nos casos de naturalização.

2.2. Cidadania

A cidadania é vínculo específico, também de natureza política e jurídica, que qualifica o indivíduo a participar da vida do Estado como detentor do direito de votar e ser votado, além de outros direitos. Os direitos de cidadania podem variar, segundo a lei do país, conforme se trate de detentores de nacionalidade originária ou naturalizados.

No Brasil, a perda da nacionalidade e, por consequência, da cidadania pode ocorrer por cancelamento, por sentença judicial transitada em julgado, em virtude de ação nociva ao interesse nacional (Constituição Federal, art. 12, § 4º, I), ou voluntariamente, na hipótese de aquisição de outra nacionalidade.

Como se pode perceber, a cidadania pressupõe a nacionalidade, posto que só os titulares de nacionalidade podem ser cidadãos; por outro lado, nem sempre o nacional está capacitado para o exercício da cidadania, como ocorre, por exemplo, no Brasil, em relação aos menores de 16 anos (Constituição Federal, art. 14, II), ou àqueles com capacidade civil absoluta (Constituição Federal, art. 15, II), em condenação criminal transitada em julgado (Constituição Federal, art. 15, III – o que significa dizer que até o trânsito em julgado pode exercer os direitos políticos) ou, ainda, em improbidade administrativa (Constituição Federal, art. 15, V), entre outras situações.

A regra da cidadania como vínculo relativo a determinado Estado nacional, contudo, comporta exceções. À medida que os Estados se internacionalizaram e que os direitos humanos se tornaram mais específicos, os direitos de cidadania extrapolaram as fronteiras nacionais.

A *cidadania europeia* é exemplo paradigmático dessa nova visão. Atribuída, indistintamente, a todos os cidadãos de todos os Estados que integram a União Europeia, garante direitos no âmbito de todo o seu território, além daqueles já garantidos pelas respectivas cidadanias nacionais. Tais garantias derivam do direito comunitário, da Convenção Europeia dos Direitos do Homem e das Liberdades Fundamentais (CEDH), de

1950, e dos seus protocolos adicionais, além de outros textos convencionais específicos (Convenção Europeia sobre o exercício dos Direitos da Infância, de 1986; Convenção Quadro sobre a Proteção de minorias Nacionais, de 1994, entre outros). Com a entrada em vigência, em 2009, do Tratado de Lisboa, o cidadão europeu também passou a ser protegido pela Carta de Direitos Fundamentais da União Europeia – CEDF, de 2000. Todos os direitos inerentes à cidadania europeia são vinculativos, não só para a União e as suas instituições, mas também para os Estados-membros quando aplicam o direito comunitário.

No âmbito das Nações Unidas, apresenta-se a ideia de *cidadania mundial*, fundada em nossa humanidade comum e responsabilidades compartilhadas. Suas bases jurídicas encontram-se na Carta da ONU e na Declaração Universal dos Direitos do Homem (DUDH), hoje atualizadas pelo paradigma da indivisibilidade entre desenvolvimento, segurança e direitos humanos, prevalecente nas decisões e recomendações da ONU em matéria de proteção dos direitos humanos.

2.3. Apatridia

Dos vínculos de nacionalidade e cidadania derivam os problemas relativos à apatridia. Esta designa a ausência de nacionalidade, isto é, a inexistência de qualquer vínculo jurídico com qualquer Estado do planeta, o que pode ocorrer em razão do desaparecimento de um Estado ou da cassação de nacionalidade (como ocorreu com os russos emigrados do regime soviético, em 1917); ou, ainda, da não atribuição de nacionalidade, apesar de nascimento no local (em situações nas quais só se admite o *jus sanguini* como condição de nacionalidade). A problemática da apatridia, desde a criação da ONU em 1945, tem sido equacionada com fundamento no direito internacional de proteção à pessoa humana, de natureza universal, em particular pelo direito internacional dos refugiados.

2.4. População

É um conceito demográfico relativo ao número de pessoas que se encontram em determinado Estado, em certo momento, independentemente de serem nacionais, estrangeiros ou apátridas.

2.5. Nação

A diferenciação entre povo e nação é mais complexa. A palavra nação designa uma comunidade de base cultural, isto é, uma realidade sociológica, identificada com o conceito de comunidade, o que favorece a conotação étnica do termo. Etimologicamente, nação deriva do latim *natio*, vocábulo que denota a origem do indivíduo e do qual deriva o termo nacionalidade. "Nação" não tem significação jurídica e, da mesma forma que "população", não supõe a existência de vínculo jurídico entre seus integrantes.

A identificação do povo como nação política é recente. Remonta ao final do século XVIII, ocasião em que as Revoluções Americana (1776) e Francesa (1789) promovem uma inversão nas relações de poder: doravante, o detentor da soberania é o povo – ou a Nação, no caso francês – e não o governante, o que também se exprime pela seguinte equação: povo = Nação = Estado, independentemente da ordem dos fatores. Tudo resulta na sobreposição dos três. Nesse sentido, a ideia de Nação confunde-se com a de *populus*, vigente no Direito romano, isto é, com um conjunto de indivíduos assemelhados em virtude de pertencerem a um mesmo Estado.

Este é um fenômeno eminentemente moderno e europeu. Resulta da afirmação da incipiente sociedade civil perante o poder do Estado, com o fim do Absolutismo e o desvanecimento da diferenciação dinástica entre os Estados. No plano teórico, deve-se a **Sieyès** essa fusão (*O que é o Terceiro Estado?*, 1789), na qual a nação é designada como depositária única e exclusiva da autoridade soberana. Nesse sentido, nação designa uma imagem nacional com base em elementos comuns: a língua, os valores culturais, os interesses. Constitui um símbolo de unidade popular, forjado artificialmente para obter adesão popular à luta contra o Absolutismo e a institucionalização de lideranças. O conceito de nação, após as Revoluções Americana e Francesa, passa a ser identificado com o próprio Estado, exercendo grande apelo na formação do Estado nacional, ou Estado-Nação, com base nas lutas de libertação contra o imperialismo de Napoleão.

No século XIX, identificam-se duas diferentes concepções de Nação: a franco-americana, dita política; e a germânica, dita nacionalista. A primeira, de extração iluminista, resulta das revoluções e tem natureza democrática, funda-se no contrato social – elemento que une todos os integrantes da Nação, independente de qualquer outro critério étnico ou cultural. Nesse caso, o traço de semelhança entre os integrantes da Nação reside no fato de desejarem se auto-organizar politicamente e viver sob governo popular, exercido diretamente ou por meio de representantes eleitos. **J. S. Mill** apresenta essa concepção de maneira definitiva em *Utilitarismo* (1861), *A liberdade* (1859) e *O governo representativo* (1851). Na segunda concepção, a Nação é identificada à alma do Estado e integrada apenas por aqueles que apresentam características éticas e culturais comuns. É a expressão, por excelência, do "espírito do Povo" de que nos falam **Savigny** e **Hegel**. A opção dos alemães pela vertente nacionalista era explicável, àquela altura, pelo fato de o Estado não estar unificado, sendo necessário criar uma forma de amalgamar todos os seus integrantes em torno de um projeto político. A visão nacionalista germânica, de marcante viés totalitário, transforma o povo num corpo único e fechado a todos os que não compartilhem das suas características.

Contudo, fosse qual fosse o critério empregado para identificar a Nação, o fato era que nenhum deles era suficiente para explicar como as nações se formaram e se delimitaram mutuamente. **Joseph Ernest Renan**, em *Qu'est-ce qu'une Nation?*, obra seminal resultante de uma conferência apresentada, em 1882, na Sorbonne, demonstra aquela premissa, da qual extrai duas conclusões principais: a falta de critérios objetivos nada mais revelava senão o caráter arbitrário, ou, pelo menos, construído, da Nação; segue-se, portanto, que, para se constituir em todo homogêneo, a Nação já deveria ter superado todas as fissuras sociais internas, além de ter resolvido todos os antagonismos que a dividiram historicamente. Logo, a articulação da Nação supõe, necessariamente, uma mediação subjetiva, a manifestação de vontade, que, para perpetuar-se, deve ser renovada periodicamente. Por isso, afirma: "A Nação é um plebiscito diário".

Deriva dessas concepções a construção do princípio das nacionalidades no direito internacional, por obra do jurista **Pasquale Mancini**, que, em 1891, defendeu a tese de que os Estados deveriam ser organizados pelo fator nação, posto ser este o seu sujeito natural e elemento fundamental do direito internacional público. A tese teve aceitação imediata na Itália e na Alemanha, em vista de suas respectivas unificações.[1] Veja, a propósito, a teoria proposta, no século XIX, pelo jurista e político suiço **Johann Caspar Bluntschli**: "Cada nação tem vocação e direito para constituir um Estado. Tal como a humanidade está dividida num número de nações, também o mundo deverá estar dividido no mesmo número de Estados. Cada nação um Estado, cada Estado um ser nacional".[2] Essa é a visão que subjaz aos acordos de paz que criarão, na Europa, 26 Estados, após o final da Primeira Guerra Mundial.

Após o término da Segunda Guerra Mundial, o princípio das nacionalidades, com fundamento no direito de autodeterminação dos povos previsto na Carta da ONU, deu causa à proliferação de mini-Estados na região da ex-Iugoslávia, por exemplo (não por outras razões, os processos de sucessão de Estados segundo o princípio das nacionalidades é denominado "balcanização").

Embora povo e nação não se confundam como elementos constitutivos do Estado, a nação como comunidade e realidade sociológica tem influência na ideia do Estado nacional, na política e no problema das *minorias nacionais*.

2.6. Minoria

Termo que designa, de modo geral, o agrupamento de pessoas unidas por elementos culturais e religiosos, que apresenta características étnicas que as diferenciam da maioria da população. Essa também é, genericamente, a acepção de *etnia*. Cabe aos Estados, entre seu povo, reconhecer-lhes ou não como minorias. O sistema das Nações Unidas vem desenvolvendo um amplo sistema de proteção das minorias com fundamento no art. 27 do Pacto dos Direitos Civis e Políticos, que lhes assegura o direito de existir e ser diferente.

De maneira geral, e em traços simplificados, pode-se dizer que o problema das minorias surge quando os princípios do Estado nacional se realizam de forma imperfeita. Em outras palavras, a nacionalidade comum

[1] Cf. Accioly, Hildebrando; Nascimento e Silva, G. E. & casella, Paulo Borba. Manual de direito internacional público, p. 232.

[2] Apud Zippelius, R. Teoria geral do Estado, p. 100.

não é um sentimento compartilhado por todo o povo, mas apenas por uma ou mais parcelas.

Foi o que se verificou na ex-Iugoslávia, a partir de 1990, local em que diferenças culturais, étnicas e religiosas levaram ao grave conflito civil frente às pretensões hegemônicas da Sérvia e à independência da Eslovênia e da Croácia. A magnitude dos massacres perpetrados na região conduziu a "limpezas étnicas", expressão hoje utilizada para designar processos de eliminação de grupos minoritários, em virtude de morte ou expulsão de seu local de origem, conduzidos por grupos étnicos que detêm o poder político, em determinado território. O problema dos *refugiados* é correlato a esta última hipótese.

De acordo com o Estatuto dos Refugiados, adotado em Convenção das Nações Unidas, no ano de 1951, são considerados refugiadas as pessoas que se encontram fora do seu país em razão de fundado temor de perseguição por motivos de raça, religião, nacionalidade, opinião política ou participação em grupos sociais, e que não possam (ou não queiram) voltar ao país de origem.

DISCUTINDO CONCEITOS – I COMO UMA PLURALIDADE DE INDIVÍDUOS SE UNIFICA, PERSONIFICANDO-SE?

Muito embora o poder do Estado designe um domínio sobre os homens, considerado isoladamente como agregado populacional, na Antiguidade Clássica ou na Idade Média, o povo não teve nenhum papel decisivo na formação de sociedades políticas. Até o século XVII, não há teoria nem prática política construída sobre o "povo", especificamente; e, até meados do século XIX, povos e territórios foram distribuídos pelos Estados soberanos sem nenhuma consideração pelo interesse ou vontade das populações envolvidas.

O processo pelo qual uma pluralidade de indivíduos se unifica, personificando-se, remonta ao contratualismo de **Thomas Hobbes**: o povo converte-se em coletividade graças ao Estado, que transforma o indivíduo, elevando-o, protegendo-o. Lembremos que no estado de natureza todos estão em guerra contra todos, o "homem é o lobo do homem", segundo *O Leviatã (1651)*, sendo que onde não há poder não há lei, e onde não há lei não há justiça. Como a força e a fraude são as virtudes cardeais do estado de natureza, o homem nada mais é senão um bruto à espera de ser redimido pelo Estado. Em Hobbes, é o monarca, em última análise, que transforma a multidão em povo.

Nos séculos XVI e XVII, outros doutrinadores políticos darão corpo à ideia do povo como totalidade indivisível que fundamenta a ordem pública – entre eles, **Francisco Suárez, J. Bodin, , J. Locke e David Hume**. Tais teorias são concretizadas por meio da Revolução Inglesa e do *Bill of Rights*, da Revolução Americana e de seu processo constituinte (1774-1783) – do qual resultou a primeira Constituição fundada sobre a soberania popular (1776, entrando em vigor em 1778) – e da Revolução Francesa (1789). São consequências políticas e jurídicas desses movimentos – e do reconhecimento do povo como elemento pessoal do Estado – a positivação de direitos do homem por meio de declarações; a concepção da soberania popular como expressão coletiva da liberdade individual e fundamento de legitimidade do direito positivo; a igualdade perante a lei; a legitimidade do poder condicionada à manifestação eleitoral.

DISCUTINDO CONCEITOS – II
O POVO NA CARTA DAS NAÇÕES UNIDAS

Na Carta da Organização das Nações Unidas (1945), os vocábulos “povo”, “nação” e “Estado” são, por vezes, empregados com imprecisão terminológica, gerando várias dúvidas a respeito da identificação dos titulares das obrigações e compromissos ali previstos. No Preâmbulo, por exemplo, atribui-se aos *povos* o compromisso de manter a paz e a segurança internacionais e de desenvolver relações amistosas entre as *nações*; já no art. 3º, especifica-se que os *Estados* é que são os membros das Nações Unidas. Tais imprecisões permitem a contestação de elementos tradicionais do Estado como critério *sine qua non* para sua identificação e reconhecimento pela comunidade internacional.

A situação da Autoridade Nacional Palestina (ANP) ilustra parte desse problema. Criada pelos Acordos de Oslo de 1993 e 1995, firmados entre Israel e a Organização pela Libertação da Palestina (OLP), com personalidade jurídica de direito internacional, a ANP administra nominalmente partes do território da Cisjordânia e da faixa de Gaza. Tais acordos internacionais, de natureza bilateral, foram celebrados com fundamento no princípio do *pacta sunt servanda*, o que implica o cumprimento de obrigações recíprocas entre os partícipes.

No plano político, essa organização reclama seu reconhecimento como Estado pelas Nações Unidas, tendo em vista que representa e governa a Nação palestina, com soberania, independentemente da titularidade formal do território. Sua finalidade, ademais, é o bem comum daquele povo, cujo direito de autodeterminação foi reconhecido pela ONU em 1970.

Em 2012, a Assembleia Geral da ONU, por meio da Resolução A/67/L28, reconheceu a ANP como Estado Observador, o que não implica o seu reconhecimento como Estado soberano.

CAPÍTULO 8
ELEMENTOS DO ESTADO -TERRITÓRIO: O ELEMENTO ESPACIAL

1. Conceito e definição

O território constitui a base física de um Estado. Equivale ao espaço da superfície terrestre que este ocupa. Sua importância está em exprimir, de forma inequívoca, um dos elementos essenciais à existência do Estado: o âmbito físico de seu poder soberano, o local em que seu povo está fixado e se exerce o governo. Estabelece, portanto, uma relação entre espaço e poder político, indispensável na convivência internacional dos Estados. Segundo as normas vigentes do direito internacional, o domínio espacial de um Estado inclui a área terrestre, as águas internas (fluviais, lagoas e lagos), os espaços adjacentes à costa marítima (mar territorial de 200 milhas náuticas, e ilhas), o espaço aéreo sobrejacente ao território terrestre e marítimo. Trata-se, portanto, de uma área com projeção tridimensional e não de mera continuidade terrestre ou marítima.

A noção de território não é estática; a territorialidade se constrói e se modifica ao longo do tempo e pode projetar-se além das fronteiras nacionais. A noção de território tampouco é absoluta; um dos mais importantes fenômenos políticos e jurídicos da contemporaneidade está, justamente, na crescente permeabilidade das fronteiras nacionais. Isso se deve ao desenvolvimento populacional, à expansão da globalização econômica e da regionalização – cujo exemplo mais notável é, sem dúvida alguma, o da União Europeia e de seus sucessivos alargamentos – e ao contínuo aprimoramento das tecnologias de informação e comunicação que, ao relativizarem as tradicionais percepções de tempo e distância, vêm dando causa ao que se convencionou chamar "espaço mundial".

2. A invenção dos territórios nacionais

A ideia de território estatal é de origem moderna. Até 1500, menos de 20% da superfície terrestre estava dividida por fronteiras nacionais. Antes disso, a humanidade convivera com sociedades politicamente organizadas sob o princípio da personalidade que sustentava diferentes comunidades tribais, povos nômades e suas esferas de competência; e para além do território do Império Romano, na direção da Ásia, onde se situavam as rotas comerciais para o Oriente, tribos nômades controlaram caminhos e pessoas, independente de se organizarem politicamente sobre qualquer território. Foi, justamente, a organização territorial dessas unidades de associação que apagou as diferenças entre tribos e criou um sentimento comum, como se deu na formação das cidades da Idade Média.

A noção da unidade político-territorial moderna, que está na base dos territórios nacionais, é correlata aos conceitos de *dominium* e *imperium* herdados do Direito romano. O *imperium* era uma espécie de soberania abstrata, que alcançava todo o território e as pessoas que nele se encontravam, e o *dominium* consistia no direito real de exercer o poder sobre um território.

Não há dúvidas de que a noção de base física territorial se encontra presente nesses institutos, uma vez que por meio dela se definiram competências políticas, jurídicas e administrativas. As noções romanas de território e fronteira, contudo, não se compatibilizaram com a ideia de limites estanques. Os *limes* romanos (algo como as linhas fronteiras) nunca foram uma linha regular nem permanente: variavam conforme as necessidades de defesa, na medida de necessidades estratégicas; o que significa dizer que o território era maleável por natureza.[1] Séculos mais tarde, as cidades-Estado italianas, no alvorecer do Renascimento, também se desenvolveram em áreas fluidas, delimitadas sem precisão por núcleos de atividades econômicas que, se expandindo ou se retraindo, alteravam, na mesma proporção, o seu território.

Durante a Idade Média, mesmo nos momentos de maior descentralização do poder político, também se fez presente a necessidade de ser delimitada política e juridicamente uma área de domínio que expressasse

[1] Casella, Paulo Borba. Direito internacional dos espaços, 2a. ed. 2022

algum tipo de poder territorial, o que **Bártolo de Sassoferrato,** no século XIII, solucionou com o conceito de *iurisdictio.*

O modelo econômico e político do estado territorial compacto é inteiramente diferente de todos os anteriores e só aparece quando o Estado moderno se afirma. Sua lógica, essencialmente europeia, deriva dos imperativos de afirmação espacial da soberania que acompanhou a formação desse tipo de Estado como unidade de poder político, jurídico e administrativo. Deve-se sua tradução jurídica ao Tratado de Westfália, de 1648, no qual a singela frase – "na terra dele, a religião dele" – proclamou o nascimento formal dos territórios nacionais.

No interior dos Estados, a implantação do modelo compacto foi igualmente difícil. Em Portugal, por exemplo, do século XV ao século XVIII (até a Lei da Reforma Territorial de 1790), prevaleceu uma organização territorial caótica, dividida em concelhos, freguesias, comarcas e ouvidorias – unidades administrativas submetidas a autoridades diversas (a Coroa, a Igreja, a família real, a nobreza), sem nenhuma racionalidade. As áreas eram irregulares, desiguais em ocupação e atividades econômicas, podendo se sobrepor umas às outras. Os concelhos, submetidos ao poder civil da Coroa, podiam conter uma ou mais freguesias, áreas de jurisdição eclesiástica sob direção dos párocos. As freguesias eram células administrativas, fiscais e militares que podiam ser mais importantes que o próprio concelho. As comarcas ou correições eram distritos judiciais sob administração régia; já as ouvidorias correspondiam a domínios senhoriais, que excluíam a administração régia. O resultado era que não havia autoridade territorialmente definida, ninguém sabia quem mandava onde e em quem, o que facilitava o esconderijo de criminosos, a sonegação fiscal e os conflitos entre o Estado e a Igreja.

Ao longo do tempo, os problemas de discriminação espacial de competências políticas no interior dos Estados foram solucionados de diferentes maneiras. Prevaleceu, entre os Estados europeus, a forma do *estado unitário,* que admite apenas um centro de poder sobre todo o território nacional (a França), embora notem-se alguns *estados regionais*, organizados mediante centros de poder regionais (como a Espanha e a Itália). Na América, diversamente, prevaleceu a forma de *Estado federal*, que permite a descentralização do poder estatal em dois ou mais níveis de governos: o federal, o estadual e, em alguns casos, o municipal. Todas são formas de organização política e administrativa do território nacional, mais adiante analisadas.

3. Efeitos da definição do território estatal

A definição espacial do território estatal delimita suas fronteiras e o âmbito de validade jurídica de suas normas na sociedade internacional de Estados. Tal delimitação produz dois efeitos jurídicos principais:

a) submete tudo e todos que se encontrem no território estatal às suas normas (efeito positivo ou inclusivo);
b) exclui, deste mesmo território, a possibilidade de vigência de outra ordem estatal soberana (efeito negativo ou excludente).

Isso significa que todos os Estados do planeta estão compartimentalizados em territórios definidos, delimitados e norteados, o que os torna igualmente georreferenciados. Aí estão as bases do princípio da territorialidade, fundamento da organização westfaliana da sociedade de Estados, segundo o qual a cada Estado corresponde um espaço no globo terrestre. **Hans Kelsen** levou a extremos tal condição, ao definir o território como "a esfera limitada da validade de uma ordem jurídica".[2]

O princípio da territorialidade, conjugado ao princípio da nacionalidade (a cada Estado corresponde um povo), permitiu a organização da Terra segundo a ilusão geográfica do planeta ladrilhado, fundamental na construção do tipo Estado-Nação. São correlatas a essa construção a distinção entre o "dentro" e o "fora", a identificação do nacional e do estrangeiro, do refugiado, do apátrida, das maiorias e das minorias.

A territorialidade é a regra geral da organização espacial do poder dos Estados, mas admite exceções, havendo situações nas quais ou o poder do Estado é exercido além das fronteiras nacionais ou o território do Estado é alcançado por normas do direito internacional. Todas são hipóteses de extraterritorialidade.

[2] Teoria geral do direito e do Estado, p. 207

4. A extraterritorialidade

Fenômeno jurídico que expande o poder estatal para além de suas fronteiras espaciais e que se manifesta por via de a) projeções extraterritoriais da aplicação das normas e competências estatais, ou de b) imunidades de jurisdição e de aplicação normativa.

A extensão extraterritorial da aplicação das normas e competências estatais tem por objetivo a proteção de interesses fundamentais, inclusive dos relativos à comunidade internacional. É em virtude dessa extensão que a validade das normas estatais tanto pode alcançar os seus cidadãos fora do território estatal (com fundamento no princípio das nacionalidades) quanto autores de crimes internacionais, independente da nacionalidade (*v. g.*, pirataria aérea e marítima, crimes de guerra etc.). Projeta-se ainda, de acordo com o direito internacional, sobre áreas situadas fora do domínio territorial (como ocorre em relação a zonas marítimas contíguas e à plataforma continental), e sobre navios e aeronaves nele matriculados.

Nas zonas contíguas, os Estados podem adotar medidas de fiscalização em matéria de controle aduaneiro, imigração, tráfico de drogas, proteção da saúde pública etc. Na plataforma continental, para além do espaço de até duzentas milhas náuticas que delimita o mar territorial até o declive continental, permite a exploração do leito do mar e do subsolo marítimo adjacente à costa que determinarão a extensão da soberania estatal. Esse é um problema eminentemente econômico, que envolve a possibilidade de exploração de recursos naturais, especialmente minerais, ainda que a capacidade tecnológica para tal exploração varie de Estado para Estado. Finalmente, as normas estatais alcançam, fora do território nacional, todos os navios e aeronaves nele matriculados, que são legalmente considerados extensões dos Estados de matrícula.

As imunidades de jurisdição e de aplicação normativa consistem em limitação jurídica internacional ao direito de jurisdição territorial do Estado, sem as quais não haveria relações diplomáticas entre os Estados. São elas as decorrentes:

a) da soberania dos Estados, da qual se extraem os direitos de não ser julgado pelos tribunais de outros Estados e de se opor à execução de seus bens em outro Estado;

b) da proteção diplomática, prevista expressamente na Convenção de Viena sobre Relações Diplomáticas de 1961, que garante à missão diplomática o direito e o dever de proteger seus nacionais no Estado acreditado.

Alcança, igualmente, chefes de Estado e de governo, agentes diplomáticos, tropas estrangeiras autorizadas a atravessar determinado Estado, oficiais e tripulantes de navios de guerra aceitos em águas territoriais estrangeiras etc.

A aplicação do direito internacional ou comunitário no território nacional, em virtude de acordos e tratados internacionais, também constitui uma hipótese de imunidade de jurisdição. Exemplo paradigmático desse fenômeno é a incidência das normas internacionais de proteção à pessoa humana em toda a extensão do planeta, independentemente de territórios ou fronteiras nacionais (como ocorre em relação à Declaração Universal dos Direitos do Homem e de tantas outras). No final do século XX, tais normas ganharam maior efetividade em virtude da criação da Corte Penal Internacional, pelo Tratado de Roma de 1998. Ao estabelecer uma jurisdição internacional permanente para julgar os crimes contra a humanidade, os crimes de guerra e os de genocídio – com a possibilidade das autoridades de um Estado serem julgadas por um organismo internacional, ao qual os Estados aderiram voluntariamente – o Tratado ampliou a força das normas internacionais, restringindo as imunidades de jurisdição.

Outra forma de incidência de normas internacionais no território nacional é a verificada pela *deslocalização territorial,* instituto jurídico que permite a identificação de bens arquitetônicos culturais e naturais como "patrimônio da humanidade".

5. Espaços internacionais ou espaços comuns da humanidade. Espaço mundial.

Espaços internacionais. Os espaços não sujeitos à jurisdição de nenhum Estado denominam-se espaços internacionais ou espaços comuns da humanidade, noção jurídica que, desde a década de 1980, vem substituindo a categoria jusprivatista da *res nullius*, ou "terra de ninguém". O conceito jurídico de espaço comum deriva do reconhecimento, por todos os Estados, perante o direito internacional, da sua responsabilidade comum, independente de pretensões específicas sobre esses mesmos espaços. São eles: o alto-mar, os fundos marinhos, o espaço aéreo internacional, o espaço extra-atmosférico e a Antártida.

Espaço mundial. A noção de espaço mundial, por sua vez, não é jurídica, mas sociológica. Representa uma constatação, mas também uma aspiração, que vem sendo empregada para ilustrar o estágio atual do princípio da territorialidade, relativizado pela consciência das inter-relações sociais, culturais e políticas entre todos os continentes, especialmente em matéria de desenvolvimento, segurança e direitos humanos.

A interconexão entre as três áreas define o espaço mundial: o que afeta um Estado, afeta todos, independentemente de fronteiras nacionais. A emergência do terrorismo transnacional, do terrorismo nuclear, das redes internacionais de crime organizado, a persistência da fome e de pandemias, a ameaça da degradação ambiental, todas são causas dessa construção. Seu pressuposto é que cada Estado desenvolvido é responsável pelo seu próprio desenvolvimento e pela proteção e garantia dos direitos de seus cidadãos, mas que sozinho não tem como realizar essa missão.

No espaço mundial, idealmente, a indivisibilidade e a interconexão das áreas e a ausência de fronteiras propiciariam uma maior garantia formal e material de direitos de desenvolvimento, segurança e vida digna. Dele deriva a ideia da cidadania mundial, fundada em nossa humanidade comum e em princípios e responsabilidades compartilhadas, de forma a provocar um círculo virtuoso de proteção ao indivíduo, em qualquer lugar.

DISCUTINDO CONCEITOS – I
O TERRITÓRIO DA UNIÃO EUROPEIA

A União Europeia (UE) foi instituída pelo Tratado de Maastrich, de 1992. O bloco regional que deu causa à sua criação foi iniciado em 1957 por seis países: França, Alemanha, Itália, Bélgica, Holanda e Luxemburgo. Embora os objetivos iniciais de manutenção da paz e desenvolvimento econômico e social conjunto – fundamentais após o final da Segunda Guerra Mundial, para reconstrução do continente europeu – venham sendo largamente atendidos, a incorporação de novos Estados, com suas diferentes culturas, costumes e nacionalidades, têm exigido a elaboração de novos arranjos políticos entre os Estados-membros. A entrada em vigência do Tratado de Lisboa, em 1º de dezembro de 2007, é prova concreta disso: a União Europeia ganhou personalidade jurídica própria, distinta da de seus membros, um presidente e um ministro de Relações Exteriores, o que, sem dúvida, põe em xeque os elementos clássicos do Estado-Nação.

De 2013 a 2017, o território da UE compreendia 28 territórios nacionais de 28 países no continente europeu, a saber: Alemanha, Áustria, Bélgica, Bulgária, Chipre, Croácia, Dinamarca, Eslováquia, Eslovênia, Espanha, Estônia, Finlândia, França, Grécia, Hungria, Irlanda, Itália, Letonia, Lituania, Luxemburgo, Malta, Holanda, Polônia, Portugal. Reino Unido, República Checa, Romênia, Suécia.

Até a saída definitiva do Reino Unido da EU em 2020, devido à decisão dos cidadãos britânicos adotada em 2016, e em conformidade com o artigo 50.º do Tratado de Lisboa, o Estado permaneceu como membro integral da organização, com todos os direitos e obrigações correspondentes.

Na área dos territórios nacionais que integram a EU distinguem-se três espaços: a) o território nacional de cada um dos Estados-membros, em relação aos quais a UE não tem competências normativas; b) o território comum, denominado "espaço Schengen", que abarca a totalidade dos territórios nacionais e no qual se pratica a livre circulação de pessoas, bens e serviços conforme normas do direito comunitário e do direito nacional; e c) a "zona do euro", área restrita, integrada pelos membros da UE que fazem parte da união monetária e adotam a moeda comum, mediante política fiscal comum, conforme o Pacto de Estabilidade e Crescimento. A área dos territórios nacionais encontra-se sob o domínio dos próprios Estados, por força de sua soberania. Desde 2001, a UE vem trabalhando em estratégias de maior integração dos espaços comunitários em benefício de objetivos políticos de coesão socioeconômica, desenvolvimento sustentável e competitividade equilibrada, sob três diretrizes principais: possibilitar novas relações cidade-campo, equidade de acesso às infraestruturas europeias e ao conhecimento, gestão prudente do patrimônio natural e cultural, consideradas a sua dimensão espacial, o interesse dos Estados-membros e as condições de exequibilidade e eficiência da implementação. Isso significa que, embora a unidade territorial dos Estados-membros se encontre preservada, a sua unidade e exclusividade jurídicas, não. Esse novo modelo de organização política e jurídica fundamenta-se no *princípio da subsidiariedade,* segundo o qual as normas nacionais prevalecem em assuntos de exclusivo interesse nacional, enquanto as normas comunitárias prevalecem em matérias de interesse regional e comunitário. Subjacente a essa construção está *o reconhecimento de cidadania regional, ampla, acompanhada de diluição das fronteiras, em nome dos objetivos comuns.*

O espaço Schengen foi criado, em 1995, por acordo celebrado fora dos tratados instituidores das Comunidades Europeias, com a finalidade de instituir a livre circulação de pessoas entre França, Alemanha, Holanda, Bélgica e Luxemburgo. O tratado instituidor foi posteriormente incorporado ao quadro jurídico da UE, por força do Tratado de Amsterdã, de 1996, para estender a livre circulação de pessoas a todos os membros da UE. Finalmente, o Tratado de Lisboa, de 2007, ampliou as finalidades do Acordo de Schengen para nele incluir políticas comuns de concessão de vistos, asilo e imigração, sob regras comunitárias. A área do espaço Shengen não coincide nem se confunde com a da União Europeia, porque nem todos os Estados da UE integram o espaço Schengen – Irlanda e Reino Unido estão fora do acordo. Além disso, nem todos os territórios comunitários estão sob a jurisdição do acordo, como ocorre nos territórios ultramarinos da França e da Holanda, assim como em partes dos territórios alemão e grego. Por outro lado, o tratado tem como signatários três Estados não integrantes da UE: Islândia, Noruega e Suíça.

A zona do euro tampouco se confunde com o território comunitário. Da mesma forma que no espaço Schengen, nem todos os Estados-membros da UE a compõem (Inglaterra e Irlanda), enquanto há Estados-membros da zona do euro não integrantes da UE (Mônaco, San Marino, Andorra, Kosovo, entre outros).

CAPÍTULO 9
ELEMENTOS DO ESTADO – FINALIDADE: O ELEMENTO AXIOLÓGICO E TELEOLÓGICO

1. Conceito e definição

A finalidade é o elemento do Estado que diz respeito à fundamentação da sua ação. Tais fundamentos são simultaneamente teleológicos (isto é, são relativos aos fins do Estado) e axiológicos (relativos aos valores sob os quais se orienta a ação do Estado). A mais importante tarefa da política está, justamente, em dirigir o poder do Estado para a realização de fins considerados legítimos pelo povo.

Para que serve o Estado? Para que foi juridicamente organizado? Para quais fins e em que circunstâncias se legitima o uso da força? Essas são questões a serem respondidas com fundamento na finalidade do Estado, o que demonstra o caráter instrumental do poder.

Como vimos, para **Reale**, o Estado é a institucionalização do poder para a realização do bem comum[1]; para **Dallari**, o Estado é meio para que os indivíduos possam atingir seus fins particulares.[2]

Bobbio distingue a ideia do bem comum, variável no tempo e no espaço e nas diferentes comunidades, e o objetivo mínimo do Estado: aquele que se não alcançado faz com que o Estado se dissolva.[3] Essa também é a tese de **Francis Fukuyama** em *Construção de Estados* (2004), segundo a qual há uma relação direta entre as funções e metas assumidas pelos governos e a capacidade dos Estados em executá-las, sendo esta a essência da sua estatalidade, ou seja, de sua existência como tal.

[1] Teoria do direito e do Estado, p. 112.

[2] Elementos de teoria geral do Estado, p. 107

[3] Antologia, p. 140.

Atualmente, a proteção da dignidade humana e a promoção dos direitos fundamentais prevalecem como fins do Estado.

2. A relação entre fins e valores

Diversos problemas surgem da relação entre fins e valores: como garantir equilíbrio entre os diversos fins do Estado e o momento de sua concretização? Qual privilegiar? Como legitimar a escolha?

No Estado Democrático de Direito, a Constituição é o instrumento pelo qual os fins do Estado e as maneiras de realizá-los são expressos, mediante discriminação de competências legislativas, encargos materiais e formas de financiamento, sob a égide de determinados valores.

É a interpretação constitucional que orientará o governante na solução dos problemas anteriormente referidos, o que não é simples. A tarefa da hermenêutica constitucional é revelar o sentido mais profundo da Constituição, conjugando o seu significado valorativo, a relação entre suas disposições e o espírito da época em que foi promulgada, bem como sua aplicação no presente.

O estudo da evolução histórica do Estado nos permite notar que a satisfação das necessidades sociais de convivência pacífica, realização de justiça, cooperação econômica, desenvolvimento etc. constituiu exigência atendida de diferentes formas pelas comunidades políticas. Tal exigência definiu funções, as quais, por sua vez, elaboradas politicamente, elevaram-se a fins legítimos do Estado e, em consequência, fundamentaram a justificação do Estado.

Em breve síntese, a *segurança* como fim do Estado supõe, em sentido amplo, não apenas a segurança física, alimentar, sanitária etc. para todo o seu povo e para todos aqueles que ingressam no território nacional. Do ponto de vista jurídico, assegura a estabilidade das relações sociais, institucionais e políticas, a vigência das normas, a irrevogabilidade das decisões do poder público; a certeza e a permanência do Direito etc. A finalidade do Estado liberal, por exemplo, foi garantir tais fins, aos quais o Estado social acrescentou a garantia de segurança social.

A *justiça*, como fim do Estado, representa a institucionalização jurídica do uso legítimo da força, em substituição ao arbítrio da violência individual, o que supõe autoridade e hierarquia. É evidente que no Estado de Direito cabe ao poder político realizar a justiça de acordo com os valores sociais e de forma compatível com a segurança. Nesse sentido, lembramos que no Estado liberal a direção dada à justiça voltava-se a aspectos formais, enquanto no Estado social prevalece a concepção da justiça material, evidentemente sem desconsideração de seus aspectos formais. No final do século XX e início do XXI, diversamente, prevalece a justiça social, inclusive no plano internacional, tendo em vista as imensas discrepâncias em níveis de renda e de qualidade de vida entre Estados e regiões.

Com relação ao *bem-estar social* como fim do Estado, podemos dizer que essa condição de legitimidade do poder é universal, sendo notada em todas as etapas da evolução do Estado, em maior ou menor grau. Observa-se, ainda, que as suas exigências de satisfação se ampliaram na medida em que se multiplicam as necessidades de ordem material ou social de determinada sociedade política. É o que também nos demonstram as diferenças conceituais e organizacionais do Estado liberal ao Estado de bem-estar, por exemplo.

3. Finalidades do Estado nas primeiras décadas do século XXI

Nas primeiras décadas do século XXI, as demandas por justiça, segurança e coordenação social, que estão na origem do Estado moderno, articulam-se com outras exigências de cooperação social, tanto no plano dos Estados nacionais como no da ordem internacional. Governabilidade, legitimidade e legalidade do poder dependem do atendimento de tais fins, e, bem assim, nos Estados democráticos, a confiança nos governantes. A definição da política econômica de determinado Estado, por exemplo, não poderá estar desvinculada dessas condições, razão pela qual deve-se levar em conta seus potenciais efeitos em termos de manutenção da paz mundial, máxima produção com pleno emprego, estabilidade monetária e equilíbrio no balanço de pagamentos; a promoção de grupos subprivilegiados; e a redução das disparidades regionais de renda etc.

Em síntese, mais do que perseguir o bem-estar social ou o bem comum, variáveis ideologicamente no tempo e no espaço, a finalidade do Estado contemporâneo consiste na ampla garantia, proteção e promoção dos direitos fundamentais. Inclui-se nesse conjunto a proteção do meio ambiente, com fundamento no futuro comum da humanidade.

Efetividade e inefetividade do poder do Estado, no início do século XXI, prendem-se, fundamentalmente, à garantia dos direitos humanos e à proteção da dignidade humana contra ameaças que resultem das estruturas de poder estatal e da sociedade. Nesse moto-contínuo, sempre que surjam novas formas de poder ou de ameaça aos direitos humanos, surgirão novos direitos para a preservação de determinados bens e valores, o que amplia o conteúdo axiológico das obrigações do Estado; a questão é saber até que ponto e como o Estado poderá responder a essas demandas.

4. Funções do Estado

O Estado tem sua razão de ser na necessidade de realização permanente de certos fins, considerados essenciais pela coletividade política, mas a mera existência do Estado não garante a consecução desses fins. Para tanto, é necessário o desenvolvimento de determinadas atividades, denominadas *funções* pelo direito público.

As funções do Estado tanto são *fim* quanto *atividade*, sendo que nos dois sentidos revela-se o elemento finalístico do Estado e a necessidade de planejamento. Como fim, diz **Jorge Miranda**, a "função designa um determinado enlace entre a sociedade e o Estado, assim como uma tentativa de legitimação do exercício do poder. [...] Relaciona-se com o Estado enquanto poder e com o Estado enquanto comunidade". Como atividade, as funções consistem em manifestações específicas do poder político, expressas por meio dos atos e atividades que o Estado desenvolve, de acordo com as regras que o condicionam.[4] O estabelecimento de políticas públicas, no sentido de programas de ação, inclui-se nesse conjunto.

Diversas proposições doutrinárias foram elaboradas, entre o final do século XIX e o início do século XX, para identificar as funções do Estado. Como o Estado não devia intervir nas atividades econômica e social, suas funções eram materialmente definidas pela atuação dos poderes. Entre elas, obtiveram larga difusão e aceitação no Direito Público as de **G. Jellinek**, **Léon Duguit** e **H. Kelsen**.

Jellinek, em *O Estado moderno e seu direito*, identifica as funções legislativas, jurisdicionais, administrativas e extraordinárias (aquelas que não

[4] Teoria do Estado e da constituição, 2002, p. 230-2.

se enquadram nas anteriores, como a guerra). Distingue também entre atividade livre (unicamente determinada pelo interesse geral e sem que nenhuma regra jurídica a limite; é o caso da produção legislativa) e as atividades vinculadas (limitadas pelo direito). A mesma identificação e distinção material das funções estatais foi adotada por **L. Duguit**, em seu *Tratado de direito constitucional*. Em ambos, o que se nota é mais a identificação das funções dos órgãos estatais que as do Estado propriamente dito.

Já para **H. Kelsen**, como o Estado é a personificação de uma ordem jurídica, só tem duas funções: criar e aplicar o Direito.

> Toda função do Estado é uma função de criação jurídica: o processo evolutivo e graduado da criação normativa. O que a teoria tradicional assinala como três Poderes ou funções distintas do Estado não é mais que a forma jurídico-positiva de certos apoios relativos ao processo de criação jurídica particularmente importantes sob o ponto de vista político.[5]

É fácil perceber que nenhuma das teorizações e classificações foram suficientes para resolver o problema das funções do Estado, de crescente complexidade e permanente evolução. A visão que as sustenta era eminentemente liberal, e não poderia prosperar. Na longa história do Estado moderno, às funções básicas de garantia de justiça, segurança coletiva, convivência social coesa, recolhimento de tributos, fiança da moeda e dos contratos foram acrescidas diversas outras funções, tão importantes quanto as primeiras. Da promoção do bem-estar e da cultura à gestão da economia e defesa do meio ambiente, que decorre do alargamento das necessidades humanas na sociedade global de comunicação, informação e consumo. A crescente complexidade das funções assumidas pelo Estado, contudo, vem determinando a adoção de políticas econômicas de extrafiscalidade, com destinação de recursos públicos para prestações sociais, subvenções culturais, previdenciárias, educacionais etc., além dos gastos militares e de hegemonia política, sejam sob a forma de gastos de transferência, sejam sob a de inversão, variáveis segundo a conjuntura.

[5] Teoria do direito e do Estado, cap. VII, § 36.

Diferentemente do que ocorreu com a política liberal do imposto neutro, destinado ao fluxo regular de receitas e despesas públicas, isto é, aos gastos de funcionamento, os gastos extrafiscais do Estado social intervencionista se enquadram na categoria de despesas discricionárias, determinadas por opções e medidas *ad hoc* da própria política econômica e social. Os problemas inerentes às falhas do mercado, nessa conjuntura, levam à reintrodução do Estado no sistema econômico, mediante a edição de normas legais e regulamentares destinadas a fazer-lhes frente e produzir os resultados desejados pela população.

Foi crucial, nesse processo, a preocupação com a valorização dos direitos sociais. Em verdade, mais do que os processos de redemocratização, os movimentos populares pelos direitos sociais modificaram profundamente o sentido e a direção dos direitos humanos e das funções do Estado, embora a tradição liberal não tenha sido dissolvida. O pano de fundo é a passagem do individualismo para uma visão social ampliada do homem como pessoa, cidadão e trabalhador, e de suas correlatas demandas por prestações estatais, o que supõe escolha de prioridades pelo governo.

Sendo o Estado o *locus* do conflitual e não o da neutralidade, a definição de prioridades tem sido feita, muitas vezes, por meio de critérios não isentos: conforme varie a força da pressão e da persuasão dos sujeitos envolvidos, varia a capacidade de reivindicar e de ver satisfeitas as aspirações e demandas políticas. Nesse processo, atenuadas as fronteiras entre o público e o privado, das quais foi tão cioso o Estado liberal, aumentaram as solicitações dirigidas ao aparelho estatal, o que, em muitos casos, deu causa, a médio prazo, à paralisia do aparelho estatal.

A complexa concepção antropológica do Estado social, somada às dificuldades inerentes aos processos de coordenação e implementação de políticas públicas pelo Estado (expressas pelas incertezas da urgência, pelos exíguos lapsos de tempo para atendimento das demandas e pela velocidade com que se entrelaçam as circunstâncias dessa própria situação de complexidade, numa sociedade pluriclasse e multicultural), vem pondo em xeque as antigas bases de planejamento e políticas de longo prazo.

Esse é o tema da ingovernabilidade, como resultado da sobrecarga das demandas sociais.

5. Estados falhos, Estados fracos E Quase-Estados

Um Estado que não cumpre ou não consegue cumprir as finalidades para as quais foi criado deve continuar existindo? Deve permanecer integrado à comunidade e à ordem internacional?

A criação artificial de diversos Estados durante a descolonização, nos anos 1960, ou após a dissolução da URSS, nos anos 1990, apresenta diversos problemas. De modo geral, observa-se falta de legitimidade e autoridade governamental. No caso das descolonizações, em particular, análises políticas apontam que essas situações constituem parte da herança resultante do empenho americano na descolonização e desmantelamento dos impérios coloniais europeus, no pós-guerra. Parece inegável a expansão forçada do sistema internacional que, de cinquenta e um países em 1945, passou a quase duzentos nos dias de hoje.

Dadas as suas marcantes características de subdesenvolvimento, de impossibilidade de atendimento dos fins para os quais foram criados ou de integração e agregação das inúmeras necessidades que derivam da constituição multifacetada da população, esse tipo de Estado deu origem, nas teorias contemporâneas, à elaboração de conceitos como *failed States* (para casos como os da Libéria e de Ruanda, *v. g.*, países que não sobrevivem sem ajuda humanitária externa), *weak States* (identificados por algumas das Repúblicas que se dissociaram da antiga URSS), *quasi-States* (Estados onde não se exercem atributos de soberania), *collapsed States* (Estados nos quais o processo interno de desmoronamento das instituições políticas é banalizado, a exemplo do que ocorreu na Somália, em Moçambique, no Zaire e também na Libéria) etc. Nestes últimos, além da ameaça internacional que representam as guerras civis, observa-se, complementarmente, a reconstrução da relação entre poder do Estado e guerra, na medida em que a tentação de promover guerras torna-se mais presente nos Estados fracos que nos Estados fortes.

A criação artificial de Estados é prova de que a utopia da universalização das estruturas políticas e institucionais do moderno Estado Nacional tem sido desnudada por disfunções e fracassos, que afetam a competência dos Estados de várias maneiras. Uma delas é o enfraquecimento da capacidade estatal de mobilização de homens e recursos que, simultaneamente, dá ensejo à valorização de atores individuais e coletivos no território estatal e à emergência e fortalecimento de diversas redes de clientelas, cujas capacidades de mobilização são mais efetivas que as do próprio Estado. Foi o que **Bertrand Badie** observou em relação ao "[...] papel internacional das redes religiosas ou mercantis, das solidariedades comunitárias, tribais ou clássicas, é frequentemente decisiva, como sugerem os exemplos do mundo muçulmano, da África ou mesmo da América Latina".

Francis Fukuyama, em situação diversa, chegou às mesmas conclusões: sem os requisitos institucionais de confiança, credibilidade e controle, um Estado não sustenta nem a política nem a economia. O historiador, com o propósito de identificar formas de reforçar as competências e instituições dos Estados fracos, analisou as variáveis que interferem na "estatalidade", a saber, o "escopo das funções do Estado" e a "força das instituições estatais".

Os resultados alcançados a partir da aplicação dessa matriz a países desenvolvidos e subdesenvolvidos evidenciam que a credibilidade (força) do poder do Estado é mais importante que o escopo de suas funções, e que para se alcançar um patamar suficiente de força legítima, acompanhada da correlata sanção, são necessárias instituições públicas em bom funcionamento, além de certos hábitos mentais.

Partindo de diferentes argumentos, tem-se reforçado que o postulado da centralidade do poder estatal funda-se no pressuposto de que só o Estado tem a capacidade de exercer as funções de proteção e ordem que se esperam do poder político. Mas, se o apelo à universalização ilusória do modelo estatal evidencia, nas hipóteses indicadas, o problema da ineficácia do poder estatal fraco, corrupto ou inoperante, em outras circunstâncias as estruturas institucionais, jurídicas e políticas que propiciam confiança, credibilidade e controle no âmbito do moderno Estado nacional também falharam ao não se revelarem efetivas o suficiente para assegurar a ordem e a coesão sociais.

Foi o que ocorreu por motivo da desnacionalização que se seguiu à Segunda Guerra Mundial, conforme sublinha **Hannah Arendt**. No caso dos Estados criados na Europa oriental e meridional, após 1914-1918, a matriz do Estado-Nação revelou a sua incapacidade constitucional para proteger os direitos humanos daqueles que haviam sido despojados de seus direitos nacionais:

Se já se podia colocar em dúvida a prudência de estender uma forma de governo que, mesmo nos países de antiga e estabelecida tradição nacional, não sabia como resolver os novos problemas da política mundial, era ainda mais duvidoso que ela pudesse ser transplantada para uma área onde sequer existiam as condições básicas para o surgimento dos Estados-Nação, ou seja, a homogeneidade da população e a fixação ao solo.[6]

Na linha das teorias teleológicas do Estado, que propugnam a adequação de suas funções aos fins que deve perseguir em benefício da comunidade estatal, conclui **Arendt**: "[...] o Estado-Nação não pode existir quando o princípio da igualdade perante a lei é quebrado".[7]

O que se coloca em xeque, em todos os exemplos citados, é a finalidade do Estado e a capacidade funcional de suas estruturas em relação à consecução daquela. O que temos visto, em situações desse tipo, é a interferência de outros Estados ou de organizações internacionais em seus territórios, com consequências diversas.

DISCUTINDO CONCEITOS – I
FINALIDADES DO ESTADO EM ALGUNS CLÁSSICOS DA POLÍTICA

Aristóteles – *A política*:

Como sabemos, todo Estado é uma sociedade, a esperança de um bem, seu princípio, assim como de toda associação, pois todas as ações dos homens têm por fim aquilo que consideram um bem. Todas as sociedades, portanto, têm como meta alguma vantagem e aquela que é a principal e contém em si todas as outras se propõe à maior vantagem possível. Chamamo-la Estado ou sociedade política.[8]

Hugo Grotius – *Do direito de guerra e paz*, Livro I, cap. I, § XIV:

"[O Estado é] Um corpo perfeito de pessoas livres, que se reuniram para gozar pacificamente os seus direitos."[9]

[6] Origens do totalitarismo – antissemitismo, imperialismo, totalitarismo, 1989, p.302.
[7] Ibidem.
[8] A política, p. 1.
[9] O Do direito da guerra e da paz, p. 60.

Hobbes – *O Leviatã*, cap. XVII:

"[O Estado é] Uma pessoa de cujos atos uma grande multidão, mediante pactos recíprocos uns com os outros, foi instituída por cada um como autora, de modo a ela poder usar a força e os recursos todos da maneira que entender conveniente, para assegurar a paz."[10]

Montesquieu – *O espírito das leis*:

Embora todos os Estados tenham a mesma finalidade, que é a de conservar-se, cada um deles deseja uma finalidade particular. [...] Engrandecer-se foi a finalidade de Roma; fazer guerra a dos espartanos; praticar a religião, a das leis judaicas; o comércio o de Marselha; a tranquilidade pública, o das leis da China; a navegação, o dos Ródios. Pois existe uma Nação no mundo que tem por objetivo direto da sua constituição a liberdade política [a Inglaterra].[11]

DISCUTINDO CONCEITOS – II
VALORES E FINS DO ESTADO NA CONSTITUIÇÃO BRASILEIRA

Na Constituição brasileira, valores e fins se expressam da seguinte maneira:

Nós, representantes do povo brasileiro, reunidos em Assembleia Nacional Constituinte para instituir um Estado democrático, destinado a assegurar o exercício dos direitos sociais e individuais, a liberdade, a segurança, o bem-estar, o desenvolvimento, a igualdade e a justiça como *valores supremos de uma sociedade* [grifo nosso] fraterna, pluralista e sem preconceitos, fundada na harmonia social e comprometida, na ordem interna e internacional, com a solução pacífica das controvérsias, promulgamos, sob a proteção de Deus, a seguinte Constituição da República Federativa do Brasil.

[...]

Art. 1º A República Federativa do Brasil, formada pela união indissolúvel dos Estados, Municípios e do Distrito Federal, constitui-se em Estado Democrático de Direito e tem como *fundamentos* [grifo nosso]:

[10] O Leviatã, p. 131.

[11] O espírito das leis, p. 163-4.

I – a soberania;
II – a cidadania;
III – a dignidade da pessoa humana;
IV – os valores sociais do trabalho e da livre-iniciativa;
V – o pluralismo político.
[...]
Art. 3º Constituem *objetivos fundamentais* [grifo nosso] da República Federativa do Brasil:
I – construir uma sociedade livre, justa e solidária;
II – garantir o desenvolvimento nacional;
III – erradicar a pobreza e a marginalização e reduzir as desigualdades sociais e regionais;
IV – promover o bem de todos, sem preconceito de origem, raça, sexo, cor, idade e quaisquer outras formas de discriminação.

De modo simplificado, podemos dizer que, no Preâmbulo, os *valores* prescrevem ao Estado o cometimento de ações em benefício dos destinatários das normas constitucionais; no art. 1º, os *fundamentos* revelam as principais opções político-constitucionais do Estado brasileiro. Já o art. 3º dá concretude aos *valores* expressos no Preâmbulo, apontando fins a serem alcançados por meio da aplicação das normas constitucionais.

DISCUTINDO CONCEITOS – III
O VATICANO É UM ESTADO?

O reconhecimento da soberania da Santa Sé sobre o território da Cidade do Vaticano, pelos Acordos de Latrão de 1929, deu causa à elaboração de teses estadualistas e não estadualistas acerca da natureza do que se convencionou chamar "Estado do Vaticano".

Entre as estadualistas, uma linha de argumentação afirma que a Santa Sé seria a entidade soberana sobre a Cidade do Vaticano; em outras, pretende-se que a Santa Sé seja um Estado e a Cidade do Vaticano, seu território. No direito internacional, contudo, não prevalece nenhuma delas porquanto não se identificam, quer no que concerne à Santa Sé, quer no que concerne à Cidade do Vaticano, nem povo, nem nacionalidade, a despeito de seu território.

Além disso, a Santa Sé só existe com a finalidade de propagar a fé católica, e não representar ou governar o "povo do Vaticano".

Em face do elemento "finalidade", não há como se considerar o Vaticano um Estado.

CAPÍTULO 10
FORMAS DE ESTADO: O ENLACE POLÍTICO DOS ELEMENTOS DO ESTADO E A DISTRIBUIÇÃO TERRITORIAL DO PODER

1. Conceito e definição

Um Estado pode adotar diferentes formas de organização política e administrativa, conforme o *grau de descentralização territorial do poder entre os entes que o compõem*. Essa descentralização é denominada *vertical*, posto que, em qualquer hipótese, promoverá a repartição de competências entre a entidade central e as periféricas, dotando-as ou não de autonomia política.

As formas de Estado, portanto, concernem ao problema das relações entre o poder central e as coletividades, entre o centro e a periferia, entre o poder normativo nacional e o poder normativo regional e local. Para fins didáticos, a doutrina distingue entre formas simples e complexas de Estado, nas quais a maior centralização de poder encontra-se no Estado unitário e a maior descentralização, no Estado federal; entre ambos, insere-se o Estado regional.

Como veremos a seguir, tais formas expressam, de maneiras diversas, o enlace político dos elementos do Estado e os diversos modos de distribuição territorial do poder do Estado.

1.1. Forma simples

A forma simples tem no *Estado unitário* sua única representação. A característica nuclear é a existência de *um único centro de poder político e jurídico dotado de soberania no território nacional,* embora possa existir diferentes graus de descentralização administrativa.

São características específicas dos Estados unitários ou simples:

- centralização política, com unidade jurídica:
- descentralização decisória, sob determinadas condições;
- burocracia única.

É o caso do Uruguai[1], de Portugal [2], e da França, por exemplo. Em Portugal, no continente, a divisão administrativa compreende as "autarquias locais", "pessoas coletivas territoriais, dotadas de órgãos representativos, que visam a prossecução de interesses próprios das populações respectivas" (art. 235 da Constituição Portuguesa de 1976), sem Poder Legislativo. Já os arquipélagos dos Açores e da Madeira são dotados de autonomia política, sendo os projetos dos respectivos estatutos político-administrativos elaborados pelas Assembleias Legislativas regionais e enviados para discussão e aprovação à Assembleia da República (art. 226). O que significa dizer que o caráter centralizado do exercício do poder não é suprimido, tanto mais porque a competência para a elaboração dos estatutos abrange tão somente as matérias elencadas no art. 227 da Constituição. A Constituição, aliás, é explícita quanto à integridade da soberania do Estado, não afetada pela autonomia político-administrativa (art. 225, n. 3).

Na França, onde a divisão do território nacional em comunas, departamentos e regiões, todas denominadas "coletividades territoriais", implica descentralização administrativa; não há, em qualquer das coletividades, poder legislativo local. Em termos práticos, as coletividades se administram livremente por meio de conselhos eleitos e dispõem de poder regulamentar para o exercício das suas competências, assim como dispõem de parte das receitas fiscais auferidas, de acordo com condições previstas em lei (Constituição da República Francesa, art. 72). A institucionalização da nova gestão do território francês, iniciada nos anos 1980 e processada até 2008, implicou o desenho de uma nova forma de Estado, por meio de processos concomitantes de descentralização de desconcentração, cujo objetivo principal é romper o unitarismo, em benefício de um papel mais ativo das coletividades territoriais.[3]

[1] Cf. Constituição da República do Uruguai, de 1830.

[2] Cf. Constituição da República Portuguesa de 1976, art. 6º.

[3] Cf. RANIERI, Nina – O Estado unitário francês em mutação: descentralização e democracia de proximidade. In BUCCI, M.P.D e GASPARDO, M. – Teoria do Estado: sentidos contemporâneos. São Paulo, Saraiva, 2018, pp. 295:319.

1.2. Formas complexas

As formas complexas, diversamente, apresentam *mais de um centro de poder político*. Compreendem várias modalidades que se distinguem segundo a composição coordenada ou subordinada dos entes políticos estatais.

Trataremos somente dos Estados complexos por coordenação (Estado federal e Estado regional). As formas subordinadas, de mero significado histórico, incluem antigas hipóteses de Estados vassalos ou protegidos, nas quais não se verificam, propriamente, as características de autonomia político-administrativa dos entes federados.

2. O Estado federal

O Estado federal é composto de *vários entes políticos territoriais, dotados de poder constituinte e poder legislativo ordinário*, que se associam, sob um mesmo governo, para a realização de objetivos e interesses comuns. A chave para a compreensão dessa forma de Estado é a inexistência de centralização do poder estatal devida à sua distribuição entre os entes federados, isto é, entre a União (ente central) e entes periféricos de denominações diversas: estados (Estados Unidos) ou províncias (Canadá), cantões (Suíça), *Länder* (Alemanha) etc. No Brasil, a organização político-administrativa compreende a União, os estados, o Distrito Federal e os municípios, todos autônomos, nos termos da Constituição Federal (art. 18).

A descentralização do poder estatal entre as diversas esferas políticas é realizada mediante técnicas de divisão vertical do poder, por um ou mais níveis, repartindo-se, constitucionalmente, entre todos, competências, encargos e rendas. Conforme a técnica de repartição adotada, haverá competências exclusivas do poder central, competências exclusivas dos Estados-membros e competências comuns. Aos entes periféricos, adicionalmente, é assegurada representação política no poder central.

A autonomia política dos entes periféricos manifesta-se em Constituições e legislativos próprios, o que não significa que sejam dotados de soberania. A soberania é do Estado federal – ou da União – que, em algumas matérias, poderá ser exercida pelos Estados-membros, conforme disposição constitucional. No caso específico do federalismo americano, fala-se de "soberania partilhada" dos Estados-membros, dadas as peculiaridades de criação daquele Estado, processada, por associação, da periferia para o centro.

São características fundamentais do Estado federal:

- estrutura policêntrica;
- autonomia constitucional dos entes federados;
- superposição de duas ou mais esferas políticas;
- superposição de duas ou mais ordens jurídicas;
- indissolubilidade do pacto associativo;
- cidadania única.

O Estado federal comporta diferentes realidades. É a forma de organização política e administrativa mais adotada pelos Estados contemporâneos, independente de sua extensão ou de suas características regionais e locais. Entre os Estados dotados de grandes territórios nacionais, apenas a China não se federalizou; Estados com territórios menores, como a Áustria, a Bélgica e a Venezuela, por exemplo, adotam igualmente a forma federal em suas Constituições.

Excepcionalmente, também pode ser criado por dissociação, como ocorreu com a dissolução do Império Russo e a criação da ex-União das Repúblicas Socialistas Soviéticas, caso particular de federalismo de partido político único, dotado de grande poder.

2.1. Federalismo e Estado Federal

O federalismo é a doutrina política que subjaz aos diversos modelos de Estado federal. Em certa medida, representa, na origem, a negação do Estado-Nação clássico, dado que seu objetivo político é a criação de governos democráticos supranacionais, que assegurem relações pacíficas entre os diversos grupos que compõem o povo estatal.

O pacifismo, no interior dos Estados, é alcançado por via de um duplo movimento de autonomia e subordinação dos entes periféricos em relação ao poder central, superior, porém limitado constitucionalmente. Contraditório apenas na aparência, esse movimento apodera-se de valores liberais, socialistas, constitucionais e democráticos, típicos do final do século XVIII e do século XIX, na base dos quais se encontra o projeto kantiano da paz perpétua e a estrutura política da Constituição americana.

Kant, na *Paz perpétua* (1795), definiu, em termos radicalmente novos, a paz como condição essencial da emancipação humana. O fundamento da paz é o direito, direito justo, de extração popular, que tem por missão instituir um regime de governo republicano que a todos garanta a liberdade e a igualdade, tanto no interior dos Estados quanto na cena internacional. No campo das relações entre os Estados, a paz perpétua, isto é, a superação dos conflitos, seria obtida por via de uma federação universal de povos livres, na qual o direito internacional seria efetivo e eficaz. Em ambas as situações, a intervenção política é deliberadamente pacifista e obtida segundo a razão. Considerado o primeiro pensador federalista, **Kant** não estava familiarizado com as técnicas de repartição vertical do poder inauguradas, poucos anos antes, na criação dos Estados Unidos da América (1776), por isso não foi capaz de resolver o problema prático da instituição de um governo democrático mundial que limitasse a soberania dos Estados. Não obstante, o conceito de federação mundial oferece a fórmula que compatibiliza a riqueza e a complexidade de uma ordem social liberta das divisões de classe e de nação.

A Constituição americana, por sua vez, concretiza o primeiro pacto associativo federal entre Estados soberanos, que se reagrupam para formar um novo e único Estado: os Estados Unidos da América. Para tanto, a ele transferem sua soberania e determinadas competências, por via de um processo de união elaborado na Convenção de Filadélfia, em maio de 1787; com isso, suprimiu-se a soberania das partes para dar origem a uma entidade juridicamente superior: a União.

A teoria política que sustenta essa construção encontra-se desenvolvida em Os artigos federalistas (1787-1788), escritos por **Hamilton**, **Jay** e **Madison** com o propósito de assegurar a ratificação da Constituição americana pelos treze Estados. Historicamente, os Estados Unidos sucedem a Confederação de Estados soberanos criada, em 1781, pelas treze ex-colônias britânicas.

DISCUTINDO CONCEITOS – I
OS *ARTIGOS FEDERALISTAS* E A DOUTRINA DO FEDERALISMO

A importância dessa extraordinária lição de ciência política está na apresentação, por seus autores, de uma inédita forma de governo popular, desvinculada de exemplos do passado.

Composto de vários ensaios elaborados por James Madison, Alexander Hamilton e John Jay, *Os artigos federalistas* são o resultado de um esforço jornalístico destinado a persuadir os delegados do Estado de Nova York a ratificar a nova Constituição dos Estados Unidos, elaborada na Filadélfia (Pensilvânia) entre maio e setembro de 1787. Tal propósito foi alcançado, para o que, sem dúvida, muito contribuiu. O primeiro artigo, denominado "O Federalista n. 1", foi publicado no *Independent Journal*, edição de 27 de outubro de 1787; nos dez meses seguintes, 84 outros artigos seriam publicados em até quatro jornais nova-iorquinos, sempre sob o pseudônimo *Publius*, adotado indistintamente por Madison, Hamilton e Jay.

Os artigos consistem em uma intransigente defesa da Constituição americana e verdadeira interpretação autêntica do documento, posto apresentar a visão daqueles que o elaboraram e aprovaram. Extremamente sintética e austera, com apenas sete artigos, a Constituição americana, ao arquitetar um sistema de governo que pretendia criar uma eficiente barreira à tendência natural do poder político de se manifestar arbitrariamente, incorporou duas inovações em relação à organização política confederada pós-independência: a prevalência da União sobre os Estados e o princípio dos freios e contrapesos sobre a supremacia legislativa.

Para os federalistas, era crucial a criação de um governo central, mais efetivo e com maior poder do que o dos Estados confederados independentes. Conscientes de que pequenos estados estavam mais sujeitos ao poder das grandes potências, assim como a insurreições domésticas, dificuldades econômicas, desmembramentos e confrontos entre eles – todas essas, circunstâncias que ameaçavam a existência individual das treze ex-colônias britânicas – advogavam a construção da União, verdadeira conjugação de forças e propósitos comuns que a todos os Estados confederados beneficiaria.

Seu propósito era criar uma forma constitucional de organização do Estado baseada na limitação do poder, na fidelidade à vontade do povo e na permanência e sabedoria de seus atos, além da descentralização territorial do poder, o que seria obtido mediante o compartilhamento do poder por mais de uma esfera política: a da União e a dos Estados. Tal compartilhamento se daria tanto em relação às competências legislativas, executivas e judiciárias, como em relação às obrigações e rendas entre as partes que comporiam o todo e pela representação política das partes no poder central. Em todos os níveis de governo, o poder seria dado tanto à Câmara de Representantes quanto ao chefe do Executivo. Assim, mais do que alcançar o desiderato da integração, confiavam que a razão humana podia desenvolver mecanismos políticos e institucionais que ao protegerem a liberdade assegurariam um governo fundado no consentimento popular independentemente das virtudes do povo ou do tamanho do Estado.

Aos federalistas opunham-se os antifederalistas, entre os quais os pensadores Patrick Henry e John DeWitt – que viam no fortalecimento do poder central ameaças à Constituição e aos direitos e liberdades individuais, dado que o povo efetivamente não governaria tão grande extensão de terra. Céticos em relação ao modelo de União pregado pelos federalistas e convencidos do falseamento de seus propósitos, acreditavam que os propalados crescimento econômico e prestígio internacional representavam os primeiros passos da construção de um novo império, com imposição de grande carga de impostos e posições de comando para os federalistas.

DISCUTINDO CONCEITOS – II
O ARGUMENTO DE HAMILTON

Alexander Hamilton foi eleito para o Congresso americano em 1782, tendo liderado a facção favorável a um governo central forte na Convenção Constitucional encarregada de elaborar a Constituição Americana.

No texto a seguir transcrito, conhecido como "O argumento de Hamilton" ou "O dilema de Hamilton", o jurista americano alerta acerca dos problemas que, a seu ver, uma Carta de Direitos poderia gerar sobre o sistema federal.

O excerto integra o *Artigo federalista* de n. 84, denominado "Sobre outras objeções", no qual Hamilton procura responder a diversas objeções à revisão da Constituição, no caso, a relativa à ausência de uma Carta de Direitos.

O argumento de Hamilton

Vou mais além e afirmo que as Cartas de Direitos, no sentido e na medida em que são reclamadas, não só não são desnecessárias à Constituição proposta como seriam até perigosas. Conteriam várias exceções a poderes que não são assegurados e, por isso mesmo, dariam

falso pretexto a exigir mais do que o assegurado. Pois, por que declarar que não se devem fazer as coisas quando não há o poder de fazê-las?[4]

[4] Cf. Federalistas no. 84.

Hamilton precede sua afirmação com algumas contextualizações:

> [...] as Cartas de Direitos são, em sua origem, estipulações entre reis e súditos, reduções da prerrogativa em favor do privilégio, reservas de direitos a que não se renuncia em favor do príncipe. Assim foi a Magna Carta obtida pelos barões, espada na mão, do rei João. Assim foram as subsequentes confirmações dessa carta por príncipes subsequentes. Assim foi a Petição de Direitos, aceita por Carlos I no início do seu reinado. Assim foi também a Declaração de Direitos apresentada pelos lordes e comuns ao príncipe de Orange em 1688 e posteriormente promulgada na forma de um Ato do Parlamento, chamado Carta de Direitos. É evidente, portanto, que segundo seu significado primitivo, elas não têm nenhuma aplicação a Constituições professamente fundadas no poder do povo e executadas por seus representantes e servidores imediatos. Aqui, no sentido estrito, o povo não renuncia a nada; e como conserva tudo, não tem necessidade de reservas particulares: "Nós, o povo dos Estados Unidos, para assegurar as bênçãos da liberdade para nós mesmos e para a posteridade, *ordenamos e estabelecemos* esta Constituição [...].[5]

Os problemas de Hamilton

"O argumento de Hamilton" aponta para problemas de alcance mais geral, próprios dos Estados federais: o antagonismo entre os partidários da maior atribuição de competências para a União e aqueles que defendem uma posição mais robusta para os Estados-membros.

Nos Estados Unidos, até a Guerra Civil, correntes doutrinárias, partidárias da independência dos Estados em relação à União, entendiam que os Estados tinham o direito de atuar sem estarem sujeitos às restrições impostas pela Constituição Federal, a ponto de serem postas em dúvida as competências da Corte Suprema em virtude do direito dos Estados interporem sua soberania entre a Corte e o cidadão. Esta concepção está na base do chamado "poder de nulificação" dos Estados-membros, consistente no direito destes ignorarem as leis federais.

Fundamentalmente, os problemas federativos aventados por Hamilton podem ser expressos pelas seguintes questões:

[5] Artigos Federalistas, p. 521.

1. A inscrição de direitos na Constituição significa ampliar implicitamente os poderes da União? Para que declarar frente à União direitos que esta não pode vulnerar?
2. Os direitos fundamentais influem na distribuição de competências aos entes federados: a quem cabe garanti-los? Quem os regulamenta? Quais os reflexos nas competências, encargos e rendas?
3. Os direitos fundamentais, uma vez inseridos na Constituição, permitem que a mais alta Corte judicial – órgão da União – controle o seu cumprimento e garantia pelos Estados?
4. Que grau de limitação a Carta de Direitos impõe aos Estados?

Os mesmos argumentos foram retomados, dois séculos mais tarde, por Tony Blair, Primeiro Ministro Britânico no período de 1997 a 2007. Blair temia que a inclusão de uma Carta de Direitos fundamentais nos tratados instituidores da União Europeia pudesse ampliar desmesuradamente as competências comunitárias em detrimento das competências nacionais, devido à ambiguidade e à indeterminação de sua redação. A carta em questão consta do Tratado de Nice (2002).

2.1.1. Estado federal e confederação de Estados

Embora confederações e Estados federais constituam formas de organização do poder político fundado em pactos associativos, de base territorial, a confederação compõe-se de dois ou mais Estados soberanos, enquanto o Estado federal é um único Estado soberano composto por entidades federadas.

Distinguem-se tais formas, portanto, em razão de sua natureza jurídica – a confederação é instituída pelo direito internacional, mediante tratado que reconhece e mantém a soberania territorial de seus integrantes, denominado pacto confederacional; o Estado federal, como vimos, é pessoa jurídica de direito interno, instituída pela Constituição Nacional, que suprime a soberania das unidades para dar origem à União (poder central), em torno da qual se organizam os Estados-membros (poderes periféricos), com poder de auto-organização.

A conservação da soberania dos Estados nas confederações implica vários efeitos jurídicos: a) a legislação elaborada pelos órgãos da confederação não é por eles imediatamente recepcionada, devendo ser aprovada, em cada um deles, conforme processos definidos constitucionalmente; b) qualquer dos Estados confederados pode, a qualquer tempo, desligar-se da confederação.

Tradicionalmente, as confederações resultam de associações voltadas à garantia de segurança comum ou ao desenvolvimento de interesses comuns, sejam financeiros, mercantis, culturais etc. São exemplos históricos de confederações:

- **Confederação Helvética**, precursora da Suíça, criada em 1291 nos Alpes Centrais pelos Cantões de Uri, Schwys e Uterwalden, com a finalidade de facilitar o comércio e assegurar a paz; posteriormente, ao pacto confederado aderiram as cidades de Berna, Lucerna e Zurique. Perdurou até 1848, quando a Constituição Suíça criou o Estado Federal.
- **Confederação da Nova Inglaterra**, de 1643, primeiro esboço de união arquitetado pelas colônias britânicas de Massachussets, Plymouth, Connecticut e New Haven, com vistas à promoção da defesa comum, tanto em relação aos índios quanto a holandeses e franceses.
- **Confederação Americana,** de 1781. Após a Independência Americana, as treze ex-colônias reúnem-se, já sob a forma de Estados, em Confederação, segundo o pacto estabelecido nos Artigos de Confederação, que preservavam a soberania de cada Estado, tal como estabelecido pela declaração de independência. Seus laços eram frágeis, e a união se mostrou pouco eficaz na realização dos fins que a orientavam.

Atualmente, identificam-se no *Commonwealth* Britânico e na União Europeia formas contemporâneas de Confederações. O *Commonwealth* é uma associação de Estados soberanos que pertenceram ao Império Britânico, mas conservam alguns órgãos comuns: a Coroa e a Conferência de Chefes de Governo. Todos têm direito de secessão e dever de neutralidade em caso de guerra. Compõem o conjunto: Antígua e Barbuda; Austrália; Bahamas; Barbados; Belize; Canadá; Granada; Jamaica; Nova Zelândia; Papua Nova Guiné; St. Christopher e Nevis; St. Lucia; St. Vincent e Grenadines; Ilhas Salomão; Tuvalu; e Reino Unido. Já a União

Europeia, a despeito de ser uma organização internacional criada por tratados constitutivos, prefigura uma nova modalidade de confederação, na qual os Estados-membros compartilham a soberania nacional em determinadas matérias: moeda comum, defesa, política exterior e segurança.

2.1.2. Estado federal e União de Estados

A União de Estados constitui uma forma complexa de Estado, na qual um mesmo soberano governa dois ou mais Estados que, por essa razão, se unem.

O processo de União pode dar-se de maneira pessoal ou real. A União pessoal resulta de leis dinásticas, em matéria sucessória; nela, os Estados-membros conservam sua independência e seu próprio governo, como ocorreu, por exemplo, de 1815 a 1890, entre a Holanda e Luxemburgo. A União pessoal consiste em reunião espontânea e voluntária de dois Estados, sob governo monárquico comum; foi a situação do Império Austro-Húngaro, de 1867 a 1918.

Esta forma de Estado apresenta mero interesse histórico, tendo desaparecido completamente.

3. O Estado regional

Também denominado Estado autonômico ou Estado das autonomias, consiste em forma intermediária entre o Estado unitário e o Estado federal. Sua estrutura político-administrativa compreende regiões autônomas dotadas de poder normativo, o que tanto pode indicar uma etapa preliminar ao federalismo, e, portanto, transitória, como arranjos nacionais singulares. Os litígios entre o Estado e suas regiões são, via de regra, decididos pela Corte Constitucional, como também ocorre nos Estados federais.

A concessão constitucional de autonomia local, via de regra, fundamenta-se nas características geográficas, econômicas, sociais e culturais e em históricas aspirações autonomistas. Seu objetivo é a participação democrática dos cidadãos na promoção e na defesa de interesses regionais. A autonomia regional, portanto, vai além da mera descentralização administrativa – peculiar ao Estado Unitário; supõe a existência de um poder legislativo local.

São exemplos de Estados regionais, em diferentes graus, Itália, Espanha e também a Grã-Bretanha que, em 1997, devolveu poderes políticos legislativos à Escócia e poderes administrativos ao País de Gales.

Na Itália, as vinte regiões autônomas discriminadas na Constituição dispõem de poderes e funções próprias (art. 115). Entre essas, cinco possuem estatuto especial em virtude de já serem autônomas antes de 1947 (Sicília, Sardenha, Trento, Friuli Veneto e Vale d'Aosta); a elas, a Constituição reconhece formas e condições particulares de autonomia, definidas por estatutos que têm valor de normas constitucionais.

Na Espanha, a solução encontrada para proteção das especificidades étnicas, culturais e linguísticas do povo foi mais longe. A Constituição prevê a possibilidade de qualquer comuna ou província se tornar região autônoma, mediante determinados procedimentos – que podem comportar a atribuição escalonada de variados graus de autonomia – e uma única condição: a de que se formem a partir de províncias limítrofes, com características comuns. A Catalunha, o País Basco e a Galícia detêm o maior grau de autonomia possível (art. 152-1 da Constituição Espanhola de 1978), isto é, possuem Poder Legislativo, conselho governamental e presidente da comunidade eleito.

DISCUTINDO CONCEITOS – III
O CONCEITO DE AUTONOMIA NO DIREITO PÚBLICO

Autonomia não significa independência nem soberania. Seu exercício, embora pleno, restringe-se a esferas específicas previamente delimitadas pelo ente maior, dentro das quais e para as quais são produzidas pelo ente autônomo normas próprias e integrantes do sistema jurídico global. Trata-se, portanto, de *poder de autonormação exercitável nos limites impostos pelo ordenamento superior que lhe deu origem, sem o qual, ou fora do qual, não existiria.* Sua natureza jurídica é de poder derivado, funcional.

Para o Direito, o significado mais amplo de autonomia indica a possibilidade de autodeterminação, isto é, capacidade política e jurídica, e direitos subjetivos. A acepção mais estrita, recolhida do conceito político formulado na Idade Média que justificou e legitimou os poderes locais, designa o autogoverno, a determinação das próprias regras de organização e conduta e, também, o caráter específico e peculiar dos ordenamentos jurídicos que indivíduos ou entidades constituem para si próprios, em oposição aos que lhes são impostos.

Foi o poder de autonormação que permitiu, nas origens e no curso de suas respectivas evoluções históricas, a afirmação da soberania popular, o atendimento do peculiar interesse do município e a estruturação da universidade como instituição social voltada ao saber.

"[...] é na comuna que reside a força dos povos livres", diz Alexis de Tocqueville, em *A democracia na América*.[6] "Sem instituições comunais", prossegue, "pode uma nação dar-se um governo livre, mas não tem o espírito da liberdade", porque são as instituições comunais que colocam a liberdade ao alcance do povo, habituando-o a servir-se dela pela prática política.

As ideias de autogoverno e de participação nos negócios públicos, presentes nas observações de **Tocqueville**, remetem à de "coisa pública". A *res publica*, de acordo com a célebre definição ciceroniana, é "a coisa do povo", considerando-se povo, nesse caso, como faz Norberto Bobbio, não uma agregação qualquer de homens, mas uma sociedade mantida mais pela *utilitas comunione* que por um vínculo jurídico, valor que se encontra na base da doutrina federalista.[6]

O conceito de autonomia não é próprio da ciência jurídica. De noção filosófica passou a instrumento político e, como tal, foi recolhido pelo Direito devido ao seu importante papel histórico. Os juristas, entretanto, nunca lhe atribuíram valor jurídico preciso, de sorte que o termo "autonomia" é indistintamente associado a situações, sujeitos, fatos e atos; pode-se dizer que a ideia que comumente se tem hoje de autonomia está ligada mais à negação de qualquer limite ou vínculo do que às suas características essenciais: atuação normativa particular dentro de limites preestabelecidos.

Com efeito, a noção de autonomia relaciona-se à "não dependência", antes da independência relativa; à "não heterodeterminação", antes da autodeterminação limitada; à "não sujeição", antes da liberdade concedida para fim específico; e assim por diante.[7] Todos esses fatores contribuíram, afinal, para que, em Direito, a palavra autonomia seja empregada com tantas e diversas significações.

[6] Op. cit, p. 54.

Segundo **Guido Zanobini**, a autonomia é efeito de uma limitação que a lei impõe a si mesma. Na área do direito público, dá-se a autolimitação da lei em virtude de abstenção proposital ou de atuação supletiva do legislador. A primeira hipótese é expressão do poder discricionário; reflete a limitada liberdade dos entes públicos, condicionada à escolha do procedimento que melhor atenda aos interesses gerais. A segunda hipótese é aquela em que o legislador regula apenas supletiva-mente, em situações de inexistência ou de omissão normativa por parte do ente autônomo.

Frente à concepção exposta, **Zanobini** discrimina as áreas de incidência das normas autônomas por meio da divisão do ordenamento jurídico em esferas delimitadas por três círculos concêntricos. A mais intensa é formada pelo complexo de leis que não podem ser completadas ou substituídas pela autonomia pública ou privada: normas constitucionais, leis de ordem pública, leis penais, uma parte das leis administrativas, uma parte das leis civis. A segunda zona compreende as leis que ao ente ou órgão público reconhecem poder normativo próprio, poder negocial e, em alguns casos, a faculdade de derrogar normas legais dispositivas. Engloba a maior parte das leis administrativas. Por fim, a terceira zona é representada pelas leis que apenas estabelecem as formas e as condições necessárias para que os particulares exerçam sua autonomia, isto é, para que estabeleçam seus negócios jurídicos. Essa área compreende a parte mais vasta do direito privado.

Das conclusões de **Zanobini** importa ressaltar que a autonomia, seja pública ou privada, tem por escopo satisfazer da melhor forma os interesses para os quais é concedida. O Estado, ao fazê-lo por autolimitação, reconhece e adota em seu sistema jurídico o direito próprio produzido pelo ente autônomo, declarando-o tão obrigatório quanto suas próprias leis.[7]

No Brasil, detêm autonomia político-administrativa a União, os Estados, os Municípios e o Distrito Federal, conforme dispõe o art. 18 da Constituição Brasileira de 1988. Além dos entes federados, os partidos políticos (CF, art. 16, § 1º), o Poder Judiciário (CF, art. 99), o Ministério Público (CF, art. 127, § 2º), as Defensorias Públicas Estaduais (CF, art. 134, § 2º), os órgãos e entidades da administração direta e indireta (CF, art. 37, § 8º), as entidades desportivas dirigentes e associações (CF, art. 217, I) e as universidades e instituições de pesquisa cien-

[7] Cf. "Autonomia pubblica e privata" in Scritti giuridici in onore di Francesco Carnelutti, p. 183-9.

tífica e tecnológica (CF, art. 207). Essas instituições têm constitucionalmente garantidas diferentes esferas e graus de autonomia, inclusive com possibilidade de ampliação mediante contrato (como os órgãos e entidades da administração direta e indireta). Em nenhum dos casos, preocupou o legislador constitucional em definir a autonomia, o que significa dizer que o seu conteúdo e limites devem ser individualmente extraídos do próprio texto constitucional.

DISCUTINDO CONCEITOS – IV
A AUTONOMIA DOS MUNICÍPIOS BRASILEIROS

A autonomia também está presente nas origens dos municípios no Brasil, devido às peculiaridades de povoação do seu território. O município brasileiro surgiu espontaneamente da vida social, pelo fenômeno da vizinhança e da associação em torno da capela, sem qualquer interferência do Estado. Daí sua autonomia.

O Município de São Paulo, dezenas de anos após a sua fundação, não possuía qualquer exemplar das Ordenações do Reino. O costume e as leis editadas na Câmara Municipal conviveram por largo período fora de qualquer controle da Coroa portuguesa. É o que comprovam trechos das atas da Câmara da Cidade de São Paulo, nos quais o cumprimento do que "mandava Sua Majestade em suas reais leis" era via de regra superado pela constatação de que "procederam como era uso e costume".

A autonomia política, judiciária e administrativa dos primeiros municípios brasileiros, observada até o final do século XVII quando as fontes do direito local começam a ser restringidas por diplomas régios específicos para o Brasil, resulta, portanto, do livre desenvolvimento da sociedade e não do reconhecimento ou concessão de poderes de autonormação pelo Estado. É também a causa do vasto âmbito de suas competências em comparação com os seus congêneres portugueses, os "concelhos" que, no século XVI, tiveram restringida, pelos legistas da Coroa, sua autonomia. "A liberdade comunal é coisa rara e frágil", observa **Tocqueville**, "[...] enquanto não se tenha introduzido nos costumes, é fácil destruí-la e ela pode introduzir-se nos costumes somente depois de ter, por muito tempo, subsistido nas leis".[8]

[8] Op. cit. p. 53.

A centralização administrativa iniciada no Brasil com o sistema de Vice-Reinados, em detrimento da autonomia dos municípios e das províncias, reforça-se com a vinda de D. João VI. Durante o Primeiro Reinado, em 1834, concede-se certa autonomia administrativa e competência legislativa à províncias, mas não aos municípios. A proclamação da República e a adoção do sistema federativo americano às avessas, por via do fortalecimento do centro em detrimento da periferia, deixaram os municípios fora do pacto.

Somente após a Constituição Federal de 1988 é que o município passou a integrar a federação, com autonomia política, administrativa e financeira. Contudo, apesar de suas origens e da proteção constitucional do peculiar interesse municipal, por via da competência legislativa exclusiva (CF, art. 30, I), não se pode afirmar que a ideia da autonomia como autogoverno exercido pelos seus habitantes tenha permanecido nos seus costumes, salvo em pequenas localidades. O cidadão distanciou-se da coisa pública, pouco interfere nos negócios públicos, não mais exerce a liberdade por meio das instituições comunais. O crescimento populacional e a sua concentração nas áreas urbanas, ademais, põem em xeque o próprio sentido do peculiar interesse que, em cidades como São Paulo, passaram de local a metropolitano.

CAPÍTULO 11
FORMAS DE GOVERNO: A ORGANIZAÇÃO INSTITUCIONAL DO PODER POLÍTICO

1. Conceito e definição

Na organização das estruturas de poder do Estado, além da repartição vertical (relativa às formas de Estado), identificam-se outros modos de distribuição do poder político. Um deles diz respeito às *maneiras pelas quais o poder político é distribuído entre os poderes do Estado*, o que constitui objeto das *formas de governo*.

Desde a Antiguidade Clássica, entende-se por governo "o conjunto de pessoas que exercem o poder político e que determinam a orientação política de uma sociedade"[1].

A técnica de repartição do poder estatal, neste caso, é horizontal, e concerne tanto à dinâmica do Poder Executivo quanto às suas relações com o Poder Legislativo.

Do ponto de vista da dinâmica do Poder Executivo, identificam-se duas formas clássicas: a monarquia e a república. Do ponto de vista das relações entre Executivo e Legislativo, o parlamentarismo e o presidencialismo. Os dois conjuntos se influenciam mutuamente, complementando-se ou criando novas formas, entre elas as formas mistas (que combinam elementos do parlamentarismo e do presidencialismo) e a forma diretorial, ou de governo de assembleia.

Da perspectiva da teoria da separação dos poderes, o governo coincide com o Poder Executivo que, no Estado moderno, pode ser exercido de forma parlamentarista (em regimes monárquicos ou republicanos) ou

[1] Cf. Lucio Levi in Bobbio, Norberto; Matteucci, N. & Pasquino, G. Dicionário de política, p. 553.

presidencialista (em regimes republicanos). Aí estão, resumidamente, as formas de governo modernas, adiante comentadas.

Formas de governo não se confundem com regime de governo, nem com sistema político, embora seja comum o emprego dessas expressões como sinônimas.

O regime de governo está no plano do ser, retrata uma determinada realidade política, na qual se identificam o conjunto de instituições que regulam a luta pelo poder e o seu exercício, bem como os valores que animam tais instituições. Sistema político, por sua vez, designa, na TE, as relações entre as instituições do Estado do ponto de vista ideológico (sistemas autoritários, totalitários, democráticos); insere-se no plano do dever-ser.

Essas observações são feitas no intuito de alertar o leitor acerca da ambivalência dessas expressões, que também apresentam diferentes significados nas línguas latinas e nas anglo-saxônicas: nestas, utiliza-se a palavra *government* no sentido de regime político e *cabinet* (Grã-Bretanha) ou *administration* (Estados Unidos), no sentido de governo.

A confusão terminológica é ampliada pelas muitas soluções oferecidas pelas diversas teorias das formas de governo ao problema crucial das sociedades políticas: definir quem governa e como governa.

DISCUTINDO CONCEITOS – I
FORMAS DE GOVERNO, SISTEMAS DE GOVERNO E REGIMES POLÍTICOS

No campo da Teoria Geral do Estado, há grande confusão terminológica em relação às expressões "forma de governo", "sistema de governo" e "regime político", enunciações que, no campo da sociologia e da política, remetem às noções de "sistema", "sistema social", "sistema econômico" e "sistema político".

Além disso, as palavras "governo" e "política" são utilizadas, indistintamente, para qualificar os substantivos *forma*, *sistema* e *regime*, embora se refiram a realidades distintas.

De outra parte, a palavra "social" acha-se na raiz de denominações indiscriminadamente atribuídas a sistemas econômicos (socialismo) e políticos (social democracia, Estado social ou *Welfare State*), e a movimentos sociais, direta ou indiretamente relacionados à democracia. A situação se complica porque economia e política são formas específicas de relações sociais. À ausência de definições-padrão, é conveniente, desde logo, precisar esse conjunto de palavras e expressões.

Considerando-se que não existem definições e conceitos universais, nem classificações verdadeiras ou falsas e que definições, conceitos e classificações são operativas em função da realidade a ser estudada, empregamos. A forma ajuda na identificação das espécies de governo, o que permite uma classificação; esse também é o sentido adotado por **R. Zippelius**[2] e por **N. Bobbio**, em sua famosa *Teoria das formas de governo*.[3] A democracia, para **Aristóteles**, é forma de governo, assim como para **Montesquieu** e **Rousseau**.

À expressão *sistema político (lato sensu)*, identifica-se o conjunto de instituições e processos políticos caracterizado por interdependências mútuas. *Regime político*, por sua vez, designa o conjunto de instituições que regulam a luta pelo poder e seu exercício. No primeiro caso (sistema), estamos sob a perspectiva do *dever ser*; no segundo (regime), sob a perspectiva do *ser*.

De fato, um sistema pressupõe interação, sendo o sistema social uma espécie de ordem inclusiva na qual a interação se faz entre duas ou mais pessoas que, nela, podem perceber como os outros agem ou agirão, além de terem condições de atuar em conjunto para a consecução de determinados objetivos. Essa é a definição utilizada por **Dahl**, com apoio em **Talcott Parsons**.[4] Sistemas econômicos e sistemas políticos, por conseguinte, são subsistemas do sistema social.

À luz desse entendimento, democracia, autoritarismo, totalitarismo e ditadura referem-se a sistemas políticos, enquanto capitalismo e socialismo referem-se a sistemas econômicos. O par democracia/autoritarismo implica a dicotomia maior/menor oportunidade de participação nas decisões estatais, ao passo que o par capitalismo/socialismo diz respeito à dicotomia público/privado em relação à propriedade dos bens de produção. Mas, como nenhum sistema político é inteiramente democrático ou ditatorial nem inteiramente capitalista ou socialista (como é o caso da China), as dicotomias apontadas tendem a simplificar a complexidade que se estabelece pela sua interação.

[2] ???

[3] ???

[4] Cf. Towards a general theory of action, 1951.

Ademais, determinadas instituições ou processos podem ser vistos, para certos propósitos, como parte do sistema político e do sistema econômico, concomitantemente, como nos alerta Dahl.[5]

2. Teorias das formas de governo

Diferentes na metodologia, o objeto comum a todas as teorias das formas de governo são os múltiplos modos de organização do poder político. Praticamente não há filósofo ou escritor político que não tenha se dedicado ao seu estudo, propondo ou criticando uma determinada classificação. Evidentemente, essas classificações são subjetivas, organizam-se por critérios diversos e permitem uma grande variedade de tipologias que se modificam no tempo e no espaço.

Na Antiguidade Clássica, por exemplo, as formas de governo sobre as quais teorizaram **Platão**, **Aristóteles** e **Políbio**, são identificadas segundo uma concepção cíclica da história, na qual uma determinada forma se dissolve para transformar-se em outra, provocando uma série de desenvolvimentos ou decadências; em substância, a forma má de governo constitui uma etapa obrigatória da sua metamorfose em outra, sendo a melhor forma uma concepção ideal de sociedade política. Sua classificação é processada mediante critério binário, que combina o número de titulares do poder a formas boas e más.

A mais famosa é a teoria de **Aristóteles**, exposta em *A política*. Segundo esta, as formas de governo se classificam em seis níveis, conforme o número de titulares do poder (um, poucos ou muitos), em escala hierarquizada, da melhor para a pior, segundo prevaleça o bem comum ou o interesse próprio. Temos, assim, três formas boas – monarquia, aristocracia e república – e três formas más – tirania, oligarquia, democracia – governos de um, poucos ou muitos, respectivamente, nos quais prevalece em maior ou menor grau o interesse comum. A história, em última análise, é uma sucessão contínua de formas boas e más.

A monarquia é a melhor entre as formas boas, a república, a pior. A tirania é a pior das formas más, a democracia, a menos ruim. Note-se que república e democracia são praticamente equivalentes: uma se encon-

[5] Op. cit. p. 6.

tra no final das formas boas (menos boa), outra no final das formas más (menos ruim). Como se pode notar, **Aristóteles** promoveu uma confusão terminológica e conceitual entre república e democracia que perdurou por séculos, em razão da extraordinária difusão de sua teoria; com isso, a palavra democracia conservou uma conotação negativa, praticamente até o século XIX, posto implicar algum grau de desvio do bem comum, por causa da prevalência do interesse próprio. Curiosamente, a república (governo de muitos sob as leis, em vista do interesse comum) consiste na fusão das boas práticas das duas formas menos ruins (oligarquia e democracia).

Políbio, historiador grego que viveu em Roma no século II a.C., após a conquista da Grécia, retoma a teoria dos ciclos apresentando uma tipologia assemelhada à aristotélica: três formas boas (reino, aristocracia e democracia) e três formas más (tirania, oligarquia e oclocracia). A novidade apresentada por **Políbio** está na identificação de mais uma forma boa, síntese das outras três, mas que com elas não se confunde: o governo misto (*História*, Livro VI, n.3), já presente na Constituição romana e exemplo a ser seguido. A tese principal é que o governo misto seria uma das principais causas da grandeza de Roma, em razão dos contrapesos propiciados por sua composição tripartite: os cônsules, os senadores e a Assembleia Popular. Cada um desses grupos continha, reciprocamente, o poder do outro, de forma isolada ou em conjunto; além disso, frente a disputas e dissensões sociais, os três grupos dispunham de amplo espectro de legitimidade na negociação de soluções de consenso. Por essas razões é que o governo misto se apresentava como a formulação ideal para superar a instabilidade que caracteriza a visão fatalista da teoria dos ciclos.

Na Idade Média não houve tipologias inovadoras; o Estado era considerado um mal necessário, fosse qual fosse a sua forma, conforme pregaram **Marsílio de Pádua** (*Defensor pacis*) e, posteriormente, Martinho Lutero (*Escritos políticos*, 1523). Na Renascença, com **Maquiavel** (*O príncipe*), é que o critério classificatório clássico das formas de governo foi alterado.

Observando a realidade política da Europa do início do século XVI, **Maquiavel** apresentou uma tipologia das formas de governo baseada no modo de aquisição do poder e na composição do governo; nela, encontram-se apenas duas formas: o principado e a república. O principado corresponde ao reino, a república à aristocracia e à democracia. O critério continua a ser quantitativo, mas é simplificado – uma ou muitas pessoas; isto é, ou o poder reside na vontade de um só (principado) ou na vontade coletiva (república colegiada ou assembleísta). A vontade coletiva tem necessidade de regras para se manifestar, a vontade individual, não. As duas formas correspondem a formas boas e corretas; formas intermediárias são instáveis e, portanto, más.

Em *O príncipe*, **Maquiavel** só analisa os principados, classificados entre hereditários e novos, de acordo com a forma de aquisição do poder: *virtu*, *fortuna*, *per scelera* ou com o consentimento dos cidadãos. A *virtu* do governante determina a maior estabilidade da forma de governo; a *fortuna*, a estabilidade relativa – porque aqui não importa o mérito do governante, mas as circunstâncias que lhe foram favoráveis; o exercício do poder pela violência – *per scelera* – corresponde à figura clássica do tirano que, para **Maquiavel**, é um príncipe como os demais.

Outras tipologias surgiram com a evolução do Estado. **Montesquieu** toma da natureza dos tipos de organização política como critério metodológico de uma classificação profundamente influenciada por traços geográficos (como **Rousseau**, acreditava que países de dimensões diferentes não podem ser governados da mesma forma). Em *O espírito das leis* (Livro II: "Da natureza dos três diferentes tipos de governo"), depois de identificar as três formas de governo (republicano, monárquico e despótico), afirma ser despotismo a forma do mundo oriental, a república, a forma do mundo romano e a monarquia, a melhor entre todas, corresponde ao mundo moderno. A cada forma corresponde um princípio, que as condiciona: na república, a virtude; na monarquia, a honra; no despotismo, o medo. A virtude não é apenas a virtude moral (disposição meramente individual), mas a atitude que vincula intimamente o indivíduo a tudo que participa. A honra, o sentimento que nos leva a praticar boas ações exclusivamente pelo desejo de ter ou manter boa reputação. E o medo, o sentimento no qual "a virtude é desnecessária e a honra seria perigosa".

Montesquieu introduz na tipologia das formas a figura do "governo moderado", espécie atualizada de governo misto, onde a distribuição do poder se dá entre os três Poderes do Estado – Executivo, Legislativo e Judiciário – de tal maneira equilibrada, que nenhum deles tenha condição de atuar arbitrariamente. Aí estão, sinteticamente, os fundamentos da sua influente teoria da tripartição dos Poderes, até hoje pautando a tipologia das modernas formas de governo.

Nas últimas décadas do século XX, em acréscimo à dinâmica das relações entre Poder Executivo e Poder Legislativo, a teoria das formas de governo passou a se preocupar com problemas de governabilidade e ingovernabilidade, identificados em face das demandas que a sociedade civil dirige ao sistema político. **Bobbio** entende que as situações de ingovernabilidade, isto é, as situações nas quais as demandas são superiores à capacidade estatal de resposta, são mais dramáticas que as decorrentes da antítese entre bom e mau governo.

> Paradoxalmente, o mau governo sempre foi considerado um excesso de poder; hoje, ao contrário, a tendência é considerá-lo uma falta. Não como poder demasiado forte, que sufoca toda voz de liberdade, suprime todo dissenso, regula do alto todas as coisas, [...] mas, ao contrário, como um poder demasiado fraco que já não consegue resolver a miríade de conflitos que laceram a sociedade, e os conflitos multiplicam-se e acumulam-se, e quando se soluciona um, surgem outros cem, e formam-se [...] governos parciais que impedem o governo central de desempenhar sua própria atividade, de selecionar questões e de alcançar os fins propostos para cada situação, como se dia após dia se tornassem cada vez menos príncipes e, todos os outros, senhores.[6]

DISCUTINDO CONCEITOS – II
A TEORIA DAS FORMAS DE GOVERNO EM ARISTÓTELES

Excertos do Livro III, Capítulo IX, de *A política*
D*as diversas formas de governo*
Os critérios distintivos

> "O governo é o exercício do poder supremo do Estado. Esse poder só poderia estar nas mãos de um só, ou da minoria, ou da maioria das pessoas. Quando o monarca, a minoria ou a maioria não buscam uns ou outros, senão a felicidade geral, o governo é necessariamente justo. Mas, se ele visa ao interesse particular

[6] Teoria geral da política, p. 215.

do príncipe ou dos outros chefes, há um desvio. O interesse deve ser comum a todos ou, se não o for, não são mais cidadãos.

Chamamos *monarquia* o Estado em que o governo que visa a este interesse comum pertence a um só; *aristocracia* [o governo dos melhores] aquele em que é confiado a mais de um, denominação tomada ou do fato de que as poucas pessoas a que o governo é confiado são escolhidas entre as mais honestas, ou de que elas só têm em vista o maior bem do Estado e de seus membros; *república*, aquele em que a multidão governa para a utilidade pública; este nome também é comum a todos os Estados.

[...] Essas formas podem se degenerar: a monarquia em tirania; a aristocracia em oligarquia; *a república em democracia*. A tirania não é, de fato, senão a monarquia voltada para a utilidade do monarca; a oligarquia, para a utilidade dos ricos; a democracia, para a utilidade dos pobres. Nenhuma das três se preocupa com o interesse público. Podemos dizer ainda, de um modo um pouco diferente, que a tirania é o governo despótico exercido por um homem sobre o Estado, que a oligarquia representa o governo dos ricos e a democracia, o dos pobres ou das pessoas pouco favorecidas.[7]

DISCUTINDO CONCEITOS – III
AS FORMAS DE GOVERNO, A TEORIA DOS CICLOS E O GOVERNO MISTO

Tanto em *A república* de **Platão**, como em *A história,* de **Políbio**, identificam-se seis formas de governo que se sucedem ciclicamente na história, de acordo com um determinado ritmo. Com algumas diferenças terminológicas, a matriz conceitual é a clássica: formas boas e más são identificadas conforme o exercício do poder esteja voltado ao interesse de todos, de poucos ou de um.

Em **Platão**, duas formas são boas e estão reservadas para a constituição ideal (a monarquia, governo de um, e a aristocracia, governo de muitos), aquela na qual o governo se baseia no consentimento e na legalidade; essa forma não existe. As outras quatro são formas más (timocracia, oligarquia, democracia e tirania), que se diferenciam conforme os graus de violência e ilegalidade que apresentam em comparação com a forma ideal. Os Estados reais, aqueles que

[7] ????.

existem no plano dos fatos, todos apresentam formas más de governo que se sucedem ciclicamente, da pior para a menos ruim. A forma boa tem existência própria, no início ou no fim do ciclo. **Bobbio** esquematiza a sucessão das formas de governo de **Platão** na seguinte representação: (+] ---- [+).

Note-se que a tese proposta por Políbio empregava mecanismos constitucionais que tornavam possível um governo estável e, por isso, mais duradouro, o que quebrava a lógica fatalista dos ciclos. O mesmo já fora notado por Aristóteles que, em benefício da estabilidade das formas, já havia sugerido uma forma intermediária de governo, denominada *politia* (termo normalmente traduzido como constituição), na qual predominasse a classe média.

Cícero deu continuidade à tese da excelência do governo misto em *De republica* (cerca de 50 a.C.), séculos depois retomada por Maquiavel nos *Discursos sobre a primeira década de Tito Lívio* (1531).

Maquiavel, frente à realidade política que lhe é contemporânea, muito mais diversa que a da Grécia e Roma antigas, não crê na repetição infinita dos ciclos. Segundo observa, embora a degeneração das formas de governo seja inevitável, o recomeço dos ciclos raramente parte do mesmo ponto; além disso, o círculo vicioso pode ser interrompido, caso sejam conjugadas a monarquia, a aristocracia e a democracia em um só governo, dito "governo misto". Como **Políbio**, nele identifica a república perfeita, como ocorrera em Roma, em razão do equilíbrio dos poderes.

O governo misto, simultaneamente aristocrático e popular, permite que os conflitos entre ricos e pobres sejam mediados por via de leis e regulamentos favoráveis à liberdade de todos. Da composição das dissensões sociais deriva sua inegável capacidade de resistir no tempo. Aí está, para **Bobbio**, a antecipação da noção da moderna sociedade civil: "segundo a qual a condição de saúde dos Estados não reside na harmonia forçada, mas sim na luta, no conflito, no antagonismo – que correspondem à primeira proteção da liberdade". Por essa razão, ainda de acordo com **Bobbio**, **Maquiavel** exprime uma nova visão da história, uma visão moderna, na qual a desordem (não a ordem), o conflito entre partidos que se opõem (não a paz social imposta do alto), a desarmonia (não a harmonia), os tumultos e não a tranquilidade decorrente do domínio irresistível são o preço que é preciso pagar pela manutenção da liberdade.[8]

[8] A Teoria das formas de governo, pp. 93-4.

A concepção do governo misto, portanto, adquire profundidade histórica: deixa de ser um mecanismo institucional para se transformar na solução política do conflito entre interesses sociais antagônicos.

Distribuir o poder estatal entre vários órgãos com o intuito de evitar a sua concentração foi uma lição repetida pelos filósofos da política. **Locke** a reafirma no *Segundo tratado sobre o governo civil*, e **Montesquieu** adapta-a, conjugando a teoria do governo misto à sua teoria da tripartição dos Poderes. Daí resulta o "governo moderado", forma na qual o abuso do poder também é evitado por causa da distribuição entre os poderes do Estado, que se contrapõem mutuamente.

3. As formas de governo segundo a composição e a estrutura do poder executivo

Nesta tipologia, o critério discriminador são as competências e responsabilidades do chefe do Poder Executivo. Dessa perspectiva, as formas clássicas – e opostas – são a monarquia e a república.

3.1. Monarquia

No ano de 2016, dos 192 Estados-membros da ONU, 45 eram monarquias nas quais viviam cerca de 540 milhões de pessoas. Entre eles estão a Arábia Saudita, a Espanha, o Japão e os dezesseis Estados integrantes do *Commonwealth* Britânico, que têm em comum a mesma monarca. Esses dados evidenciam a perenidade dessa antiquíssima forma de governo, ainda no início do século XXI, o que deve ser creditado à sua extraordinária capacidade de adaptação a valores e instituições democráticas. São seus traços característicos: *a vitaliciedade (não há tempo certo e determinado de governo), a hereditariedade (a escolha do governante se faz pela linha sucessória) e a irresponsabilidade política.*

Monarquia é um termo com vários sentidos. Identificada originalmente pelos gregos como o governo de um só indivíduo, conforme a tipologia de **Platão** e **Aristóteles**, a estruturação hereditária das monarquias europeias alterou o sentido original do termo que, por longo período, passou a designar o governo dinástico absoluto com concentração da soberania no monarca, que não responde politicamente perante o povo.

O fim das monarquias absolutas provocou nova modificação de sentido, dado que nas monarquias constitucionais e parlamentares que as sucederam, embora mantido o caráter dinástico hereditário e a personificação individual do monarca, a soberania foi transferida para o povo, com a consequente responsabilização do governante perante este.

A monarquia absoluta constitui exemplo clássico de monocracia, forma de governo na qual o poder está concentrado em um só indivíduo, o que não ocorre nas monarquias constitucionais e parlamentares, que se enquadram no conjunto dos governos democráticos em razão da soberania popular.

As monarquias constitucionais são produto do século XIX e representam o compromisso histórico do princípio monárquico com os direitos e liberdades individuais, sob a prevalência do Legislativo, tão caros às revoluções burguesas. As monarquias contemporâneas, igualmente constitucionais e parlamentares, ampliaram aquele compromisso, para nele incluir as subsequentes gerações de direitos humanos.

Contudo, mesmo nas monarquias absolutas houve algum tipo de limitação de poder, fosse pelas leis fundamentais (França, até o fim do século XVIII) fosse por razões éticas (Prússia e Áustria, no século XIX). Nessas, a legitimação do poder é de base teológica; segundo a já citada tipologia dos princípios de legitimidade do poder de **Bobbio,** corresponde à legitimação pela *vontade* (a lei é feita pela autoridade), como ocorre na teoria do direito divino dos reis de **Bossuet** e nas teorias absolutistas. Quanto ao tipo de dominação, para retomarmos a lição de **Weber**, temos aqui, sem dúvida, traços consuetudinários, de base tradicional, e também dominação carismática, dado que a fonte do poder é a personalidade do soberano. É interessante observar, que legitimação e dominação nas monarquias absolutas – assim como nas ditaduras autocráticas – revelam ideia racional: a de que em sociedades políticas nas quais não há ou não são efetivas as regras de aquisição pacífica do poder, as dissensões e a luta pelo poder são prevenidas pelo fato de o chefe de governo ser identificado em virtude de seu nascimento.

3.2. República

Ao classificarmos as formas de governo a partir dos elementos que as distinguem, a república apresenta-se como a antítese da monarquia, dado que o chefe de governo é eleito, direta ou indiretamente, tem mandato definido e responde ao povo por seus atos, nos termos da Constituição.

Mas os elementos distintivos da república devem ser buscados, sobretudo, em seu substrato teórico, pautado pela ideia romana do governo ético voltado à coisa pública. Dele derivam os traços característicos dessa forma de governo: *a base democrática do poder estatal, a prevalência do interesse de todos no exercício do poder e a inserção dos indivíduos na comunidade política, em decorrência de seu interesse de associar-se para agir e participar do processo de tomada de decisões públicas.*

A palavra *república* assumiu diferentes significados na evolução do Estado. Assim como o vocábulo grego *politeia*, o vocábulo latino *res publica*, do qual deriva, designava, originariamente, o Estado; em acepção jurídica mais específica, nomeava o conjunto de interesses e encargos públicos, a *res publica* ou a "coisa da comunidade", em oposição à *res privata*, isto é, a esfera das coisas privadas.

Ambos os sentidos se alteram pelo seu uso político, no intuito de nomear uma forma de governo que se distinguia da monarquia e assinalar o início de uma nova era – a da república romana, que vai da queda da monarquia em 509 ao principado de Augusto. De fato, a república romana apresentava características em tudo opostas ao governo dos reis: o governo misto, exercido como já vimos, pelos cônsules, pelas assembleias populares e pelo Senado, com cargos gratuitos e temporários, que implicavam responsabilidade pessoal e a colegialidade das decisões. O governo, portanto, deixava de ser propriedade de um ou de alguns, para ser do povo romano (não de todos, em razão do caráter excludente desse conceito).

No campo doutrinário, deve-se a **Cícero** (*De res publica*), a associação da *res publica* à *res populi* (VI, 13). Mas o aspecto central da definição ciceroniana, que pautou o pensamento clássico em geral (de Homero a Sêneca, passando por Sócrates, Eurípides, Tucídides, Ovídio e Juvenal, entre outros) – reside, segundo **Matteucci**, na "conformidade do governo com uma lei comum, único direito pelo qual uma comunidade afirma a sua justiça".[9] **Cícero,** em *De officiis* (44 d.C.), identifica na justiça a finalidade máxima da vida coletiva. A valorização dos interesses coletivos e da ação orientada para o bem comum está, portanto, na base da elaboração de

[9] Dicionário de política, 1991, p. 1.108.

uma concepção de ética pública, cujas virtudes fundamentais são a prudência, a temperança, a fortaleza e a justiça.

O que significa dizer que a *res publica,* nessa acepção, não pode ser compreendida sem a submissão da política à ética. Assim permanece, por séculos, nas obras políticas. **Bodin**, por exemplo, denomina "república" a monarquia e a aristocracia, indistintamente, desde que possuidoras de poder legítimo; com isso, as distingue de regimes ilegítimos, baseados na violência. **Kant**, no mesmo diapasão, afirma ser a república, no sentido ciceroniano, o ideal da razão prática que permite a convivência pacífica.

No Norte da Itália, durante os séculos XIII e XIV, período no qual a maioria das cidades da Lombardia e da Toscana possuíam governos autônomos, o republicanismo valorizou os mesmos elementos, como indicam os tratados sobre o bom governo que proliferaram na região. Seus pontos cardeais provêm da matriz ciceroniana: a) a justiça como finalidade máxima das sociedades humanas; b) a concórdia como elemento central para a aquisição do bem comum; c) o governo misto, de caráter republicano, como forma adequada de governo. Daí a importância da virtude do governante, sendo certo que nada disso seria possível se a cidade não fosse livre. A importância que os canonistas atribuem às constituições e ao ordenamento legal das cidades (entre eles, **Santo Tomás de Aquino** e **Marsílio de Pádua**), com base na filosofia prática aristotélica, que representa uma ruptura decisiva em relação ao pensamento medieval, decorre, igualmente, da mesma compreensão do governo ético.

Maquiavel é expressão tardia dessa ideologia. Nos *Discursos sobre a primeira década de Tito Lívio*, afirma:

> [...] a forma republicana de governo, é a única que permite evitar, no longo prazo, a guerra civil ou a tirania, porque nela os cidadãos desenvolvem uma *virtu* cívica. Os meios de preservar a liberdade interna são dar representação às principais classes, permitir que uma se oponha pacificamente à outra e aproveitar esses conflitos, embora seja necessário contê-los em limites adequados, para fazer com que a virtude dos cidadãos se desenvolva. Só a República, por garantir a liberdade, é capaz disso.[10]

[10] Livro I, cap. 2.

A forma republicana de governo, em **Maquiavel**, está relacionada à conservação da liberdade sob dois aspectos: é meio de obter a soberania e de manter o Estado longe da corrupção. Com isso, possibilita o surgimento de uma vertente do pensamento liberal, denominada republicanismo cívico, de grande influência no republicanismo americano. **Montesquieu** expressa concepções análogas em *O espírito das leis*, associando república e democracia. Amar a república, afirma, é a única forma de preservar a democracia (capítulo V, Livro IV), o que exige "[...] a contínua preferência do interesse público sobre o seu próprio". "Quando, na República, o Povo no seu todo tem o poder soberano, é uma Democracia. Quando o poder soberano está nas mãos de uma parte do Povo, chama-se Aristocracia" (capítulo II, do Livro II). A pedra de toque da república consiste, pois, na soberania popular que se restringe ao direito de sufrágio, devidamente previsto em lei. Na verdade, o que **Montesquieu** tinha em mente era a antiga solução da confederalização de cidades e províncias, que conjugava o ideal do governo popular das pequenas localidades à segurança própria dos grandes Estados (solução teorizada anteriormente por **Samuel von Pufendorf** em *De iure naturae et gentium*, 1672).

Assim, sob influência das ideias de **Montesquieu**, e também das de **Rousseau**, a palavra república, no século XVIII, foi associada ao governo que permite relativa igualdade entre o povo, em razão de sua participação na elaboração das leis, principalmente em Estados com pequena extensão territorial. Não por muito tempo, porém, já que os americanos, com a criação dos Estados Unidos, lhe designam significado inédito.

A República americana não era o governo não monárquico nem o governo misto da tradição romana e inglesa, nem a democracia direta, mas o governo pautado pela democracia liberal representativa, com separação de Poderes e sistema de controles mútuos (freios e contrapesos), sob regime presidencialista.

A associação do vocábulo à democracia representativa representa uma viragem excepcional, em termos políticos. Contextualizando, é preciso lembrar que, durante séculos, a república foi considerada melhor forma de governo que a democracia, fosse por influência da tipologia aristotélica, na qual a democracia é classificada como a menos ruim das formas más, fosse pelas desastrosas experiências de democracia direta, entre elas a verificada, nos Estados Unidos, sob os Artigos de Confederação.

No artigo X dos Artigos *Federalistas*, **James Madison**, com o objetivo de neutralizar os malefícios que o princípio democrático da decisão pela maioria causa aos direitos da minoria, definiu a república "como um governo em que está presente o esquema de representação", para em seguida distingui-la da democracia, nos seguintes termos:

> Os dois grandes pontos de diferença entre uma democracia e uma república são primeiro, a delegação do governo, nesta última, a um pequeno número de cidadãos eleitos pelos demais; segundo, o maior número de cidadãos e a maior extensão do país que a última pode abranger.[11]

Começando pela última afirmação: sua lógica é a da ampliação dos interesses em conflito para pulverizar a formação de maiorias e, por consequência, tornar praticamente impossível a prevalência de interesses particulares sobre os interesses gerais. Adicionalmente, provocava-se, por via da delegação e da representação, um efeito de filtragem, antevisto na primeira afirmação, assim explicitado:

> [...] depurar e ampliar as opiniões do povo, que são filtradas por uma assembleia escolhida de cidadãos, cuja sabedoria pode melhor discernir o verdadeiro interesse de seu país e cujo patriotismo e amor à justiça serão menos propensos a sacrificá-lo a considerações temporárias ou parciais. Sob tal regulação, é bem provável que a voz pública, manifestada pelos representantes do povo, seja mais consoante com o bem público que a manifestada pelo próprio povo, convocado para esse fim.

Com esses traços, a República dos Estados Unidos da América distinguiu-se, no século XVIII, da primeira República Francesa que lhe foi contemporânea, fixando o sentido atual da palavra.

Mas, apesar da convergência de propósitos, república e democracia não se confundem. O *princípio republicano* designa a supremacia do bem comum sobre os interesses individuais, o que implica moralidade e responsabilidade públicas, igualdade perante a lei e valorização da dignidade humana, com respeito integral aos direitos humanos, abolição de todo e qualquer privilégio, pessoal ou corporativo, vedação à apropria-

[11] Op. cit, p. 137.

ção ou ao controle particular de bens e serviços públicos, e publicidade dos atos oficiais. Já o *princípio democrático* indica a supremacia da vontade popular, com exigência de preservação da liberdade e a igualdade de direitos, assim como todos os demais direitos fundamentais.

DISCUTINDO CONCEITOS – IV
O REPUBLICANISMO

Como teoria política, o republicanismo enfatiza os deveres e a participação política dos cidadãos.

Reivindica, portanto, uma consistente ideia de liberdade, dependente de virtudes cívicas, isto é, da atuação ativa, compartilhada, coletiva e deliberada dos cidadãos na tomada de decisões comuns e no controle da coisa pública.

A preocupação com a proteção da *res publica* e a participação cívica, embora sejam fenômenos antigos, só se disseminaram como uma preocupação do povo – e não somente das elites – no último quartel do século XX.

Apesar das diferentes versões de republicanismo, a maioria dos autores tende a defender posições semelhantes. O seu sentido atual, de acordo com Konrad Hesse, expressa:

> [...] o "ser comum" (*res publica*), no qual todo poder público deve ser derivado da comunidade e está obrigado a servir ao "melhor comum" (*salus publica*), no qual, conforme a fórmula de Kant, "os homens livres e súditos iguais também são cidadãos", que não devem nenhuma outra obediência que a constitucional e legal e aos quais cabem direitos públicos, especialmente aquele da cooperação na legislação: o Estado verdadeiro e livre em contraposição ao despotismo, no qual nada mais existe que o arbítrio dos detentores do poder.[12]

No decurso histórico do republicanismo, das origens romanas até nossos dias, as mais diversas ferramentas de controle dos cidadãos sobre os governantes foram preconizadas e todas se serviram do incentivo à discussão pública em torno do bem comum.

[12] ???

DISCUTINDO CONCEITOS – V
A REPÚBLICA BRASILEIRA NA CONSTITUIÇÃO FEDERAL DE 1988

A República brasileira conforma-se a dois aspectos da definição clássica: o de "coisa pública" e o da rejeição à legitimação monárquica, mas vai além: declara-se uma democracia deliberativa e representativa, na qual a participação política e a formação de consenso se fazem diretamente (plebiscito, *referendum*, iniciativa popular) ou indiretamente, por meio de representantes eleitos. A participação política, por sua vez, é um dos elementos constitutivos da cidadania, fundamento ao qual também se integram os direitos civis e econômicos, sociais, culturais e econômicos. O que significa que incorporou aspectos da teoria republicana contemporânea.

Na ordem constitucional brasileira, ao princípio republicano aderiram os princípios democráticos e os do Estado de Direito, traduzidos, fundamentalmente, nas ideias do "ser comum" e na obrigação dos governantes com a *salus publica*. Apresenta, pois, como forma de governo, as características fundamentais da temporariedade, eletividade e responsabilidade administrativa, civil e penal, que se densificam na Constituição Federal pelo fundamento da soberania popular, pela garantia dos direitos fundamentais, pelo princípio da separação de Poderes e pela natureza federativa da organização territorial do poder.

A Constituição Federal reafirma o princípio republicano em seu art. 4º, ao declinar os princípios que regem as suas relações internacionais, nomeadamente o princípio da independência nacional, o da prevalência dos direitos humanos, o da autodeterminação dos povos, o da não intervenção, o da igualdade entre os Estados, o da defesa da paz.

4. As formas de governo segundo as relações entre o executivo e o legislativo

Das relações entre o Executivo e o Legislativo derivam duas formas básicas de governo: o parlamentarismo e o presidencialismo.

No parlamentarismo, *o governo é exercido por um Executivo dual; caracteriza-se pela mútua dependência entre Executivo e Legislativo.*

No presidencialismo, *o governo é unipessoal, exercido, exclusivamente, por Presidente eleito direta ou indiretamente pelo povo; caracteriza-se pela independência entre Executivo e Legislativo.*

Da perspectiva da teoria da separação de Poderes, nas duas modalidades verifica-se a colaboração entre Executivo e Legislativo, em diferentes graus.

Identifica-se, ainda, uma terceira forma, o denominada *mista ou semi-presidencial*, como a exercido na França e em Portugal, caracterizada pela *conjugação de elementos da forma parlamentarista à presidencialista.*

Finalmente, sobrevive, apenas na Suíça, uma forma particular de governo, denominada *diretorial ou convencional*, na qual *não há separação de Poderes, a não ser em relação ao Judiciário.*

Examinaremos, a seguir, apenas as três formas principais.

4.1. Parlamentarismo

No parlamentarismo, a formação e a manutenção do governo dependem da aquiescência parlamentar. Três traços, em particular, sustentam essa dinâmica: a) o Executivo é dual, compõe-se de um chefe de Estado (monarca ou presidente) que, em geral, não governa, e um chefe de Governo (ou primeiro-ministro), que executa as funções de governo, com o auxílio de um gabinete; b) o Parlamento condiciona a escolha e a ação política do gabinete de governo; c) o governo depende da confiança parlamentar.

Na prática, isso se dá porque o partido político (ou a coligação de partidos políticos) vencedor nas eleições legislativas forma o grupo parlamentar mais forte, com capacidade de indicar o chefe de Governo entre os membros do próprio Parlamento. Este, na formação do gabinete que presidirá, escolhe os ministros entre a maioria parlamentar. Gabinete e Parlamento não se confundem; são órgãos independentes, muito embora o primeiro seja obrigado a proceder de acordo com o segundo que, em última análise, fixa a política de governo.

Todo o gabinete é responsável solidariamente perante o Parlamento, que fiscaliza e aprova as suas ações; se o Parlamento rejeitar a política que o gabinete venha a adotar, todos os seus integrantes devem demitir-se, inclusive o chefe de Governo que não tem mandato, nem foi eleito especialmente para esse fim. O mesmo não acontece com o chefe de Estado; não praticando atos políticos, não responde perante o Parlamento, nem pode por ele ser censurado ou demitido.

Mas se o Legislativo tem competência para dar um voto de não confiança ao Executivo, ou mesmo impor sua renúncia, o Executivo, em alguns sistemas parlamentaristas, tem competência de dissolver o Parlamento e convocar eleições, em busca de ampliação da maioria que o sustenta. Na Inglaterra, cabe ao monarca, por iniciativa do primeiro-ministro, o exercício do direito de dissolução, ato que determina, simultaneamente, o término da legislatura, o fim dos mandatos e a convocação de novas eleições. Atribui-se o nome de governo de gabinete às formas parlamentaristas que preveem a dissolução.

Embora a forma de governo parlamentarista tenha florescido por toda a Europa, a partir das assembleias medievais – espécies de pré-parlamentos instituídos entre os séculos XII e XIV, com nomes (Estados-Gerais, Cortes, Estamentos etc.), composição e atribuições diversas – o parlamentarismo tradicional é, normalmente, associado ao modelo inglês. Sua composição bicameral (Câmara dos Comuns e Câmara dos Lordes), a presença do rei no Parlamento, a aprovação do primeiro-ministro pela Câmara dos Comuns, o bipartidarismo, o governo de gabinete e a responsabilidade política deste, compuseram um quadro de difusão mundial, forjado pelas vicissitudes da limitação do poder real naquele Estado, que culminam com a Revolução Gloriosa de 1689.

Nos demais Estados europeus, o parlamentarismo assumiu outras feições. Contudo, alguns traços comuns a todos podem ser apontados. Em primeiro lugar, o exercício da atividade legislativa em nome da soberania popular, mediante princípio representativo, por membros de investidura eletiva e mandato temporário. Em segundo lugar, a conservação da estrutura bicameral, já praticada nas assembleias medievais, com novo significado. Se, nessas, havia uma câmara baixa, de extração popular, e uma câmara alta, integrada por membros da nobreza, com participação hereditária e vitalícia, nos modernos Parlamentos europeus, nas duas câmaras, exerce-se a representação democrática, de base popular. Esse último traço anulou, desde as revoluções, a finalidade conservativa de direitos e privilégios estamentais que pautou a atuação legislativa das assembleias medievais e absolutistas.

Muitos são os arranjos parlamentaristas possíveis. Nos Estados federais, por exemplo, o povo é representado indistintamente na Câmara dos Deputados e os Estados-membros, considerados na sua singularidade, são representados no Senado, os dois órgãos integrando o Congresso Nacional. Esse é o modelo adotado na Alemanha e na Austrália, entre outros Estados; a Itália, Estado regional, organiza-se da mesma forma. Adicionalmente, as câmaras podem, ou não, ter poderes iguais; podem, ou não, ser compostas por diferentes métodos ou regras eleitorais, com ou sem sobrerrepresentações etc. Mas há, também, sistemas monocamerais, como é o caso, exemplificativamente, da Nova Zelândia, Dinamarca e Suécia.

No Brasil, a forma parlamentarista foi adotada em duas ocasiões: durante o Império e em breve período nos anos 1960, após a renúncia de Jânio Quadros em 1961 e até 1963, quando, após a realização de plebiscito, o sistema presidencialista voltou a ser adotado.

Dalmo Dallari aponta, entre os méritos do parlamentarismo, o fato de compatibilizar a atuação do Legislativo e do Executivo e de ser flexível, podendo o gabinete ser derrubado a qualquer momento, por motivos de conveniência política, propicia governo sempre sintonizado com as necessidades do momento; adicionalmente, é democrático, posto que a responsabilidade política do gabinete assegura sua consonância com a vontade popular.[13]

Além disso, comparativamente, a investidura do chefe do Governo pela maioria parlamentar é tida como o fator de eficiência dessa forma de governo. De fato, na teoria, o sistema deveria funcionar virtuosamente, Executivo e Parlamento atuando de maneira colaborativa e integrada. Na prática, porém, é difícil manter esse equilíbrio. Com exceção da Inglaterra, onde um bipartidarismo vigoroso e consistente garante estabilidade ao Parlamento, em Estados pluripartidários, tal como a Itália ou mesmo a França, as vantagens do parlamentarismo nem sempre se concretizam. Governos formados sob maiorias frágeis, ou resultantes da ligação ocasional e precária de partidos, ficam à mercê do jogo político parlamentar; a esse tipo de configuração, a doutrina denomina "governo de assembleia", no qual a tônica é o voto de confiança. Isto é, o Executivo não tem direito de dissolução da assembleia e, por isso, se vê forçado a

[13] Op. cit, p. 236-7.

sucessivas comprovações de confiança, para verificar se conta ou não com a maioria, gerando contínua instabilidade.

Note-se, por fim, que os cidadãos manifestam sua vontade e participam do governo apenas na escolha dos seus representantes no Parlamento.

DISCUTINDO CONCEITOS – VI
O PRIMEIRO-MINISTRO BRITÂNICO E O PARLAMENTO

Desde o século XVIII, em virtude da assunção ao trono de governantes da Casa de Hannover, que não tinham conhecimento nem da língua nem dos problemas políticos ingleses e que tampouco permaneciam em Londres todo o tempo, o Conselho de Gabinete, corpo restrito de conselheiros reais, ganhou força e prestígio. Durante o reinado de Jorge I e de Jorge II, destaca-se Robert Walpole (1676-1745) no Gabinete, dadas sua ascendência sobre os demais membros e influência no Parlamento, o que lhe valeu a alcunha de "primeiro-ministro", provavelmente derivada da função de *first lord of the Treasure* que também desempenhava desde 1721.

A função de primeiro-ministro, ou de *premier*, portanto, não foi criada; evoluiu gradualmente a ponto de a Câmara dos Comuns, ainda no século XVIII, exigir a aprovação do nome que a exerceria. O resultado foi que, com o tempo, e até hoje, os *premiers* passaram a renunciar ao cargo em caso de descontentamento ou desconfiança da Câmara dos Comuns, com obrigatoriedade de dissolução do Gabinete, o que lhes conferiu responsabilidade política; outra alternativa possível nessas situações seria propor ao chefe de Estado a dissolução da Câmara Baixa e a convocação de novas eleições para que o povo, por meio do voto, exprimisse sua opinião (a favor ou contra o Gabinete).

Somente no início do século XX, a função de primeiro-ministro conquistou sua posição constitucional atual, hierarquicamente igual à do monarca, à do Parlamento e à do Gabinete. O primeiro ministro é o líder do partido que obteve nas eleiçoes o maior número de cadeiras na Câmara dos Comuns; seu governo é formado por ministros também vinculados ao partido majoritário.

A Câmara dos Comuns compõe o Parlamento Britânico, juntamente com a Câmara dos Lordes (cujos membros não são eleitos, mas apontados pelo monarca, com cargo vitalício) e o monarca. É a autoridade da Coroa que confere ao Parlamento seu status soberano, razão pela qual o Primero Ministro responde ao Parlamento. (ver cap. 14, item 2.5).

4.2. Presidencialismo

No presidencialismo, o Executivo é um poder autônomo. Forma típica das repúblicas, sua característica básica é a independência dos poderes, com exercício harmônico das funções do Estado e o seu controle por meio de limitações recíprocas. O presidente da República – eleito por sufrágio direto ou indireto e com mandato temporário – é, simultaneamente, chefe de Estado e de governo, formula e executa o programa de governo, escolhe e exonera livremente os seus ministros (que também tem autonomia perante o Parlamento).

A primeira formulação constitucional do presidencialismo é a americana. Conforme a Constituição de Filadélfia (1787), expressa a conjugação de ideias democráticas à teoria da tripartição dos poderes, com a finalidade de instituir uma forma de governo que, em repulsa à monarquia absoluta, impedisse a concentração de poderes. A fórmula da especialização de poderes e de recíproca limitação, preconizada por **Montesquieu**, encontra-se nos três primeiros artigos que tratam, respectivamente, do Legislativo, do Executivo e do Judiciário.

O Congresso bicameral faz as leis, mas não superintende o governo, embora o Senado possa impedir algumas nomeações e celebrar tratados internacionais. O Executivo, unipessoal, tem amplos poderes para atuar, desde que o faça de acordo com as leis, de cuja elaboração não participa, mas veta ou sanciona. Os tribunais são independentes, mas podem anular atos ilegais do Executivo e atos inconstitucionais do Legislativo. Tudo se reduz a fórmulas práticas de equilíbrio dos órgãos supremos do Estado, com o objetivo concreto de impedir a concentração e o exercício despótico do poder. É o sistema de freios e contrapesos (*checks and balances*), que **Thomas Jefferson** (redator da Declaração de Independência e Embaixador na França, durante a elaboração da Constituição) definiu como aquele em que "os poderes estão de tal forma repartidos e equilibrados entre os diferentes órgãos que nenhum pode ultrapassar os limites estabelecidos pela Constituição sem ser eficazmente detido e contido pelos outros".[14]

[14] Apud CAETANO, Marcello. Manual de ciência política e direito constitucional, p. 195.

James Madison, nos artigos XLVII a LI de *O federalista*, elaborando mais profundamente essas ideias, demonstra que nenhum dos poderes deve ter influência dominante sobre os demais, direta ou indiretamente. Sua preocupação está em garantir às:

> várias classes de poder, de natureza legislativa, executiva e judiciária, [...] a garantia prática contra a invasão das outras, [...] sendo que a mera demarcação no papel dos limites constitucionais dos vários poderes não é salvaguarda suficiente contra aqueles abusos que levam à concentração tirânica de todos os poderes de governo nas mesmas mãos.[15]

Para evitá-la, conclui, é necessário arquitetar "[...] de tal modo a estrutura interna do governo que suas várias partes constituintes possam ser, por suas relações mútuas, instrumentos para a manutenção umas das outras nos seus devidos lugares".[16]

Assim, apesar de fortalecer o Poder Executivo, especialmente porque o libera de responder perante o Parlamento, o presidencialismo de matriz americana supõe, necessariamente, o sistema de freios e contrapesos. Nesse modelo, sinteticamente, os atos que o Estado pratica são de duas espécies: atos gerais (só podem ser praticados pelo Legislativo, constituem-se em regras gerais e abstratas) e atos especiais (praticados pelo Executivo, após a emissão dos atos gerais e por eles limitados); se houver exorbitância de um dos dois poderes, o Judiciário atua. O presidente da República, contudo, ainda que submetido ao princípio da legalidade, tem poder de sanção e veto das leis aprovadas, conforme a constitucionalidade das mesmas, o que significa, em termos práticos, o controle do Legislativo pelo Executivo. Simetricamente, confere-se ao Legislativo o poder de *impeachment* a presidente, o que implica perda do mandato, em casos de atuação inconstitucional ou exercício contrário aos interesses da Administração.

Comparativamente a outras formas de governo, o presidencialismo garante unidade de comando, maior celeridade às decisões e estabilidade governamental; por outro lado, não se pode deixar de considerar a pos-

[15] Op. cit., p. 338.
[16] Ibidem, p. 345.

sibilidade de descompasso entre o Executivo e o Legislativo, o primeiro igualmente sujeito à maioria para aprovação de projetos de lei que encaminha ao Congresso. Adicionalmente, as constituições presidencialistas tendem a concentrar robustas competências no presidente da República, inclusive com a possibilidade de edição de atos normativos com força de lei, o que tem levado à identificação de formas "hiperpresidencialistas" ou de "presidencialismo de coalizão". O caso brasileiro ilustra ambas, na opinião de diversos cientistas políticos.[17]

Instaurado com a proclamação da República e mantido praticamente sem interrupções até a Constituição de 1988 (salvo entre 1961 e 1963, quando se adotou a forma parlamentarista), o presidencialismo no Brasil apresenta marcante personalismo. Dependente de coalizões parlamentares e fortalecido pelas competências presidenciais no processo legislativo, nomeadamente a edição de leis delegadas (arts. 59 e 68, IV) e medidas provisórias (arts. 62 e 84, XXVI) e pelas tradicionais competências de sanção e veto de leis (art. 84, IV e V), confere ao presidente da República a posição ímpar no conjunto das instituições, beneficiada pela inexistência de controle judicial das razões presidenciais de veto, exceto no que diz respeito à sua tempestividade. Consolida-se, igualmente, pelos amplos contornos da exigência de urgência e relevância para a edição de medidas provisórias que, a despeito das restrições introduzidas pela Emenda Constitucional n. 32, de 11.09.2001, e do maior rigor interpretativo do Supremo Tribunal Federal, garantem ao presidente da República expressiva atuação legiferante.

4.3. Forma mista ou semipresidencial

Adotado na França (desde 1962) e em Portugal (desde 1976), o semipresidencialismo fortalece a autoridade do chefe de Estado (presidente) para contrabalançar as manobras partidárias inerentes ao jogo parlamentar. Embora combine *elementos do sistema parlamentar e do presidencialista, a estrutura de governo é basicamente parlamentarista* e supõe partidos fortes.

[17] Cf. O'Donnel, Guillermo. "Poderosas tentações", in O Estado de S. Paulo, edição de 15.05.2009, p. J4, e Abranches, Sérgio. "O presidencialismo de coalizão: o dilema institucional brasileiro". In: Dados 31(1), 1988, p. 5-33.

O Executivo, dual, conta com presidente da República (chefe de Estado) eleito pelo povo e primeiro-ministro (chefe de Governo), dependente da confiança parlamentar, ambos com responsabilidades perante o Parlamento. Há o fortalecimento da autoridade do chefe de Estado que, eleito, dispõe de mandato popular, mas, sobretudo, pelo fato de dispor de meios de intervir no processo governamental de modo efetivo.

Os problemas políticos que se apresentam nessa forma de governo giram em torno da definição das competências e o papel do presidente da República.

CAPÍTULO 12
O ESTADO INTERNACIONALIZADO

1. O Estado na comunidade e na ordem internacionais

A comunidade internacional é composta pelos Estados e demais pessoas jurídicas de direito internacional público, tais como as organizações internacionais (ONU, OEA, Organização Mundial do Comércio – OMC, União Europeia etc.), organizações não governamentais (a Federação Internacional de Automobilismo – FIA; a Federação internacional de Futebol – FIFA; o *Greenpeace* etc.), movimentos de libertação (Organização para Libertação da Palestina – OLP), a Santa Sé, a pessoa humana etc. Todos são atores relativamente autônomos, polos dinâmicos das relações internacionais, em mútuos processos de negociação e interação.

Também compõem a comunidade internacional certos sujeitos aos quais o direito assegura tutela jurídica, sem, entretanto, conferir-lhes personalidade jurídica: a humanidade, a nação, os povos, a família, o meio ambiente, os animais etc. É fácil entender a razão dessa tutela jurídica; tomemos, por exemplo, a necessidade de preservação ambiental – ou mesmo da de patrimônios culturais, ditos da "humanidade" – motivada por desequilíbrios naturais ou provocados pelo homem, que suscitam o estabelecimento de determinadas medidas e regras a serem adotadas por todos os Estados naquele desiderato; a qualificação do Pelourinho, na cidade de Salvador, como patrimônio comum da humanidade, por ato da Unesco (organização internacional vinculada às Nações Unidas), é um dos muitos casos que podem ser citados, assim como a edição da Declaração das Nações Unidas dos Direitos dos Povos Indígenas, aprovada em 2007.

O direito internacional público – DIP é o ramo do Direito que rege todas essas relações e processos, posto definir os seus direitos e obrigações internacionais, estabelecendo a *ordem internacional.*

O direito constitucional dos diversos Estados também estabelece princípios e regras concernentes à sua atuação na sociedade internacional. Tais regulamentações provocam o duplo movimento de *constitucionalização do direito internacional* e de *internacionalização do direito constitucional*. Vejamos, inicialmente, o provocado pelo DIP.

As fontes do DIP são o costume internacional, os tratados e convenções internacionais, os princípios gerais de direito reconhecidos internacionalmente, as decisões judiciárias internacionais, as declarações unilaterais dos Estados com efeito internacional e as decisões das organizações internacionais. O DIP, em última análise, limita a soberania dos Estados, relativizando-a como poder incontrastável de mando, o que significa dizer que os mesmos se submetem a ordem jurídica superior à dos Estados; mas nem sempre foi assim.

Da Paz de Westfália ao início do século XX, o DIP caracterizou-se por sua base contratual, de fonte voluntária ou costumeira; originava-se da vontade dos Estados que se autolimitavam tendo em vista os respectivos interesses nacionais em áreas tradicionais das relações internacionais: política, guerra e paz, comércio. Somente após o final da Primeira Grande Guerra é que os Estados reconheceram a necessidade de agir em conjunto para a consecução de objetivos comuns, inclusive a própria sobrevivência. Prova disso foi a criação da Liga das Nações e da Organização Internacional do Trabalho (OIT).

Desde então, o DIP fortaleceu-se como sistema jurídico de cooperação mútua, o que se acentua após o final da Segunda Guerra Mundial, com três importantes alterações:

a) ampliação do campo de incidência das normas internacionais para as áreas econômica, cultural, educacional, de proteção de direitos humanos, do meio ambiente, desenvolvimento, segurança coletiva etc.;

b) consequentemente, o direito internacional passa a alcançar matérias antes reservadas à competência exclusiva dos Estados;

c) a vigência dessas normas nos territórios nacionais torna-se obrigatória, em virtude de procedimentos previstos nas respectivas Constituições.

No nível nacional, essas alterações implicam a constitucionalização do direito internacional. É o que demonstra, por exemplo, a Emenda n. 45/2004 à Constituição brasileira, no que diz respeito à equivalência dos tratados e das convenções sobre direitos humanos a emendas constitucionais, mediante determinados procedimentos, e à submissão do Brasil à jurisdição de Tribunal Penal Internacional a cuja criação tenha manifestado adesão (art. 5º, §§ 3º e 4º, da CF.). No nível internacional, a emergência de um direito comum informado por valores, princípios e regras universais progressivamente conformados em declarações e tratados internacionais que vem sendo chamado de constitucionalismo global ou direito global. A globalização, a regionalização, a crescente porosidade das fronteiras nacionais, as novas tecnologias de comunicação e as transformações da ordem internacional a partir do fim da União Soviética e da queda do Muro de Berlim intensificaram o processo. Nesse cenário interdependente, a valorização do multilateralismo e do papel dos organismos multilaterais foi uma consequência natural. Malgrado tal avanço, o grande desafio do DIP no século XXI será a busca dos correspondentes mecanismos de implementação.

Quanto aos princípios e regras estabelecidos pelo direito constitucional para a atuação do Estado na ordem internacional, o art. 4º da Constituição brasileira de 1988 é exemplo expressivo dessa normatização, assim como o é o art. 7º da Constituição portuguesa de 1974 que, aliás, serviu-lhe de modelo. Referidos artigos estabelecem uma série de princípios para orientar a ação dos respectivos Ministérios das Relações Exteriores no campo da política externa.[1]

As Constituições fixam, igualmente, para o direito nacional, as regras voltadas à recepção dos tratados e acordos firmados na ordem internacional, quer sejam bilaterais quer sejam multilaterais. Na Constituição

[1] Esse é um avanço importantíssimo na proteção internacional dos direitos humanos, eis que, como demonstra Eduardo Pannunzio em relação ao Brasil, os atos de relações internacionais, omissivos ou comissivos, eventual-mente restritivos de direitos humanos, desacompanhados de fundamentação constitucional, podem corresponder a uma violação do princípio da prevalência dos direitos humanos e ser, portanto, objeto de censura judicial. PANNUNZIO, Eduardo. A judicialização das relações internacionais no Brasil, em face do princípio constitucional da prevalência dos direitos humanos. Tese de Doutorado defendida na Faculdade de Direito da Universidade de São Paulo, abril de 2012.

brasileira, tal procedimento encontra-se definido no art. 49. Note-se que dessa perspectiva estamos no campo da internacionalização do direito constitucional.

2. As organizações internacionais

Organizações internacionais são associações jurídicas voluntárias, criadas pelos Estados ou por outras organizações internacionais dotadas de competência para tanto, com o fim de desenvolver objetivos gerais ou específicos, de alcance global ou regional, de interesse dos seus instituidores. Constituídas mediante acordos internacionais, têm personalidade jurídica diversa de seus criadores e autonomia em relação aos mesmos. Formam e manifestam vontade própria, inclusive como fontes do direito internacional público, coexistindo na ordem internacional em relação de igualdade, a menos que tratados o estabeleçam de modo diverso.

As organizações internacionais estatais não se confundem com os Estados, nem os substituem; são superestruturas criadas para favorecer a cooperação entre os Estados, para influenciá-los na forma de emprego dos seus próprios poderes ou para harmonizar o seu exercício, de acordo com os seus objetivos. Têm necessariamente poderes e deveres diferentes daqueles dos Estados, esses últimos voltados à sobrevivência e ao desenvolvimento de uma sociedade política. Conforme observa **Ricardo Lewandowski**, a tendência atual é a proliferação da criação de organizações, a maioria delas não estatais; a causa é a crescente especialização dos problemas internacionais.[2]

Vários são os problemas jurídicos e políticos decorrentes do incremento das organizações internacionais. Em primeiro lugar, dada a sua heterogeneidade, há dificuldades de se estabelecer regras de direito internacional para todas, até porque os seus tratados constitutivos empregam, de modo geral, termos vagos e imprecisos; em segundo lugar, notam-se os mesmos Estados-membros nas diferentes organizações, atuando com duplicação de esforços ou adotando posições diversas e, por vezes, incoerentes. Tal comportamento deriva do fato de os Estados agirem nas organizações internacionais em defesa de seus interesses e na prossecução

[2] Globalização, regionalização e soberania, p. 36 e segs.

das suas próprias políticas; a isso se soma a decorrente dificuldade em alcançar consensos e o dilema de se submeter Estados soberanos a regras que limitam sua atuação e ferem seus interesses.

De outra parte, é preciso lembrar que a ordem internacional encontra-se em permanente transformação, o que não apenas supõe a adequação das diversas organizações a modelos mais eficientes de resposta às crises e de realização de políticas públicas internacionais. Para tanto, seria necessário fortalecer o sistema jurídico internacional como parâmetro universal de atuação, sendo esse o seu maior desafio. É exemplo dessa situação a ação unilateral dos Estados Unidos no Iraque em 2003, motivada por questões de segurança após os atentados de 11 de setembro de 2001, contrariando decisão do Conselho de Segurança da ONU. Tal fato colocou em xeque a autoridade da ONU, sendo que a insistente denúncia de que a guerra violava a Carta das Nações Unidas, por parte do secretário-geral, provocou ataques da ala conservadora americana à Organização e ao próprio secretário-geral.

Mas é difícil imaginar como teria sido a ordem internacional na segunda metade do século XX sem a ONU. A diplomacia bilateral teria conseguido cooperação e harmonização de interesses, num mundo de mais de 192 Estados soberanos, com desigualdades e interesses divergentes? É pouco provável.[3]

2.1. Modalidades

Do ponto de vista de sua natureza jurídica, podem ser supranacionais (como a União Europeia), intergovernamentais (a ONU) ou não governamentais (ONGs, como é o caso do *Greenpeace*, da Anistia Internacional, da Federação Internacional de Automobilismo – FIA e de tantas outras), regendo-se, respectivamente, pelo direito internacional público e pelo privado. Quanto aos objetivos, podem ser destinadas a objetivos gerais (a ONU, que é uma organização internacional intergovernamental, de objetivos gerais), ou setoriais (o Fundo Monetário Internacional – FMI, a Organização do Atlântico Norte – OTAN e a Unesco, por exemplo). Quanto

[3] Cf. a propósito, RANIERI, Nina. Um conceito mais amplo de liberdade: desenvolvimento, segurança e direitos humanos para todos – multilateralismo e cidadania mundial, v. 14, n. 2, set-out-nov/2005, p. 25.

ao seu âmbito de incidência geográfica, podem ser globais (a ONU) ou regionais (o Mercosul). Interessam-nos, mais de perto, as organizações internacionais intergovernamentais de objetivos gerais e setoriais, criadas por vontade dos Estados e por eles dotadas de personalidade jurídica, dadas as suas mútuas relações.

2.2. Origens

Embora a proliferação das organizações internacionais seja um fenômeno do século XX, seus antecedentes remotos podem ser encontrados na Grécia antiga, onde a criação de ligas entre as cidades-Estado já prenunciava uma forma de organização permanente de Estados. Mas foi no período que se seguiu à queda de **Napoleão Bonaparte**, até a eclosão da Primeira Guerra Mundial, que foram criadas as modernas organizações internacionais: a Comissão Fluvial do Reno (1831), a União Telegráfica Universal (1865) e a União Postal (1878), são exemplos desse movimento.

Com o término da Primeira Guerra, alterou-se radicalmente o panorama internacional. A substituição da Europa pelos Estados Unidos como centro da política internacional, as repercussões globais do holocausto, assim como da revolução russa levaram à criação da Liga das Nações, pelo Tratado de Versalhes, em 1919, organização internacional cuja missão precípua seria garantir a segurança coletiva, com respeito à autodeterminação dos Estados-membros. Seus fundamentos decorrem da visão americana da paz e, como tal, encontram-se traduzidos nos famosos "catorze pontos" apresentados ao Congresso dos Estados Unidos, em janeiro de 1918, pelo presidente **Woodrow Wilson**.

Assinaram o tratado: Estados Unidos da América, Bélgica, Bolívia, Brasil, Império Britânico, Canadá, Austrália, África do Sul, Nova Zelândia, Índia, China, Cuba, Equador, França, Grécia, Guatemala, Haiti, Hedjaz (atual Arábia Saudita), Honduras, Itália, Japão, Libéria, Nicarágua, Panamá, Peru, Polônia, Portugal, Romênia, Estado Sérvio-Croata-Esloveno (Iugoslávia), Sião, Checoslováquia e Uruguai. Além desses, foram convidados a aderir ao pacto os seguintes Estados: Argentina, Chile, Colômbia, Dinamarca, Espanha, Noruega, Paraguai, Holanda, Pérsia, Salvador, Suécia, Suíça e Venezuela.[4] Ficaram fora do pacto: Alemanha, Turquia e a recém-criada URSS. A despeito do papel do Presidente **Wilson** na sua criação, os Estados Unidos jamais integraram formalmente a Liga, em razão da não ratificação do Tratado de Versalhes pelo Congresso.

A Liga, como se sabe, teve duração efêmera e não logrou alcançar seus objetivos de assegurar a paz ou o respeito pelo direito internacional por parte dos Estados; não alcançou o almejado multilateralismo, tampouco a efetividade necessária para fazer frente a potências agressoras; prova disso foi a eclosão da Segunda Guerra Mundial, menos de duas décadas depois. O início da guerra, em verdade, marca o fim de suas atividades, cuja extinção formal só ocorrerá em 1946, com a criação da ONU. Seu legado, no entanto, é expressivo: a organização foi um fórum permanentemente aberto aos Estados para a discussão e resolução de questões internacionais, no qual se desenvolveram técnicas de negociação multilateral e de cooperação internacional, inclusive mediante a instituição de um tribunal internacional, elementos que estão na base da fundação da ONU. Também a criação da Organização Internacional do Trabalho – OIT, pelo Tratado de Versalhes (Parte XII), com o propósito de melhorar as condições de vida dos trabalhadores e, dessa forma, obviar tensões sociais, é parte desse legado. A OIT subsistiu à Liga e é considerada o embrião da cooperação internacional entre Estados nas áreas social e econômica.

DISCUTINDO CONCEITOS – I
ORDEM SOBERANA E MILITAR DE MALTA

A Ordem Soberana e Militar de Malta é uma organização humanitária internacional, reconhecida como tal em 1966, cuja principal função é dirigir hospitais e centros de reabilitação em diversos países. Sua sede, diferentemente do que muitos pensam, não está em Malta (Estado europeu, integrado à União Europeia), mas na cidade de Roma, onde possui um território de 6 km^2. Embora não seja um Estado, a Ordem de Malta possui membros que recebem – além da nacionalidade do país em que nasceram – a "nacionalidade" maltesa. Apesar de não ser um Estado e não poder ser parte em tratados internacionais,

[4] Cf. íntegra do tratado em: www.dhnet.org.br/direitos/anthist/his1919.htm.

a Ordem mantém relações diplomáticas com diversos países onde, inclusive, possui embaixadas. Sua presença em conferências internacionais costuma se dar no papel de entidade observadora (assim como a Autoridade Palestina). Como se pode perceber, a Ordem de Malta é uma entidade que foge à regra das pessoas jurídicas que compõem o direito internacional, exigindo um reconhecimento também fora dos padrões estabelecidos.

3. A Organização das Nações Unidas – ONU

Criada em São Francisco pelos Estados-membros da Liga das Nações, aos 24 de outubro de 1945, a ONU é uma organização que se distingue no conjunto das demais organizações internacionais em razão de seus objetivos e regime jurídico, conforme previsto na Carta das Nações Unidas.

Seus objetivos estão fixados no art. 1º da Carta. São eles: a manutenção da paz internacional; a defesa dos direitos humanos; o estabelecimento de relações amistosas entre as nações, com base no princípio de autodeterminação dos povos; a cooperação dos países na solução de problemas internacionais de ordem econômica, social, cultural e humanitária; e constituir-se em centro de convergência das ações dos estados na luta pelos objetivos comuns. Na sua consecução, deverão ser observados os seguintes princípios: solução pacífica de controvérsias, por meio de sanções econômicas ou políticas ou mediante o uso de força coletiva. Em troca, cada membro se compromete a não fazer uso da força nem a utilizar a ameaça da força contra os objetivos das Nações Unidas.

Atualmente, compreende 192 membros (seus financiadores, de acordo com a capacidade de cada um), aos quais, no futuro, poderão se somar a Autoridade Palestina, a República do Kosovo, o Sudão do Sul e outros novos Estados que, como tal, vierem a ser reconhecidos pela organização.

À sua criação seguiu-se a criação ou a incorporação de várias outras organizações, instituições especializadas com personalidade jurídica própria, a ela vinculados e em correspondência às suas necessidades de promover a cooperação entre os Estados. Assim, foi constituída, em 1945, a *Food and Agriculture Organization* (FAO); em 1944, o Fundo Monetário Internacional (FMI); e o Banco Internacional para a Reconstrução e Desenvolvimento (Bird); em 1946, a Organização das Nações Unidas para a Educação e a Ciência (Unesco), entre outros entes que compõem o chamado sistema das Nações Unidas. O sistema atua com autonomia, mas de forma complementar e em coordenação com a ONU.

Dotada de vasto conjunto de competências, que vão da política à economia, da proteção de direitos humanos à elaboração, desenvolvimento e aplicação de regras de direito internacional público, a ONU não está limitada a aplicar o regime jurídico de um tratado específico. Detém privilégios de extraterritorialidade da sede; imunidades diplomáticas para os seus funcionários, regendo-se pelos princípios da igualdade dos Estados-membros, da boa-fé nas relações internacionais, da resolução pacífica dos conflitos e da não ingerência. Além disso, seus membros, conforme acordo ou acordos especiais, asseguram-lhe recursos humanos para integrar forças militares, conhecidas como *capacetes azuis*, bem como assistência e facilidades, inclusive direito de passagem (cf. art. 43 da Carta da ONU), para o fim de adotar medidas concretas voltadas à manutenção da paz e segurança internacionais.

De organização complexa, e desenvolvendo seus trabalhos em seis idiomas oficiais (inglês, francês, espanhol, árabe, chinês e russo), a ONU compreende a Assembleia Geral, o Conselho de Segurança, o Secretariado, o Conselho Econômico e Social, o Conselho de Tutela, além da Corte Internacional de Justiça.

Dessa perspectiva, é inegável a importância da Declaração Universal dos Direitos Humanos, documento aprovado no âmbito da ONU em 1948, instituidor de um direito global de bases humanistas que vem influenciando, no campo dos valores, as decisões internacionais e a atuação dos Estados. Por outro lado, a excessiva preocupação com a segurança coletiva frente a ameaças como o terrorismo e as armas de destruição em massa que marcou o início do século XXI, provocou, por parte da ONU, perdas de energia no combate à aids, à extrema pobreza e à degradação ambiental nos anos seguintes. No campo dos direitos humanos, a despeito das muitas conquistas alcançadas pela organização, somaram-se, às necessidades especiais da África, violações do direito humanitário internacional (a exemplo do ocorrido em Darfur, no Sudão) e violações sistemáticas de direitos em situações de deslocamento forçado de pessoas (como verificado no Congo, na Costa do Marfim e na Libéria). No ano de 2006, a Assembleia Geral criou o Conselho de Direitos Humanos, a ela diretamente vinculado, para fortalecer a proteção e a promoção dos direitos humanos no planeta.

DISCUTINDO CONCEITOS – II
A ORGANIZAÇÃO DAS NAÇÕES UNIDAS – ONU

A Assembleia Geral da ONU é o principal órgão deliberativo da ONU. É lá que todos os Estados-membros da Organização (192 países) se reúnem para discutir os assuntos que afetam a vida de todos os habitantes do planeta. Na Assembleia Geral, todos os países têm direito a um voto, ou seja, existe total igualdade entre todos os seus membros.

Assuntos em pauta: As resoluções – votadas e aprovadas – da Assembleia Geral funcionam como recomendações e não são obrigatórias.

Da Assembleia Geral, que se reúne anualmente na sede da organização na cidade de Nova York, nos Estados Unidos, participam todos os Estados-membros (com cinco representantes cada). Órgão deliberativo, nele são tomadas decisões não vinculativas por maioria simples, relacionadas a temas de sua competência (paz e segurança, aprovação de novos membros, questões de orçamento, desarmamento, cooperação internacional em todas as áreas, direitos humanos etc.), tal como previsto na Carta. É o principal órgão deliberativo da organização.

O Conselho de Segurança é órgão de funcionamento permanente, voltado à manutenção da paz e da segurança internacionais. Compõe-se de cinco membros permanentes (EUA, Rússia, França, Reino Unido, China – potências emergentes da Segunda Grande Guerra), com direito de voto e veto, e dez membros não permanentes (escolhidos de acordo com sua contribuição à paz e envolvimento com a ONU), com direito de voto exclusivamente.

As decisões são tomadas por maioria absoluta. Incluem-se entre suas competências o reconhecimento de novos Estados, a manutenção da paz, a solução pacífica de controvérsias e a solicitação, aos membros da organização, de sanções econômicas ou outras medidas preventivas visando a impedir ou deter agressões. Nessa atividade, tem promovido acordos e a regulamentação e planificação da tutela internacional, do que são provas a criação dos Tribunais Penais *ad hoc* para Ruanda e para a ex-Yugoslávia, assim como a criação de comissões especiais (a de inspeção de armas nucleares no Iraque, por exemplo).

O Secretariado compreende cerca de dez mil funcionários, oriundos dos Estados-membros e chefiados pelo secretário-geral. Entre suas competências estão a dinamização da opinião pública mundial para assuntos da sociedade internacional, por via da organização de conferências, por exemplo, e a regulamentação das relações da ONU com os Estados-membros.

O Conselho Econômico e Social é composto por 54 membros, com o objetivo de promover o desenvolvimento econômico e social como pressuposto da paz; procura, igualmente, coordenar iniciativas na área por meio de agências especiais (que integram a chamada "família da ONU" ou "sistema ONU"). Tais agências exercem atividades relacionadas à governança global e compreendem desde organizações internacionais como o Banco Mundial – Bird (FMI), a OIT, a FAO, a Unesco, a OMS, a União Postal, a Universidade das Nações Unidas etc., todas entidades juridicamente autônomas.

O Tribunal Internacional de Justiça tem competência restrita à resolução de casos concretos, que lhe são levados à apreciação pelos próprios Estados. Sua jurisdição, portanto, é limitada pelo estatuto e pelo consentimento dos Estados.[6]

4. A globalização e a regionalização

Globalização e regionalização são fenômenos correlatos. A *globalização* refere-se à configuração de um *espaço econômico e comercial único, de âmbito mundial*, favorecido, sobretudo, pelas tecnologias de comunicação e informação, mas também pela diminuição de barreiras econômicas e comerciais entre os Estados, em benefício da produção industrial e da prestação de serviços. A globalização também diz respeito à desterritorialização das atividades sociais, reconfigurando os espaços nos quais estas se constituem.

A *regionalização*, ou a formação de blocos regionais ou sub-regionais de Estados, com poder decisório, visando a integração econômica, *consiste na estratégia política, jurídica e econômica desenvolvida para proteção dos interesses nacionais face à globalização.*

A globalização não é um fenômeno inédito; os grandes descobrimentos, por exemplo, também ocasionaram, para os padrões da época, intensa circulação de bens, capitais e pessoas. O que há de novo nesse processo, desde o final do século XX, é a configuração de um "mercado global" que opera segundo lógicas próprias a seguir indicadas.

De modo geral, o mercado global, no que se refere à produção de bens ou à prestação de serviços, opera mediante fracionamento das suas atividades e processos entre diversos Estados, conforme a conveniência econômica das empresas multinacionais envolvidas. Basta lembrar que, já há algum tempo, a produção de automóveis se faz pela reunião das suas diversas peças e componentes fabricados em diferentes países, em razão das isenções fiscais que oferecem. No jargão automobilístico, trata-se da substituição da produção "fordista" (resultante de linhas de produção sediadas em um único local) pela "toyotista" (resultante da produção de peças em vários locais, para reunião posterior) com o objetivo de auferir o maior lucro possível pelas empresas. Outro exemplo bem conhecido é o de serviços telefônicos ou *on-line* de atendimento ao consumidor (*call-centers*), localizados em países diversos do local da sede da empresa também com o intuito de diminuir os custos de mão de obra.

Tais práticas favoreceram a especulação financeira e o fluxo de capitais não produtivos, com efeitos negativos para os mercados nacionais, para os governos e para a população em geral. Esta e outras razões de natureza política, econômica e financeira, notadas desde o final da Segunda Guerra Mundial, ensejaram a integração de economias nacionais vizinhas, permitindo a configuração de regiões econômicas específicas. São exemplos desses processos a criação da União Europeia, do Mercosul, do Nafta entre outros.

Em linhas gerais, pode-se afirmar que a integração econômica regional ocorre sob a forma de união aduaneira, de área de livre comércio ou de mercado comum. A união aduaneira consiste no estabelecimento de uma política comercial uniformizada para os membros, via de regra com o objetivo de permitir a livre circulação de bens e serviços no bloco e a utilização de uma tarifa externa uniforme; o Mercosul, após 1994, é exemplo dessa política, conforme consta do Tratado de Ouro Preto. Na área de livre-comércio, às prerrogativas já existentes na união aduaneira, acrescenta-se o fim das tarifas aduaneiras entre os Estados do bloco e, no mercado comum, soma-se às anteriores a prerrogativa de livre movimentação de capitais e de mão de obra no bloco, como ocorre na União Europeia.

A passagem de uma forma a outra acarreta mudanças qualitativas no sistema jurídico dos distintos blocos:

a) nos acordos de zona de livre comércio e união aduaneira, as relações jurídicas entre os seus membros são disciplinadas pelo direito internacional clássico (as decisões emanam de órgãos intergovernamentais);

b) no mercado comum, os Estados-membros sujeitam-se ao direito comunitário, de natureza supranacional, que se situa entre o direito interno e o direito internacional, pois não vincula apenas os Estados que integram o bloco, mas também seus cidadãos no que se refere a assuntos de interesse comum.

Do ponto de vista político, a regionalização aponta para a criação de vários níveis de governo – local, nacional, regional, internacional – o que tem implicações para a soberania dos Estados. No contexto das sociedades contemporâneas, complexas e sujeitas a pressões globais, parece inevitável, na composição política dos seus interesses, a criação de governos em vários níveis, com uma dispersão transversal da soberania, conforme o princípio da subsidiariedade. O substrato dessa compatibilização reside na ideia de que as decisões que afetam interesses locais devem ser tomadas o mais próximo possível dos cidadãos, intervindo o ente maior apenas nas situações em que sua ação é mais eficaz que a local; em nenhuma situação a convivência política despreza a autonomia dos entes envolvidos.

DISCUTINDO CONCEITOS – III
GLOBALIZAÇÃO E ALDEIA GLOBAL

A globalização não é um movimento novo ou original na história da Humanidade. Como nos ensina Ricardo Lewandowski,

em sentido amplo, começa com as migrações do Homo sapiens, atravessa o período do Estado Romano, transita pelo Cristianismo e o Islã, grandes revoluções da era Moderna, difusão dos ideais da Revolução Francesa, pelo neocolonialismo e embates ideológicos do século XIX, culminando com a "aldeia global". Em sentido estrito, configura fenômeno econômico que corresponde a intensa circulação transnacional de bens, capitais e tecnologia, com a consequente criação de um mercado mundial. Nova etapa na evolução do capitalismo, possibilitada pelo avanço tecnológico nos campos da comunicação e da informática, caracteriza-se basicamente pela descentralização da produção, que se distribui por diversos países e regiões, de acordo com os interesses das empresas multinacionais.[7]

A expressão "aldeia global" é de Marshall McLuhan, mas foi Octavio Ianni quem a definiu como introdutora de "uma teoria da cultura mundial, entendida como cultura de massas, mercado de bens culturais, universo de signos e símbolos, linguagens e significados que povoam o modo pelo qual uns e outros situam-se no mundo, ou pensam, imaginam, sentem e agem".[8]

É, nesse sentido, a "expressão da globalidade das ideias, padrões e valores socioculturais, imaginários", como diz o próprio Ianni.

DISCUTINDO CONCEITOS – IV
DESGLOBALIZAÇÃO

Atribui-se ao Primeiro Ministro Britânico Gordon Brown a criação do neologismo "desglobalização", em 2009, durante a Conferência Anual do Fórum Econômico Mundial de Davos, para referir-se aos riscos da crise econômica global de 2008 e às deficiências da globalização financeira.

Em verdade, o termo foi cunhado pelo sociólogo filipino Walden Bello, com o seguinte significado: "A desglobalização não é sinônimo de retirada da economia mundial. Significa um processo de reestruturação do sistema econômico e político mundial para que o último construa a capacidade das economias locais e nacionais em vez de degradá-las. Desglobalização significa a transformação de uma economia global integrada em torno das necessidades de corporações transnacionais para uma integrada em torno das necessidades de povos, nações e comunidades." (*Deglobalization*, 2002).

O termo, entretanto, passou a ser empregado para designar tendências de crescimento de movimentos e partidos políticos nacionalistas, de protecionismo econômico, de políticas anti-imigração, de xenofobismo. Neste quadro, fatos como o *Brexit* ou a eleição de Donald Trump para a presidência dos Estados Unidos em 2017, passaram a ser designados como fenômenos de desglobalização. O tema de fundo, nessas discussões, consiste em posições estatais contrárias à integração, ao multilateralismo e ao colaboracionismo.

São correlatos a esses movimentos os nacionalismos, as tendências de protecionismo econômico, o recrudescimento das políticas anti-imigração, xenofobismo, conservadorismo, legitimados pela invocação à soberania. [5]

4.1. A União Europeia

A União Europeia – UE, união política e econômica, formada por 28 Estados europeus, em permanente evolução, é exemplo paradigmático de regionalização. [6]

Criada formalmente pelo Tratado de Maastrich em 1993, tem suas origens em três organizações internacionais existentes desde os anos 1950, as chamadas "comunidades europeias", a saber:

a) a Comunidade Europeia do Carvão e do Aço – Ceca (criada em Paris, no ano de 1951 e extinta em 2002), voltada ao controle do carvão e do aço por autoridade independente, de natureza jurídica supranacional;
b) a Comunidade Europeia de Energia Atômica – Eurotan (Roma, 1957);
c) a Comunidade Econômica Europeia – CEE (Roma, 1957).

A CEE foi a instituidora da "Europa dos seis", bloco composto por França, Alemanha, Itália, Bélgica, Holanda e Luxemburgo. Desde então, deu-se início à formação de união econômica que evoluiu, paulatinamente, para a união política. Do ponto de vista econômico, a integração fez-se por fases, em diferentes períodos e com sucessivas ampliações do número de Estados-membros: da união aduaneira ao mercado único com livre circulação de bens, capitais e pessoas à união econômica monetária, visando ao desenvolvimento harmônico e equilibrado. A característica do estágio final – a união monetária – é a criação de um espaço comercial

[5] Cf. ALVES, A. L. A – Globalização, desglobalização e impactos na soberania estatal. Tese de Livre-Docência apresentada à Faculdade de Direito da Universidade de São Paulo. 2021,

[6] Em 2017, integravam a EU: Alemanha, Áustria, Bélgica, Bulgária, Chipre, Croácia, Dinamarca, Eslováquia, Eslovênia, Espanha, Estônia, Finlândia, França, Grécia, Hungria, Irlanda, Itália, Letônia, Lituânia, Luxemburgo, Malta, Holanda, Polônia, Portugal. Reino Unido, República Checa, Romênia, Suécia.

único, com estreita colaboração dos membros no plano macroeconômico, adoção de política cambial unificada e adoção de moeda única, o euro.

Do ponto de vista político, a integração, a partir do Tratado de Maastrich, tem se processado em três diferentes áreas: a comunitária; a das regras de política externa e política comum e a da cooperação policial e judicial em matéria penal. Além disso, o bloco propõe-se a desenvolver e fortalecer a democracia, os direitos humanos e a proteção do meio ambiente. Para tanto, dispõe de uma estrutura judiciária complexa, que congrega o direito e as Cortes Nacionais de cada Estado-membro (o juízo nacional, primeiro responsável pela aplicação do direito comunitário), o direito comunitário e os Tribunais Comunitários (ou juízo comunitário, compreendendo a Corte de Justiça e o Tribunal de Primeira Instância da União Europeia) e, em matéria de direitos humanos, a Corte Europeia dos Direitos do Homem (o juízo europeu). O direito comunitário tem como fontes os tratados (direito primário), os regulamentos, as diretivas e as decisões (direito derivado) que decorrem dos princípios e objetivos estabelecidos nos tratados e a jurisprudência do Tribunal de Justiça das Comunidades Europeias.

A UE não é Estado, mas tem povo, território e soberania transferidos pelos países que a integram (em matéria legislativa, judicial e de emissão de moeda única), e um sistema jurídico que promove a coexistência de duas ordens jurídicas: a comunitária e a nacional. Tem encargos, competências e rendas próprias, além de sete órgãos: o Parlamento Europeu, o Conselho, a Comissão, a Corte de Justiça e o Tribunal de Contas.

Tampouco se enquadra nos modelos tradicionais de organismos internacionais, ou dos de organização federal.

Não é uma federação, porque os seus Estados-Membros detém soberania e independência; não é mera organização internacional, como as Nações Unidas, posto que os seus Estados-Membros compartilham as suas soberanias em algumas áreas, de forma a obter mais força e influência em conjunto do que poderiam ter isoladamente. O compartilhamento de soberanias expressa-se em decisões comuns tomadas no Parlamento Europeu, no Conselho Europeu e no Conselho, com base em propostas da Comissão Europeia.

A UE é uma espécie original e particular de organização supranacional, denominada "comunidade europeia", fixada em tratado específico (Tratado da União Europeia, ou Tratado de Maastrich, celebrado em 1992), de duração indeterminada, que visa a integração europeia. Até a celebração do Tratado de Lisboa, de 2009, o termo "União" tinha significação política, mas não jurídica; a UE não tinha consistência institucional que lhe fosse própria, nem missão que lhe incumbisse a título exclusivo. O Tratado de Lisboa conferiu plena personalidade jurídica à UE que, desse modo, passou a ter capacidade para celebrar tratados internacionais nos seus domínios de competência ou para aderir a uma organização internacional.

Em relação aos Estados-membros, as peculiaridades da UE geram diversos efeitos, particularmente no que diz respeito ao âmbito e limites de sua autonomia. Os tratados comunitários, ao instituírem um ordenamento jurídico comunitário, cujos sujeitos não são apenas os Estados, mas também os seus nacionais, impuseram a prevalência da ordem comunitária sobre a ordem nacional, conforme reiterada jurisprudência do Tribunal de Justiça da Comunidade Europeia. A jurisprudência também reconheceu a aplicabilidade imediata de suas normas e seu efeito direto, o que possibilita aos nacionais de qualquer Estado-membro invocar, em tribunais nacionais, uma disposição do direito comunitário, inclusive com possibilidade de o cidadão ser indenizado pelos danos causados pelo descumprimento da norma comunitária pelo seu Estado. É ainda consequência do mesmo processo a formação de uma sociedade civil europeia, na qual os direitos dos indivíduos independem de uma nacionalidade específica, ligada a um Estado em particular.

Os Estados-membros, em conformidade com as respectivas normas constitucionais, podem retirar-se da UE, de acordo com o art. 50 do Tratado de Lisboa (2007). O acordo sobre as condições de saída é negociado entre os Estados-membros, nos termos do artigo 218.º, n.º 3, do Tratado sobre o Funcionamento da União Europeia. Até a saída definitiva, o Estado que se retira Unido continua a ser um membro de pleno direito da UE, com todos os direitos e obrigações daí decorrentes. Os Estados –membros que se retiraram é facultada nova adesão à EU, mas não a revogação do acionamento do art. 50.

Caso inédito de desligamento da UE foi o do Reino Unido, votado em 2016 e formalizado junto ao Conselho Europeu em 2017.

DISCUTINDO CONCEITOS – IV
A GLOBALIZAÇÃO E AS CRISES FINANCEIRAS DE 2008 E 2012

Os assustadores eventos financeiros de alcance global verificados no segundo semestre de 2008 e de graves repercussões em 2011 e 2012 parecem confirmar a hipótese do necessário compartilhamento de valores e da atuação subsidiária conjunta. Além de recolocar o Estado moderno no centro dos debates políticos mundiais, deixaram claro que somente os Estados, individualmente e em conjunto, têm força (soberania) e poder econômico para conter a fúria da crise financeira e os seus perversos efeitos em relação à economia dos diversos países e, em consequência, de suas repercussões nos diversos sistemas nacionais de proteção social, particularmente nos países menos desenvolvidos. O problema tem sido discutido nos órgãos internacionais, ainda sem equacionamento.

A crise, ao que tudo indica, foi basicamente alimentada pela emissão dos chamados "papéis podres" nos Estados Unidos, mas não só. Para **Alain Touraine**, o que se observou naqueles eventos foi tanto a "marginalização dos atores sociais e políticos", impossibilitados de reequilibrar a sociedade, quanto a "crise da dominação ocidental", em decorrência do deslocamento geopolítico do poder de decisão para os países asiáticos, em particular China, Japão e Coreia. O sociólogo francês atribui os dois acontecimentos à forma de funcionamento da economia nos últimos 25 anos, em moldes de gestão, sem regulação estatal, e não em moldes políticos, definidos por objetivos nacionais e coletivos e, portanto, "descolado" da política. O retorno do Estado, por assim dizer, não significa, entretanto, uma tendência de fortalecimento de sistemas de governo mais autoritários ou de economias protecionistas, justamente por causa da força do pluralismo, como se observa, por exemplo, em relação aos movimentos ecológicos que levaram à intensificação da regulação estatal e internacional. O que é inviável, reafirma, é a separação entre economia e política.[9]

Nesse sentido, veja-se a manifestação do Conselho de Direitos Humanos da ONU, de 20 de fevereiro de 2009, acerca dos efeitos da crise mundial, na qual foi adotada a Resolução A/HRC/10/2, da qual se extrai o seguinte excerto:

> Constatando que as crises econômica e financeira são globais e requerem soluções conjuntas, desenvolvidas por toda a comunidade internacional com vistas a prevenir e reduzir seus impactos na busca pela realização efetiva dos direitos humanos e liberdades fundamentais, 1. Expressa profunda preocupação com o fato de a realização universal dos direitos humanos ser desafiada pelas crises econômica e financeira que atingem todo o mundo. 2. Reconhece os fortes impactos que essas crises econômica e financeira têm tido na possibilidade de os países, especialmente os países em desenvolvimento, mobilizarem recursos para se desenvolverem e para suportarem o impacto das crises. Nesse contexto, urge a necessidade de os Estados e da comunidade internacional como um todo atuarem no sentido de reduzir os impactos negativos das crises em questão, de modo a garantir a realização e o gozo de todos os direitos humanos [tradução nossa].[10]

Em 2012, a publicidade dada à crise da dívida pública de alguns dos Estados-membros da União Europeia expôs, mais uma vez, as fraturas do sistema financeiro global. Provocada pelo forte endividamento interno da Grécia, mas também da Espanha e de Portugal, a crise vem suscitando debates acerca da necessidade de adoção de coordenação econômica e políticas fiscais comuns na zona do euro. Neles, apresentam-se duas correntes principais: a eurocêntrica, capitaneada pela Alemanha, que propugna o controle da União sobre a economia nacional, e a "doméstica", por assim dizer, sob a liderança de partidos contrários à ampla integração financeira e fiscal.

DISCUTINDO CONCEITOS – V
A PROTEÇÃO DE DIREITOS NA UNIÃO EUROPÉIA

No sistema vigente na União Europeia, o cidadão pode reclamar proteção em face da violação de direitos assegurados pelo direito comunitário, pela Convenção Europeia dos Direitos do Homem e das Liberdades Fundamentais (CEDH) e protocolos adicionais, ou por outros textos convencionais específicos, por atos ou omissões imputáveis a autoridades comunitárias. Para tanto, dispõe de uma estrutura judiciária complexa, denominada triângulo judiciário europeu sobre os direitos do homem, que congrega as cortes nacionais de cada Estado-membro (o juízo nacional, primeiro responsável pela aplicação do direito comunitário), os tribunais comunitários (ou juízo comunitário, compreendendo a Corte de Justiça e o Tribunal de Primeira Instância) e a Corte Europeia dos Direitos do Homem (o juízo europeu, previsto na CEDH).

O funcionamento desse sistema é orientado pelo princípio do "juiz natural" e pela regra que exige o esgotamento dos recursos internos antes da demanda à Corte Europeia, entre outros. Não restam dúvidas, no quadro da CEDH, de que a competência da Corte Europeia é subsidiária, tanto do aspecto material como do procedimental, dado o papel central das jurisdições nacionais no respeito e salvaguarda dos direitos fundamentais.

A diferenciação do âmbito de competência entre jurisdição nacional e comunitária é mais nebulosa. Competindo àquela última o julgamento final da validade dos atos comunitários e a aplicação uniforme do direito comunitário, questões essenciais – como a existência e a interpretação de direitos fundamentais comunitários e violações desses direitos por parte de atos comunitários – estão praticamente a elas reservadas, em detrimento do juízo nacional.

PARTE II

DO ESTADO DE DIREITO AO ESTADO DEMOCRÁTICO DE DIREITO

"A história tem muito poucos atalhos: a difusão de valores e de instituições através de sua súbita imposição, por uma força estranha, é tarefa quase impossível, a menos que já estejam presentes no local condições que os tornem adaptáveis e sua introdução, aceitável".

ERIC HOBSBAWM
O Novo Século: Entrevista A Antonio Polito, 2000.

CAPÍTULO 13
ESTADO, DIREITO E PODER

1. A importância da construção do Estado de Direito

Na Parte I, abordamos o Estado em perspectiva conceitual. Na Parte II, reunimos alguns dos elementos relativos à construção e à evolução do Estado de Direito – sua concepção geral, estruturas, categorias de pensamento, métodos e formas jurídicas, com destaque para as matrizes históricas clássicas e suas principais instituições. Longe de intentar um relato histórico ou sociopolítico, o objetivo é pontuar políticas e práticas referidas ao conceito de Estado de Direito, propiciando uma visão de conjunto do seu desenvolvimento e das suas transformações.

O elemento que caracteriza o Estado de Direito é a *habilitação jurídica do poder político*, com o objetivo de eliminar as possibilidades do uso arbitrário do poder em razão de sua transformação em competência outorgada, instituída e regulada pelo Direito.

A importância de sua construção política, jurídica e institucional no Estado Moderno pode ser demonstrada por, pelo menos, quatro razões principais. Em primeiro lugar, pela inovação que trouxe ao modo de limitar o poder. É a lei elaborada pelo Parlamento e não a benevolência do monarca ou a pressão exercida por determinados estamentos que o limita. O fato é relevante, especialmente ao considerarmos que as limitações de natureza religiosa, ética ou jusnaturalista, observadas desde a Antiguidade Clássica, não levaram à institucionalização de um "Estado de Direito". Não há Estado de Direito nas cidades gregas, tampouco nos reinos ou nas comunas medievais, muito embora o poder do governante se encontrasse limitado por uma série de relações jurídicas estamentais além de foros e franquias garantidos à vassalagem. Da mesma forma, ainda que, no auge do absolutismo, o poder do monarca se encontrasse limitado por regras morais e religiosas, inexistiu "Estado de Direito".

Em segundo lugar, como forma de organização política, o Estado de Direito rompeu com a milenar concepção organicista da sociedade e do Estado, prevalecente da Antiguidade Clássica à Idade Média, na linha de pensamento aristotélico-tomista, dado que seu pressuposto filosófico radicado na preeminência do indivíduo — e de seus direitos — sobre o Estado determinava que era o indivíduo quem fazia o Estado e não o contrário.

Mas não foi apenas em virtude do primado ontológico do sujeito individual e do valor axiológico da sua liberdade que se deu essa notável dissolução dos valores e condutas políticas até então vigentes na maioria dos Estados europeus. A mudança foi também sustentada, em terceiro lugar, pela certeza da periculosidade do poder político (pessimismo potestativo) e pela convicção da capacidade do direito positivo em dominá-lo (otimismo normativo). O Estado deveria ser a representação da ordem desejada pela comunidade, o que poderia ser propiciado pelo direito desde que o Estado se voltasse à consecução de um ideal, procedendo apenas conforme as normas voltadas para tanto.

Sob esse prisma, esperava-se que o Direito desempenhasse uma tríplice função: garantir a ordem e a estabilidade da sociedade, limitar o poder político e assegurar os direitos subjetivos. De tudo resulta uma visão otimista da soberania, fortalecida pela imagem nacional ou popular que passa a acompanhá-la. A concepção não é nova: o ideal platônico da identificação da alma individual à alma do Estado (presente em *A república*) já intentava trazer o caos político para a ordem e a harmonia, banindo o poder dissoluto do mundo humano e político; a empresa seria realizada por via da própria política, posto ser esta a arte de unificar e organizar as ações humanas e dirigi-las para um fim comum.

Por fim, em quarto lugar, porque a afirmação do Estado de Direito assegurou a inversão das relações entre governantes e governados, a ponto de tornar o súdito um cidadão. A obrigação política entre governantes e governados, a partir daí, passa a equacionar-se pela atribuição prioritária de deveres para os governantes e, inversamente, pelo reconhecimento de direitos ao indivíduo. Até então, como se sabe, os indivíduos eram, sobretudo, sujeitos de deveres e obrigações, quer em relação ao soberano, quer em relação à Igreja. Doravante, o Estado passou a ter o dever de garantir, com o mínimo possível de condicionamentos externos, os direitos inatos dos indivíduos, como é expresso, com ênfase revolucionária, no art. 2º da Declaração dos Direitos do Homem e do Cidadão, de 1789: "O fim de toda a associação política é a conservação dos direitos naturais e imprescritíveis do homem. Esses direitos são a liberdade, a propriedade, a segurança e a resistência à opressão".

Além disso, embora o Estado de Direito seja um fenômeno essencialmente moderno, ele apresenta múltiplos traços arcaicos. A limitação racional dos poderes do Estado, em vista da evidência do papel da lei na luta contra o poder despótico, é uma herança da Antiguidade Clássica retomada na Idade Média. Da mesma forma, a necessidade social de legitimação do poder sempre esteve presente nas sociedades políticas. O desenvolvimento moderno do Estado de Direito não é, portanto, uma invenção: compõe e recompõe valores e ideias, introduz novos elementos, expressando-se em fórmulas inéditas para perpetuar ou reviver ideologias de velha data.

No curso da afirmação histórica do Estado de Direito, diferentes sistemas jurídicos em diferentes circunstâncias históricas, políticas e sociais, mas influenciados por ideias e valores assemelhados, produziram teorias políticas relativamente independentes, assim como modelos institucionais voltados à *limitação do poder estatal*. Tais modelos são extremamente complexos, combinando técnicas de atribuição de direitos e de repartição de competências entre entes e órgãos do Estado, com separação funcional de poderes. Posteriormente, a eles se agrega a exigência da gestão do poder político, por meio de partidos e procedimentos eleitorais.

A ideia de que a lei poderia limitar o poder iniciou-se com o *Rule of Law* britânico, prosseguiu com o *Rule of Law* americano, o *Rechtsstaat* alemão – que foi a primeira forma institucionalizada do Estado de Direito – e se aperfeiçoou com o *État de droit* francês, difundindo-se por praticamente todo o planeta após a Segunda Guerra Mundial. Não se tratou, porém, de uma simples transposição: os modelos não foram meramente importados, mas funcionaram como catalisadores, isto é, induziram, com a sua presença, o surgimento de uma consciência semelhante que já estava potencialmente presente no meio social.

Ademais, sua difusão mundial foi tão bem-sucedida que sua conformação atual imporá tal padrão de uniformização às estruturas políticas dos Estados, com a tendência de suprimir individualidades territoriais e nacionais, em virtude da capacidade integradora desse modelo.

2. As palavras e seus significados

Para compreender em que sentido são tomadas as palavras "Estado" e "Direito" na consagrada expressão "Estado de Direito", convém principiar lembrando que Estado e Direito são fenômenos sociais, voltados à organização da vida em sociedade, que têm em comum a referência ao poder. No Estado, o poder se manifesta em sua atividade política de coordenação de grupos e indivíduos, em sua condição de *summa potestas*, de titular da soberania, detentor do poder coercitivo e elaborador do Direito. No Direito, o poder se expressa tanto no momento da elaboração quanto no da aplicação da ordem normativa, imposta coercitivamente para garantir direitos e solucionar conflitos sociais, inclusive no que diz respeito à limitação do poder.

Estado e Direito são instituições cercadas de ambiguidades, especialmente no plano simbólico. Ambas contêm doutrinas de obediência e revolta, ambas se servem de instrumentos de proteção e garantia da liberdade, mas também de meios de opressão, controle e dominação. Se, em sua concepção positiva, o Estado apresenta-se como redentor e protetor do homem, tanto mais na medida em que se ampliam os direitos de cidadania, na concepção negativa se dá o contrário. Sua imagem é dominada pela "face demoníaca do poder", que tanto se traduz pelo emprego arbitrário da força quanto pelo desrespeito ao Direito, pela corrupção etc. O mesmo se pode dizer em relação ao Direito, que ora se apresenta como instrumento garantidor de um governo de leis, ora como instrumento da ordem do mais forte.

Entre o Estado e o Direito há mais convergências que colisões. Tanto assim que, nas acepções mais comuns, os dois termos são considerados verso e reverso da mesma moeda. Ambos são fatores de integração, coesão e estabilidade sociais, de promoção do indivíduo e da sociedade. Nesse sentido, foram idealizados como "reinos da razão", tal como o fizeram os jusnaturalistas de **Hobbes** a **Hegel**, além de **Platão** e **Aristóteles** e outros filósofos medievais, na tradição da Antiguidade Clássica. Por outro lado, ao limitar o poder do Estado, o Direito a este se contrapõe, não como opositor, mas, paradoxalmente, como parte daquele, sendo difícil precisar até onde o Estado se desenvolve por meio do Direito e até onde o Direito limita a ação do Estado.

O Direito é um símbolo deôntico, isto é, um termo que se refere a um tipo específico de linguagem: a linguagem normativa. Nela, direitos e obrigações são termos correlatos que compõem um sistema ou ordenamento jurídico, isto é, um conjunto estruturado de normas de conduta e de organização, de natureza sistêmica, que se volta à organização social. No Estado Democrático de Direito compõe-se um sistema de garantias, derivado de Constituições rígidas, que se caracterizam, simultaneamente, pelo caráter positivo de suas normas e pelo seu conteúdo, projetado segundo valores éticos e políticos centrados na dignidade humana.[1] Nas palavras de **Dante Alighieri**: "O Direito é a proporção real e pessoal, de homem para homem, que, conservada, conserva a sociedade; corrompida, a corrompe".[2]

A finalidade imediata do Direito é impedir as ações que possam levar à destruição da sociedade política, assim como possibilitar a solução dos conflitos que a ameaçam, com o objetivo de propiciar e manter a ordem e a paz social. Para garantia de eficácia e efetividade do sistema jurídico, o Direito, por via do Estado, poderá, se necessário, fazer uso da coação, força física ou sanção. O Direito exprime, em síntese, uma relação social coercitiva, fundada em valores comuns a uma determinada comunidade estatal, expressos nas normas que integram o sistema jurídico.

O papel do Estado, nessa relação, é o de aplicar sanções, segundo a proporção objetiva e impessoal fixada pelo Direito. Para esse fim é que o Estado detém o monopólio da coação, que lhe é atribuído pela Constituição, de forma condicionada. Essa é uma das dinâmicas, senão a essencial, que se instaura no âmbito do Estado de Direito entre Estado, Direito e poder, lembrando que a palavra poder, de modo geral, designa a capaci-

[1] Cf. Ferrajoli, Luigi. Derechos y garantías – la ley del más débil, 1999. E, do mesmo autor, Direito e razão. Teoria do garantismo penal, 2002.

[2] "[...] ius est realis et personalis hominis ad hominem proportio, que servata hominum servat sotietatem, et corrupta corrumpit [...]". Alighieri, Dante. Monarchia, Líber secundus, v. 1. Edição eletrônica, disponível em: www.liberliber.it/biblioteca/a/alighieri/monarchia/pdf/monarc_p.pdf.

dade ou a probabilidade de um sujeito influir, condicionar ou determinar o comportamento de outro indivíduo.

Na interdependência entre Estado, Direito e política convergem as principais motivações e dificuldades do processo de racionalização jurídica do poder do Estado e, por consequência, da elaboração da fórmula do Estado de Direito.

Qual o sentido do Estado de Direito? Sua consistente elaboração histórica, carregada de valores e de ideologias, nos assegura que, antes de designar a emblemática conjugação dos termos "Estado" e "Direito" – igualmente carregados de múltiplos sentidos e valores – a expressão nos remete a um sentido unitário, que com o passar do tempo adquiriu firmeza de significado. Logo, o conteúdo nuclear do Estado de Direito não é estipulativo nem arbitrário. Tem uma direção, modelada pela experiência. Sua apreensão, portanto, requer mais do que análises léxicas. O problema não é a dinâmica da linguagem, nem a taxonomia de significados, mas o significado do Estado de Direito no âmbito da Teoria do Estado, e, mais particularmente, do Estado Democrático de Direito no sistema jurídico brasileiro contemporâneo.

DISCUTINDO CONCEITOS – I
DIREITO E NÃO VIOLÊNCIA

A coação, embora diferencie o Direito de outros ordenamentos, igualmente voltados à organização social, como a religião, a moral e o costume, é elemento externo e não intrínseco do Direito.

O filósofo frânces Paul Ricoeur, analisando esse tema, observa que:

> [...] ainda que o conflito – portanto, de certo modo, a violência – continue dando ocasião à intervenção judiciária, esta se presta a ser definida pelo conjunto dos dispositivos por meio dos quais o conflito é elevado ao nível de processo, estando este, por sua vez, centrado num debate de palavras, cuja incerteza inicial é finalmente deslindada por uma palavra que expressa o Direito. Existe, pois, um lugar na sociedade – por mais violenta que esta continue, por origem e costume – onde a palavra sobrepuja a violência.[3]

[3] O justo II, pp. 3-4.

3. O conceito de Estado De Direito

A importância prática de um conceito teórico de Estado de Direito é evidente. Permite a sua precisa identificação, nos diversos sistemas políticos, independentemente das circunstâncias históricas e das modulações ideológicas que impulsionaram o seu desenvolvimento.

A expressão Estado de Direito é tão ambígua quanto o são os vocábulos "Estado" e "direito". Pode ser empregada com diferentes significados, que variam conforme se refiram ao conteúdo formal ou material do Estado de Direito, designando um tipo de Estado, um modelo prescritivo de organização social ou um princípio democrático constitucional.

Como *tipo de Estado*, designa uma categoria de Estado moderno europeu na qual o sistema jurídico – e não outros sistemas, de natureza religiosa ou moral – opera em favor da tutela dos direitos humanos e da limitação do poder do Estado. Como *modelo prescritivo de organização sociopolítica*, a expressão Estado de Direito indica o Estado cujo poder e cujas atividades estão regulados e controlados pela lei. Como *princípio constitucional*, consagra o ideal do governo de leis, o princípio da legalidade e a garantia da liberdade.

Esses diferentes significados ou se apresentam reunidos num mesmo tipo de Estado, constituindo um único conjunto de sentidos, ou podem ser utilizados separadamente, para designar um modelo prescritivo de organização social correspondente a determinado regime político. No primeiro caso, está-se diante do conceito de Estado de Direito em sentido amplo; no segundo, do conceito em sentido estrito.

3.1. Sentido amplo

O conceito de Estado de Direito em sentido amplo designa um tipo de Estado que adota uma forma de organização estatal, de natureza política e jurídica, na qual o poder do Estado se encontra limitado pelo direito, com a finalidade de garantir os direitos fundamentais.

Estado de Direito significa, primordialmente, a legitimidade do poder do Estado; ademais, o poder do Estado está vinculado ao direito, reconhece e protege os direitos fundamentais.

Se ausentes tais elementos, não há Estado de Direito, mas *Estado de não direito*, já que a mera existência de leis ou de um sistema jurídico não assegura a existência do Estado de Direito. Por isso é que nem todo

Estado é Estado de Direito, assim como nem todo Estado legal ou jurídico é Estado de Direito. Inexiste Estado de Direito nos estados totalitários, identificados como suportes da ideologia fascista que tentou superar as ineficiências do Estado liberal de direito. Tampouco há Estado de Direito em ditaduras, no sentido de governos exclusivos, pessoais, moral e juridicamente condenáveis.

Sem regulação jurídica da atividade estatal e limitação do poder estatal, com respeito à pessoa humana e à proteção de seus direitos, não há Estado de Direito, mas Estado mais ou menos autoritário. Essa é a chave para a compreensão do significado e do alcance do Estado de Direito na história ocidental.

Com esse sentido, o conceito de Estado de Direito alcança, indistintamente, as matrizes clássicas, os modelos que delas derivam e outros que apresentem as mesmas finalidades e características.

As matrizes clássicas consistem nas experiências históricas que permitiram a afirmação desse tipo de Estado moderno. São elas o *Rule of Law* britânico e o americano, o *Rechtsstaat* e o *État de droit*. Nelas, apesar das respectivas especificidades, identificam-se situações políticas semelhantes, assim como características e processos comuns que permitem construir análises acerca das relações que se estabelecem entre estes e sua evolução.

Mas os tipos não são nem estáveis nem estáticos. Embora a partir da segunda metade do século XX o Estado de Direito se tenha firmado como uma das fórmulas mais consistentes e consequentes da filosofia política e jurídica ocidentais, o fato é que seus perfis conceituais, institucionais e normativos ainda permanecem incertos e controversos, sobretudo em razão de seu desenvolvimento. Do Estado de Direito liberal novecentista ao Estado Democrático de Direito do início do século XXI vai uma longa história, com ganhos substantivos em relação à proteção e valorização do ser humano e à construção de sociedades mais justas e solidárias.

Não por outras razões, frequentemente as noções de "Estado legal", "Estado liberal", "Estado democrático", "Estado social", "Estado constitucional" etc. são confundidas ou utilizadas como sinônimo de "Estado de Direito", em face do conceito amplo. Em relação ao "Estado social", em particular, a imprecisão aumenta, porque a expressão é empregada indistintamente para designar o *Welfare State*, o Estado intervencionista, o Estado social de direito, o Estado socialista, o Estado social constitucional etc.

O mesmo ocorre com os perfis conceituais do Estado Democrático de Direito, previsto no art. 1º da Constituição da República Federativa do Brasil de 1988. Ainda que se parta do pressuposto de que o "Estado Democrático de Direito", no Brasil, seria uma modalidade de "Estado de Direito", é preciso destacar, nessa fórmula, os aprimoramentos políticos e jurídicos em relação ao conceito que lhe deu origem.

É incontestável a centralidade do Direito nas sociedades moderna e contemporânea. Mais impressionante é a adoção da fórmula do Estado de Direito por praticamente todos os sistemas constitucionais vigentes, o que significa dizer que o Estado de Direito é um princípio cultural universal, do qual se apropriaram diversas tendências políticas, muito embora só se configure em face de um sistema de valores humanísticos, assegurado pelo Direito. Assim sendo, quando se fala de uma espécie particular de Estado de Direito, há de se buscar sua definição particular, o que será feito ao longo dos capítulos seguintes.

DISCUTINDO CONCEITOS – II
O CONTEÚDO PROTEIFORME DO ESTADO DE DIREITO

Na mitologia grega, Proteus é uma das divindades marinhas. Filho de Posêidon e Tethys, é sábio, vidente, leal e comprometido com a verdade. Sua missão é guardar o rebanho de focas que pertence a Posêidon. Como retribuição, Posêidon o presenteou com o conhecimento do passado, do presente e do futuro, conferindo-lhe o dom da premonição. Mas Proteus, insatisfeito com o seu poder de oráculo, usava da habilidade de se transmutar em qualquer forma que quisesse para assustar e afastar aqueles que o procurassem em busca de conhecer o futuro.

Conta o mito que a única maneira de fazer Proteus revelar o futuro era capturá-lo durante seu sono, antes que ele pudesse transformar-se e assumir aparências terríveis, que acabavam por repelir seus perseguidores. Foi justamente o que fez Menelau, rei de Esparta, que, afastado por ventos contrários para a costa do Egito, intentava retornar à pátria após o final da Guerra de Troia. Quem orientou Menelau a capturar Proteus durante o sono, antes que ele pudesse se transformar, foi uma de suas filhas, a ninfa Eidoteia. Menelau seguiu à risca as orientações de Eidoteia, planejando abordar o deus marinho durante o descanso e, antes de sua metamorfose, conseguir que ele respondesse às suas indagações. Foi o que sucedeu: conseguindo evitar que Proteus assumisse uma de suas formas assustadoras, Menelau pôde usar o poder de oráculo do deus e obter as respostas desejadas.

Na língua portuguesa, a palavra "proteico", por analogia ao mito grego, remete a um indivíduo que muda facilmente de forma. Ao conceito de Estado de Direito atribui-se a qualificação de "proteiforme" no sentido de ser um sistema que muda de forma frequentemente, que se reveste de diferentes formas, como Proteus. Ao Estado de Direito, contudo, não se pode atribuir o qualificativo de inconstante, incoerente ou inconsequente, termos igualmente associados a quem muda facilmente de opinião; pelo contrário, pois na essência desse caracterizador está antes a ideia de que o Estado de Direito pode assumir diferentes configurações, conforme o sistema social e político a que se dirigem, sem a perda de suas características fundamentais, como ocorre com Proteus, o mito grego.

Por outro lado, há que considerar que Estado liberal de direito, Estado social de direito, *Welfare State*, Estado Democrático de Direito, Estado de Direito democrático, Estado social e democrático de direito e Estado constitucional de direito não são metáforas, mas dados de realidade, posto que, em qualquer das suas configurações, o Estado de Direito remete à ideia de um sistema político e jurídico que se volta à proteção dos direitos fundamentais e à limitação do poder. Também por isso, o Estado de Direito alude às ideias de sabedoria, lealdade e verdade, todas associadas à própria ideia de justiça, material e formal.[4]

3.2. O conceito amplo de Estado de Direito no direito internacional

O conceito de Estado de Direito em sentido amplo é encontrado no direito internacional, em diversas normas e documentos.

No âmbito das Nações Unidas, o Conselho de Segurança, ao discutir o papel da organização em situações de reconciliação e reconstrução nacionais pós-conflito, assim definiu o Estado de Direito:

> O Estado de Direito [...] refere-se a um princípio de governança no qual todos os indivíduos, instituições e entidades, públicas e privadas, incluindo o Estado, estão sob a égide de leis que são publicamente promulgadas, igualmente impostas a todos e que estão em consonância com padrões e normas

internacionais de direitos humanos. O Estado de Direito pressupõe, ainda, medidas que assegurem a adesão aos princípios de supremacia da lei, igualdade perante a lei, responsabilização, justiça na aplicação da lei, separação de Poderes, participação nos processos de tomada de decisões, certeza na aplicação da lei, ausência de arbitrariedade e transparência legal.[4]

Na base desse modelo prescritivo estão as disposições da Declaração Universal dos Direitos do Homem – DUDH (1948) e também a chamada "cláusula democrática", presente no âmbito da União Europeia (UE), do Mercosul e da Organização dos Estados Americanos (OEA).

O preâmbulo da DUDH menciona o Estado de Direito como condição essencial à proteção dos direitos humanos "[...] para que o ser humano não seja compelido, como último recurso, à rebelião contra a tirania e a opressão".[5] Da mesma forma, a Convenção Europeia dos Direitos do Homem de 1950, denominada Convenção para a Proteção dos Direitos do Homem e das Liberdades Fundamentais, prevê essa condição como obrigação fundamental das partes contratantes. Em seu Título I, relativo aos direitos e liberdades, particularmente nos arts. 2º, 5º, 6º e 7º, expressa os princípios do Estado de Direito.

Ainda em sede regional, o Tratado Constitutivo da União Europeia, com a alteração do Tratado de Amsterdã, incorporou, em 1997, a cláusula democrática a seu art. 6º, como princípio constitucional, nos seguintes termos: "A União assenta-se nos princípios da liberdade, da democracia, do respeito pelos direitos do homem e pelas liberdades fundamentais, bem como do Estado de Direito, princípios que são comuns aos Estados-membros".

[4] No original: "*The rule of law [...] refers to a principle of governance in which all persons, institutions and entities, public and private, including the State itself, are accountable to laws that are publicly promulgated, equally enforced and independently adjudicated, and which are consistent with international human rights norms and standards. It requires, as well, measures to ensure adherence to the principles of supremacy of law, equality before the law, accountability to the law, fairness in the application of the law, separation of powers, participation in decision-making, legal certainty, avoidan-ce of arbitrariness and procedural and legal transparency United Nations S/2004/616*". Security Council, 3 August 2004. Disponível em: www.un.org.

[5] Disponível em: www.onu.org; www.oea.org.

As cláusulas democráticas nos organismos regionais americanos remetem igualmente ao Estado de Direito. É o que consta do art. 2º da Carta Democrática Interamericana, aprovada em 11 de setembro de 2001, no âmbito da OEA:

> [...] o exercício efetivo da democracia representativa é a base do Estado de Direito e dos regimes constitucionais dos Estados-membros da Organização dos Estados Americanos. A democracia representativa reforça-se e aprofunda-se com a participação permanente, ética e responsável dos cidadãos em um marco de legalidade, em conformidade com a respectiva ordem constitucional.[6]

Já em 1998, o Protocolo de Ushuaia sobre o Compromisso Democrático no Mercosul, Bolívia e Chile determinava: "A plena vigência das instituições democráticas é condição essencial para o desenvolvimento dos processos de integração entre os Estados-partes do presente protocolo".

A verificação dos seus elementos caracterizadores do Estado de Direito é, ainda, condição essencial para o reconhecimento de novos Estados pela comunidade internacional, para a legitimação de novos regimes políticos ou para a integração de Estados em organizações regionais e internacionais. É o que demonstram, por exemplo, a África do Sul após a Constituição de 1996, a criação do Mercosul (1991), a integração dos países do Leste Europeu à União Europeia, após 2003.

Em verdade, desde 1993, a UE exigia como condição preliminar para novas adesões de Estados nacionais à comunidade o cumprimento de determinados critérios políticos e econômicos, assecuratórios das instituições democráticas, do Estado de Direito, dos direitos humanos e do respeito e proteção às minorias. A adesão da República Checa, da Estônia, de Chipre, da Letônia, da Lituânia, da Hungria, de Malta, da Polônia, da Eslovênia e Eslováquia, em 2003, assim como a da República da Bulgária e da Romênia, em 2005, ocorreu levando-se em conta tais condições.[7]

[6] Disponível em: www.mre.gov.br.

[7] Cf. decisões do Conselho da União Europeia, de 23 de setembro de 2003 e de 25 de abril de 2005, bem como dos pareceres da Comissão, de 19 de fevereiro de 2003 e de 22 de fevereiro de 2005, respectivamente.

DISCUTINDO CONCEITOS – III
O ESTADO DE DIREITO NA ORDEM INTERNACIONAL

Declaração Universal dos Direitos do Homem

Preâmbulo

Considerando que o reconhecimento da dignidade, inerente a todos os membros da família humana, e de seus direitos iguais e inalienáveis é o fundamento da liberdade, da justiça e da paz no mundo,

Considerando que o desprezo e o desrespeito pelos direitos humanos resultaram em atos bárbaros que ultrajaram a consciência da humanidade e que o advento de um mundo em que todos gozem da liberdade da palavra, da crença e da liberdade de viver a salvo do temor e da necessidade foi proclamado como a mais alta aspiração do ser humano comum,

Considerando ser essencial que os direitos humanos sejam protegidos pelo império da lei, para que o ser humano não seja compelido, como último recurso, à rebelião contra a tirania e a opressão,

Considerando ser essencial promover o desenvolvimento de relações amistosas entre as nações,

Considerando que os povos das Nações Unidas reafirmaram, na Carta da ONU, sua fé nos direitos humanos fundamentais, na dignidade e no valor do ser humano e na igualdade de direitos entre homens e mulheres, e que decidiram promover o progresso social e melhores condições de vida em uma liberdade mais ampla,

Considerando que os Estados-membros se comprometeram a promover, em cooperação com as Nações Unidas, o respeito universal aos direitos e liberdades humanas fundamentais e a observância desses direitos e liberdades,

Considerando que uma compreensão comum desses direitos e liberdades é da mais alta importância para o pleno cumprimento desse compromisso [...].

3.3. Sentido estrito

O conceito de Estado de Direito em sentido estrito agrega elementos formais ao sentido normativo geral do conceito de Estado de Direito, que, como já foi dito, remete mais a um modelo prescritivo de organização social do que a um modelo jurídico ou político preexistente.

O conceito de Estado de Direito em sentido estrito implica um sistema jurídico constitucional no qual, além das finalidades próprias do Estado de Direito: a) as normas, gerais e abstratas, são precisas quanto à sua hipótese de incidência, compreensíveis a seus destinatários e aplicáveis conforme regras preestabelecidas; b) existam procedimentos de controle de legalidade e constitucionalidade das normas.

4. Os princípios fundamentais do Estado de Direito

Dos conceitos amplo e estrito de Estado de Direito decorrem os princípios da legalidade, igualdade e justiciabilidade, fundamentos do Estado regido pelo Direito e de sua submissão à Constituição.

Princípio da legalidade. A legalidade garante que só a lei cria direitos e obrigações. Sua enunciação, na Declaração Francesa de 1789 (art. 5º), é a seguinte: "A lei não pode proibir senão as ações prejudiciais à sociedade. Tudo o que não é defeso em lei não pode ser impedido, e ninguém pode ser constrangido a fazer o que ela não ordena".

Aí está a noção de liberdade na lei, da qual deriva uma das facetas do princípio da igualdade, a igualdade formal ou igualdade jurídica, indissociável da liberdade individual, posto que todos nascem e permanecem livres e iguais em direitos e obrigações. A lei é o eixo das novas relações entre cidadão e governo que derivam do Estado de Direito, até porque "a lei é expressão da vontade geral" (Declaração Francesa, art. 6º, primeira parte). Mas, o princípio da igualdade, além da igualdade de todos perante o Direito, ainda exige a igualdade na criação e na aplicação do direito, o que supõe direitos iguais, tratamento legal uniforme para casos iguais e proibição de discriminações.

Estreitamente ligados a essa concepção estão os direitos relativos ao processo jurídico, que remontam ao direito romano e foram incorporados por ingleses e americanos ao conteúdo do Estado de Direito, tendo em vista a garantia da integridade física. Trata-se do chamado *due process of law*, o devido processo legal, que remete aos princípios da igualdade e da justiciabilidade, dada sua conexão com a ideia do julgamento justo.

Princípio da igualdade. O princípio da igualdade, em síntese, exprime a noção de que todos são iguais perante a lei; o que significa dizer que todos são iguais em direitos, de início em relação às liberdades individuais e aos direitos políticos, posteriormente em relação a direitos econômicos, sociais e culturais, a direitos difusos e coletivos, e a direitos relacionados à proteção da humanidade.

Daí por que o repúdio a discriminações que atinjam a dignidade humana em geral, seja de gênero, cor ou classe social, seja de religião ou nacionalidade etc., é seu corolário lógico. O princípio da igualdade de tratamento supõe a edição de leis gerais e abstratas, sem favorecimentos ou privilégios indevidos. Mas todos são iguais na medida de suas desigualdades, cabe ao Estado salvaguardar o equilíbrio da plena igualdade entre os cidadãos.

Princípio da justiciabilidade. A lei também assegura a justiciabilidade, garantia do sistema de Estado de Direito assegurada pela atuação do Judiciário na aferição e na recomposição da legalidade ou no controle de constitucionalidade, aí se incluindo o controle das próprias leis. De tudo resulta um sistema de segurança jurídica, assecuratório de um quadro normativo predeterminado que só pode ser modificado segundo regras igualmente predeterminadas. A independência do Judiciário é condição da aplicação desse princípio.

Na esfera administrativa, a introdução do contencioso administrativo em vários países europeus tem garantido a efetividade do princípio da justiciabilidade. Por via desse procedimento, os tribunais administrativos fiscalizam as decisões tomadas pela administração pública, estabelecendo diretrizes e regras para o exercício das atividades do Executivo, em benefício do cidadão.

CAPÍTULO 14
O ESTADO DE DIREITO E SUAS MATRIZES CLÁSSICAS

1. Antecedentes

A ideia de Estado de Direito resulta de uma sedimentação de mais de dois mil anos. Os conceitos de *dike* (processo), *themis* (direito) e *nomos* (lei) na filosofia grega já apontavam para a limitação racional dos poderes do Estado, em vista da evidência do papel da lei na luta contra o poder despótico. É o que se nota tanto nas obras de **Platão** quanto nas de **Aristóteles**, elaboradas no século IV a.C., embora **Heródoto**, no século III a.C., já faça referência ao problema. Para o primeiro, em *A república*, a distinção entre formas boas e más de governo reside, basicamente, em dois critérios: violência e consenso; legalidade e ilegalidade. Na célebre formulação das seis formas de governo de **Aristóteles** (*A política*), os critérios são quem governa e como governa; o primeiro diz respeito ao número de pessoas que exercem o poder, o segundo, ao modo como se exerce o poder, sendo poder legítimo apenas aquele que resulta do consentimento expresso pela lei.

Também o governo misto – exercido em Roma no período republicano, com a participação dos cônsules, do Senado e de cidadãos eleitos para a Assembleia Popular – trazia implícita a noção de um poder moderado, que pode ser tomada como precursora remota do Estado de Direito.

No pensamento medieval, as leis fundamentais do reino e os estatutos assumiam, igualmente, formas de limitação jurídica do poder. Na obra do filósofo, teólogo e jurisconsulto italiano **Marsílio de Pádua** também se encontrariam ideias precursoras do Estado de Direito, o que se depreenderia da passagem *Ubi non principant leges non est politia* (Onde não há supremacia da lei, não há governo), inscrita no *Defensor pacis*. A obra, elaborada em 1324 no contexto das dispu-tas entre o papa João XXII e o imperador do Sacro Império Romano Luis IV da Baviera, volta-se contra a plenitude do poder pontifício. Para alguns estu-diosos, porém, nela nada se vê senão o eco clássico do governo de leis, aco-lhido na tradição medieval. **Johannes Althusius**, filósofo e teólogo calvinista alemão, por sua vez, ao pretender eliminar a expressão *potestas legibus soluta* da definição de *majestas*, teria igualmente antecipado o Estado de Direito.

O fato é que, na história da civilização moderna ocidental, nunca houve a ideia de um poder inteiramente sem controles. Na importante teoria da soberania do jurista francês **Jean Bodin**, por exemplo, construída em *Os seis livros da república*, o poder nada tem de absoluto. A obra, que exalta a autoridade pública e absoluta da monarquia contra o feudalismo e as pretensões pontifícias sobre a França, é considerada um dos mais importantes marcos teóricos do direito público. O pensamento político de **Bodin** distingue, qualitativamente, por intermédio da noção de soberania, o poder estatal do poder feudal e pós-feudal, o que beneficia o absolutismo. Não obstante, compreende o poder estatal como poder limitado pela lei divina, pela lei natural, pelos pactos e pelas leis fundamentais, assim como por resistências locais e pelos poderes e direitos de corporações, cidades e classes.

A convicção de que o direito poderia controlar o poder do Estado, mediante vinculação aos princípios da legalidade e da igualdade, só ganha corpo com a experiência alemã do *Rechtsstaat* no século XIX. Para o indivíduo dessa época, que se encontrava desprendido da lógica dos pertencimentos de classe, corporações, relações familiares etc., a lei é o instrumento que lhe assegura o fundamento, os limites e as garantias à sua liberdade, seja porque constitui um espaço ao abrigo das ingerências do Estado, seja porque define suas possibilidades de ação e expansão pessoais. Em outras palavras, institui um sistema social e político de confiança e previsibilidade.

Considerado a primeira institucionalização coerente do Estado de Direito, o *Rechtsstaat* acompanha, em linha de princípio, o *Rule of Law* britânico – de lenta elaboração consuetudinária – e a sua derivação americana, estabelecida após a independência dos Estados Unidos, na Constituição de 1778. Destes se diferenciou em razão da doutrina que o inspirou, da identificação da titularidade da soberania no Estado, dos mecanismos constitucionais de limitação e controle do poder e das formas de tutela dos direitos subjetivos.

Tal como as experiências britânica e americana, partiu das mesmas referências de valor e dos mesmos pressupostos filosóficos e políticos e adotou os mesmos mecanismos de limitação de poder e a garantia jurídico-formal dos direitos e liberdades fundamentais. Posteriormente, a experiência do *État de droit* francês, elaborada na primeira metade do século XX, ao fazer a síntese entre o sistema germânico e o americano, trouxe aporte singular à construção da identidade teórica do Estado de Direito, por via da concepção da lei como expressão da vontade geral.

2. O *Rule of Law* britânico

O *Rule of Law* é o resultado de quinhentos anos de lutas contra as prerrogativas reais. Elaborado sem planejamento prévio, encontra-se, desde os primórdios, fundado na soberania do Parlamento e do Judiciário e, sobretudo, na garantia do princípio da legalidade. Seu embrião foi a Magna Carta de 1215; seu substrato, a *law of the land*.

Antecedentes. Quando Guilherme da Normandia conquistou a Inglaterra saxônica e se fez rei, em 1066, uma de suas primeiras providências foi conhecer as "leis da terra". Ao enviar juristas a todo o território, para que recolhessem e compilassem práticas e costumes ancestrais, estabeleceu as bases do *common law*, aprimoradas posteriormente por Henrique II e Ricardo I.

Em 1166, por via do *Assize of Clarendon*, Henrique II estabeleceu procedimentos judiciais na área penal, entre os quais a instituição do júri e de varas criminais volantes.[1] O julgamento pelo júri substituiu as práticas locais de julgamento por combate ou por tortura, até então empregadas na resolução de disputas e punição de crimes. As cortes criminais volantes, ou *petty assizes* (em funcionamento na Grã-Bretanha até 1972), consistiam em um corpo de magistrados reais que, viajando por todo o reino, decidia, de imediato, as questões legais mais simples. O ganho adicional desse sistema, afora dispensar a Justiça em bases legais de forma mais sistemática, foi centralizar o poder de julgar nos tribunais reais. Todos esses

[1] Cf. Assize of Clarendon, disponível em: http://avalon.law.yale.edu/medieval/assizecl.asp.

mecanismos, contudo, ainda se encontravam fundados na estrutura estamental que caracterizou o direito europeu medieval, o que os enfraquecia, especialmente porque a prerrogativa de exercício do poder real sem limitações permaneceu. Daí a importância da Magna Carta (1215), documento fundador do *Rule of Law*, o sistema inglês de direitos e liberdades.

Ao fixar o seu selo na Magna Carta, o rei João I da Inglaterra – chamado "sem terra" (*lackland*) por não haver recebido herança em terras – reconheceu, expressamente, que não se encontrava acima da lei. Tal limitação do poder real, até então fundado na arcaica pressuposição de que o rei era legislador e protetor de seu povo, estabeleceu um importante paradigma: privilégios e franquias estamentais se impunham sobre o arbítrio real. O que significava que o poder real passaria a ser limitado por direitos subjetivos dos governados, e não somente por normas costumeiras ou religiosas.

Não que João sem Terra tivesse maiores preocupações com direitos e liberdades. Contudo, forçado a negociar com parte do clero e da nobreza para manter a coroa, concordou em instituir e restabelecer-lhes privilégios relativos à propriedade de terras e cobrança de tributos. Em outras palavras: vinculou-se às próprias leis que editava. Mais: reconheceu que os direitos próprios da nobreza e do clero existiam independentemente de sua vontade, sendo esse o sentido inovador do documento.

2.1. Características

O *Rule of Law* organiza-se em torno da ideia da supremacia do direito. São traços essenciais do modelo: a) a igualdade jurídica dos cidadãos, independentemente de classe social e condições econômicas, em particular no que se refere à lei penal e à integridade patrimonial; b) a atribuição de soberania ao Parlamento e ao Judiciário; e c) a tutela jurisprudencial dos direitos subjetivos, sem prejuízo da atividade legislativa no mesmo sentido.

A originalidade do sistema reside, basicamente, em três aspectos principais: a) a diferenciação dos poderes do Estado não é produto da vontade geral, expressa pelo poder constituinte originário; seu caráter difuso, portanto, não tem natureza contratualista; b) a inexistência de Constituição escrita e rígida, caracterizada como norma fundamental, o que significa que o Parlamento pode modificá-la; c) além disso, não há nenhum órgão ou corte com competências exclusivas de controle da legalidade dos atos legislativos.

A Constituição. A Constituição, na verdade, é composta de um corpo de leis – derivadas de fontes legais e não legais – que regula o funcionamento dos órgãos do Estado e a forma como se relacionam. As fontes legais são o Parlamento, o *common law* e a interpretação judicial acerca dos direitos dos cidadãos; as fontes não legais são as convenções, o costume e a legislação da União Europeia.

Não se trata, pois, de uma "Constituição não escrita", como se costuma identificar a Constituição inglesa, mas de uma Constituição sobretudo flexível e descritiva, que espelha a lei comum, isto é, a *ordinary law of the land.*

A separação de poderes. A dinâmica da atuação dos poderes foi estabelecida pela fórmula política do *King in the Parliament*, que designa e organiza a atuação conjunta do rei, da Câmara dos Lordes e da Câmara dos Comuns na elaboração da lei escrita (*statute law*).

Não podemos nos esquecer de que a produção de normas legais era uma atividade marginal no sistema jurídico inglês, em razão prevalência do direito consuetudinário de produção judicial (*common law*). O que significa que a atividade parlamentar se destinava antes a impedir as intromissões legislativas do monarca do que a criar direito.

A atuação soberana do Judiciário, por sua vez, faz-se *a posteriori*, quando da interpretação da vontade do Parlamento, expressa na lei; nesse mister, os juízes atuam segundo suas próprias opiniões ou sob o espírito geral do *common law*.

O sistema de separação de poderes britânico distingue-se claramente tanto do sistema americano quanto do francês, muito embora tenha influenciado a ambos. No caso americano – como o demonstram a Constituição de Massachusetts de 1780 e a Constituição americana de 1787, pioneiras na adoção da separação de Poderes como técnica de limitação – não há poder soberano por si só: todos atuam sob controles mútuos e recíprocos, a partir de freios e contrapesos, de modo a impedir a consolidação de um poder absoluto. Já no sistema francês estruturado pela Constituição de 1793, todos os poderes são soberanos, traduzindo o verdadeiro poder – o da nação –, que só pode ser exercido por delegação. Assim, o poder do Legislativo é delegado à Assembleia Nacional, o do

Executivo ao rei e o do Judiciário aos juízes, temporariamente eleitos pelo povo.

Deve-se a **Albert Venn Dicey** a elaboração teórica da supremacia do *Rule of Law* (*Introduction to the law of the Constitution*, 1885). De acordo com a sua definição,

> quando afirmamos que a supremacia ou o Estado de Direito são características da Constituição inglesa, estamos nos referindo, com uma única expressão, ao menos a três concepções semelhantes. Referimo-nos, em primeiro lugar, ao fato de que nenhum homem pode ser punido ou ter seus bens apreendidos senão após a constatação da violação da lei, com o devido reconhecimento perante os tribunais locais. Nesse sentido, o Estado de Direito opõe-se aos sistemas em que impera um exercício autoritário, arbitrário e discricionário do poder de punir. Significa, num segundo sentido, igualdade perante a lei, de modo que todos, indistintamente, se sujeitem às leis locais administradas pelos tribunais; [...] por fim, a expressão pode ser utilizada como uma fórmula a significar que no Estado de Direito as leis da Constituição que, no plano internacional, compõem uma espécie de código não são a causa mas a consequência dos direitos dos indivíduos, tal como definidos e protegidos pelos tribunais [...].[2]

Tal supremacia não pode ser compreendida fora do peculiar contexto político e institucional britânico que se delineia a partir da Revolução Gloriosa e da vigência do *Bill of Rights*, em 1689. A luta do século XVII não significou a revolta contra o poder do rei, mas a revolta contra o poder absoluto do rei, na qual o *Rule of Law* foi instrumento decisivo, mais por ter possibilitado a elaboração do direito positivo, como limite ao absolutismo real, do que por garantir direitos subjetivos. Esses objetivos, por sua vez, propiciaram o estabelecimento de notável sinergia normativa entre o Parlamento e as cortes judiciárias ordinárias, em razão da associação da consagrada fórmula *King in the Parliament* (O rei no parlamento) à tradição do *common law*.

[2] Venn Dicey, Albert. *Introduction to the law of the Constitution*, p. 110-20.

2.2. O *common law*

O *common law* é uma construção eminentemente histórica, elaborada pela estratificação de antecedentes judiciários e de interpretações ao longo do tempo. Compõe-se, basicamente, de princípios e regras de conduta relacionados ao governo, à segurança das pessoas e à propriedade que decorrem de usos e costumes ou de decisões judiciais. Tais decisões reconhecem, afirmam e ratificam esses usos e costumes, o que ocorre particularmente no direito inglês não escrito.[3]

Em sentido amplo, compreende todos os sistemas jurídicos que receberam influência do direito inglês, nos quais o direito não existe como um edifício lógico e sistemático, mas como instrumento para resolver situações concretas, preocupando-se antes com os *writs* (recursos e remédios processuais) do que com a coerência do sistema.

Em suas origens, a expressão foi empregada como corruptela de *commune ley* para distinguir o direito produzido pelos Tribunais de Westminster (tribunais reais) dos direitos costumeiros, locais ou próprios das primitivas tribos celtas, aplicados pelas *County Courts*. Essa distinção foi suplantada no tempo, na medida em que os juízes do rei, ao distribuir sua justiça, unificaram o direito aplicável no território inglês.

A pluralidade das fontes do direito é a principal causa da complexidade da *law of the land* (a lei da terra), em torno da qual gira o sistema constitucional inglês. Nesse sistema, os direitos fundamentais, deduzidos pelo *common law*, não são resultado da Constituição, mas o fundamento sobre o qual esta foi construída. Da preexistência formal dos direitos subjetivos, por sua vez, derivam pelo menos duas importantes consequências políticas: em primeiro lugar, os direitos do homem inglês jamais foram clamores abstratos, porque foram fundados na *law of the land*; em segundo lugar, o *Rule of Law* não representou a autolimitação do Estado, como ocorreu no *Rechtsstaat*, e sim a submissão do Estado à *law of the land*.

De forma análoga, a diferenciação dos poderes do Estado não foi imposta pelo Estado, não resultou de uma "vontade geral" rousseauniana, de natureza contratualista, nem dependeu de Constituição escrita.

[3] Cf. Black, Henry Campbell. Black's law dictionary, 1990.

Na Inglaterra, a afirmação do *common law* é que levou ao reconhecimento do Parlamento e do Judiciário como fontes soberanas do direito.

2.3. A afirmação do *Rule of Law*

A lógica do *Rule of Law*, desde os seus primórdios, supõe, em linha de princípio, as raízes ancestrais da *law of the land*, sua continuidade e sua atualização, por força da atividade jurisprudencial e da legislativa.

No início do século XVII, por obra de juristas, entre os quais se destacam **Henry de Bracton** e **Sir Edward Coke** (*Chief Justice of the King's Bench*, de 1613 a 1616), o "domínio da lei" vinha sendo defendido como consequência lógica dos procedimentos judiciais britânicos, que asseguravam sólidas garantias legais aos acusados. Nessa construção, o *Rule of Law* e a soberania do Parlamento já eram identificados como os pilares do sistema constitucional inglês.

É o que se evidencia na diferenciação entre *jurisdictio* e *gubernaculum*, teorizada por **Bracton**, com fundamento no art. 39 da Magna Carta, na qual *jurisdictio* designa o "lado da lei" ou o "reino dos direitos", por assim dizer, e *gubernaculum* o "lado do rei", isto é, o das instituições políticas e polí-ticas governamentais. O citado artigo institui uma limitação legal ao poder real (*gubernaculum*) – ou, em outras palavras, uma limitação de jurisdição – em situações de prisão, confisco de bens, banimento ou exílio, da seguinte maneira:

> 39. Nenhum homem livre será detido ou preso, nem privado de seus bens (disseisiatur), banido (utlagetur) ou exilado ou, de algum modo, prejudicado (destruatur), nem agiremos nem mandaremos agir contra ele, senão mediante um juízo legal de seus pares ou segundo a lei da terra (nisi per lagale iudicium pareium suorum vel per legel terre).[4]

Jurisdictio, em relação ao *gubernaculum,* representa, portanto, o limite que impede o rei de definir o conteúdo dos direitos e de atuar contra alguém, senão mediante o devido processo legal. A noção de *jurisdictio,* contudo, não limitava inteiramente o *gubernaculum*, já que a definição da

[4] Cf. Comparato, Fabio Konder. A afirmação histórica dos direitos humanos, 1999, p. 70.

política comum do reino era prerrogativa soberana do Parlamento. Por essa razão, o *gubernaculum* se submetia apenas em parte ao direito.

Dois eventos em particular ilustram a consistência do sentido do *Rule of Law* no início do século XVII: a defesa do direito como condição da liberdade, e a afirmação de que todo homem tem direito à proteção do Parlamento e do Judiciário. O primeiro é a apresentação da *Petition of Rights* a **Carlos I**, em maio de 1628, perante o Parlamento. Na oportunidade, **Sir Edward Coke** enfatizou que, como a Magna Carta prevalecia sobre as prerrogativas reais, o direito era condição *sine qua non* da liberdade, sendo "direito originário" de todo homem a proteção que recebia do Parlamento (por meio da *statute law*) e do Judiciário (por meio do *common law*), para garantir seus bens, sua família, seu corpo, sua vida e sua honra contra agressões.

Tal proteção, para ser efetiva, não poderia ser atenuada nem pelo Parlamento nem pelo Judiciário, mas garantida por ambos. Nesse sentido, estabelecia a *Petition of Rights:*

> [...] nenhum homem, daqui em diante, seja obrigado (forçado) a fazer ou conceder qualquer doação, empréstimo, benevolência, imposto, ou ser cobrado de alguma forma, sem a aprovação comum por meio de ato do Parlamento; e que ninguém seja chamado a responder ou prestar juramento, ou ser confinado ou de outra forma perturbado ou incomodado pela sua recusa; e que nenhum homem livre, de nenhuma das formas mencionadas, seja aprisionado ou detido [...].[5]

O segundo acontecimento revela-se, igualmente, pela atuação de **Coke**, desta feita como *Lord Chief Justice of Common Pleas* no famoso *Bonham's Case*.[6]

O *Bonham's Case* – considerando o precedente fundante do devido processo legal (*due process of law*) – teve por objeto a revisão da decisão do *Royal College of Physicians* relativamente à prisão do doutor **Bonham**, por exercício ilegal da medicina. Ao final de seu julgamento, a decisão

[5] Cf. Ashley, Mike. Taking liberties – The struggle for Britain's freedoms and right, p. 34 (tradução nossa).
[6] 8 Co Rep 114, Court of Common Pleas, 1610.

foi anulada sob o argumento – apresentado por **Coke** – de que o *College* não tinha poderes para julgar casos nos quais era parte, ainda que tais poderes tivessem sido conferidos pela lei. Restou assim assentado que o Judiciário poderia rever, sim, os atos do Parlamento.

O argumento de **Coke**, centrado na máxima *nemo debet esse iudex in propria causa,* sugeria que o *common law* controlava os atos do Parlamento e os declarava nulos não só quando for "*repugnant, or impossible to be performed*", mas também quando for "*against common right and reason*".[7]

Ao fim do século XVII, a concepção do *common law* como instrumento assecuratório das liberdades já se firmara em linha de princípio no território britânico, a ponto de ter praticamente anulado as diferenças feudais perante a lei, à exceção da situação das mulheres. Um inglês tinha, portanto, àquela época, a impressão de que sua vida se desenvolvia de acordo com relações jurídicas horizontais estabelecidas entre cidadãos formalmente iguais. É fácil deduzir que essa circunstância favoreceu amplamente a estabilidade e a permanência das conquistas da Revolução Gloriosa de 1698 no espírito do *common law.*

Outro fator fundamental na sedimentação do *Rule of Law* foi a elaboração do *Bill of Rights* pelo Parlamento, em virtude da vitoriosa retórica *whig.* Como se sabe, o termo *whig* é atribuído à facção política inglesa que se contrapôs aos *tories* (conservadores) na luta pela transferência dos poderes do rei ao Parlamento durante o século XVII. Ao reagirem contra as tentativas de importação de modelos juspositivos continentais para a Inglaterra, como forma de consolidar o poder absoluto do monarca, os *whigs* conferiram elaboração teórica ao *common law*, elevando-o de técnica de solução de conflitos a eixo da organização constitucional.

De fato, a intenção dos *whigs*, como o comprovam estudos historiográficos, foi instituir um sistema de governo sob o império da lei, no qual os direitos de todos os cidadãos (*born free englishmen*) tinham uma efetiva tutela, assim como a afirmação definitiva do direito como valor dominante da sociedade inglesa no século XVIII.[8] Mais notável ainda, nesse processo, foi a espontânea submissão da classe dirigente ao *Rule of Law,*

[7] Apud ALLISON, J. W. F. The english historical constitution, 2007, p. 137.

[8] Cf. THOMPSON, Edward P.; RAY, Douglas. Whigs and hunters: the origin of the black act, 1975.

razão pela qual o *common law* não se firmou como instrumento deste ou daquele grupo, representando antes um importante instrumento de coesão social.

2.4. A teorização jurídica do *Rule of Law*

Foi somente no fim do século XIX, porém, que a construção histórica do *Rule of Law* foi analisada juridicamente na obra de **Albert Venn Dicey**. *The law of the Constitution* (1885) foi uma obra de seu tempo: tenta compatibilizar o princípio da soberania do Parlamento, fortalecida pela extensão do sufrágio na Inglaterra entre 1866 e 1884, com a supremacia da lei, optando por uma solução pragmática que consiste na apresentação do *Rule of Law* como princípio limitador do poder do governante, e não de todo o Estado.

Na base dessa concepção, encontra-se a tese do filósofo e jurista inglês **John Austin** (1790-1859), admirador confesso dos juspublicistas alemães, segundo a qual no Estado deve haver um único órgão soberano cujo poder seja originário, sem nenhum limite prefixado. Do contrário não seria soberano, por definição. Desse ângulo, portanto, a soberania do Parlamento é absoluta, e o direito, de concepção estatal. A lei, ou seja, a ordem emanada do soberano (comando) é a forma típica do direito e o fundamento último de toda norma política; reconhece, no entanto, o direito produzido pelos juízes, recorrendo ao conceito de "autoridade subordinada", pelo qual os juízes atuam com fundamento no poder que lhes é concedido pelo Estado. **Austin** integrou o cenário utilitarista e empirista da Inglaterra no século XIX, ao lado de **Jeremy Bentham**, **James** e **John Stuart Mill**; suas noções de comando, obrigação e sanção são basilares no pensamento jurídico anglo-saxônico.

A intenção de **Dicey**, a seu turno, foi sublinhar que o *Rule of Law* e a soberania do Parlamento constituem os dois eixos do constitucionalismo britânico, em relações permanentes de influência mútua. Tal intento não pode, porém, ser compreendido sem ter em mente que, para **Dicey**, a singularidade do sistema inglês residia no fato de serem as cortes as fontes primárias do direito constitucional (se os direitos fundamentais dos ingleses estivessem codificados, a Constituição Inglesa em nada seria diferente de suas congêneres europeias).

Isso significa dizer que a "Constituição inglesa" é um sistema constitucional em sentido forte, tanto quanto o são as Constituições europeias, sem nenhuma outra implicação substantiva no que concerne à sua eficácia e efetividade. Tanto é assim que as cortes aplicam como direito aquilo que foi aprovado conforme as normas jurídicas prescritas, levando em conta a sua literalidade e não a intenção do legislador. Na verdade, a ideia de que o legislador desaparece e permanece apenas o texto legislativo é o pressuposto essencial do sistema constitucional delineado por **Dicey**. Essa é a precondição que permite às cortes o exercício de uma atividade normativa própria e autônoma, que não se apresenta como a continuidade da obra do legislador e sim como o meio de amalgamar a vontade da lei à tradição incorporada no *common law*.

Como se pode notar, o problema que **Dicey** procurou resolver com a sua teoria do *Rule of Law* era o mesmo ao qual se propôs a juspublicística alemã do século XIX, que lhe foi contemporânea. O ponto nuclear era a conciliação da soberania do Parlamento com as liberdades individuais, acrescida, no caso inglês, da gênese jurisprudencial do *Rule of Law*, por via do *common law*. Negou, por conseguinte, as teorias de **Rousseau** e **Montesquieu** acerca dos elementos essenciais para a existência de uma Constituição (a declaração de direitos e a separação de Poderes). Em verdade, sugeriu uma espécie de modelo de Estado de Direito alternativo àquele que emergiu da Revolução Francesa, no qual os direitos individuais emergem da tutela judicial e o sistema político prescinde da divisão dos poderes.

Independentemente das diversas críticas à concepção de **Dicey** sobre o *Rule of Law*, não há dúvida de que sua elaboração conferiu fundamento jurídico ao traço político mais importante do sistema constitucional inglês – o ideal do *Rule of Law*, identificado pelo impedimento ao monopólio da produção da lei e pelo repúdio ao formalismo legal como elemento de legitimação do direito. Caracteriza-o, também, a concepção da atividade judiciária a partir da aplicação do direito, das técnicas interpretativas e da cultura jurídica, em franca oposição à teoria do "Judiciário como poder nulo", preconizada por **Montesquieu** e reelaborada por **Kelsen**.

DISCUTINDO CONCEITOS – I
DICEY E A SOBERANIA DO PARLAMENTO INGLÊS

Segundo **Dicey**, a soberania do Parlamento é absoluta e ilimitada, razão pela qual qualquer lei pode ser modificada; segue-se daí o fato de ser incompatível com qualquer contrato social. Em suas palavras,

> o princípio da soberania parlamentar significa, nada mais, nada menos, que o Parlamento, sob a égide da Constituição inglesa, tem o direito de elaborar e revogar qualquer lei e, ainda, que a nenhum indivíduo ou entidade se reconhece o direito de colocar-se à parte da legislação criada pelo Parlamento.[9]

Quando comparada ao sistema constitucional francês, por exemplo, tal teoria implica a inexistência de qualquer poder constituinte originário e, bem assim, a de qualquer rol de direitos fundamentais; em comparação com o constitucionalismo americano, implica a inexistência de qualquer órgão que possa declarar a inconstitucionalidade das leis, inclusive por infringência a direitos fundamentais.

A soberania do Parlamento, contudo, é apenas jurídica. Não alcança a soberania política, que é exclusiva do corpo eleitoral, sendo este, aliás, o único controle a que se submete. Sob esse aspecto, a teoria de **Dicey** aproxima-se da teoria alemã do *Rechtsstaat*, na qual o Parlamento, igualmente, se submete apenas a controle político (muito embora Dicey admita o direito de resistência como limite externo à soberania parlamentar, o que não ocorre no caso alemão). Diz ele

> Quanto ao limite atual imposto ao poder soberano do Parlamento, pode-se afirmar que o exercício de qualquer autoridade soberana, especialmente a do Parlamento, se submete a duas limitações. Uma delas é externa, a outra é interna. O limite externo ao poder soberano consiste na possibilidade ou certeza de que os seus súditos, ou pelo menos a maioria deles, irão violar suas leis [...] e o que vale para o poder de um déspota, ou para a autoridade de uma assembleia constituinte, vale também para a soberania do Parlamento, limitado, assim,

[9] Venn Dicey, A. Op. Cit. p. 3-4.

pela possibilidade de resistência popular. [...] O limite interno ao exercício da soberania emerge da natureza mesma do poder soberano. Mesmo um tirano (déspota) exerce seu poder de acordo com seu caráter, que, por sua vez, é determinado pelas circunstâncias sob as quais ele vive, incluindo os sentimentos morais da época e da sociedade à qual ele pertence.[10]

O *Rule of Law*, por sua vez, é um dado histórico que consiste na elaboração dos direitos por tutela judiciária. O que, além de garantir a constitucionalização dos princípios do liberalismo, assegura a universalização do princípio da estrita legalidade. Constitui, em verdade, o melhor modelo de tutela da liberdade individual contra a garantia da ação arbitrária do governante, como comprovado historicamente, com a vantagem de ser elaborado a partir de instrumentos processuais de tutela, o que reforça sua efetividade.

Cortes e Parlamento, nessa configuração, dispõem de poderes diferentes para desempenhar funções diferentes, porém complementares: o Parlamento, órgão legislativo, sistematiza e positiva a jurisprudência das cortes; mesmo quando inova na ordem jurídica, atua como reelaborador do *common law* e não como elaborador de leis, no sentido clássico que lhe atribuiu Montesquieu. Nesse último caso, o Parlamento exerce a função de *High Court*; prova disso foi a própria edição do *Habeas Corpus Act*. Citando novamente Dicey: "Resumindo, os princípios do direito privado – pela ação dos tribunais e do Parlamento – têm sido ampliados de modo a determinar a posição da coroa e seus servidores. Desse modo, a constituição é resultado do direito costumeiro da nação".[11]

Ora, se o Parlamento é detentor da soberania, não estaria limitado pelo *common law*? Por outro lado, se o Parlamento é realmente um poder ilimitado, qual a garantia da permanência do *common law*? Em caso positivo, não seria o *common law* simplesmente o princípio da legalidade – o que reduziria seu alcance material como construto histórico? Considerando-se, ademais, que a administração da justiça foi, originariamente, uma prerrogativa real, o reconhecimento teórico do dúplice papel do Parlamento inglês, como órgão legislativo e judiciário, parece apenas atualizar a fórmula *King in the Parliament*, o que também seria contraditório. A compatibilidade entre soberania do Parlamento e

[10] Venn Dicey A. - op. cit. pp. 30-32.
[11] Op. cit. p. 121.

supremacia do *Rule of Law* e, por consequência, a própria compatibilidade das relações entre o Parlamento e as cortes, constituem dois dos problemas mais debatidos pelo constitucionalismo inglês desde então.

2.5. Principais instituições

Entre as particularidades institucionais e normativas que singularizam o *Rule of Law*, distinguimos neste item o Parlamento e a igualdade jurídica dos sujeitos, ou os chamados "direitos dos ingleses". Tais instituições permitem constatar a contribuição do *Rule of Law* na afirmação e consolidação da ideia de Estado de Direito como modelo prescritivo de organização social, que se volta à garantia de direitos subjetivos. Proporcionam, também, bons exemplos das diferenças entre o *Rule of Law* e as demais tradições jurídicas de controle do poder estatal.

2.5.1. O Parlamento e o parlamentarismo

O Parlamento e o parlamentarismo britânicos constituem marcos de grande significação no estudo dos sistemas políticos modernos.

O Parlamento inglês foi a única assembleia que sobreviveu à estrutura feudal que lhe deu origem. Do ponto de vista histórico, tal fato se deve à circunstância de ter sido mais do que um corpo consultivo e judicial ou uma assembleia de contribuintes; do ponto de vista político, à circunstância de o Parlamento sempre ter sido vitorioso no confronto com o poder real, definindo-se como seu contraponto e interlocutor do soberano. Mas há, todavia, uma razão principal: a função do Parlamento não se limitou à transmissão da vontade dos representados, mas deu-lhe forma; ao fazer isso, manifestou vontades que *criavam direito novo*, e não que simplesmente remetiam ao direito preexistente.

O mais surpreendente, porém, é que o Parlamento, de órgão externo ao Estado – com a função de a ele se contrapor – se transformou, gradualmente, em órgão interno, a ponto de identificar-se como um de seus poderes; além disso, sua organização e funcionamento dão ensejo à elaboração prática e teórica de uma forma clássica de governo, denominada parlamentarismo inglês.

A consolidação do parlamentarismo britânico – além dos traços peculiares que lhe imprimem a fórmula *King in the Parliament*, a separação de

Poderes e a sinergia normativa entre o Parlamento e o Judiciário – é efeito da extraordinária repercussão política da divisão de funções entre o chefe de Estado (o monarca) e o chefe de governo (o primeiro-ministro) e do papel da Câmara dos Comuns na aprovação da condução política desse último.

O parlamentarismo europeu, diversamente, é, de modo geral, produto de movimentos políticos difusos e descontínuos, verificados entre os séculos XII e XIV. Tais movimentos resultam da própria estrutura policêntrica e descentralizada do Estado medieval, cujo funcionamento exigia um elemento unificador identificado, inicialmente, no grupo de feudatários e eclesiásticos que acompanhavam o rei (*Consilium Regis*). Esse núcleo evoluiu para os Parlamentos medievais, mediante sucessivos alargamentos estamentais e paulatina aquisição de autonomia perante o poder régio, observadas pelos menos duas condições: *a)* existência de autoridade representativa que lhe permita falar em nome de interesses gerais do reino e dos súditos; *b)* que tal autoridade seja reconhecida pelo soberano, de tal sorte que também detenha parte do poder.

O nascimento e o desenvolvimento dos Parlamentos europeus dependeram de um delicado equilíbrio de forças entre o poder central (representado pelo monarca) e os poderes periféricos (representados pela nobreza, pelo clero e pelos habitantes dos incipientes núcleos urbanos dotados de autonomia). Onde o poder central preponderou, dificilmente as instituições parlamentares prosperaram, a exemplo da França pós-dinastia capetíngia; onde as periféricas preponderaram, tampouco havia condições para a consolidação do Parlamento, dada a ausência do elemento de unificação política, como ocorreu na Alemanha e na Itália. Tais problemas levam ao declínio das instituições parlamentares nos séculos XVI e XVII, potencializado pela emergência dos Estados nacionais, centralizados e fortes.

Mas se a criação dos Parlamentos resultou da ideia de submeter o governo a certos controles, foi na Inglaterra que o controle estamental evoluiu para o controle democrático, tornando-se o parlamentarismo inglês um modelo de impacto mundial. O parlamentarismo moderno, aliás, pós-Revolução Francesa, identifica-se com o “regime de tipo inglês”, regime no qual, no jogo das forças políticas, não há preponderância de uma das partes, mas, sim, equilíbrio, o que consiste em um dos fundamentos do constitucionalismo. O momento de inflexão é a consagração da fórmula *King in the Parliament* (segundo a qual, como vimos, a lei válida é apenas aquela promulgada pelo rei no Parlamento, mediante aprovação das suas duas Câmaras), pois nesse sistema o Parlamento é composto de nobres, de comuns e também do rei.

A instituição do Parlamento inglês data do fim do século XIII, mais precisamente de 1295, em virtude da institucionalização da assembleia política que, desde 1265, se reunia com a presença de nobres e eclesiásticos, de cavaleiros e da baixa nobreza camponesa (*gentry*), além de representantes das cidades e burgueses. A originalidade dessa institucionalização reside no fato de seus membros serem convocados como representantes dos *boroughs*, e não em virtude da classe social. A ideia era que representassem o distrito e não determinado estamento, o que, por evidente, não se compatibilizava com as estruturas do Estado medieval. Para muitos doutrinadores, essa é uma das causas da escalada do poder do soberano inglês e da consequente absolutização do interesse público. Em 1327, definem-se as duas Câmaras parlamentares: a dos nobres (*lords*) e a dos comuns (*commoners*), composta de cavaleiros, burgueses e representantes das cidades. À Câmara dos Comuns coube a iniciativa legislativa, como forma de garantir a representantes de estratos sociais mais amplos um meio legal e regular para influenciar o procedimento do governo. Pretendia-se que a medida, nitidamente compensatória em face das diferenças de classe entre os membros das duas Câmaras, fosse igualmente dissuasória de revoluções e insurreições.

O Parlamento perdeu prestígio e poder durante a consolidação do absolutismo, recuperando-os após a Revolução Gloriosa, quando **Guilherme** e **Maria de Orange** se submeteram ao *Bill of Rights*, documento legal que contrapôs a atuação do Parlamento à do Poder Executivo. Entre outras medidas, estabeleceu ser vedado ao rei anular ou suspender a execução de leis sem autorização do Parlamento, assim como impor tributos em favor da coroa ou manter exército permanente, sendo proibida a obstrução de eleições livres para o Parlamento ou da liberdade de expressão parlamentar.

Contudo, considerando-se que o eleitorado ativo à época era pequeno e muito desigual, no interesse de quem atuavam os parlamentares?

Segundo **Giovanni Sartori**, os parlamentares atuavam em nome de interesses particulares. É o que se pode verificar em diversos debates que precedem a adoção de documentos significativos, entre todos o próprio *Bill of Rights*. Mas o fato é que esses interesses não se distinguiam do interesse geral, pela simples razão de que um princípio ou uma norma legal que se afirmava como tal valia indistintamente para todos.[12] Foi o *Reform Act* de 1832 que, ao corrigir distorções do sistema, ampliar o direito de voto e instituir o alistamento eleitoral, conferiu maior representatividade à Câmara dos Comuns, a despeito do caráter censitário do voto a excluir operários de baixa renda e mulheres em geral.

2.5.2. Os direitos dos ingleses

Em matéria de direitos humanos, os chamados "direitos dos ingleses" são, sobretudo, garantias judiciais. Seu substrato ideológico é a exaltação do direito costumeiro ou positivo como condição essencial da liberdade. Em termos práticos, significa que não são declarações de direitos, à moda francesa.

Ocorre que, a despeito da profunda desigualdade social, todos os cidadãos submetiam-se, sem exceção, às regras da *ordinary law*, especialmente em matéria de sanções penais e direitos patrimoniais. Daí se segue a afirmação do brocardo *remedies precede rights* (as garantias criam os direitos, e não o contrá-rio). Os princípios do *due process of law* (devido processo legal) e da *equal protection of the laws* (igual proteção das leis) são exemplos desse sistema, formalmente traduzido na Magna Carta (1215), no *Habeas Corpus Act* (1679), na *Petition of Rights* e no *Bill of Rights* (1689), entre outros documentos legais.

Desde os primórdios, o *common law* se caracterizou como um sistema de ações judiciais (*writs*) que mediavam, por via da atuação das cortes, as relações entre os cidadãos, isto é, entre indivíduos formalmente iguais. Como a doutrina jurídica consolidada no século XVII, pela obra de **Blackstone** e **Coke**, incluiu o soberano nessas relações, os *writs* também passaram a se aplicar às situações de lesão de direitos individuais pela coroa, consagrando a *equal protection of the laws*. O *common law*, dessa perspectiva, foi um importante elemento de integração social, o que também se revela em face de sua fonte jurisprudencial. Na verdade, o *common law*

[12] Cf. Sartori, Giovanni. Elementos de teoria política, 2002, p. 216.

foi mais um direito criado pelos operadores do direito que o resultado de criações intelectuais, como se verificou na Europa Continental.

A expressão *due process of law* significa, literalmente, o "devido processo legal". Designa o processo de aplicação regular da lei pelas cortes e pela administração, de acordo com regras e princípios estabelecidos pela jurisprudência, para garantia e proteção dos direitos individuais. Implica o direito do julgamento justo (*fair trial*) e seus consectários (contraditório e ampla defesa).

O *Habeas Corpus Act* de 1697, por exemplo, consolida uma série de regras processuais voltadas à garantia do indivíduo contra prisões arbitrárias. Sua pedra angular é a exigência de que a autoridade apresente em juízo os acusados de crimes, efetivos ou supostos, assim que detidos. Com isso se assegurou, formalmente, a liberdade de locomoção não só em caso de prisão, mas também em situações de potencial ou efetiva ameaça.

O *Bill of Rights*, por sua vez, além de consagrar a separação de Poderes como garantia da liberdade, fortaleceu a instituição do júri, instituiu o direito de petição, tornou ilegais e nulas as aplicações de multas e penas sem culpa formada, proibiu penas cruéis, cauções e multas excessivas. Também declarou ilegais a suspensão da vigência ou a execução de leis pelo soberano, sem consentimento do Parlamento.

2.6. Atuais desafios

Até 2016, os desafios enfrentados pelo sistema jurídico britânico centravam-se na adaptação do modelo tradicional da Constituição não escrita à proteção jurisdicional dos direitos fundamentais na União Europeia, prevista nos tratados da Comunidade Europeia (TCE) e da União Europeia (TUE).

Problemas semelhantes se apresentaram em relação à Convenção Europeia de Direitos Humanos de 1948, revisada em 1996 para a inclusão dos direitos sociais, em relação à qual foi editado o *British Human Rights Act* de 1998.

A Grã-Bretanha promoveu, em 1998, reformas constitucionais substantivas em relação à proteção dos direitos humanos com a edição do *British Human Rights Act* (BHRA) e sua pertinente sanção pela coroa. Até então, a lei britânica não reconhecia formalmente nenhum conceito legal de direitos humanos, a despeito das obrigações internacionais assumidas.

O BHRA, verdadeiro *Bill of Rights*, incorporou todos os artigos da CEDH e seus protocolos adicionais, cujo atendimento pelas autoridades estatais é supervisionado pela *Equality and Human Rights Comission*, criada em 2007. Sob esse aspecto, é necessário observar que a CEDH confere aos direitos fundamentais nela previstos a qualidade de *standard minimum* (art. 53), não constituindo uma regulamentação completa e exaustiva de direitos fundamentais. Deixa espaço, portanto, para as regulamentações nacionais ou internacionais mais protetoras, quando for o caso.

O ponto principal da adaptação promovida pelo BHRA reside na alteração do *modus vivendi* da democracia liberal inglesa, na medida em que a positivação de direitos desloca o voto popular do eixo central do *self-government in a community of equals*. Equivale a dizer que se reconhece que o exercício universal de direitos civis e políticos requer uma moldura de direitos sociais e econômicos, e não apenas da atuação do Parlamento ou do Judiciário.

Além disso, de acordo com as suas previsões, todas as autoridades públicas, incluindo os juízes em cortes e tribunais, estão adstritas ao BHRA e à CEDH, de maneira que fica vedado aos juízes expedir mandados que violem direitos neles previstos ou construir jurisprudência em sentido diverso. Como se pode notar, tanto a CEDH quanto o BHRA têm grande repercussão sobre o *common law*, inclusive no que diz respeito a litígios que não envolvam o Estado, a ponto de a jurisprudência da CEDH poder ser invocada como precedente, embora não seja vinculativa da decisão dos juízes.

No caso Douglas & Ors *versus* Hello Ltd. & Ors, essa situação fica bem demonstrada. Nele, se encerrou controvérsia entre Michael Douglas e Catherine Zeta-Jones e a revista *Hello!*, a propósito de publicação não autorizada de fotos de seu casamento, sob a alegação de violação de privacidade. A corte decidiu que, desde a edição do BHRA, o direito à privacidade está fundado na doutrina da quebra de confiança. O inusitado, nessa questão, foi a utilização do BHRA para questões mais comerciais do que propriamente de defesa de direitos humanos, posto que estabeleceu novo padrão para julgamento de questões relacionadas à privacidade.[13]

[13] Douglas & Ors versus Hello Ltd. & Ors [2005] EWCA Civ 595 (18 May 2005). Cf., a propósito, EWING, Keith D. The case for social rights, in: CAMPBELL, Tom; GOLDSWORTHY, Jeffrey; STONE, Adrienne (orgs.). Protecting human rights, 2005, p. 331.

Alteram-se, portanto, o princípio da soberania do Parlamento e o do Judiciário, e esse é o aspecto principal em relação ao *Rule of Law*. Desse ponto de vista, pode-se verificar a universalização da matriz do atual Estado constitucional de direito, como padrão de convivência ocidental.

Malgrado as alterações substantivas do constitucionalismo britânico provocadas pelo BHRA, em termos formais e materiais, a aplicação do direito internacional pelos juízes, no exercício do *Rule of Law*, não é nova nem inovadora. Tanto o direito britânico quanto o americano já adotavam normas internacionais, mercê do chamado princípio da incorporação, cuja elaboração original é atribuída a **Blackstone** (1765). De acordo com esse princípio, o direito internacional consuetudinário incorpora-se à *law of the land* e, como tal, torna-se diretamente aplicável pelo juiz; a jurisprudência dos dois países é farta em exemplos de incorporação.[14]

Outra alteração significativa, ocorrida em 2005, por meio do *Constitutional Reform Act* , foi a criação da Suprema Corte, com implicações no sistema judiciário e nas competências nas câmaras do Parlamento. A reforma atendeu às exigências da Convenção Européia de Direitos Humanos relativamente à garantia expressa de julgamentos isentos e justos, restringindo os poderes do Lord Chancellor (o decano da Câmara dos Lordes) e, também, da Câmara dos Lordes no âmbito judicial, tal como tradicionalmente previstas no modelo constitucional histórico.

A saída do Reino Unido da UE trouxe novos desafios ao sistema jurídico britânico. Um deles foi a garantia de que o desligamento do organismo regional não criaria um vácuo legislativo nas áreas de regulamentação ambiental, direitos trabalhistas e regulação de serviços financeiros, matérias afetas à União Europeia. A solução foi a conversão das leis e regulamentos europeus, editados no período de cerca de quatro décadas em que o Estado permaneceu na União, em leis britânicas, levada a efeito pelo *EU Withdrawal Act 2018*. Também foram conferidos poderes aos ministros integrantes do governo para proceder a alterações na legislação ordinária por meio de decretos (*statutory instruments*). [15]

[14] Cf. a propósito MANNONI, Stefano. "Estado de Direito e direito internacional", in: COSTA, Pietro; ZOLO, Danilo. Estado de Direito, história, teoria e crítica, p. 585-610.

[15] Texto integral em: https://www.gov.uk/government/publications/the-repeal-bill-white-paper Acesso em 27/11/2022.

3. O *Rule of Law* americano

3.1. Características

A recepção do *Rule of Law* inglês em solo americano não se fez por mero transplante. O *common law* inglês era, em princípio, aplicável às colônias, mas comportava relativizações. Na verdade, o *common law* britânico apenas teve vigência e eficácia na América à medida que as suas regras se adaptaram às condições de vida locais.

O fato era que as regras inglesas pouco tinham a ver com as necessidades dos colonos. Além disso, a extensão do território, a liberdade de culto, a inadaptabilidade de institutos jurídicos feudais à nova organização social, somadas ao fato de a Inglaterra não ter aplicado, de forma uniforme e centralizadora, seu sistema de dominação às colônias americanas, provocaram notáveis diferenças institucionais em relação à matriz inglesa.

Em primeiro lugar, o modelo americano, além de estar fundado em Constituição escrita e rígida, conforma-se à organização federativa do país. Compreende, portanto, os diversos sistemas legislativos e judiciários estaduais, com competências próprias, e a legislação federal, de alcance nacional, elaborada pelo Congresso, cuja apreciação judicial compete às cortes federais. Daí por que a *law of the land* é apenas a federal, naquelas matérias definidas pelos *cases law* julgados perante as cortes federais ou constante dos *federal statutes*. Em segundo lugar, porque os EUA adotaram o presidencialismo e a separação de Poderes, com mútuas competências de controle, de tal forma que os atos do Congresso se sujeitam ao *judicial review of legislation*, de competência da Suprema Corte.

O *Rule of Law* americano é tributário da forte convicção individualista de **John Locke**, na qual o Estado é, por natureza, inconfiável. Assim sendo, o culto à lei representa um instrumento poderoso contra os potenciais perigos que advêm da atuação do Estado, além de meio de proteção do indivíduo – e de sua propriedade – contra as diversas correntes políticas que transitam no Estado e se expressam no Legislativo. É por essa razão que, mesmo sendo a lei a expressão da soberania popular, o poder do Congresso em relação aos direitos fundamentais é bastante atenuado, de forma a prevenir eventuais ameaças das maiorias em relação às liberdades fundamentais. Logo, a despeito da certeza de o direito ser um valor necessário, ele é insuficiente à garantia das liberdades.

Desde o início da colonização americana, a igualdade jurídica dos indivíduos constituiu uma das mais importantes características da nova sociedade que se formava, juntamente com a defesa das liberdades individuais e o consentimento popular, características essas que serão consagradas na Declaração de Independência de 1776. A ideologia por detrás das instituições políticas e jurídicas conformadas posteriormente na Constituição de 1787 não é outra senão a de que os governos são instituídos pelos homens para a salvaguarda dos direitos naturais, sendo direito dos homens alterá-los ou aboli-los todas as vezes que se tornassem destrutivos, como preconizava **John Locke** no *Segundo tratado sobre o governo civil*. A soberania popular, portanto, tinha, ela própria, a natureza de direito natural, assim como a vida, a liberdade e a busca da felicidade.

O profundo individualismo, presente em todas as camadas sociais, é resultado dessa visão, o que explica, em grande parte, o conteúdo dos *Bills of Rights* dos diversos estados federados, assim como o das dez primeiras emendas à Constituição americana, e atavismo nacional em relação ao poder federal. Em verdade, só foi possível aprovar a Constituição americana em setembro de 1787, depois de exaustivamente assegurado que os novos poderes não poriam em perigo a liberdade. Em 1791, devidamente ratificadas pelos estados, entram em vigência as dez primeiras emendas à Constituição, perfazendo o conteúdo do *Bill of Rights* americano, com o objetivo de garantir a segurança perante o novo poder federal, considerado ameaçador para as liberdades individuais.

3.2. A supremacia da Constituição e o Judiciário

No modelo americano, a Constituição, sobrepondo-se a qualquer norma, seja de criação jurisprudencial, seja de extração legislativa, tem a natureza de lei fundamental, característica que alcança, numa fase posterior, o *Bill of Rights*.

Essa é a causa de outra diferença substantiva em relação ao modelo inglês. A força do direito escrito (*jus scriptum*) é maior em comparação à dos costumes e precedentes judiciais, embora os *cases law* conservem papel fundamental no sistema. Verifica-se, portanto, que do ponto de vista jurídico, o *Rule of Law* americano não foi instituído como um sistema puro, e sim um misto do *common law* inglês e *civil law*.

Do ponto de vista político, como a Constituição é um ato da soberania popular, a tendência foi conceber o 'governo da lei' como uma autodeterminação republicana. Essa convicção é tão forte na construção da identidade política americana que o culto à lei se tornou uma espécie de "religião civil", sobretudo pelo fato de a Constituição remeter, mais do que à certeza do direito, ao sistema jurídico em torno do qual o cidadão pode se reconhecer.

A concepção da "Constituição-garantia" no sistema americano confere, desde o início, um papel proeminente ao Judiciário, em comparação com os demais Poderes, devido ao controle difuso de constitucionalidade. Essa opção tem importantes consequências políticas, pois o Judiciário, paulatinamente, relativiza a supremacia da soberania popular, especialmente em razão de a Suprema Corte ser o único e último intérprete da Constituição.

O marco inicial dessa relativização é o caso Marbury *versus* Madison, acerca da extensão e dos efeitos do controle de constitucionalidade, prosseguindo, entre outras decisões, por via da progressiva atuação do Estado em favor dos direitos sociais. Em 1857, por exemplo, a Suprema Corte rejeitou a regulação da libertação dos escravos, consagrada pelo Compromisso de Missouri, fundamentando sua decisão com a violação da garantia constitucional da propriedade (Dread Scott *versus* Sanford, 19 How. 393/1857). Em 1905, declarou nula a redução do horário de trabalho legal, por infringir a garantia constitucional da liberdade e da propriedade (Lochner *versus* New York, 198 US 45/105). São evidentes, ante a ideologia liberal que inspirou o direito americano, as dificuldades desse percurso, marcado por forte ativismo da corte federal em defesa do liberalismo econômico e do empresariado americano no período compreendido entre 1890 e 1937 (denominado "Era Lochner", em alusão ao paradigmático caso acima indicado).

Os rumos da jurisprudência foram alterados na altura do fim dos anos 1930, quando a corte se restringiu, paulatinamente, ao seu papel de supervisão da atividade legislativa da União e dos estados em matéria econômica. A evolução da jurisprudência, desde então, tem mostrado preocupação maior com as instituições e os mecanismos do *Rule of Law* em termos mais políticos do que estritamente jurídicos. Das decisões que consideravam as medidas do *New Deal* atentatórias à liberdade do mercado, a jurisprudência da Suprema Corte americana evoluiu para a aceitação de medidas de política econômica, com fundamento em princípios do *common law*, à vista de o desenvolvimento industrial do país requerer novas medidas governamentais; com isso, permitiu o aparecimento do Estado de Bem-Estar.

Segue-se a "Era Warren" (1953-1969), período no qual, sob a presidência do *Chief Justice* **Earl Warren**, se adota postura de maior intervenção na esfera política, voltada à defesa das liberdades e dos direitos civis e à expansão do poder do Judiciário. Um dos casos mais relevantes desse período é Brown *versus* Board of Education of Topeka (347 US 483 - 1954), decisão histórica que declarou inconstitucionais as leis estaduais que determinavam a separação entre estudantes negros e brancos nas escolas públicas. Essa decisão abriu caminho para a integração e o movimento dos direitos civis nos anos 50 e 60 do século XX naquele país. Nos primórdios dos anos 80, sob governos republicanos, a Corte entra novamente em período de maior abstenção. Durante a "Era Rehnquist" (1986-2005), sob a presidência do *Chief Justice* **William Rehnquist**, destacaram-se o ressurgimento do federalismo e os limites da Constituição sobre os poderes; a decisão do tribunal em Bush *versus* Gore, que determinou a recontagem eleitoral durante a eleição presidencial de 2000, é um dos marcos polêmicos desse período. A atual "Era Roberts" (2005), sob a presidência do *Chief Justice* **John G. Roberts**, é por muitos considerada ainda mais conservadora do que a Rehnquist.

3.2.1. Marbury *versus* Madison

O caso, julgado pela Suprema Corte americana em 1803, sob a presidência do *Chief Justice* **Marshall** (1801-1835), é considerado o principal marco do sistema difuso de controle de constitucionalidade. Seu objeto era a competência da Suprema Corte para analisar a legalidade da nomeaçao do juiz Marbury para ocupar cargo na corte federal norte-americana, pelo *Judiciary Act* de 1801.

O problema foi provocado pelo fato de, com a mudança de governo, ter o secretário de Estado **James Madison** – orientado pelo presidente então eleito, **Thomas Jefferson** – voltado atrás, restabelecendo o *Judiciary Act* anterior, de 1789. Com isso, a nomeação de Marbury seria interrompida e o juiz não mais ocuparia cargo na corte federal. Diante dessa situação, o juiz Marbury propõe uma ação perante a Suprema Corte americana contra **Madison**, pleiteando a conclusão do seu processo de nomeação para ocupar o cargo de juiz federal.

Após a análise do conflito, a Suprema Corte decide que o juiz Marbury tem o direito de reaver sua nomeação. Nesse contexto, o voto do juiz **Marshall** foi de extrema relevância por constatar que o *Judiciary Act* de 1789 contrariava a Constituição, sendo necessária uma revisão judicial. **Marshall** afirmou ainda que era dever do Judiciário interpretar as leis e, nos casos de conflito, dizer quais leis estavam ou não de acordo com o texto constitucional. Sendo a Constituição a lei maior do ordenamento jurídico, caberia ao Judiciário a função de interpretar as leis inferiores de acordo com ela e, numa eventualidade de conflito entre elas, declarar a inconstitucionalidade da lei inferior.

O voto de **Marshall** foi enfático ao afirmar o dever do Judiciário de não apenas declarar o direito no caso concreto como avaliar os conflitos de leis e assegurar a primazia do texto constitucional sobre as demais leis, culminando inclusive na exclusão de leis inconstitucionais do sistema. Discutiu-se assim, pela primeira vez no direito norte-americano, a constitucionalidade das leis – quando estão ou não de acordo com a Constituição – e, ainda, quem teria a palavra final sobre a determinação de uma eventual inconstitucionalidade.

Firmou-se, assim, a primazia da Suprema Corte em deliberar sobre a constitucionalidade das leis, tornando-a um paradigma no direito constitucional por cimentar a primazia da Constituição e instituir o controle de constitucionalidade pelo Judiciário, com a consequente exclusão do sistema dos atos normativos contrários ao texto constitucional.

3.2.2. O *New Deal*

Outro conhecido exemplo de relativização da soberania popular se encontra em parte das decisões da Suprema Corte americana referentes ao *New Deal* e ao seu programa de intervenção na economia, voltado a amenizar os efeitos da crise social que se seguiu à Grande Depressão de 1929.

Os principais pontos do programa, tal como apresentados ao Congresso americano por **Franklin Delano Roosevelt** em 1933 em projetos de lei ordinária, afetavam o conceito de propriedade e a divisão constitucional de competências entre a União e os estados. À mesma altura, diversos legislativos estaduais editaram normas destinadas tanto a intervir na economia quanto a regular o setor produtivo. Ora, a jurisprudência da Suprema Corte, até então, pautara-se pela defesa intransigente da propriedade, mesmo em face do interesse público de natureza social. Daí o fato de a legislação de cunho econômico ou trabalhista – que regulamentava salários e horários de trabalho – ter sido considerada inconstitucional quando questionada junto à corte, por afetar a liberdade de comércio.

A inconsistência entre a visão liberal do *Rule of Law* e a garantia de direitos é um tema amplamente abordado pela doutrina constitucional americana. Em sua obra, **Larry Alexander** (*Is there a right of freedom of expression?*, 2005) a aponta em face da liberdade de expressão, observando que toda lei positiva afeta a liberdade de expressão à medida que influi no que será dito por quem, para quem e com qual efeito.

4. O *Rechtsstaat*

A primeira institucionalização racional do Estado de Direito foi a do *Rechtsstaat* alemão, no século XIX.

A expressão *Rechtsstaaten* – literalmente, Estado de Direito – foi resgatada da obra de **Robert von Mohl** (*Die Polizeiwissenschaft nach den Grundsätzen des Rechtsstaates*), na qual havia sido empregada, na década de 1830, com o sentido de assegurar a função primária de proteção da liberdade dos indivíduos por parte do Estado.

O modelo alemão apresenta peculiaridades em relação ao *rule of law* (britânico e americano).

Em primeiro lugar, além de pertencer à família jurídica dos sistemas romano-germânicos, o que lhe assegura formulação jurídica e não costumeira ou jurisprudencial, não admite a anterioridade do direito em relação ao estado. assim sendo, na interação estado/direito, o estado tem primazia.

Logo, concebe os direitos individuais como "direitos públicos subjetivos", instituídos pela autoridade soberana do estado (não pela autoridade da nação ou do povo) no momento de sua autolimitação por meio de leis positivas gerais, abstratas e não retroativas, de origem parlamentar.

Em segundo lugar, a doutrina alemã do estado de direito apresenta evolui, no século XIX, de liberal (primeira metade) para conservadora (após 1871, por ocasião da criação do *Reich*). No século XX, após a II Guerra Mundial, apresenta conteúdo material de forte comprometimento com os direitos fundamentais, conforme a Lei Fundamental de Bonn (1949), ampliado, posteriormente, pelos direitos sociais.

4.1. Objetivos

Patrocinado tanto pela burguesia iluminada como pelo autoritarismo conservador da monarquia, da aristocracia agrária e militar., pela aristocracia, o principal objetivo do *Rechtsstaat* foi garantir a transformação do poder do Estado em poder de direito. O fim a atingir era claro: eliminar qualquer possibilidade de exercício arbitrário ou discricionário do poder que pudesse ameaçar o livre desenvolvimento social e a vida privada, particularmente no que dizia respeito à produção e distribuição de riquezas. Nesse sentido, o *Rechtsstaat* foi a representação jurídica da democracia liberal

O modelo adotado consistiu na fixação prévia de regras que definiam as finalidades do Estado, suas obrigações e direitos, de modo a condicionar sua atuação ao alcance e realização daqueles fins, segundo o método jurídico que empregava a separação de Poderes e a tutela dos direitos fundamentais.

Cidadãos, instituições religiosas e da sociedade civil e o próprio Estado nada mais eram que "pessoas" igualmente submetidas à lei, entre as quais se estabeleciam relações recíprocas reguladas pelas mesmas normas. Enfim, o Estado é força e não protagonista na realização de uma "Constituição civil perfeitamente justa" que administre o direito, como queria **Kant.**[16]

Mais especificamente, o Estado, para Kant, deveria garantir a liberdade de cada um, de acordo com a lei:

[16] A ideia de uma história universal, 2003, p. 10.

> "O princípio fundamental de um Estado governado pelas leis da justiça é a liberdade de todo membro da sociedade, a igualdade entre todos os homens, e a independência de cada membro como cidadão.
> Esse Estado deveria ser realizado por meio dos seus cidadãos, diretamente ou através de representantes, na feitura das leis aos quais se submetem, de forma que estejam sujeitos tão somente àquelas que escolheram para si próprios.
> A finalidade do Estado não é a felicidade dos cidadãos, mas a garantia do acordo de liberdade de cada um com a lei universal."[17]

4.2. Origens

Via especial do constitucionalismo alemão, também identificada como liberalismo constitucional, o *Rechtsstaat* firmou-se após a restauração monárquica de 1848, na esteira da rápida derrocada da revolução proletária que assolou a Europa Ocidental. Do ponto de vista teórico, situou-se entre as propostas do chamado "constitucionalismo de restauração", que tem a monarquia e a soberania popular como princípios estruturantes, nos moldes da Carta Constitucional Francesa de 1814, outorgada por Luís XVIII.

Essa fundamentação é corolário do liberalismo constitucional da primeira metade do século XIX, que não considerava necessária a substituição do Estado pela sociedade civil. E isso porque identificava na monarquia o poder e a autoridade moral do reino, pelos quais se assegurava a unidade do Estado, cujos poderes eram limitados por meio do comprometimento dos governantes com leis racionais, supressoras das arbitrariedades e privilégios. Os direitos dos indivíduos, por outro lado, seriam assegurados pelas Assembleias estamentais.

Há algumas características, contudo, que distinguem o liberalismo alemão da corrente europeia, particularmente da francesa. O movimento liberal alemão, à época, não se converteu em fator dominante da sociedade ou do Estado. Tratou-se antes de um liberalismo "débil", hipotecado pelas estruturas políticas e sociais vigentes, assim como pela herança cultural sob a qual se desenvolveu. Do ponto de vista político, confrontou-

[17] *Über den Gemeinspruch: Das mag in der Theorie richtig Sein taugt aber nicht fur die Praxis* (1793).

-se com a pluralidade de estados particulares que compunham o Estado alemão desde o desaparecimento do Reich, em 1815; do ponto de vista socioeconômico, enfrentou a esmagadora estrutura agrária da economia; finalmente, por parte da herança cultural, enfrentou as ainda vigentes liberdades estamentárias do Reich.

A teoria do *Rechtsstaat* se origina como a teoria das reformas liberais constitucionais, Posteriormente, no período compreendido entre o término da unificação alemã, em 1871, e o da Primeira Guerra Mundial, em 1918, juspublicistas como **Carl Friedrich Von Gerber**, **Otto Von Gierke** e **George Jellinek,** além de **Otto Mayer** e **Rudolf von Jhering**, conferirão sofisticada sustentação teórica ao projeto ideológico do *Rechtsstaat*, cuja teorização se torna técnica e despolitizada.

4.3. Os direitos individuais como direitos públicos subjetivos

Embora a teoria dos direitos públicos subjetivos tenha sido um passo importante para o equilíbrio das relações entre o Estado e os cidadãos, a conquista foi efetiva apenas perante o Executivo e o Judiciário, não valendo para o Legislativo. A explicação é que, ao contrário do monarca e dos juízes que se encontravam sujeitos à lei, o Legislativo, por sua própria natureza, não poderia se sujeitar à lei, pois dela era "senhor". A preeminência do Parlamento, ademais, vinha ao encontro da possibilidade fática de permanente alteração de uma Constituição flexível.

A doutrina alemã dos direitos subjetivos não foi além dessa elaboração, pela qual se desenhava um Estado bifronte, caracterizado de um lado pela face do Estado-pessoa (constituído pela Administração Pública, encabeçada pelo governo monárquico) e, de outro, pela de Estado-ordenamento (constituído pelo direito vigente e encabeçado pelo legislador). Logo, os direitos, ainda que previstos na Constituição, não eram materiais, mas simplesmente formais, cuja garantia se reduzia à reserva legal, a ponto de serem antes uma diretiva que uma garantia mais robusta.

Sendo, pois, o Poder Legislativo a única fonte do direito, e estando a matéria das liberdades sob reserva legislativa do Parlamento, a teoria dos direitos públicos subjetivos constituiu, em verdade, uma teoria estatista dos direitos fundamentais. Tal peculiaridade – que nada mais revela senão a posição anticontratualista alemã – corresponde a uma posição conservadora e remete à exigência de uma rigorosa secularização do ordenamento jurídico.

A concepção do Estado liberal de direito, calcada na supremacia do Parlamento, favoreceu a tal ponto a relativização dos direitos humanos que o Legislativo poderia alterá-los, ou restringir sua garantia a determinados grupos, como ocorreu em relação aos *stateless people* ou *displaced persons* (os apátridas e refugiados) nos anos 1920, 1930 e início de 1940. Isso nos demonstra que, malgrado sua positivação, tais direitos eram direitos em sentido fraco, o que, da perspectiva dos apátridas ou dos refugiados, poderia significar direito nenhum.

4.4. O nexo entre poder e direito

Na teoria do *Rechtsstaat*, o nexo entre poder e direito é dúbio. Se, por um lado, toda a atividade estatal se encontrava conformada ao direito, mediante vínculos administrativos e controle jurisdicional em relação aos quais não há nenhuma possibilidade de atuação discricionária do Executivo, por outro concedia ampla liberdade decisória ao Legislativo, na qualidade de poder identificado com a soberania estatal.

Daí o epíteto de "Estado Legislativo" dado a ele, anos mais tarde, por **Carl Schmitt**, para evidenciar que o Parlamento, ao atuar "sobre a lei" ou "em nome da lei", extinguia o poder soberano. Mais criticamente, observou que o Estado de Direito formal, graças à "bênção da legalidade" que criava em virtude de suas normas gerais, previamente determinadas, aceitava "[...] a situação criada pelo absolutismo dos príncipes e, em particular, a supressão de todo direito de resistência [...]".[18]

Esses argumentos foram utilizados para legitimar, teoricamente, os amplos e extraordinários poderes do *Führer*, na concepção de **Schmitt** o único e verdadeiro detentor da soberania, que concentrava a elaboração e a execução da lei. Não se pode negar, entretanto, um traço hobbesiano no Estado Legislativo, resultante da perfeita correspondência entre vontade estatal, legalidade e legitimidade, e da suposta adesão incondicional dos cidadãos a essa premissa.

[18] Legalidad y legitimidad, p. 16.

A dificuldade do Estado legislativo, revelada na proteção dos direitos, apenas será solucionada depois da Primeira Grande Guerra, com a introdução do controle de constitucionalidade pela Constituição de Weimar (1919), devido ao fundado temor de que o poder ilimitado do Parlamento pudesse violar a Constituição. Somente após a Segunda Guerra Mundial, contudo, o Tribunal Constitucional Federal foi elevado à condição de "guardião da Constituição", alterando-se, igualmente, a concepção da Constituição de instrumento limitador do poder do Estado *versus* liberdade individual a positivação jurídica dos valores fundamentais da democracia alemã.

Produto da influente juspublicística alemã do século XIX, em torno da qual são formulados seus postulados, a teoria do *Rechtsstaat* alcançará a juspublicística italiana e francesa. Será, posteriormente, reelaborada por **Kelsen** no percurso teórico que desenvolve até a introdução da jurisdição constitucional na Constituição austríaca de 1920.

Em breve síntese, pode-se dizer que **Kelsen** se insurge contra a estatalidade do direito, fundada sob o dogma da personalidade jurídica do Estado, tão caro aos juspublicistas do século XIX. Decorrem dessa premissa críticas severas aos seus diversos postulados teóricos, seja no que concerne à visão do direito como imperativo, seja quanto à estruturação da tripartição dos poderes em benefício da salvaguarda do princípio monárquico e dos privilégios da Administração Pública. A concepção kelseniana do Estado de Direito, diversamente, apresenta, além da dimensão formal, centrada na estrutura hierárquica do sistema jurídico, uma dimensão substantiva, ligada à primazia da Constituição e dos direitos (que impregnará o constitucionalismo da segunda metade do século XX).

Nesse contexto, a promulgação da Constituição Imperial de Weimar (1919, com vigência até 1933) pretendeu conferir ao primeiro governo democrático em solo alemão novo conteúdo ao Estado de Direito. Incorporou ao seu texto direitos fundamentais, sobretudo os sociais, para fazer frente aos problemas decorrentes de um sistema econômico e social marcado pela desigualdade; contudo, a despeito de suas boas intenções, não previu instrumentos jurídicos para garanti-los, nem para fazer prevalecer a hierarquia das normas constitucionais.

Além disso, no sistema político misto parlamentarista-presidencialista de Weimar, no qual o presidente da República podia dissolver o Parlamento, declarar extado de emergência e governar por meio de medidas de emergência, sem consideração pelo Legislativo (art. 40, da Constituição), prevaleceram sobre a democracia as forças aristocráticas e burguesas, saudosas da antiga ordem e seus privilégios. [19]

A revolução copernicana do Estado de Direito alemão resultará da promulgação da Lei Fundamental de Bonn – LFB, em 1949 (a expressão "Lei Fundamental de Bonn" designa a natureza provisória dessa Constituição).

Fundada sobre a prevalência dos direitos fundamentais, a vinculação indissolúvel do poder político ao direito e a opção pelo Estado de Direito democrático e social, a LFB, prevê a existência de um Tribunal Constitucional forte para que os direitos nela previstos tenham eficácia. Com essas previsões, o *Rechtsstaat* de formal passa a Estado de Direito material.

5. O *état de droit*

De elaboração mais tardia, a doutrina francesa do *État de droit* pretendeu constituir uma síntese dos modelos alemão e americano, em vigorosa crítica ao constitucionalismo e às instituições da Terceira República (1870-1940), fundadas no primado da lei como expressão da soberania nacional.

Sob a Terceira República, três leis constitucionais esparsas relativas à organização política, editadas em 24 e 25 de fevereiro e em 16 de julho de 1875, deram conteúdo a uma Constituição concebida para viger temporariamente mas que se tornou a mais longeva da história francesa, permanecendo em vigor até 1940, quando foi instaurado o Regime de Vichy.

Elaboradas sem nenhuma preocupação sistematizadora, as leis constitucionais resultaram de acordos entre monarquistas e republicanos, que favoreceram a supremacia do Parlamento.

O problema, como se pode deduzir, é que uma Constituição desse tipo, num cenário político-institucional no qual o Direito se identifica

[19] Cf. ZIMMERLING, Ruth. Alemanha: parlamentarismo e o fantasma de Weimar. **Lua Nova**, São Paulo , n. 24, p. 73-84, Sept. 1991 . Available from <http://www.scielo.br/scielo.php?script=sci_arttext&pid=S0102-64451991000200005&lng=en&nrm=iso>. access on 16 Nov. 2017. http://dx.doi.org/10.1590/S0102-64451991000200005

com o comando do Estado, não se afirmava hierarquicamente na escala das normas jurídicas.

Assim sendo, os direitos fundamentais se reduziam aos direitos que o Estado quisesse reconhecer, reduzindo-se, drasticamente, o conteúdo das liberdades públicas.

Não é possível compreender a dimensão nem os efeitos da elaboração teórica do *État de droit* àquela altura, sem levar em conta a força do iluminismo na organização da sociedade francesa, desde o fim do século XVIII.

A deificação da razão, secundada pela desconfiança em relação à tradição social e política, foi de tal modo assimilada que, após 1789, promoveu reiteradas análises da organização política e jurídica ideal. As Constituições destinavam-se à limitação do poder do Estado; não eram imutáveis, mas deviam ser redigidas por órgão especial e de acordo com as declarações de direitos. Redigir novas Constituições, nesse contexto, nada mais significava senão uma necessária – e desejada – resposta social.

As Constituições francesas eram, em princípio, instrumentos de vida fugaz. Elas não foram elaboradas nem para resistir ao tempo nem à razão política de uma época, visto que novos conhecimentos poderiam provocar sua revisão, entendimento potencializado pela alternância de formas de governo e de sistemas políticos.

Do Antigo Regime ao I Império (1789-1804) e da Restauração ao II Império (1804-1870) sucederam-se, ciclicamente, a monarquia absoluta, a monarquia limitada, a república democrática, a república autoritária e, novamente, a monarquia absoluta; do Império Liberal à V República (1870-1969) sucederam-se o império com tendência parlamentar, duas repúblicas parlamentares e uma república presidencialista.

Nesse período foram elaboradas quinze Constituições, algumas das quais nem sequer entraram em vigência ou assim permaneceram por brevíssimo período.

Isso explica, em grande parte, a diferença entre a estabilidade do sistema britânico, de Constituição não escrita, e o sistema francês. Enquanto o primeiro se mantinha sociologicamente ajustado às respectivas realidades jurídica e política, deixando espaço para correções de rumo mediante emendas ou interpretação jurisprudencial, na França tais correções sempre foram promovidas por novas Constituições.

Se as Constituições limitavam o poder do Estado, a lei destinava-se a assegurar os limites da liberdade individual e o âmbito de atuação dos órgãos do Estado. O culto à lei e a sua dimensão mística – outro desdobramento da deificação da razão colabora com a instabilidade constitucional, a supremacia do legislador e do Parlamento, assim como a inexistência de controle de constitucionalidade das leis, até 1960.

5.1. A teorização doutrinária do *État de droit*

Deve-se a formulação teórica do *État de droit* a **Raymond Carré de Malberg** (*Contribuition à la théorie generale de l'État*, 1920/1922), que, seguindo os cânones da juspublicística alemã, promove uma análise puramente jurídica do Estado, a partir de princípios deduzidos da Revolução Francesa. Disso decorre a necessária autolimitação do poder do Estado, em benefício da tutela dos direitos subjetivos, mas a salvo da onipotência e do monopólio legislativo do Parlamento.

Tal concepção negativa era confirmada, no plano dos fatos e também no das leis constitucionais, pelo caráter "nulo" do Poder Judiciário – provavelmente fortalecido pela aversão ao *gouvernement des juges* – e pelo princípio da estrita legalidade que condicionava o Executivo. Por outro lado, o Poder Legislativo tendia, simultaneamente, a revestir-se das funções de poder constituinte originário e de poder constituinte derivado, reivindicando um poder permanente de revisão. A esse cenário institucional de falta de equilíbrio entre os poderes e de soberania parlamentar, em relação à qual todos os demais órgãos estatais se encontravam submetidos, **Carré de Malberg** denomina Estado Legal.

O sistema do Estado legal – que supõe a soberania da lei e seu caráter ilimitado, posto que *la loi peut tout faire, la loi ne peut faire mal* (Rousseau)– é essencialmente um sistema de organização dos poderes que justifica a preponderância do Legislativo, enquanto o Estado de Direito é um sistema concebido no interesse dos cidadãos, o qual, por oposição ao Estado legal, supõe o Parlamento como poder constituído e não constituinte, igualmente sujeito ao contraste dos cidadãos, sujeitos da soberania.

Carré de Malberg pensa a personalidade jurídica do Estado em função do princípio da soberania nacional, daí se seguindo que um autêntico Estado de Direito deve garantir aos cidadãos instrumentos de tutela de liberdades e direitos, inclusive para se oporem à vontade do legislador, se necessário.

A solução do *judicial review* americano, ainda que estranha e, em certa medida, repugnante à tradição francesa, sugere, no entanto, em linha de princípio, a possibilidade de submissão das leis ordinárias à Constituição. O controle de constitucionalidade das leis, na França, não foi possível na III nem na IV (1946-1959) Repúblicas, mas apenas a partir dos anos 1960, no curso da V República. Seus traços fundamentais seguem o chamado modelo europeu, distinto do modelo americano, em razão do controle concentrado, confiado à jurisdição constitucional específica do Conselho Constitucional, que dispõe do monopólio da interpretação constitucional.

O Conselho Constitucional tem como missão precípua velar para que o Parlamento respeite os limites instituídos pela Constituição; seu papel de juiz da constitucionalidade das leis, mediante controle prévio à sua votação.

Em 2008, mediante revisão constitucional, foi introduzida no sistema francês a questão prioritária de constitucionalidade – QPC, procedimento de contestação da constitucionalidade de lei, perante o Conselho Constitucional, que atente contra os direitos e liberdades garantidos pela Constituição (art. 61-1 C, LC de 23/07/2008).

A jurisprudência do Conselho Constitucional tem evoluído no sentido de assegurar que o princípio da legalidade (art. 6o. da Declaração dos Direitos do Homem e do Cidadão, de 1789) só é válido em respeito à Constituição, o que representa um progresso considerável em matéria de estado de direito. Nesse sentido, a decisão de 23/08/1985: "a lei votada, (...) não exprime a vontade geral senão em respeito à Constituição". [20] A propósito, deve ser esclarecido que a Declaração Francesa de 1789 integra o Preâmbulo da Constituição da V República e tem valor constitucional, conforme decisão do Conselho Constitucional.[21]

[20] Décision n° 85-197 DC du 23 août 1985 http://www.conseil-constitutionnel.fr/conseil-constitutionnel/francais/les-decisions/1985/85-197-dc/decision-n-85-197-dc-du-23-aout-1985.8176.html

[21] Décision 71-44 DC du 16 juillet 1971. http://www.conseil-constitutionnel.fr/conseil-constitutionnel/francais/les-decisions/acces-par-date/decisions-depuis-1959/

6. Os princípios fundamentais das matrizes clássicas

Relacionando os fundamentos filosóficos e políticos comuns às quatro experiências históricas acima referidas, **Danilo Zolo** neles identifica o que denomina de "princípios fundamentais" das matrizes do Estado de Direito, que aqui adotamos para fins didáticos.[22] Deles se deduzem os princípios fundamentais do Estado de Direito, adiante comentados.

6.1. Princípio da difusão do poder

O princípio da difusão do poder incorpora os elementos que se voltam à ampliação do âmbito das liberdades públicas, por meio da expressa limitação jurídica dos poderes do Estado. Integram esse conjunto: *a)* a personalidade jurídica individual, no sentido de que todos são sujeitos de direitos e centros de imputação jurídica, ressalva feita à situação feminina e ao caráter censitário dos direitos políticos; *b)* a igualdade perante a lei, que implica iguais consequências jurídicas para todos; *c)* a certeza e a previsibilidade do direito, que supõe a definição prévia de crimes e penas, a publicidade dos atos legislativos e administrativos, os enunciados normativos com redação compreensível, o princípio do juiz natural; *d)* o reconhecimento constitucional dos direitos subjetivos, com o poder de fazê-los valer perante os órgãos do Estado, o que implica o princípio da judiciabilidade.

Como a lei é a única fonte de obrigações, o Estado não pode exigir o que nela não esteja previsto. A igualdade é essencialmente jurídica, em oposição aos privilégios e estatutos especiais e em benefício da uniformidade de tratamento em casos iguais (a lei deve ser geral e abstrata) e da proibição de distinções arbitrárias. A justiciabilidade, por sua vez, é a garantia do sistema do Estado de Direito para a aferição da legalidade, executada pelo Judiciário. Desse arcabouço decorrem outros limites, de natureza formal, identificados pelo positivismo jurídico: *a)* os limites de validade espacial e pessoal, decorrentes dos elementos constitutivos do Estado moderno (povo, território, soberania); *b)* os limites de validade temporal, pelos quais uma norma tem validade limitada no tempo que

1971/71-44-dc/decision-n-71-44-dc-du-16-juillet-1971.7217.html

[22] Costa, Pietro; Zolo, Danilo (orgs.). O Estado de Direito: história, teoria, crítica, 2006, p. 32 e segs.

transcorre entre a sua emanação (salvo se tiver efeito retroativo) e a sua ab-rogação; *c)* os limites de validade material, que reconhecem que há matérias que não podem ser submetidas à regulamentação ordinária e outras que são reconhecidas como indisponíveis pelo próprio ordenamento e, por essa razão, o poder estatal nelas não pode intervir, como é o caso dos direitos e garantias fundamentais.

6.2. Princípio da diferenciação do poder

O princípio da diferenciação do poder congrega elementos que permitem a separação dos sistemas político e jurídico dos demais subsistemas sociais, em particular do religioso e do econômico; congrega, igualmente, os mecanismos de diferenciação interna do poder (tripartição clássica, formas federativas, unitárias ou regionais de organização territorial, sistema de partidos não vinculados ao aparelho do Estado), com significativa ampliação da complexidade das estruturas políticas e administrativas do Estado.

Seu elemento central reside na autonomia obtida pelo sistema jurídico em relação aos subsistemas ético-religiosos, resultado lógico do contratualismo rousseauniano, pois que é determinada pela vontade concorde dos cidadãos e não por qualquer outro elemento transcendental. Tal autonomia é pressuposto necessário da igualdade formal dos sujeitos – independentemente das reais condições de classe, parentesco ou propriedade – e se refletirá na autonomização funcional interna. Expressa-se, portanto, por via das seguintes instituições: *a)* delimitação do âmbito do exercício do poder e de aplicação do direito, com demarcação das esferas pública e privada, para excluir essa última da competência política e jurídica, tanto no que diz respeito à vida íntima propriamente dita (religião, moral, relações familiares, expressões de criatividade artística, correspondências etc.), quanto no que concerne à vida negocial em geral; *b)* separação das instituições legislativas e administrativas; *c)* o primado do Poder Legislativo, o princípio da legalidade e a reserva de legislação; *d)* a subordinação do poder legislativo ao respeito dos direitos subjetivos constitucionalmente definidos; *e)* a autonomia do Judiciário, como um terceiro neutro em relação aos interesses políticos e sociais em conflito. Posteriormente, a difusão do controle de constitucionalidade – a consequência lógica da supremacia da Constituição – propiciará ao Judiciário declarar a invalidade dos atos que a contrariam.

Os princípios das matrizes históricas não se deduzem isoladamente, mas se combinam de vários modos, a cada passo, desde as suas primeiras manifestações. É deles que se extraem os princípios fundamentais do Estado de Direito: legalidade, igualdade e justiciabilidade.

Examinaremos, a seguir, as doutrinas e as instituições políticas e jurídicas que propiciam a afirmação desses princípios, subjacente ao duplo movimento de tutela dos direitos civis e políticos e contenção do exercício arbitrário ou abusivo do poder do Estado, por meio de sua submissão ao Direito.

CAPÍTULO 15
AS DOUTRINAS POLÍTICAS DO ESTADO DE DIREITO

As doutrinas políticas que fundamentam o Estado de Direito são tributárias de três correntes principais: o jusnaturalismo, o contratualismo e o liberalismo.

1. O jusnaturalismo

De acordo com a doutrina jusnaturalista, existem direitos naturais, ou inatos, inerentes à qualidade humana de seus titulares.

Tais direitos, por prescindirem do Estado, diferem do direito positivo, sendo-lhes anteriores e superiores. Em síntese, são direitos absolutos, imutáveis e atemporais, , que não têm como fonte o Estado..

De modo geral, três são as fontes do direito natural: a vontade divina, a natureza ou a razão. Conforme a fonte, varia a concepção de Estado. O jusnaturalismo de base divina está presente nas doutrinas políticas de **Santo Agostinho** e de **Santo Tomás de Aquino;** o de base natural, em **Platão** e **Aristóteles.** O jusnaturalismo moderno, que se afirma no século XVIII com características laicas e liberais, fundamenta-se na razão, sendo tributário das duas correntes anteriores e, também, de aportes de teólogos e juristas do século XVI (como **Francisco de Vitória** e **Francisco Suárez).**

A convicção de que existiam os direitos inerentes à natureza humana, já presente na filosofia estoica, consolidou-se com o cristianismo. No período que vai do século IV a.C. à segunda metade do século III d.C., a filosofia estoica, nas obras de alguns de seus cultores, como **Cícero**, **Epicteto**, **Sêneca**, **Marco Aurélio**, e dos jurisconsultos **Gaio**, **Ulpiano** e **Marciano**, identificou os princípios da dignidade e da unidade moral do ser humano. Tais princípios alcançaram a filosofia medieval à luz do cristianismo, que lhes deu nova densidade, em face da premissa que o animava: a igualdade natural dos homens.

É em virtude dessa igualdade natural que a identificação de direitos comuns a toda a espécie humana surge como consequência lógica, sem o caráter de criação política, mas de manifestação de vontade do criador do universo. Segue-se, em decorrência, a conclusão alcançada por escolásticos e canonistas medievais de que as leis contrárias ao direito natural são injustas, abusivas e sem força jurídica. Essa convicção, por sua vez, encontra-se na base da noção de que a legitimidade das leis decorre exclusivamente de sua conformidade com o direito natural, o que equivale a dizer que as leis se encontravam limitadas pelo ordenamento divino, como o fazem **Santo Agostinho** e **Santo Tomás de Aquino**. Esses valores, embora dissolvidos na Renascença, são retomados, posteriormente, pelo iluminismo.

2. O contratualismo

Entre os filósofos jusnaturalistas incluem-se os contratualistas, que sustentam ser a sociedade política o resultado de um acordo de vontades, expresso por intermédio de um hipotético contrato celebrado entre os homens. Para os contratualistas, significativamente, só a vontade humana determina a opção pela associação, o que confere racionalidade à organização social e política.

Essa é a marca distintiva do jusnaturalismo moderno, doutrina política que concebe o *ser humano como sujeito que tem valor em si mesmo*, e não um valor que o Estado lhe atribui. Logo, *o sujeito vem antes do Estado e não o contrário*. Tal concepção da organização social – denominada *individualista* – tem raízes na filosofia estoica e alcança, por vias políticas diversas, as revoluções dos séculos XVII e XVIII. Todas as declarações de direito do século XVIII expressam essa concepção; por isso, enunciam o mínimo irredutível do direito inato de todos os seres humanos, padrão preexistente a qualquer sociedade humana em função do qual deveriam ser moldadas todas as instituições políticas e jurídicas, assim como a própria lei.

A doutrina contratualista abriga uma grande diversidade de justificações a respeito do porquê os homens decidiram unir-se e viver em sociedade. O ponto comum a todas é a negação do impulso associativo espontâneo como elemento-chave do contrato social: o contrato social é intencional e representa a única forma de passagem do "estado de natureza" para o "estado civil".

O "estado de natureza" é uma espécie de estágio de convivência primitivo, no qual os homens vivem sem nenhuma ordem moral ou social, ou, por outra, sem ter suas ações reprimidas pela razão ou pela lei. Implica, por conseguinte, a negação de todo o ordenamento jurídico, que só se instaura com o "estado civil", ou seja, com a sociedade legalmente organizada. O estado de natureza também implica, em algumas doutrinas contratualistas, a existência de uma série de "direitos inatos", que valem perante o Estado e contra ele em virtude de seu caráter originário, inalienável e inatingível. Nas diferentes vertentes da doutrina contratualista, varia a indicação de quais direitos e prerrogativas devem ser transferidos ao Estado por via do contrato social.

Há dois momentos fundamentais na evolução das doutrinas jusnaturalistas e contratualistas, no que diz respeito à afirmação do Estado de Direito: a) o período que compreende o século XVI e o início do século XVII, no qual se promove o fortalecimento da soberania estatal; b) o período que se estende do fim do século XVII ao fim do século XVIII, no qual se busca a limitação da soberania estatal. Do ponto de vista doutrinário, não há fraturas entre ambos, mas uma substantiva continuidade. O aspecto subjetivo do direito natural, comum aos dois, molda as doutrinas individualistas e liberais que se encontram na base do jusnaturalismo moderno.

Relacionamos a seguir alguns dos pensadores que ilustram, de modo exemplar, as proposições jusnaturalistas em seus diferentes momentos, como se observa em **Francisco de Vitória**, **Thomas Hobbes**, **Hugo Grotius**, **John Locke**, **Montesquieu**, **Jean Jácques Rousseau** e **Imanuel Kant**.

3. Pensadores jusnaturalistas do século XVI e início do século XVII

A filosofia política jusnaturalista dos séculos XVI e XVII, a partir do rompimento da política com a religião propiciado por **Maquiavel**, favoreceu o fortalecimento progressivo de um poder público abrangente, no qual as prerrogativas de soberania dos governantes tanto se expressaram como "direito natural dos povos" (**Vitória**) quanto "poder incontrastável de mando", uno e indivisível (**Bodin**) ou no paradigma contratualista

(**Hobbes** e **Grotius**). Neste último, prevaleceram sobre o pensamento teológico o pensamento metafísico, a razão autônoma e suficiente, o ideal estoico da igualdade dos homens e o axioma do Estado-contrato, construído por método dedutivo e analítico.

3.1. Francisco de Vitória (1483-1546)

Nos primórdios do século XVI, **Francisco de Vitória** elabora uma sofisticada teoria da soberania estatal, com repercussões no interior dos Estados e na ordem internacional, como um conjunto de direitos naturais dos povos e dos Estados.

Partindo da premissa de que tais direitos são universais, **Vitória** chega a duas proposições principais. Em primeiro lugar, identifica a *communitas orbis,* isto é, uma sociedade natural de Estados igualmente livres e soberanos (*republicae*), submetida a uma ordem jurídica que tem a força obrigatória dos pactos, mas também a natureza de lei (*ius cogens*). Em segundo lugar, conclui que o príncipe só está autorizado a usar seu poder em benefício da própria república e do bem comum dos cidadãos (e não de qualquer outro interesse ou vantagem particular) posto que deles recebe a sua autoridade. Todas as leis, portanto, indistinta e necessariamente, devem se voltar ao benefício de todos, a todos obrigando (súditos, legisladores e, principalmente, monarcas).

Vitória, nessas proposições, não só enuncia a existência de um direito universal das pessoas (como hoje ocorre em relação ao direito internacional público) como também o fundamento democrático do poder do soberano, antecipando o moderno princípio da soberania popular.[1] Na base da argumentação de **Vitória**, encontra-se a convicção acerca da existência de normas e princípios jurídicos inerentes à natureza humana e que, por essa razão, são dotados de superioridade hierárquica em relação às normas expedidas pelo monarca.

A ideia de soberania como um conjunto de direitos naturais dos povos oferece uma nova forma de legitimação à conquista da América, sendo esse o objetivo imediato da obra de **Vitória**. Para tanto, trouxe as discussões sobre o direito natural dos domínios da teologia moral para o campo

[1] Cf. Ferrajoli, Luigi. A soberania no mundo moderno, p. 8-9.

jurídico, sob o argumento de que as normas de proteção aos direitos dos índios americanos integravam um corpo jurídico imanente à natureza humana, e daí o direito/dever de proteger os convertidos, correlato ao direito dos espanhóis de defenderem os seus interesses na hipótese de não conversão ou não submissão. Complementarmente, a concepção de **Vitória** permite fundar uma nova doutrina de legitimação da guerra justa.

3.2. Hugo Grotius (1583-1645)

Grotius, como vimos, concebe um Estado pacífico, no interior do qual as obrigações políticas derivam de pactos associativos (*pactum societatis*), fundados no direito natural. O objetivo é que o Estado seja "um corpo perfeito de pessoas livres que se unem, pacificamente, para gozar seus direitos" e que todos os Estados, em conjunto, também criem, por meio de obrigações mútuas, condições de convivência internacional pacífica, como já proposto por **Vitória**.

No interior dos Estados, o *pactum societatis* – que é uma das regras do direito natural – deriva da vontade dos súditos, comprometidos reciprocamente a viver em sociedade e a submeter-se ao poder que nela instituem (*pacta subiectionis*).

Há aqui dois pontos a ressaltar. Em primeiro lugar, na doutrina de **Grotius**, os homens, ao sair do estado de natureza para o Estado, deixam de ser regidos pela lei da razão para ser comandados pela lei da autoridade pública. Nesse contexto, a finalidade do direito natural é, tão somente, servir de fundamento às normas do Estado, por meio da aplicação do princípio geral do *pacta sunt servanda*. Assim sendo, uma vez criado o Estado, o direito natural perde seu valor e sua função autônoma. Este é o segundo ponto: para **Grotius**, o direito – a lei da autoridade pública – é feito pelo homem, o que lhe confere uma nova natureza.

Com relação à sociedade internacional, composta de Estados independentes, igualmente soberanos, **Grotius** propõe sua organização por via de um único direito internacional (ou direito das gentes), que não se caracteriza como um sistema supranacional, mas como corpo jurídico autônomo em relação à moral, à teologia e mesmo ao direito natural. Suas fontes são os pactos, os acordos, os contratos, razão pela qual deriva do "fato", mais precisamente, da vontade e do interesse dos Estados mais fortes. Note-se, aqui, de forma pioneira, a elaboração de um contratualismo de nível internacional no qual se justifica a "guerra justa" para a preservação da vida e das coisas úteis à vida, o que não é contrário ao direito natural.[2]

3.3. Thomas Hobbes (1588-1679)

Thomas Hobbes, partindo do pressuposto de que todos os homens são iguais no estado de natureza, chega à conclusão de que todos, sem exceção, vivem a paixão, o ódio, a inveja, o egoísmo, condenando-se a uma existência assustadora, miserável e insegura, na qual prevalece a "guerra de todos contra todos" (capítulo XVIII, parte I, de *O Leviatã).*

É da necessidade de garantir a própria sobrevivência que, nessas circunstâncias, surge um permanente instinto agressivo, natural. Na visão de **Hobbes**, a segurança social só será alcançada se todos os integrantes de uma dada sociedade política abrirem mão dos seus direitos naturais, em benefício do fortalecimento de uma única autoridade política – o Estado – que, assim, dotada de plenos poderes, seja superior a todos.

Nesse cenário apologético, o contrato social representa a única salvação possível para os homens. De fato, a celebração do contrato social é um grande apelo ao uso da razão, outro atributo natural do homem. Como ser racional, diz **Hobbes**, o homem deseja viver em paz, sendo instintivo que se esforce para alcançá-la e mantê-la. Nessa empreitada, a chave do sucesso, por assim dizer, está na renúncia coletiva dos direitos naturais, de tal forma que todos tenham o mesmo grau de liberdade em face do contrato social. O contrato social, portanto, ganha substância e se impõe em razão do seu conteúdo: os direitos naturais transferidos e institucionalizados, racionalmente.

Utilizando-se da imagem bíblica do monstro marinho Leviatã, descreve o Estado, significativamente, como o ente que assimila organicamente todos os integrantes da sociedade política: "uma pessoa de cujos atos uma grande multidão, mediante pactos recíprocos uns com os outros, foi instituída por cada um como autora, de modo a ela poder usar a força e os recursos todos da maneira que entender conveniente, para assegurar a paz".[3]

[2] Livro I, cap. II, I, n.4.

[3] O Leviatã, capítulo XVII.

No contratualismo hobbesiano, portanto, a organização política é pensada exclusivamente como um artifício, algo deliberadamente construído pelo homem, sendo essa a sua originalidade. O vigor e a eficácia da política dependem da alienação total de cada associado em benefício do fortalecimento do poder estatal, o que revela forte traço autoritário (**Jean-Jacques Rousseau**, em *Do contrato social,* expressará as mesmas ideias, em benefício da comunidade e não do poder instituído).

Contemporaneamente, outra vertente do jusnaturalismo é encontrada na obra de **Samuel Pufendorf** – *De jure naturae et gentium,* 1672. Despida dos traços hobbesianos, a doutrina se organiza com fundamento na teoria geral dos contratos, conforme o direito romano, sendo esse o seu traço distintivo.

De acordo com **Pufendorf**, a sociedade estatal não é originária, mas derivada de um primeiro acordo que deu origem à sociedade civil, solução para que os homens saíssem do estado natural. Segue-se, posteriormente, a constituição do Estado como resultado de uma segunda convenção. Esta última, sendo posterior à primeira, é elaborada sob a forma de decreto ou deliberação, por maioria de votos, para defesa mútua dos associados.

3.4. Efeitos – antecipando a modernidade

A modernidade de **Vitória**, **Grotius** e **Hobbes**, particularmente, permite antecipar o Estado de Direito. Em **Vitória**, por via do fundamento democrático do poder, do reconhecimento da humanidade como "pessoa" e dos paradigmas do direito internacional moderno. Suas ideias repercutirão nas obras de **Francisco Suárez** e nas de outros teólogos espanhóis do século XVI e anteciparão a reflexão mais tardia de **Grotius** a respeito da soberania externa. Em **Grotius**, pela definição dos critérios do Estado justo e das modalidades das relações interestatais em prol do ideal de limitação do uso da força nas relações internacionais, elas próprias submetidas a exigências morais. **Hobbes**, por sua vez, inova em vários conceitos políticos e jurídicos, que influenciarão profundamente o direito público alemão e o italiano dos séculos XIX e XX. Compreende o Estado como "pessoa" e, em consequência disso, intui a sua "personalidade jurídica" (*Do cidadão,* parte II, cap. V, 9 e 12), identificada na soberania, sua alma artificial (*Do cidadão,* parte II, cap. VI, 19). Designa o "povo" como a "multidão de súditos" (*Do cidadão*, parte II, cap. XIII, 3), aponta o monopólio estatal da produção jurídica, a unidade do ordenamento jurídico e a sua independência de fontes jurídicas extra ou supraestatais (*Do cidadão*, parte II, cap. VI, 6 a13).

A dimensão normativa e axiológica ainda presente no pensamento de **Vitória** e de seus seguidores, contudo, será dissolvida pela concepção de soberania territorial como poder incontrastável de mando, expressa na Paz de Westfália (1648) e aceita pela comunidade de Estados. Verifica-se, àquela altura do século XVII, um ponto de inflexão na justificação e legitimação jurídica do poder estatal, comparável à que ocorrerá por ocasião das Revoluções Francesa e da americana, no fim do século XVIII. No primeiro caso, em virtude da exacerbação da soberania interna e externa dos Estados europeus; no caso das chamadas revoluções burguesas, em razão da limitação da soberania interna, por força das declarações dos direitos naturais do homem e da visão humanista e jusnaturalista que as anima, e, por consequência, do novo conteúdo da soberania, popular ou nacional, que passa a ser limitado por aqueles valores, criando condições para o posterior surgimento da expressão Estado de Direito.

4. Pensadores jusnaturalistas do fim do século XVII e final do século XVIII

Integram essa corrente diversos filósofos políticos que pregam a racionalização da organização estatal em bases contratuais voluntárias, com a finalidade de garantir o respeito aos direitos inatos dos indivíduos, ainda que partam de diferentes pressupostos e conceitos. Trata-se, em sua generalidade, de uma visão marcadamente iluminista que, ao propugnar o uso da razão humana em benefício do aprimoramento da sociedade política, ampliou o espectro axiológico do jusnaturalismo.

Embora o fundamento do jusnaturalismo iluminista se mantenha na "natureza", o conteúdo da "natureza" muda radicalmente: deixa de ser divino ou cósmico para ser real. Segundo a concepção iluminista, "natural" corresponde, sobretudo, ao que não é "sobrenatural". Tudo o que é da essência do homem é natural, nesse sentido. Assim, a razão, sendo da essência do homem, é natural.

A expressão "iluminismo" – tradução direta do vocábulo alemão *Auf-klärung*, que significa "esclarecimento", "iluminação" – designa o movimento que se desenvolveu, de forma notável, no século XVIII (o "século das luzes"), com o objetivo de fazer prevalecer a razão sobre a autoridade, em todos os campos da vida social.

Não se trata propriamente de uma doutrina, vinculada a determinada escola teórica, mas, acima de tudo, de uma mentalidade, identificada em setores políticos, burgueses e intelectuais. Na sua base, está o espírito crítico aliado a uma forma prática e utilitarista de interpretação da ciência, em particular da ciência experimental que é desenvolvida a partir da comprovação de fatos empíricos.

No campo político, o pensamento iluminista caracteriza-se pela confiança e fé na razão como meio de ser alcançadas a felicidade e a melhor forma de vida possível. **John Locke**, **Montesquieu** (Charles-Louis de Secondat, barão de La Brède e de Montesquieu), **Jean-Jacques Rousseau** e **Immanuel Kant** ilustram essa corrente.

4.1. John Locke (1632-1704)

Ao defender os princípios da liberdade política da Revolução Gloriosa de 1689, no *Segundo tratado sobre o governo civil* (1690), o filósofo inglês contratualista, **John Locke**, com o objetivo de atacar o Absolutismo real, define o Estado como o instrumento de realização da missão confiada pelo povo aos governantes, com observância do direito natural. O que significa dizer que o povo era e deveria permanecer como titular do poder supremo e que o Direito não só preexiste como limita o Estado. A racionalidade de sua visão é patente: o Estado não é fim, mas meio de conservação da sociedade política livremente criada pelos homens e cujo poder deriva dos direitos naturais dos quais os mesmos homens eram titulares no estado de natureza.

John Locke foi um homem em sintonia com a sua época. Filósofo político contratualista, defensor intransigente da liberdade e da tolerância religiosas, é o criador do empirismo, doutrina segundo a qual todo conhecimento deriva da experiência.

Dedicou grande parte de sua vasta produção ao problema da justificação do Estado, valendo-se de fundamentos jusnaturalistas e cristãos. Entre suas obras, a de maior envergadura política é o *Segundo tratado sobre o governo civil* (1690), na qual sustenta os princípios da liberdade política em favor da limitação do absolutismo real. Seus argumentos desenvolvem-se em torno da origem contratual da sociedade política e do poder de autogoverno da coletividade, da supremacia do Parlamento e do governo de leis, visando a fundamentar o Estado limitado.

Demonstrando confiança na classe burguesa, que produziu riquezas com força e habilidade próprias, sem a ajuda do Estado e conforme a moral puritana, apresenta uma concepção otimista do homem no estado de natureza: "estado de perfeita liberdade, em que, sem pedir licença nem se sujeitar à vontade de qualquer outro, é possível agir satisfatoriamente e dispor dos seus bens e da sua pessoa, conforme se julgue melhor, sem sair dos limites da lei da natureza" *(Segundo tratado,* II-4).

A tese central é que, no estado de natureza, os homens detinham dois poderes: o de livremente tomar decisões concernentes à sua salvaguarda, de acordo com a lei natural (manifestada na consciência e formulada pela razão), e o de punir os crimes cometidos contra essa lei. Ao instituírem a sociedade política, seus membros renunciam aos dois poderes a favor da própria sociedade política, isto é, aceitam submeter-se às leis que a comunidade elabora e aos juízes instituídos para a execução das leis. Desse ponto de vista, a comunidade que forma a sociedade detém o poder supremo de instituir o governo e determinar como a força coletiva será utilizada para a proteção de todos e de cada um. Nessa proposição, encontra-se implícita uma primeira distinção entre o poder originário, ou constituinte, e os poderes constituídos, que é descrita pelo Poder Legislativo, pelo Executivo e pelo Federativo.

4.2 Montesquieu (1689-1755)

Charles de Secondat, Barão de Montesquieu e **La Brède**, em *O espírito das leis* (1748), preocupado com a estabilidade dos governos, antes de teo--ri-zar sobre a sua tipologia, a natureza dos regimes políticos e a divisão dos Pode-res, apresenta uma definição inédita de lei, fundada na filosofia jusnaturalista que permeia toda a obra.

"As leis", diz **Montesquieu**, "na sua acepção mais ampla, são as relações necessárias que derivam da natureza das coisas".[4] Essa afirmação é resultado da constatação de que todos os seres têm suas leis, sejam eles

[4] O espírito das leis, p. 77.

humanos, animais, vegetais ou divinos, sendo o "espírito das leis" a representação específica das peculiaridades e condições próprias de cada ser.

Nessa construção, como se pode notar, **Montesquieu**, na política, lança mão da metodologia própria das ciências empíricas: procura estabelecer uniformidades, assim como se estabelecem na física ou na botânica, por exemplo. Vejamos, brevemente, em excertos dos capítulos II e III, do Livro Primeiro, de *O espírito das leis*, como essas noções são por ele apresentadas e como, desta maneira, demonstra que a supremacia da lei é expressa pela razão.

> Antes de todas essas leis estão as da natureza, assim denominadas por derivarem unicamente da constituição do nosso ser. Para conhecê-las bem, precisa considerar um homem antes do estabelecimento das sociedades. As leis da natureza serão as que ele receberia em semelhante estado.[5]

Quanto às leis positivas, prossegue, há as que integram o direito das gentes (relativo ao relacionamento dos povos), o direito político (relativo ao relacionamento entre governantes e governados) e o direito civil (relativo ao relacionamento entre os cidadãos). O direito das gentes refere-se a todas as sociedades, mas para cada uma existe um direito político.

> A lei, em geral, é a razão humana, tanto que ela governe todos os povos da Terra; e as leis políticas e civis de cada Nação não devem constituir senão casos particulares em que se aplica a razão humana.
> Elas, as leis, devem ser de tal forma apropriadas para o povo, para o qual são feitas, que será grande coincidência se as leis de uma nação servirem para outra. Cumpre correspondam elas à natureza e ao princípio do Governo constituído, ou que se quer constituir, seja por formarem-no, como acontece com as leis políticas, seja por manterem-no, como fazem as leis civis.[6]
> Elas devem ter relação com o elemento físico do País [...]. Elas hão de relacionar-se com o grau de liberdade tolerado pela constituição; com a religião dos habitantes, com as suas inclinações, sua riqueza, seu número, seu comércio, seus usos, suas maneiras. Enfim, elas guardam relação entre si, e com a sua

[5] Ibidem, p. 79.
[6] Ibidem, p. 81.

> origem, com o objetivo do legislador, com a ordem das coisas para as quais são estabelecidas. É sob todos esses aspectos que precisa considerá-las. É o que trato de fazer nesta obra.[7]

Montesquieu racionaliza o conceito de lei e, com isso, rompe com a tradicional submissão da política à teologia, além de escapar de discussões teóricas acerca da sua legitimidade. O mesmo raciocínio aplica em relação ao Estado: suas leis devem refletir as suas condições específicas, o que é uma particularização do justo. O legislador, consequentemente, ao elaborar a lei positiva, deve escolher, entre as possíveis relações de justiça, a que lhe parece melhor.

Ora, se as leis estão adequadas às Nações a que se destinam, ou, mais especificamente, se as leis estão em relação com a natureza e o princípio de cada governo, a estabilidade dos governos está garantida, tanto mais porque, nesse círculo virtuoso, as instituições políticas encontram-se regidas por leis que derivam das relações políticas nacionais.

Com a sua definição de lei, **Montesquieu** põe em xeque o direito costumeiro e as tradições jurídicas de base divina; com a sua teoria da separação de Poderes, demonstra que o próprio governo pode ser fruto da razão.

De fato, para **Montesquieu**, a liberdade, tal como também se nota em **Locke** e em **Rousseau**, consiste no direito de fazer tudo o que as leis permitem. O problema é que nem sempre o Estado permite tal liberdade, em razão de sua natural inclinação pelo uso ilimitado do poder; a solução, conclui, é a instituição de um governo moderado, com poderes racionalmente limitados, para o que elege como modelo o governo inglês, que já havia desenvolvido um sistema de limitação de poderes. Aí está, em síntese, a origem da famosa teoria da separação de Poderes, descrita no capítulo VI, do livro XI, de *O espírito das leis*.

4.3. Jean-Jacques Rousseau (1712-1778)

Na obra de **Jean-Jacques Rousseau**, o pacto social gira em torno da identidade entre vontade da maioria, vontade de todos e vontade legítima e justa.

[7] Ibidem.

O autor de *O contrato social* tem uma visão negativa a respeito da condição humana: "o homem é infeliz, o homem nasceu livre e por toda parte ele está agrilhoado", dizem as primeiras linhas da obra;[8] enfrenta, no estado de natureza, obstáculos que sobrepujam as forças que pode empregar individualmente para conservar-se. A única possibilidade de sobrevivência e conservação – de si próprio e de seus bens – dá-se por via do contrato social. As cláusulas desse contrato, prossegue **Rousseau**, não precisam ser formalmente enunciadas, posto serem determinadas pela natureza do próprio contrato, que exige a alienação total de cada associado em benefício da comunidade. Esse é o ponto: cada associado, dando-se por inteiro, iguala-se a todos os demais; como a alienação se faz sem reservas, a "união é tão perfeita quanto possível, e nenhum associado tem algo a reclamar". Em síntese: "Cada um de nós põe em comum sua pessoa e todo o seu poder sob a suprema direção da vontade geral; e recebemos, coletivamente, cada membro como parte indivisível do todo".[9]

A lei, nesse contexto, é a expressão da vontade geral.[10] Ser livre, portanto, significa viver em conformidade com a vontade geral. A máxima que se deduz desse raciocínio – "a lei, expressão da vontade geral" – será imortalizada no art. 6º da Declaração dos Direitos do Homem e do Cidadão, de 1789.

A vontade geral – sempre legítima e justa – possui uma natureza pública que a diferencia da vontade de todos. Conquanto ambas sejam produto de manifestações de vontade, sendo *geral* manifesta a razão e a justiça, identificadas com o bem comum; diversamente, sendo *de todos* exprime interesses privados:

> [...] a vontade geral é invariavelmente reta e tende sempre à utilidade pública; [...] via de regra há muita diferença entre a vontade de todos e a vontade geral; esta se refere somente ao interesse comum, enquanto a outra diz respeito ao interesse privado, nada mais sendo que uma soma das vontades particulares.[11]

[8] Cf. ROUSSEAU, Jean-Jacques. O contrato social, 1996, livro I, cap. I, p. 9.

[9] Ibidem, p. 23.

[10] Ibidem, livro II, p. 47-8.

[11] Ibidem, livro II, cap. III, p. 37.

O Estado, por decorrência lógica, é o corpo social de extração democrática no qual se concretiza a vontade geral. Sua função é assegurar o respeito à vontade comum, assim como a conservação dos indivíduos e dos seus bens.

> [...] um corpo moral e coletivo, composto de tantos membros quantos são os votos da assembleia. E que, por esse mesmo ato, ganha a sua unidade, seu eu comum, sua vida, sua vontade. Essa pessoa pública que se forma, desse modo, pela união de todas as outras e que é chamada por seus membros de Estado.[12]

O Estado é também a concretização da liberdade, dado que a vontade do Estado é a vontade geral: "Chamo, pois, República a todo Estado regido por lei, qualquer que seja a sua forma de administração, porque só então o interesse público governa e a coisa pública significa algo. Todo governo legítimo é republicano [...]".[13]

Como nenhum direito existe se não for a vontade geral, isto é, a vontade do Estado de acordo com a interpretação concreta de quem a executa, **Rousseau** reconstrói o estatalismo da doutrina de **Hobbes**, sob o fundamento da soberania popular: o povo, legislando sem freios, é o Estado.

A originalidade da obra de **Rousseau**, em relação à dos demais contratualistas, reside na soberania popular, que, para alguns de seus intérpretes, seria ilimitada.

Rousseau, ao contrário de **Montesquieu**, não contradiz o princípio da soberania; sua doutrina valoriza o poder, na vislumbrando direitos anteriores ou superiores ao Estado. Na verdade, como não há direitos que não tenham sido abrangidos pelo contrato social, o direito não é a antítese necessária do poder. A vontade geral é o critério de legitimação que reveste o poder de caráter jurídico, porque é fundado no consentimento. É também a vontade geral que provoca a transmutação dos direitos naturais em direitos civis, mercê do contrato social.[14]

[12] Ibidem, livro I, p. 6.

[13] Ibidem, p. 48.

[14] BONAVIDES, Paulo. Do Estado liberal ao Estado social, 1980, p. 18.

A mesma ideia é encontrada em **Kant**, com algumas variações: o contrato social é que dá ensejo à criação do Estado, em razão da transformação do estado de natureza em estado civil. O Estado, por conseguinte, não foi constituído conforme o contrato social, mas deve ser assim constituído. O contrato social é o princípio regulatório que caracteriza o estado civil como estado jurídico, do qual é corolário o princípio de certeza, estabilidade e permanência das relações, que se particulariza no direito.

4.4. Immanuel Kant (1724-1804)

Immanuel Kant compreende o Estado como "a união de uma multidão de homens sob as leis do direito" (*Metafísica dos costumes*, 1784).

A finalidade do Estado é, pois, estabelecer e manter a ordem jurídica, que será tanto mais completa e adequada quanto maior a liberdade assegurada ao indivíduo, estando, nesse sentido, isenta de contingências históricas. E a finalidade do direito é a de regra negativa, que limita a vontade. A conciliação dessas premissas à liberdade individual se dá pela separação da vida privada e da vida social: o direito refere-se apenas aos atos externos do homem, enquanto a sua liberdade interna se contém nos limites do imperativo categórico. Daí se conclui que a moralidade da lei não deriva de uma conduta imposta por coação externa, mas da consciência de cada um.

Para **Kant**, é imperativo conter o poder do Estado, mitigando sua força coercitiva. Nesse sentido, pode-se aproximar o Estado jurídico de **Kant** do Estado constitucional de **Montesquieu**. **Kant** também se aproxima de **Rousseau** ao reconhecer a reunião voluntária dos indivíduos sob regras jurídicas, de forma análoga à concepção da lei como vontade geral e segundo postula o contratualismo, fundado na soberania popular. Deste se distingue, porém, em virtude de ser produto da razão, e não da realidade histórica.

O direito, na filosofia kantiana, por consequência, "[...] é o conjunto de condições mediante as quais a vontade de cada um pode coexistir com a vontade dos demais, segundo uma lei geral de liberdade".[15]

[15] Kant, Immanuel. Metafísica dos costumes, 2004, p. 34-5.

4.5. Efeitos – O homem no centro do universo

Das proposições jusnaturalistas do iluminismo podem ser retiradas, sinteticamente, quatro orientações principais:

> existem direitos naturais eternos e absolutos, demonstráveis pela razão, válidos para todos os homens, em todo tempo e lugar; o que significa dizer que tais direitos são universais;
> o direito natural constitui um conjunto de regras, suscetíveis de verificação por intermédio da razão, que garante perfeitamente tais direitos;
> o Estado existe tão somente para assegurar aos homens esses direitos naturais; o direito positivo e o direito aplicado e executado pelos tribunais constituem os meios pelos quais o Estado realiza essa função;
> tanto o direito positivo quanto o direito costumeiro obrigam moralmente apenas enquanto estiverem de acordo com o direito natural.[16]

Subjacente a essa doutrina, encontra-se a definição de liberdade oferecida por **Kant**, em *A paz perpétua e outros opúsculos* (1795), de clara inspiração rousseauniana: "A liberdade jurídica é a faculdade de só obedecer a leis externas às quais pude dar o meu assentimento"[17].

A definição de **Rousseau**, por seu turno, consiste na concepção de liberdade como "a obediência à lei que se prescreve a si mesma",[18] fator determinante na diferenciação da natureza do homem da de todos os demais seres.[19] Conforme **Rousseau** expõe no *Discurso sobre a origem da desigualdade entre os homens*, estes, além de dotados de dupla historicidade – a própria história individual e a sua inserção na história das sociedades humanas –, não agem segundo um destino genético ou biológico predeterminado, como ocorre com os animais. Ao contrário, podendo obedecer à lei que prescreve a si mesmo, liberta-se de toda a predestinação que lhe conferiam a ordem divina, a moral e a ética que dele derivavam.

[16] Cf. Pound, Roscoe. Liberdades e garantias constitucionais, 1976, p. 57-8.
[17] Kant, Immanuel. A paz perpétua e outros opúsculos.
[18] Rousseau, Jean-Jacques. O contrato social, 3.ed., livro I, cap. VIII.
[19] Ibidem, livro II, cap. VIII, p. 26.

Kant, a partir dessas ideias, elaborara o conceito de pessoa como sujeito de direitos universais, anteriores à ordenação estatal. Por causa de sua vontade racional, só a pessoa vive em condição de autonomia, capaz de guiar-se pelas leis que edita para si própria. Por isso, todo homem tem dignidade e, assim, a humanidade como espécie e cada ser humano em sua individualidade são insubstituíveis, não têm equivalente. A agregação dos indivíduos sob regras jurídicas faz-se por sua vontade racional, posto que cada um deles, ao mesmo tempo em que se submete às leis da razão prática, é a fonte dessas mesmas leis, de âmbito universal, conforme o imperativo categórico: "age segundo unicamente a máxima pela qual tu possas querer, ao mesmo tempo, que ela se transforme em lei geral".[20]

Esse é um passo importante na evolução das doutrinas políticas. A crença na sacralidade da pessoa humana e na existência de determinadas regras transcendentais manifestou-se, de diferentes maneiras, ao longo de toda a evolução do pensamento ocidental. O pensamento humanista da modernidade cristã, contudo, ainda que tenha dado nascimento à ideia de "humanidade", não havia sido capaz de conceber o indivíduo como sujeito dos direitos, mas tão somente como seu beneficiário. Do ponto de vista jurídico, isso tinha consequências importantes: os direitos naturais não eram direitos subjetivos. Daí a expressão "declarações de direitos", a revelar que os direitos individuais não constituíam uma criação do Estado, porque preexistiam a este, bastando declará-los para que fossem respeitados.

A passagem de uma ordem dada para uma ordem construída, forjada pela ciência moderna, iniciou-se com **Descartes** no século XVII (*O discurso do método*, 1637; e *Meditações metafísicas*, 1641). Foi levada às últimas consequências por **Kant**, a partir da nova concepção do homem elaborada por **Rousseau**, com importantes consequências políticas. O filósofo francês **Luc Ferry** assim expõe o problema radicalmente inédito que **Kant** tentava resolver em *A crítica da razão pura:*

> [...] ao se interrogar sobre a nossa capacidade de fabricar "sínteses", "juízos sintéticos", **Kant** simplesmente apresentava o problema da ciência moderna,

[20] KANT, Immanuel. Fundamentação da metafísica dos costumes, p. 69.

o problema do método experimental, ou seja, saber como se elaboram as leis que estabelecem associações, ligações coerentes e esclarecedoras entre fenômenos nos quais a ordenação não é mais dada, mas deve ser introduzida por nós, de fora.[21]

A primeira das consequências políticas acima aludidas vincula-se à capacidade humana de formular "juízos sintéticos" (como **Kant** havia exposto em *A crítica da razão pura*), o que lhe confere um lugar sem precedentes na história das ideias e das instituições políticas, posto que a ele cabe, pela razão, dar sentido e coerência ao mundo. A segunda consequência é resultado da ideia de que a virtude reside na ação desinteressada e, simultaneamente, universal – presente no imperativo categórico kantiano –, noção que estará presente nos fundamentos da república visualizada pela Declaração Francesa.

A cosmovisão do jusnaturalismo iluminista, que congrega o indivíduo, a razão, a natureza, a felicidade e o progresso, é, enfim, a fonte do liberalismo político e econômico que prevalecerá no século XIX, sob forte influência da doutrina política pós-revolucionária inglesa. No plano econômico, o liberalismo supõe a não intervenção do Estado, e, no plano político, os direitos naturais. No plano das instituições políticas, a doutrina política jusnaturalista iluminista arquiteta um complexo sistema de controles do poder estatal, que gravita em torno do Poder Legislativo, instituindo as bases sobre as quais se afirmará o Estado de Direito.

DISCUTINDO CONCEITOS – I
A TEORIA DOS DIREITOS NATURAIS E OS MOVIMENTOS POLÍTICOS

A teoria dos direitos naturais foi a principal matriz dos movimentos políticos do fim do século XVIII e do século XIX, dos revolucionários aos liberais, aos republicanos e aos socialistas, com diferentes matizes.

Nessa matriz teórica podem ser identificadas duas vertentes filosóficas: a individualista e a social. A individualista, de concepção kantiana – dado que os fins da atividade moral do homem são ditados pela sua própria razão –, com-

[21] Ferry, Luc. Aprendendo a viver, 2007, p. 125.

preende os direitos naturais em termos liberais, próximos da "liberdade dos modernos" (Benjamin Constant). A social apresenta uma visão dessacralizada e laicizada dos direitos naturais, na qual são enfatizadas as relações entre os direitos humanos e a sociedade. Na vertente individualista, o problema da limitação do poder do Estado – e da consequente expansão dos direitos do homem – estava em identificar a esfera de atuação autônoma do indivíduo, para melhor garantir o desenvolvimento de sua vida privada e, ao mesmo tempo, limitar reciprocamente a atuação de todos em benefício da liberdade comum.

Os dois postulados conduziram, inevitavelmente, à teoria liberal dos direitos humanos, pela qual se reconheceram a primazia dos direitos sobre o Estado e a correspectiva obrigação deste na garantia daqueles direitos. Já para a vertente social, os direitos do homem são uma construção social e não um dado da natureza. Essa visão, tributária das ideias de Nicolas de Condorcet, conduz a uma concepção dessacralizada e laicizada dos direitos naturais, na qual são ressaltadas as relações entre os direitos humanos e a sociedade sem perda da sua referência individualista.

5. O liberalismo

As palavras *liberal* e *liberalismo* merecem algumas qualificações preliminares.

De forma muito sintética, podemos dizer que o substantivo liberalismo designa um fenômeno político, resultante da doutrina liberal clássica, a seguir examinada, que se manifesta conforme o grau de desenvolvimento político dos diversos países. Na acepção política e jurídica que lhe conferem **Locke** e os federalistas, **Montesquieu** e **Benjamin Constant**, significa império da lei e Estado constitucional; nessa acepção, seu sentido se articula em torno da liberdade como liberdade política e não de livre comércio ou de livre mercado. Aí se revela a intenção de limitar o poder do monarca, de rever as estruturas políticas do absolutismo, intenção também manifestada nas treze colônias britânicas da América do Norte com o intuito de promover, com a sua independência, a afirmação de um governo democrático. O adjetivo liberal, por conseguinte, designa a qualidade de ser adepto da liberdade política; sua marca está nesse traço, realçada pelo fato de o liberalismo político ser anterior ao liberalismo econômico.

5.1. A doutrina liberal clássica

A doutrina liberal clássica compreende um conjunto de princípios e proposições articulado em torno da liberdade, valor supremo da vida humana. Em termos gerais, prega a realização dos direitos individuais, a garantia da propriedade privada e da mais ampla liberdade de escolha, tanto política como civil e econômica, seja em relação à ação repressiva do Estado ou da Igreja, seja em relação aos vínculos corporativos tradicionais.

A ideia de liberdade é correlata à de individualismo. A noção positiva do indivíduo, nascida com o cristianismo, aprimorada no Renascimento e valorizada pelo protestantismo e pelo direito natural moderno, ganha foros de liberdade individual, para o cidadão e para a nação, *vis-à-vis* à sociedade política. O individualismo do cidadão supõe a sua emancipação das estruturas tradicionais; o da nação, a diferenciação dos estados entre si, tanto em razão de suas específicas manifestações socioculturais quanto de suas missões particulares. Aí estava o germe do Estado-Nação.

Enraizada na história europeia, a doutrina liberal clássica resulta do humanismo, da mentalidade iluminista, da tradição constitucional inglesa, da experiência revolucionária francesa e americana, do racionalismo jurídico alemão. Seus fundamentos foram desenvolvidos por diversos pensadores (como **Kant**, **Locke**, **Montesquieu**, **Benjamin Constant**, **J. Bentham**, **James** e **John Stuart Mill**, **David Hume**, **Burke**, os federalistas, **Tocqueville**, **Hegel** e muitos outros) entre o fim do século XVIII e o do século XIX, aproximadamente. Há quem veja na edição da obra *Da liberdade*, de **J. Stuart Mill**, em 1859, o marco político, por excelência, dessa corrente teórica, muito embora não se possam precisar as suas origens, com clareza, neste ou naquele evento.[22] Os valores e princípios que orientaram a criação dos Estados Unidos da América, por exemplo, são a expressão dessa doutrina, como o demonstram a Declaração de Independência americana de 1776 e Os *artigos federalistas*.

Do ponto de vista filosófico, a doutrina liberal distanciou-se do jusnaturalismo tradicional, de base teológica, e aproximou-o do *empirismo*, corrente que pregava ser todo o conhecimento produzido pela observação dos fatos e pela experiência sensível. Metodologicamente, se o jus-

[22] Cf. Dalari, op. cit., p. 278.

naturalismo tradicional explicava a ordem natural do universo de forma apriorística, com fundamento na vontade divina, o empirista a elucidava por via de dados empíricos. Com isso, estimulou a mentalidade pragmática e a solução de problemas filosóficos e científicos por via de modelos indutivos, construídos para a compreensão racional dos diversos fenômenos naturais e sociais e de suas respectivas lógicas de funcionamento.

Nesse sentido, o conceito de lei formulado por **Montesquieu** em *O espírito das leis* – "as leis, na mais ampla acepção, são as relações necessárias que derivam da natureza das coisas"[23] – é paradigmático. Sendo as leis *relações necessárias* que derivam da natureza das coisas, como o comprova certa uniformidade de modos e formas de organização política, não exprimem a vontade divina nem um dever ser absoluto e imutável, mas o resultado de variáveis tais como localização geográfica, o clima, as dimensões do Estado, as relações sociais etc. Esse é o "espírito das leis". Assim, além de romper com a tradicional submissão do direito à teologia, submeteu as instituições políticas às leis que derivam das próprias relações políticas.

Do ponto de vista do direito, o liberalismo se associa ao constitucionalismo. E, se pregava a racionalização jurídica do poder do Estado, era, portanto, inevitável, que também pregasse a racionalização das normas jurídicas, tanto formal quanto materialmente. Ambas as ideias desembocam no constitucionalismo, solução liberal para o problema da liberdade política, que possibilitou combinar, sob a limitação de uma lei superior, o governo dos homens (a lei legislada, por via da ação parlamentar) ao governo das leis (resultado da interpretação judicial na tradição anglo-saxã).

A racionalização da forma jurídica – isto é, a produção e a sistematização das leis de acordo com determinados procedimentos – não constituía, propriamente, uma novidade; procedente do pensamento jurídico romano, já se manifestara no absolutismo. Tampouco eram inovadoras as técnicas de racionalização do conteúdo jurídico, ou seja, a sua fundamentação segundo alguns princípios materiais que se pretendem imutáveis (a liberdade política, econômica, civil e da propriedade privada), que pro-

[23] O espírito das leis, livro I, cap. I.

cedem do direito natural racional. O que há de novo na proposta liberal é o fato de tais técnicas jogarem a favor da construção de uma estrutura unitária do poder do Estado, na qual se inclui um sistema jurídico sem lacunas que garanta certeza e segurança; o *Rechtsstaat* alemão, já mencionado, é exemplo paradigmático dessa concepção.

5.1.1. A liberdade política

A *liberdade política*, em particular, é a força motriz da doutrina liberal clássica. Fiadora de todas as demais liberdades (religiosa, de propriedade privada, de expressão, de profissão, econômica etc.), significa: *a)* a ausência ou a eliminação das relações de coerção; *b)* a proteção contra o poder arbitrário e ilimitado. Entendida por **G. Sartori** como "independência em relação a",[24] é uma "liberdade protetora ou defensiva",[25] reveladora do antagonismo em relação ao Estado, tradicional inimigo das liberdades. As exigências de laicidade do Estado e do ensino, do fim do corporativismo e dos privilégios feudais, assim como a afirmação do livre mercado, são consequências lógicas desse ideário.

Mas, para que houvesse efetiva liberdade política, eram necessárias determinadas garantias políticas e jurídicas que possibilitassem ao cidadão resistir – ou, pelo menos, opor-se – ao poder do Estado, que, caso contrário, o dominaria. Evidentemente, tais garantias não poderiam ser buscadas na pessoa do governante, mas na obediência à lei. A igualdade perante a lei, sob o Estado de Direito e a criação de formas de representação política que assegurem, no Parlamento, a elaboração da própria lei, sintetizam as condições básicas da liberdade política, à qual se adicionam as demais liberdades para a garantia da possibilidade de escolha.

Locke[26] sintetiza: "[...] onde não há lei não há liberdade", reafirmando mais explicitamente: "[...] a liberdade dos homens sob governo importa em ter regra permanente a lhe pautar a vida, comum aos demais membros da sociedade, e feita pelo Poder Legislativo estabelecido em seu seio [...]".[27]

[24] Cf. Sartori, Giovanni. A teoria da democracia revisitada – as questões clássicas, p. 68.
[25] Ibidem, p. 64.
[26] Cf. Segundo tratado sobre o governo civil, cap. VI, n. 57
[27] Ibidem, cap. IV, n. 22.

A obediência às leis é, pois, simultaneamente, instrumento de limitação do poder do Estado e de conciliação, no espaço público, das liberdades e arbítrios alheios. As diversas cartas e declarações de direitos do fim do século XVIII são a manifestação jurídica dessa visão, que se complementa com o postulado de que *a lei é expressão da vontade geral*. Daí por que o Estado liberal se caracterizou mais como Estado constitucional, no sentido contratual e garantista do termo, do que como Estado mínimo.

Contudo, a despeito de ser retomada a tradição grega do "governo das leis", contra a tirania e em prol da liberdade, há diferenças substanciais entre a liberdade dos antigos e a liberdade dos modernos. Para os primeiros, a liberdade não significa dispor de liberdade individual, no sentido liberal do termo, eis que a distinção entre a esfera pública e a privada não existia; além disso, os homens não eram reconhecidos como pessoas, tal como foram seus pósteros a partir do cristianismo. Por outro lado, se os modernos buscavam nas leis limites para o poder (sendo este o problema crucial da liberdade política), os gregos não conheciam a noção de limitação, sendo lei o que agradava aos cidadãos que a elaboravam na *ágora*. **Benjamin Constant**, em seu célebre discurso de 1918, no Ateneu de Paris, *De la liberté des anciens comparée à celle des modernes*, apontou, com clareza, tais diferenças.

DISCUTINDO CONCEITOS – II
LIBERALISMO E DEMOCRACIA: LIMITAR E DISTRIBUIR O PODER NA VISÃO DE NORBERTO BOBBIO

É possível compatibilizar liberalismo e democracia?

Sim, afirma Bobbio:

> Não só o liberalismo é compatível com a democracia, mas a democracia pode ser tomada como o desenvolvimento natural do Estado liberal apenas se tomada não pelo lado de seu ideal igualitário, mas pelo lado de sua fórmula política, que é, como se viu, a soberania popular. O único modo de tornar possível o exercício da soberania popular é pela atribuição ao maior número de cidadãos do direito de participar direta e indiretamente da tomada de decisões coletivas; em outras palavras, é a maior extensão dos direitos políticos até o limite do

sufrágio universal masculino e feminino, salvo o limite de idade (que em geral coincide com a maioridade).

"[...] enquanto no início puderam se formar Estados liberais que não eram democráticos [...], hoje Estados liberais não democráticos não seriam mais concebíveis, nem Estados democráticos que não fossem também liberais".[28]

Esta última afirmação do filósofo italiano está fundamentada em duas razões principais, que põem em xeque a antítese inicialmente percebida pelos liberais:

a) o método democrático é necessário para a salvaguarda dos direitos fundamentais da pessoa, que estão na base do Estado liberal;
b) a salvaguarda desses direitos é necessária para o correto funcionamento do método democrático.[29]

O problema da adaptabilidade da tradição liberal-democrática e dos postulados do Estado constitucional também foi enfrentado pelo constitucionalista português J. J. Gomes Canotilho, que o organiza diante de dois dilemas: o "liberal" (centrado no binômio um/todos) e o "comunitário" (centrado no binômio unidade/pluralidade):

> O dilema comunitário trabalha com o código binário unidade/pluralidade, reconduzindo ou reduzindo a pluralidade de normas (jurídicas, éticas, religiosas) às normas adotadas ou deliberadas pela comunidade e, por conseguinte, pela macrocultura comunitária. A territorialização da cultura e do poder reduz a pluralidade a uma tendencial unidade comunitária. Por sua vez, o dilema liberal enfrenta a dicotomia um/todos, segundo as regras universais do voto ou do preço de mercado, esquecendo que a razão das regras, ditadas pelas eleições ou pelos mercados, pode marginalizar outras razões, as razões da cultura.[30]

[28] Liberalismo e democracia, p. 43.
[29] Ibidem.
[30] Direito Constitucional e Teoria da Constituição, p. 1.435.

5.2. A doutrina liberal e o utilitarismo

O utilitarismo de **David Hume** (*Do contrato original*, 1748; *Da origem do governo*, 1774), de **James Mill** (*Elementos de política econômica*, 1821) e **Jeremy Bentham** (*Introdução dos princípios da moral e da legislação*, 1789), desenvolvido na Inglaterra no século XVIII, é mais uma expressão da doutrina liberal.

Segundo os *utilitaristas*, os atos humanos não devem ser apenas julgados e justificados pelas suas intenções, mas, sobretudo, por suas causas, resultados e consequências. Em outras palavras, o que importa é o "princípio da utilidade": como as ações humanas são movidas por interesses, sendo o prazer e a felicidade os fins últimos do homem, o ideal é aproveitar essa tendência em benefício da sociedade. Trata-se de um liberalismo utilitário, no qual o direito, pelas leis positivas, deve ampliar as condições de felicidade da maioria, "maximizando" o prazer e "minimizando" o sofrimento (termos cunhados por **Bentham**). A norma, portanto, longe de ser exterior ao agente, é conjuntural e mutável, pondo em xeque a ideia do contrato original e do direito natural.

A concepção filosófica do utilitarismo do ato e do utilitarismo da norma, portanto, reside na ideia de que tais atos e normas encontram sua justificação moral no valor de suas consequências. O pensador inglês **John Stuart Mill**, adiante comentado, também compartilha desse sistema de ética normativa e de concepção ético-política.

Tal concepção é altamente competitiva, visto que estimula a máxima realização individual, a meritocracia, enfim, como forma de selecionar elites naturais e espontâneas e impedir a mediocridade da massa. Subjacente a esse entendimento, encontra-se a crença no desenvolvimento da sociedade conforme a dialética política e de valores que a informam, o que nos revela a forca dinâmica dessa doutrina.

Essa é a visão de mundo que influencia a obra de **Adam Smith,** particularmente *A riqueza das nações* (1776), marco da análise científica dos fenômenos econômicos e fonte dos paradigmas teóricos da economia política clássica. Em linhas gerais, **Smith** propugna que os fenômenos econômicos são a manifestação de uma ordem natural a eles subjacente, regida por leis próprias e objetivas, cuja fonte é um sistema de relações causais (denominado sistema econômico); com tal elaboração teórica, **Smith** propicia a elevação da economia à categoria de ciência.

Defende, ainda, que o melhor funcionamento possível da ordem econômica natural exige a maior liberdade individual possível na esfera econômica. Consoante ao princípio da utilidade, **Smith** afirma ser o interesse individual o grande motor do crescimento do bem-estar coletivo, causa da divisão social do trabalho e do acúmulo de capital, sob influência do fenômeno que denominou "a mão invisível". Assim sendo, o Estado deveria influir o mínimo possível na atividade econômica, deixando os mecanismos de mercado operar livremente. A célebre frase de **Du Pont de Nemours**, *laissez-faire, laissez-passer,* exprime precisamente tal ideia.

É preciso acentuar, porém, que para Smith o papel do Estado não é tão "mínimo", por assim dizer. Além da manutenção da lei e da ordem, da propriedade e da defesa nacional, deveria garantir à sociedade determinados serviços, tais como saúde pública, saneamento básico, educação etc., que não são atraen-tes ao setor privado. Logo, podemos deduzir, do pensamento de **Smith**, uma relativização do *laissez-faire,* que tanto nos revela o reconhecimento explícito das contradições de classe e a preocupação com os economicamente desprotegidos como os limites da justiça social à liberdade econômica. Os utilitaristas, de modo geral, entendiam que a prometida maximização do bem-estar público implicava, em certa medida, a reversão do papel não intervencionista do Estado para uma espécie de intervenção benigna, em áreas que garantissem a manutenção do sistema, como foi o caso da educação pública e da saúde.

5.3. A democracia liberal

Não se pode desvincular a doutrina liberal da democracia representativa do século XIX e início do século XX. No pensamento liberal clássico, a liberdade política, expressa pela participação dos cidadãos no Legislativo, era a única forma de assegurar as demais liberdades. Logo, um Estado que tinha por finalidade garantir as liberdades individuais contra o poder político exigia, necessariamente, participação de indivíduos e grupos nas definições políticas. Mas, a despeito dos princípios da supremacia da vontade popular, da garantia da liberdade e da igualdade de direitos que a fundamentavam, a participação dos cidadãos foi limitada por via do voto censitário. Em verdade, não só a participação política era restrita; o próprio sentido da política também o era, seja porque a política se encontrava numa esfera distinta da sociedade, seja porque se encontrava separada do sistema econômico. Ademais, conforme **Matteucci**,

> O Estado liberal, como bem absoluto, não passa de um ideal-limite ou orientador da experiência política, uma vez que conflitos e tensões, próprios de uma estrutura pluralista, nem sempre são resolvidos pelo diálogo ou pela persuasão, ao contrário, muitas vezes a força atua como fator decisivo; trata-se, porém de uma força que aceita uma regra jurídica [...] apesar, dessa tentativa para regulamentar o uso da força, é preciso reconhecer que não foi eliminada a existência dos poderosos e dos fracos no mercado político e social.[31]

A liberdade política, nesse contexto, limitava-se à liberdade de escolher entre as diversas alternativas propiciadas pela lei e não à de se submeter ou se manifestar acerca de decisões políticas previamente tomadas. É a **Tocqueville**, sobretudo, que deve ser creditada essa construção. Segundo o pensador francês, a democracia liberal era a garantia da possibilidade de gozar de direitos iguais. No seu entender, aí residia a razão do sucesso da democracia americana. A liberdade democrática era, assim, uma liberdade de compromisso, uma convenção moral que o homem reivindicava para a defesa de seus direitos.[32] Da perspectiva dos menos afortunados, ser livre não significava, necessariamente, poder ser livre nos termos acima apontados.

John Stuart Mill apresenta uma conciliação possível entre democracia e liberalismo por via da ideia de participação: votar, fazer parte da vida comunitária e do júri constituía o germe do desenvolvimento político, o que também levaria à maximização de benefícios. Na visão de **Mill**, ademais, o sistema representativo, juntamente com a liberdade de expressão, a de imprensa e a de associação, garantiria que o poder do Estado fosse vigiado e controlado (o que revela certa desconfiança em relação à autonomia dos representantes). Na obra de **Mill**, em particular em *Sobre a liberdade* (1859) e *O governo representativo* (1861), há uma clara associação entre liberdade e representação, que parte do pressuposto de que a

[31] Dicionário de política, p. 694.
[32] Cf. Tocqueville, Alexis de. A democracia na América, 1987.

participação política não pode ser privilégio de poucos. Assim, pode-se acompanhar, no desenvolvimento de sua obra, um esforço consistente no sentido de responder às demandas do movimento operário inglês e a apresentação de propostas de reforma do sistema eleitoral inglês que vão da universalização do sufrágio à emancipação da mulher, passando pela criação de instrumentos de contestação pública que caracterizarão a nova ordem política derivada do liberalismo – entre eles o sistema eleitoral proporcional (que garantiria a representação das minorias) e a adoção do voto plural, isto é, de pesos diferentes para a contagem dos votos, dependendo do eleitor (além de proprietários e trabalhadores, cujas opiniões eram contrastantes, deveria haver um terceiro grupo cujos votos teriam maior peso, de forma a atuar como fiel da balança). Segundo **Mill**, a única forma de preservar a liberdade e protegê-la dos interesses da próspera burguesia industrial e financeira era a expansão do direito de voto, entendido este como uma forma de poder e não um direito natural.

Na doutrina utilitarista de **Mill**, são considerados elementos indispensáveis à maximização das vantagens coletivas a educação pública (gratuita, para os que não pudessem pagar) e o voto, ambos universalizados e associados a um complexo sistema de votação plural, o que reduziria a ameaça de tirania pela maioria. O que há de importante nesse fato é a atribuição de uma natureza pública à educação, consequência lógica do iluminismo e da necessidade social de habilitar os indivíduos para atuar na sociedade em que viviam como eleitores esclarecidos e trabalhadores qualificados.

A democracia nas diferentes experiências de Estado liberal suscitou distintas interpretações a respeito da forma e da extensão da participação popular em termos de representatividade, sistemas eleitorais e partidários. Em verdade, o advento da democracia trouxe novos desafios para o liberalismo. O foco político deslocou-se das estruturas políticas, jurídicas e institucionais do Estado para a definição do âmbito de participação eleitoral. Além disso, havia a dificuldade de ser conciliado o individualismo com a participação política coletiva por meio de partidos ou associações.

5.4. Efeitos

A doutrina liberal produziu fortes impactos na ordem social, jurídica e política do século XIX e início do século XX.

De diversas maneiras, estimulou a autonomia da sociedade, a transformação da organização social, a democracia representativa, a revisão das instituições políticas, a racionalização jurídica do Estado e sua estruturação como Estado-Nação. O Estado de Direito, o reconhecimento de direitos públicos subjetivos, o sistema parlamentarista ou o sistema presidencialista, por exemplo, são instituições tipicamente liberais. Em diferentes formas e graus e em momentos distintos, conforme a evolução política, essa doutrina alcançou as Américas e países que sofreram influência britânica (Austrália, Nova Zelândia, Índia, Canadá etc.).

Embora os traços acima indicados sejam comuns às diversas manifestações da doutrina liberal, eles produziram distintas visões de Estado. Conforme analisa **Matteucci**:

> Onde, como na Inglaterra, a sociedade veio se libertando, desde o século XVII, autonomamente, da estrutura corporativista, [...] o espaço de liberdade individual é sempre visto em contraposição ao governo, considerado um mal necessário. Onde, como na França, a sociedade mantém sua estrutura corporativista, a revolução, a fim de libertar o indivíduo, apela para o Estado, portador da soberania popular, de tal forma que é rejeitada toda e qualquer mediação entre o indivíduo e o Estado. Onde, como na Alemanha, uma sociedade estruturada em classes demonstra ainda uma notável vitalidade, o liberalismo apresenta uma concepção orgânica de Estado [...].[33]

Do ponto de vista social, a doutrina liberal propiciou o surgimento do proletariado e tornou conservadora a classe dominante (que já fora revolucionária), favorecendo a filosofia política do homem medroso (em oposição à filosofia do homem belicoso da Antiguidade e da Idade Média). E, mais, tendo assegurado um rol de direitos oponíveis ao Estado pela elite dominante, não o fez para o proletariado, dando causa à injustiça social e ao surgimento de movimentos socialistas, que culminam com a afirmação do Estado social no século XX.

Do ponto de vista jurídico, a construção teórica da segurança e da certeza postuladas pela dogmática jurídica, a despeito de ter legalizado a

[33] Bobbio, Norberto; Matteucci, Nicola; Pasquino, Gianfranco. Dicionário de política, 1991, v. 2, p. 689.

atuação do Estado, impediu a elaboração de qualquer teoria jurídica mais consistente de limitação do poder estatal, uma vez que o Estado produzia o próprio direito que o limitava. A racionalização do poder foi uma das contradições mais profundas na dialética do Estado moderno: visando a limitar o poder do Estado, tanto deu ensejo aos regimes totalitários quanto à superação dos fundamentos liberais de contenção da atuação do Estado, por via do Estado Social, do qual a Constituição mexicana de 1917 e a Constituição de Weimar de 1919 são paradigmas.

Do ponto de vista político, o liberalismo exigiu o recrudescimento do poder do Estado, para a garantia da liberdade e da igualdade. Não por outras razões, como já dissemos, o Estado liberal foi denominado "Estado burguês de direito", "Estado gendarme" (**Kant**), "Estado guarda noturno" (Ferdinand Lassale), "Estado legislativo" (**Carl Schmitt**) etc. Por outro lado, por força da ampliação de direitos eleitorais, aumentou a intervenção do Estado em áreas sociais, anteriormente interditadas à sua ação.

DISCUTINDO CONCEITOS – III
EXCERTOS DA DECLARAÇÃO DE INDEPENDÊNCIA AMERICANA

1776

Preâmbulo

Quando, no curso dos acontecimentos humanos, torna-se necessário a um povo dissolver os laços políticos que o ligavam a outro, e assumir, entre os poderes da Terra, posição igual e separada a que lhe dão direito as leis da natureza e as do Deus da natureza, o respeito digno às opiniões dos homens exige que se declarem as causas que os levam a essa separação.

Consideramos estas verdades como evidentes por si mesmas, que todos os homens são iguais, dotados pelo Criador de certos direitos inalienáveis, entre os quais estão a vida, a liberdade e a procura da felicidade.

Que, a fim de assegurar esses direitos, governos são instituídos entre os homens, derivando seus justos poderes do consentimento dos governados; que, sempre que qualquer forma de governo se torne destrutiva de tais fins, cabe ao povo o direito de alterá-la ou aboli-la e instituir novo governo, baseando-o em tais princípios e organizando-lhe os poderes pela forma que lhe pareça mais conveniente para realizar-lhe a segurança e a felicidade.

Na realidade, a prudência recomenda que não se mudem os governos instituídos há muito tempo por motivos leves e passageiros; e, assim sendo, toda experiência tem mostrado que os homens estão mais dispostos a sofrer, enquanto os males são suportáveis, do que a se desagravar, abolindo as formas a que se acostumaram. Mas, quando uma longa série de abusos e usurpações, perseguindo invariavelmente o mesmo objeto, indica o desígnio de reduzi-los ao despotismo absoluto, assiste-lhes o direito, bem como o dever, de abolir tais governos e instituir novos guardiães para sua futura segurança.

Tal tem sido o sofrimento paciente dessas colônias e tal agora a necessidade que as força a alterar os sistemas anteriores de governo. A história do atual rei da Grã-Bretanha compõe-se de repetidas injúrias e usurpações, tendo todas por objetivo direto o estabelecimento da tirania absoluta sobre estes Estados [...].[34]

[34] ARMITAGE, David. Declaraçao de Independencia - uma história global, 2007, p. 139.

CAPÍTULO 16
AS INSTITUIÇÕES POLÍTICAS E JURÍDICAS DO ESTADO DE DIREITO

1. O que são instituições políticas e jurídicas?

A noção de *instituição* remete à ideia geral de *ação ou empreendimento que se realiza e se mantém no meio social.*

Nesse sentido, a palavra instituição pode ser aplicada a diversos fenômenos e condutas, públicas e privadas. A família, por exemplo, é uma instituição, assim como o Estado, a Igreja e as organizações políticas também o são.

Quando se trata de definir o que é uma *instituição política*, a noção se torna mais precisa: diz respeito a *ações ou empreendimentos que envolvem controle, influência, poder ou autoridade em relação à atividade do Estado.*[1] Exemplificando: as consequências políticas da doutrina jusnaturalista do Iluminismo traduziram-se num complexo sistema de controles legais do poder estatal, base sobre a qual se afirmou o Estado de Direito; compõem esse sistema, entre outras instituições políticas, cuja pedra angular é a supremacia da Constituição, as técnicas de separação de Poderes e as declarações de direitos. As instituições políticas, portanto, constituem a estrutura do poder político; são padrões que garantem a repetição de determinados comportamentos e o desenvolvimento regular e ordenado do poder.

Conceito. *Instituição jurídica*, por sua vez, é conceito técnico que indica a *personificação e a organização jurídicas de um fenômeno social ou político*, o que lhe confere previsibilidade e estabilidade jurídicas.

[1] Cf. Dahl, Robert. Modern political analysis, 1963, p. 4.

Quando a lei institucionaliza um fenômeno social ou político, ocorre uma importante consequência – a sua inserção no sistema jurídico, em razão de sua caracterização como centro de imputação de direitos e responsabilidades, da qual decorre a atribuição de condições de existência, composição, funcionamento etc.

Da inserção no sistema jurídico, por sua vez, resulta a possibilidade de reunir em torno da instituição as diferentes regras jurídicas – civis, criminais, administrativas, fiscais etc. – que a afetam, de forma a congregar, num mesmo complexo, todas as suas facetas jurídicas.

O conceito de instituição alcançou tanto o direito privado quanto o direito público. Elaborado pela doutrina francesa, sobretudo por **Maurice Hauriou**, em reação ao uso abusivo da noção de contrato no século XIX, beneficiou-se do desenvolvimento da teoria da personalidade jurídica em ambos os ramos do Direito. Para a doutrina da instituição, a personalidade jurídica – sendo um atributo que a ordem jurídica outorga a determinados entes – remete à ideia de trabalho ou empreendimento que se realiza e se mantém juridicamente no meio social, em oposição à ideia de contrato, "que não é feito para durar" como pontuava **Hauriou**.[2]

No campo do *direito público*, contudo, o conceito de instituição tem significação mais ampla: *refere-se tanto ao conjunto de normas de uma sociedade estatal, quanto aos entes coletivos e aos órgãos do Estado.* Nesse sentido, são instituições jurídicas o próprio Estado, a Constituição e, também, a República, o Parlamento, a Presidência da República, o Judiciário, os partidos políticos etc.

Na doutrina clássica do Estado de Direito, a separação de Poderes, as declarações de direitos e o constitucionalismo são as instituições que primariamente estruturaram o Direito e a Política.

2. A separação de poderes

Se os homens fossem anjos, não seria necessário governo algum. Se os homens fossem governados por anjos, o governo não precisaria de controles externos nem internos. Ao moldar um governo que deve ser exercido por

[2] Cf. Hauriou, Maurice. Principes de droit publique, p. 126.

homens sobre homens, a grande dificuldade reside nisto: é preciso capacitar o governo a controlar os governados e em seguida obrigá-lo a se controlar a si próprio.[3]

O parágrafo acima, redigido por **James Madison**, no Artigo federalista n. LI, nos mostra o entendimento dos homens do final do século XVIII a respeito da limitação do poder estatal.

É sintomático que a Constituição de Massachusetts, de 1780, e a Constituição americana, de 1787, estejam entre as primeiras a adotar a teoria da separação de Poderes, juntamente com a Declaração Francesa de 1789 e as Constituições francesas de 1791 e 1795 (na Constituição francesa de 1793, a teoria não foi adotada).

Origens. Platão (*As leis*, primeira parte), **Aristóteles** (*A política*, cap. XI) e **Políbio** (*História*, Livro VI) teorizaram a respeito das vantagens dos governos moderados e da divisão de funções governamentais; ao lado de **Oliver Cromwell** (*Instruments of government*, 1643), todos podem ser considerados precursores daquela teoria. Mas foi **John Locke** quem desenvolveu a manifestação teórica mais consequente a respeito da limitação do poder estatal, com influência na estruturação das instituições britânicas, na Constituição norte-americana e no movimento liberal europeu do século XIX.

A doutrina de John Locke. A obra de **Locke** (*Dois tratados sobre o governo civil*) – talvez o primeiro sinal da tendência à limitação do poder pelo poder que se afirmaria nos séculos seguintes, – fixou as bases teóricas da supremacia do Parlamento que caracteriza o *Rule of Law* britânico, e a distinção entre o poder originário, ou constituinte, e os poderes por ele constituídos – o Legislativo, o Executivo e o Federativo.

Sua doutrina, de extração jusnaturalista e contratualista, reconhecia a titularidade do poder supremo àqueles que criavam uma sociedade política estatal, dado que titulares, no estado de natureza, dos direitos naturais de salvaguarda e punição inerentes à sua condição humana. A criação da sociedade política não tinha outra finalidade senão instituir um governo destinado a elaborar as leis a que se submeteriam de comum

[3] Os artigos federalistas, p. 350.

acordo, nelas incluídas as destinadas a regulamentar o uso da força coletiva para proteção de todos e de cada um.

A partir daí, o Poder Legislativo torna-se o poder supremo e os demais, o Executivo e o Federativo, a ele subordinados. O Poder Executivo aplica as leis e atua com certo grau de discricionariedade (denominado prerrogativa) para suprimir as lacunas da lei. A liberdade é consequência da lei, que é a lei da razão. A igualdade perante a lei que assim se estabelece é uma igualdade formal, e não material. O Poder Federativo zela pela segurança e pelos interesses externos; ocupa-se das alianças e dos tratados, decide sobre a guerra e a paz.

Segundo **Locke**, não era conveniente que o Poder Executivo e o Legislativo estivessem reunidos no mesmo órgão. Seria uma "tentação muito forte para a fragilidade humana, tão sujeita à ambição, confiar aos que têm já o poder de fazer as leis o de fazê-las executar". Diversamente, Executivo e Federativo deveriam estar juntos, pois ambos exigiam a força estatal no desenvolvimento de suas funções. No Poder Executivo, em particular, **Locke** reconheceu uma margem de liberdade de decisão, em situações de omissão da lei, considerando que sua atividade não se reduzia à aplicação das leis. Tal liberdade de ação, no direito inglês, se denomina prerrogativa.[4]

A doutrina de Montesquieu. Anos depois, motivado pelo desejo de compreender as causas de estabilidade e instabilidade dos governos – o que implicava entender as razões da decadência da monarquia francesa – **Montesquieu** expõe, em *O espírito das leis*, os desdobramentos políticos dessa teoria.

Após analisar a natureza e os princípios dos governos republicano, monárquico e despótico (as três formas que compõem a sua tipologia de governo), assim como as causas de sua corrupção, **Montesquieu** conclui que só os governos moderados poderiam gerar estabilidade. Era imperativo, portanto, encontrar os mecanismos institucionais que a garantissem.

Inspirado pelo modelo inglês de limitação dos poderes, centrado na supremacia do Parlamento e na fórmula *King in the Parliament*, sua tese é a de que só o poder contém o poder, do que deduz que as funções bási-

[4] Parte I, Capítulo V, item 1.5.

cas de governo – legislar, declarar a guerra e a paz, garantir a segurança, julgar, executar leis internas etc. – não deveriam estar concentradas nas mesmas mãos, mas divididas e equilibradas harmoniosamente entre diferentes órgãos que, sem usurpar funções uns dos outros, pudessem, reciprocamente, se limitar.

A mecânica da limitação resulta, engenhosamente, da combinação, em cada um dos poderes, de competências originárias de decisão (*faculté de statuer*) e veto (*faculté d'êmpecher*) em relação à atuação dos demais, de tal forma que nenhum deles detenha poderes absolutos ou superiores. Isso não significa, entretanto, uma separação drástica de poderes; antes demonstra, ao descrever o governo inglês, que há interdependência e complementaridade entre os poderes.

No capítulo VI do livro XI, de *O espírito das leis*, **Montesquieu** enumera, pois, as três funções do Estado: fazer leis, executá-las e julgar, distribuindo-as entre Legislativo e Executivo, conforme observara na Inglaterra (onde o Judiciário era tradicionalmente prerrogativa do Executivo).

As funções de fazer as leis, modificá-las ou revogá-las são de competência do Poder Legislativo; já as funções de executar as leis e as de executar as coisas que dependem do direito civil (poder de julgar, executando as leis internas, com natureza de funções judiciárias) são de competência do Executivo.

Em **Montesquieu**, a preocupação com os limites do poder deriva de um problema político, de correlação de forças, e não de um problema administrativo de divisão de funções. Daí a adoção da solução inglesa das duas fontes do poder político: a do monarca e a do povo, ou a da nobreza e a da classe popular, dependendo a estabilidade do governo do equilíbrio dessas forças, que são as forças reais da sociedade.

Louis Althusser,[5] em análise à obra de **Montesquieu** – que, diga-se de passagem, jamais empregou a expressão "separação de Poderes" – demonstra que a ideia de que cada poder tem uma esfera própria, assegurada por instituições rigorosamente distintas umas das outras, não se sustenta. Segundo demonstra, a divisão de competências e controles que **Montesquieu** preconizou, assim como as recíprocas e mútuas interfe-

[5] Montesquieu, la politique et la histoire, 1959.

rências exercidas entre Executivo (rei e ministros), Legislativo (nobres na câmara alta e povo na câmara baixa) e Judiciário ("poder invisível e nulo", "exercido por pessoas retiradas do seio do povo", que apenas lê e diz a lei), remetem, tão somente, a dois poderes – o Executivo e o Legislativo, inobstante a existência de três forças políticas, reais e efetivas: o monarca, a câmara alta e a câmara baixa.

A interpretação americana da teoria da separação de poderes. A fórmula de especialização e a limitação recíproca dos poderes do Estado – tal como prevista nos três primeiros artigos da Constituição – sintetiza-se no "sistema de freios e contrapesos" (*checks and balances*), definido por **Thomas Jefferson** como aquele em que "os poderes estão de tal forma repartidos e equilibrados entre os diferentes órgãos que nenhum pode ultrapassar os limites estabelecidos pela Constituição sem ser eficazmente detido e contido pelos outros".[6]

Nesse sistema, com o objetivo de impedir a concentração e o exercício despótico do poder, o Congresso bicameral faz as leis, mas não superintende o governo, embora o Senado possa impedir a nomeação de certos funcionários e celebrar tratados. O Executivo, confiado a um só homem, tem plenos poderes para atuar, contanto que o faça de acordo com as leis, de cuja elaboração não participa, mas que veta ou sanciona. Os tribunais são independentes, mas podem anular atos ilegais do Executivo e atos inconstitucionais do Legislativo.

A interpretação francesa da separação de poderes. Na França revolucionária, a separação de Poderes originalmente prevista na Declaração Francesa dos Direitos do Homem e do Cidadão, de 1789, apresentou características específicas que a distinguem da formulação americana. Embora também tenha sido empregada como técnica de limitação do poder do Estado, os revolucionários não se preocuparam com o equilíbrio entre os Poderes ou com a limitação do poder pelo poder.

Em realidade, a separação foi levada às últimas consequências, no sentido de que cada poder tornou-se individualmente soberano, por delegação da Nação. A justificativa política centrou-se na concepção unitária e indivisível do poder soberano, que, de plano, impedia qualquer "divisão"

[6] Apud Caetano, Marcello. Manual de ciência política e direito constitucional, p. 195.

do seu conteúdo. É o que foi expresso na Constituição de 1791, Título 3º, da seguinte maneira: "A soberania é una, indivisível, inalienável e imprescritível. Pertence à Nação; nenhuma seção do povo, nenhum indivíduo pode atribuir-se-lhe o exercício".

Inspirados em **Rousseau**, que afirmava, em *O contrato social*, ser a separação de Poderes, com prevalência do Legislativo, o resultado lógico do contrato social e da vontade geral (da qual a lei é a expressão), os jacobinos visaram afirmar o poder soberano do povo. O Executivo, por consequência, ao assegurar a execução das leis, atuaria como simples emanação do Poder Legislativo. Tal concepção afasta-se da inglesa e da americana, e mesmo da de **Montesquieu**. Além de revelar a concepção unitária do poder que prevalecia entre os governantes, levou à rígida distinção das autoridades (Constituição de 1791) e à subalternalização do Executivo ao Legislativo (Constituição republicana de 1793).

No século XIX, outras manifestações teóricas, como a de **Benjamin Constant** (*Esquise d'une Constitution*, 1814), propõem variações desse padrão. Nesta, propugna-se a divisão das funções do Estado em quatro, e não três Poderes. A ideia central é a da harmonização das funções dos três Poderes tradicionais, mediante a atuação do chamado poder moderador (o quarto poder) que, para tanto, deveria ser dotado de força diversa e superior aos demais, de forma a prevenir e solucionar eventuais conflitos entre eles. De marcantes traços absolutistas, tal concepção foi adotada, com exclusividade, pela Constituição Imperial do Brasil de 1824 e pela Constituição portuguesa de 1826.

DISCUTINDO CONCEITOS – I
ARISTÓTELES E OS TRÊS PODERES ESSENCIAIS AO BOM GOVERNO

Em todo governo existem três Poderes essenciais, cada um dos quais o legislador prudente deve acomodar da maneira mais conveniente. Quando essas três partes estão bem acomodadas, necessariamente o governo vai bem, e é das diferenças entre essas partes que provêm as suas. O primeiro desses poderes é o que delibera sobre os negócios do Estado [o poder deliberativo]; o segundo compreende todas as magistraturas ou poderes constituídos, isto é, aqueles de que o Estado precisa para agir, suas atribuições e maneira de satisfazê-las [o

Poder Executivo]. O terceiro abrange os campos de jurisdição [o Poder Judiciário], segundo Aristóteles.[7]

DISCUTINDO CONCEITOS – II
A INTERPRETAÇÃO AMERICANA DA SEPARAÇÃO DE PODERES

James Madison, redator da Constituição americana promulgada, em 1789, na cidade de Filadélfia, expôs, nos artigos XLVII a LI de *O federalista*, suas preocupações acerca da limitação do poder do Estado.

O problema: "[...] a mera demarcação no papel dos limites constitucionais dos vários poderes não é salvaguarda suficiente contra aqueles abusos que levam à concentração tirânica de todos os poderes de governo nas mesmas mãos".[8]

A solução: "[...] A única resposta que pode ser dada é que [...] deve-se sanar a falha arquitetando de tal modo a estrutura interna do governo que suas várias partes constituintes possam ser, por suas relações mútuas, instrumentos para a manutenção umas das outras nos seus devidos lugares".[9]

A grande garantia contra uma concentração gradual dos vários poderes no mesmo braço, porém, consiste em dar aos que administram cada poder os meios constitucionais necessários e os motivos pessoais para resistir aos abusos dos outros. As medidas de defesa devem, nesse caso, como em todos os outros, ser proporcionais aos perigos de ataque. A ambição deve poder contra-atacar a ambição. O interesse do homem deve estar vinculado aos direitos constitucionais do cargo.[10]

2.1. A separação de Poderes como técnica de limitação do poder político na atualidade

Relativização da teoria clássica. Evidentemente, a realidade político-institucional dos Estados contemporâneos é muito mais complexa que a das revoluções americana e francesa, e mesmo que as do século XIX e a

[7] A política, Livro III, cap. X.
[8] Op. cit., p. 342.
[9] Op. cit., p. 345.
[10] Op. cit., p. 50.

da primeira metade do século XX. Democratizados os Estados, estenderam-se as suas finalidades em face da garantia ampliada de direitos fundamentais, mudaram as instituições políticas e o sistema jurídico.

A teoria clássica da separação de Poderes, nessa evolução, teria deixado de atender aos seus objetivos originais de limitação recíproca dos poderes do Estado, em benefício da liberdade do cidadão? Sim, muito embora não se possa dizer que a teoria clássica tenha sido inteiramente superada.

Uma primeira explicação para essa constatação reside na hipertrofia do Executivo, observada na maioria dos Estados desde o início do século XXI, em razão da ampliação de suas funções, entre as quais se inclui uma vigorosa atuação normativa, em detrimento da atividade parlamentar. Justificam essa alteração do equilíbrio entre os poderes, na maior parte dos casos, o fato de que as funções do Poder Executivo, diante das necessidades impostas pelo desenvolvimento social e tecnológico, demandam celeridade e eficiência na implementação de medidas e políticas públicas adequadas às exigências de seu meio, sendo certo que o tempo da decisão parlamentar, sujeito a dilações provocadas por debates, audiências e normas procedimentais complexas, não é compatível com tais demandas.

Outra explicação é encontrada na diminuição das atividades de controle do Executivo pelo Legislativo, em face da criação de instituições técnicas como os Tribunais de Contas ou o Ministério Público brasileiro, por exemplo, cujas atividades ganham proeminência sem se enquadrarem em nenhum dos poderes clássicos.

Da mesma forma, a instituição de tribunais administrativos em vários Estados Europeus, assim como do *ombudsman*, de inspiração sueca, função destinada a informar a Administração Pública a respeito de determinados fatos ou situações que causaram ou podem causar eventuais abusos em relação ao cidadão, são modalidades de controle do Executivo por seus próprios órgãos.

A noção de responsabilidade do Estado evoluiu na mesma medida em que a democracia se afirmou na grande maioria dos Estados, com o que, além da esfera judicial clássica, a recomposição de direitos também passou a se incluir na esfera das atribuições do Executivo. Essa possibilidade é particularmente visível no campo dos direitos humanos, em situações de indenização material por danos devido a violação de direitos por parte de agentes do Executivo, no exercício de suas funções.

Ainda há problemas que derivaram da própria democratização dos Estados.

A multiplicação de partidos políticos e a correlata necessidade de composições na arena política, num cenário de forte prevalência do Executivo sobre o Legislativo, fortalecido pelas competências presidenciais no processo legislativo, que se traduzem, no caso brasileiro, na edição de leis delegadas (Constituição Federal, arts. 59 e 68, IV) e de medidas provisórias (Constituição Federal, arts. 62 e 84, XXVI). Em sistemas políticos com essas características, importante é a eleição do presidente da República; os demais espaços de participação pública – inclusive o Parlamento – são irrelevantes ou, pior, perfeitamente dispensáveis, sendo a legitimidade do poder, em última análise, submetida tão somente ao crivo de eleições diretas.

No plano do direito constitucional dos Estados, diversas soluções têm sido propostas, desde as últimas décadas do século XX, muitas, porém, sem aplicação prática.

G. Burdeau (*Droit constitutionnel et institutions politiques*, 1977), prevê uma "função governamental", abrangendo o poder estatal que atua de modo incondicionado para introduzir algo novo no mundo jurídico, e a "função executiva", com poder condicionado, derivado e secundário ante a observância de uma regra preexistente. Esse modelo, conforme anota **Odette Medauar**, pretende afastar a oposição entre legislação e governo.[11] **K. Loewenstein** (*Teoría de la Constitución*, 1970), por sua vez, propõe a seguinte organização das funções: a decisão fundamental, ou *policy determination*, fica a cargo do Executivo e do Legislativo; a execução da decisão, ou *policy execution*, do Executivo e do Judiciário; o controle político, ou *policy control*, que é a possibilidade de exigir responsabilidade política, do Legislativo e do Judiciário.[12]

Por outro lado, diante da intensa internacionalização dos Estados, a teoria da separação de Poderes, concebida para atuar dentro dos territórios nacionais, também perde terreno, uma vez que o equilíbrio de poder

[11] Op. cit., p. 123, nota 151.

[12] Apud Medauar, ibidem.

na ordem internacional, a fim de conservar, para os diversos Estados isolados ou reunidos em blocos regionais, uma margem adequada de ação e decisão, é feito pelo direito internacional ou pelos compromissos que os Estados assumem.

Sintomaticamente, é também no plano internacional que aplicações *sui generis* da teoria da separação dos poderes vêm sendo adotadas. É o caso da União Europeia que, mesmo adotando a trilogia das funções governamentais (executiva, legislativa e judicial), alterou suas funções clássicas, com fundamento no princípio do igual peso institucional dos órgãos comunitários.

Nesse modelo inovador, reafirmado pelo Tratado de Lisboa, o Poder Legislativo cabe conjuntamente ao Conselho, à Comissão e ao Parlamento Europeu. O poder executivo é exercido pelo Conselho Europeu, pelo Conselho, pela Comissão e pelos Estados-membros; o poder jurisdicional, ao Tribunal de Justiça e ao Tribunal de Contas.[13]

Muito já se discorreu acerca da adaptabilidade das instituições do Estado liberal ao Estado constitucional contemporâneo.

De um lado, propugna-se a superação da teoria clássica da tripartição dos poderes, própria do Estado liberal "fechado", tendo em vista que o Estado social exige um Executivo forte, enquanto o Estado constitucional confere preeminência ao Judiciário no contexto do Estado constitucional de direito, uma vez que aquele, por via de suas Cortes superiores, é o guardião da democracia e da Constituição.

Por outra parte, caso fosse atribuída maior ênfase ao "equilíbrio de poderes" que à sua "independência", o poder do Estado, considerado no seu conjunto, seria visto numa espécie de balança na qual qualquer alteração, por menor que fosse, afetaria igualmente os três poderes, mas o poder do Estado estaria mais sensível à opinião pública do que no modelo da independência dos poderes.

Todos esses aspectos, porém, não diminuem a relevância da teoria clássica. Conforme observa **Marcelo Caetano**:

[13] Disponível em: http://europa.eu/lisbon_treaty/glance/institutions/index_pt.htm.

a independência do Judiciário é princípio fundamental nos Estados que aceitam os princípios do Estado de Direito; os parlamentos continuam a ser o *lócus* onde as minorias expressam os seus pontos de vista e contêm a ação da maioria e do governo; e se a contraposição Legislativo-Executivo se diluiu, foram desenhadas outras formas de fiscalização do Executivo, por via da atribuição de faculdades fiscalizatórias especiais a certos órgãos, como o Tribunal Constitucional.[14]

3. As Declarações de Direitos

As primeiras Declarações de Direitos, *documentos jurídicos que enunciam o núcleo irredutível dos direitos de liberdade a ser preservado na vida em sociedade,* são produto do pensamento jusnaturalista do século XVIII. As Declarações dos Estados da Virgínia, Pensilvânia e Maryland (1776), a Declaração de Independência Americana de 1776, a Constituição Americana de 1787 (e suas nove primeiras emendas) e a Declaração Francesa dos Direitos do Homem e do Cidadão de 1789, incluem-se nesse conjunto.

A diferença entre estas e outros documentos relativos a injustiças ou desmandos dos governos reside, em primeiro lugar, na afirmação da autoevidência dos direitos naturais, inerentes a todos os seres humanos, daí se deduzindo sua igualdade e universalidade. Logo, não precisavam ser criados, bastava declará-los em documentos solenes para que ganhassem conteúdo político. Apesar das diferenças de linguagem, em todas as Declarações do século XVIII encontra-se expresso o paradoxo da autoevidência, direta ou indiretamente.

Em segundo lugar, as Declarações tratam de direitos naturais dos homens na sociedade política e não no estado de natureza; o que significa que tais direitos voltam-se a garantir a convivência entre os próprios homens e entre eles e o Estado, exigindo participação ativa de quem os detém. Além disso, são os primeiros documentos nos quais a garantia da autonomia individual estende-se expressamente ao conjunto de cidadãos, e não apenas a determinadas classes ou conjunto de cidadãos.

[14] Ciência política, p. 206.

O preâmbulo da Declaração de Independência Americana e os dois primeiros artigos da Declaração Francesa proclamam expressamente esse entendimento. Dizem os americanos: "Consideramos estas verdades autoevidentes: que todos os homens são criados iguais, dotados pelo seu Criador de certos Direitos inalienáveis, que entre estes estão a Vida, a Liberdade e a busca da Felicidade". E os franceses:

> Art. 1º – Os homens nascem e são livres e iguais em direitos. As distinções sociais só podem fundar-se na utilidade comum.
> Art. 2º – O fim de toda a associação política é a conservação dos direitos naturais e imprescritíveis do homem. Esses direitos são a liberdade, a propriedade, a segurança e a resistência à opressão.

A igualdade, a universalidade e o fundamento natural dos direitos contidos nas Declarações são os elementos que as particularizam, em substância, face a outros documentos assecuratórios de garantias, visando à limitação do poder dos governantes.

3.1. Antecedentes

Ao focalizarmos na história, os momentos em que se discerne alguma convicção acerca de direitos inerentes à espécie humana, é inevitável correlacioná-los à construção da ideia de pessoa, como categoria geral, e à instituição de leis, escritas ou não, como fundamento de autoridade nas sociedades políticas. Seu início dá-se entre os séculos VIII e II a.C., conforme registros religiosos, doutrinários e filosóficos, sendo que o conceito de pessoa, adensado pelo Cristianismo e teorizado pelo direito natural, remeterá à noção de dignidade humana, e em período posterior, à valoração dos direitos humanos como o núcleo axiológico dos sistemas jurídicos.

Entre os gregos, por exemplo, a consciência acerca de direitos que transcendem a autoridade política aparece em vários textos, inclusive teatrais, como na tragédia *Antígona*, de **Sófocles**. Em um dos diálogos, Antígona, ao se insurgir contra o decreto de Creonte (governante que proibiu o enterro dos corpos de revoltosos) e clamar pelos funerais de seu pai e irmão, mortos, justamente, por se amotinarem contra Creonte, assim expressa a sua repulsa:

> Não foi com certeza Deus quem o proclamou (o decreto), nem a Justiça com trono entre os deuses infernais que a estabeleceu para os homens. Nem eu supunha que tuas ordens tivessem o poder de superar as leis não escritas, perenes, dos deuses, visto que és mortal. Pois elas não são de ontem nem de hoje, mas são sempre vivas, nem se sabe quando surgiram.[15]

Embora as leis escritas fossem consideradas pelos atenienses o único antídoto para o exercício arbitrário do poder, a menção de **Sófocles** acerca de leis não escritas tem o sentido de lembrar que há normas costumeiras ou religiosas que a todos se impõem, acima e além da autoridade constituída. **Fábio Comparato**, a propósito dessa extraordinária passagem, observa que a noção de lei não escrita para os gregos em geral era ambígua, podendo designar tanto o costume juridicamente relevante como leis religiosas, mas seja como for, sua natureza geral e abstrata permitia que fossem estendidas além dos limites da cidade.[16]

Paralelamente à evolução filosófica dos direitos humanos, outros documentos políticos, sem qualquer intuito de reconhecê-los ou garanti-los, estabelecem restrições ao poder dos governantes. Entre aqueles que se incluem na proto-história dos direitos humanos estão, por exemplo, as Declarações das Cortes de Leão, de 1188, vigentes em região que seria posteriormente incorporada ao Reino da Espanha. Ao estabelecerem a inviolabilidade de domicílio e o *habeas corpus*, as Declarações tiveram por objetivo garantir algumas regalias de liberdade a determinados estamentos (a nobreza, o clero, as corporações ou, ainda, algumas cidades). Mas não o fizeram para o conjunto do povo; consistiram, simplesmente, num rol de obrigações pessoais do governante em exercício, do qual estavam descomprometidos os seus sucessores que poderiam confirmá-lo ou não.

Da mesma forma, mesmo na tradição britânica das liberdades e da supremacia da lei, a Magna Carta foi tão somente o produto de acordos entre o rei, a nobreza e o clero, ainda que posteriormente tenha concedido alguns privilégios aos homens livres, quando complementada pela Carta da Floresta (1217). A Carta da Floresta, editada por Henry III, por ocasião de uma das revisões da Magna Carta, garantiu aos homens livres a

[15] Cf. Sófocles. Antígona, 1999, p. 35-6.

[16] A afirmação histórica dos direitos humanos, p. 13.

utilização das florestas como pasto e sua madeira como combustível. Esse privilégio foi posteriormente restringido pelo Estatuto de Merton, de 1235, que garantiu aos lordes proprietários de terra que separassem para seu único e próprio uso qualquer terra que considerassem necessária. A renovação da Magna Carta produzida por **Edward Coke**, por meio da *Petition of Rights* de 1628, conservou a restrição de titularidade original. O *Bill of Rights* (1689) é que vem a ser a primeira garantia institucional e geral, e não privilégio, a limitar o poder do soberano. Não declarava, contudo, a igualdade, a universalidade ou o caráter natural dos direitos dos homens.

Somente no século XVIII, a valorização do espírito crítico e a confiança na ciência, por via do Iluminismo, resultaram na concepção racional dos direitos humanos que as Declarações proclamam. Nas palavras da historiadora americana **Lynn Hunt**:

> [...] em algum momento, entre 1689 e 1776, direitos que tinham sido considerados muito frequentes como sendo de determinados povos – os ingleses nascidos livres, por exemplo – foram transformados em direitos humanos, direitos naturais universais, o que os franceses chamaram *les droits de l'homme*, ou "os direitos do homem".[17]

3.2. Direito natural, direitos do homem, direitos da pessoa, direitos da pessoa humana, direitos individuais, liberdades públicas, direitos públicos subjetivos, direitos humanos fundamentais e direitos fundamentais

As expressões "direito natural", "direitos do homem", "direitos da pessoa", "direitos da pessoa humana", "direitos individuais", "liberdades públicas", "direitos públicos subjetivos", "direitos humanos fundamentais" ou "direitos fundamentais" costumam ser empregadas como equivalentes a direitos humanos. Remetem, porém, a diferentes conceitos jurídicos.

Direito natural. Conceituações acerca dos direitos humanos em sua dimensão natural são abundantes. De modo geral, designam direitos absolutos, imutáveis e intemporais, inerentes à qualidade humana de

[17] HUNT, Lynn. A invenção dos direitos do homem – uma história, p. 20.

seus titulares. Constituem um núcleo restrito que se impõe a qualquer ordem jurídica, diretamente decorrente da dignidade humana. Nessa perspectiva, transcendem a História e vão além do direito positivo: pertencem à ordem moral e cultural.

Direitos humanos. A expressão direitos humanos também é empregada para designar direitos que existem independentemente de seu reconhecimento na ordem jurídica, com validade universal; corresponde a direitos do homem, conceito por vezes associado à noção de direitos inerentes à natureza humana, própria do Iluminismo; nessa acepção, são direitos em sentido fraco, uma vez que não inseridos no sistema jurídico.

Direitos fundamentais. Direitos fundamentais, por sua vez, são direitos de categoria especial, consagrados nas Constituições; representam a base ética do sistema jurídico estatal e podem não ter a vigência universal, própria dos direitos humanos. O conceito de direitos humanos, portanto, seria mais amplo e impreciso do que a noção de direitos fundamentais. A distinção entre direitos humanos e direitos fundamentais encontra-se hoje superada, sendo mesmo irrelevante, posto constituírem um só instituto jurídico. Certos doutrinadores, contudo, consideram que a distinção entre direitos humanos e direitos fundamentais reside na fonte internacional ou constitucional da qual derivam, sendo "direitos humanos" apenas os previstos nos tratados internacionais e "direitos fundamentais" os que derivam das Constituições nacionais.[18] A expressão "direito público subjetivo" indica direito em relação ao qual o Poder Público tem obrigação de oferecer (é o caso, por exemplo, do ensino fundamental, na forma do art. 208 da Constituição Federal Brasileira de 1988).

Direito subjetivo. Direito subjetivo, a seu turno, consiste em prerrogativa estabelecida de conformidade com regras de direito objetivo, cujo exercício, ou não exercício, depende da vontade de seu titular; o conceito é insuficiente em face dos direitos sociais, econômicos e culturais, assim como em face dos demais direitos que exigem atuação ativa

[18] Cf. MIRANDA, Jorge. Manual de direito constitucional, 1993, v. IV, p. 51-2; GOMES CANOTILHO, J. J. Direito constitucional, 1993, p. 528; SARLET, Ingo W. A eficácia dos direitos fundamentais, 1998, p. 35.

dos poderes públicos. Designa também direitos oponíveis ou exigíveis, isto é, quando considerada situação subjetiva de vantagem dotada de eficácia jurídica, permissão concedida pelo direito constitucional positivo ao homem.[19]

Liberdades públicas. Liberdades públicas é a expressão oriunda do direito francês, que tem o sentido político de autogoverno, próprio da primeira geração de direitos voltada à garantia da liberdade. Designam os poderes de agir, identificados com a primeira geração dos direitos humanos, que requerem a abstenção do Estado na prática de determinados atos; seu fundamento se radica na liberdade. São também denominados "direitos de personalidade".[20]

Atualmente é irrelevante a nomenclatura dos direitos humanos, que se apresentam, indistintamente, como direitos morais, preferenciais e fundamentais.

Conforme a lição de **Robert Alexy**, são *direitos morais* porque independem de positivação; basta que se verifique a validade moral da norma que os consagra, assegurada pela justificação racional perante todos aqueles que a aceitam. São *direitos preferenciais*, porque ocupam posição de prioridade no ordenamento jurídico, tendo em vista que os direitos morais importam o direito à proteção por parte do ordenamento jurídico. A garantia e eficácia dos direitos humanos, ademais, têm o mérito de conferir legitimidade à ordem legal vigente. São *direitos fundamentais:* abrangem interesses e carências essenciais do homem, e por essa razão desfrutam de prioridade face aos demais direitos contemplados pela ordem jurídica. A essencialidade decorre do fato de a sua violação ou não satisfação importarem morte ou grave sofrimento dos indivíduos ou quando afetarem o seu núcleo essencial de autonomia. São *direitos abstratos:* necessitam de ponderação para sua aplicação, especialmente em caso de conflitos de direitos.[21]

[19] Silva, José Afonso da. Comentários contextuais à Constituição, 2006, p. 794.

[20] Miranda, Jorge. Manual de direito constitucional, Parte IV – Direitos fundamentais, 1988, p. 56.

[21] Alexy, Robert. "Direitos fundamentais no Estado constitucional democrático". Revista de Direito Administrativo, n.217, jul-set/1999, p. 58 e segs.

3.3. A doutrina dos direitos humanos

Os direitos humanos constituem um conjunto de faculdades, prerrogativas e procedimentos que materializam exigências éticas de comportamento relativas à dignidade da pessoa humana, à inviolabilidade de sua vida e à garantia de sua liberdade, igualdade, segurança e propriedade. Representam, na expressiva síntese de **Hannah Arendt**, uma garantia de convivência social pacífica, que os membros de uma dada comunidade e todos os habitantes do planeta atribuem-se reciprocamente uns aos outros.

A doutrina dos direitos humanos foi elaborada para limitar o poder político no interior dos Estados Nacionais. Seu escopo se ampliou com a criação da Organização das Nações Unidas em 1945. Desde então, o direito internacional passou a se preocupar com a proteção global da pessoa humana, independentemente de sua nacionalidade ou local de residência.

Os Estados, nesse contexto, tornam-se necessários não apenas como instâncias de concretização, mas também como instâncias decisórias para efetivação dos direitos humanos, de tal sorte que a ordem internacional ganha o *status* de espaço público universal, fundado no princípio da igualdade perante a lei.

A concepção contemporânea dos direitos humanos é originária, da Declaração Universal dos Direitos do Homem de 1948, à qual se seguiram os Pactos Internacionais sobre Direitos Econômicos, Sociais e Culturais (1966) e sobre Direitos Civis e Políticos (1966); seus fundamentos foram confirmados, mais recentemente, pela Declaração dos Direitos Humanos de Viena de 1993.

Características. Os direitos humanos na doutrina contemporânea são universais, essenciais, relativos, acumulativos, variados e abertos.

Caracterizam-se pela universalidade e essencialidade devido à igualdade fundamental dos seres humanos e pelo fato de que a sua violação, ou não satisfação, importa morte, grave sofrimento ou cerceamento do núcleo fundamental da autonomia humana.

São relativos porque o surgimento de novos direitos está condicionado à mudança de condições históricas, de carecimentos e de interesses, de transformações técnicas, da necessidade de preservação de determinados bens e valores; daí serem direitos de natureza acumulativa, variada e aberta.

São acumulativos porquanto novos direitos, típicos de seu tempo, se sucedem no evolver dos momentos históricos, somando-se aos antigos; variada porque os direitos se diversificam em virtude do processo de acumulação e, além disso, porque os direitos humanos não são uniformes, desdobrando-se em diversas dimensões normativas. São suas causas: *a)* o aumento de bens merecedores de tutela; *b)* a extensão da titularidade de alguns direitos a titulares que não o homem, considerado individualmente; *c)* o homem não ser considerado ente genérico, ou em abstrato, mas na sua especificidade das suas diversas maneiras de ser em sociedade: criança, velho, doente etc. Em síntese: mais bens, mais sujeitos, mais status do indivíduo. O processo de multiplicação por especificação ocorreu principalmente no âmbito dos direitos sociais. *Variedade* porquanto os direitos diversificaram-se em virtude do processo de acumulação. A variedade ainda se afirma diante da constatação de que os direitos humanos não são uniformes, desdobrando-se em diversas dimensões normativas.

São ainda direitos abertos porque nenhuma constituição nacional pretendeu esgotar o conjunto de direitos ou determinar o seu conteúdo, aceitando a existência de direitos humanos não escritos ou a de faculdades implícitas.[22]

Mas nem todo direito é considerado "direito humano" pela doutrina. Várias são as condições exigidas para tanto. Em primeiro lugar, deve refletir um importante valor social, além de ser relevante, em graus variados, nas diferentes sociedades mundiais. Em segundo lugar, deve ser reconhecido com fundamento nas obrigações da Carta da Organização das Nações Unidas, não ser repetitivo face ao sistema internacional de direitos humanos, ser capaz de autoalcançar consenso internacional, ser compatível, ou pelo menos não incompatível, com a prática comum dos Estados. Finalmente, deve ser suficientemente preciso para gerar direitos e obrigações identificáveis.[23]

[22] Cf. Vieira de Andrade, p. 65-6.

[23] Cf. Alston, Philip. Conjuring up new human rights: a proposal for quality control, American Journal of International Law, 1984, v. 78, p. 607.

Atuais desafios. A globalização transportou problemas de direitos fundamentais para o âmbito mundial, confrontando, as teses do universalismo e do relativismo cultural, do equilíbrio entre unidade e diversidade, e da preservação da diversidade cultural em face do comércio internacional e da evolução das tecnologias de informação e comunicação.

Universalismo é o termo empregado na doutrina dos direitos humanos para designar a corrente teórica segundo a qual o fundamento *dos direitos humanos decorre da dignidade humana*; daí seu caráter universal. Aproxima-se da concepção jusnaturalista, na medida em que ambas as correntes veem nos direitos humanos um valor intrínseco à condição humana; para os universalistas, contudo, os direitos humanos constituem o *mínimo ético irredutível* necessário à preservação da dignidade.

Relativismo, por outro lado, designa a corrente teórica segundo a qual *cada cultura possui sua própria noção de direitos humanos*, o que significa dizer que os direitos variam conforme o sistema político, econômico, social e cultural vigente numa dada sociedade. Em síntese, não há universalidade, mas pluralidade de direitos humanos.

Unidade e *diversidade*, por conseguinte, são designações referidas à possível conciliação entre universalismo e relativismo, como propugna **Boaventura de Souza Santos** (*Reconhecer para libertar*, 2003), em conhecida defesa da concepção multicultural dos direitos humanos, estando o "multiculturalismo" a indicar as possibilidades de articulação e potencialização mútuas de reconhecimento e redistribuição de direitos.[24]

Hoje não mais se discute acerca da universalidade dos direitos humanos, em relação a titulares e destinatários, de suas características como direitos morais, preferenciais, fundamentais e abstratos, ou de seu caráter acumulativo, variado e aberto.

O problema é a efetividade desses direitos, sua concretização, o que nos leva a questões de ordem teórica e prática: o que são direitos humanos e como identificá-los? Identificados, qual a forma mais efetiva e legítima de promovê-los?

Na ordem internacional, a questão se mostra mais aguda, posto que o sistema internacional é um sistema mais fraco que o nacional, o que

[24] Reconhecer para libertar, 2003, p. 43.

implica sua sustentação quase que exclusivamente pela pressão social e não pela coerção. O tema não é novo, já tendo sido enfrentado por **Bobbio** (1992) e **Habermas** (1999), entre tantos outros. A solução, para **Bobbio**, seria a criação de um sistema internacional de coerção; para **Habermas**, o dilema só se resolveria quando os destinatários dos direitos humanos, no nível global, se compreendessem como seus autores, o que implica a implementação dos direitos em sentido jurídico-democrático.

No interior dos Estados nacionais democráticos, a situação não é menos importante. A maior eficácia de proteção é a dos direitos civis e políticos que, institucionalizados há mais de trezentos anos, contam com uma série de garantias bem definidas, que variam de um sistema jurídico para outro; nesses campos, de modo geral, os ofendidos podem recorrer ao Judiciário, invocando remédios processuais adequados para fazer cessar a violação. Os direitos econômicos, sociais e culturais, de elaboração mais recente, apresentam menor eficácia de proteção e nem sempre podem ser exigidos perante os tribunais, por dependerem da atuação do Estado para se concretizarem; ademais, como muitos desses direitos estão inseridos em normas programáticas, sua exigência é mais política que estritamente jurídica. Os direitos difusos ou de titularidade coletiva, de defesa quase que exclusivamente política, são os que apresentam menos eficácia, à exclusão do direito ao meio ambiente e de proteção ao consumidor, protegidos por ações específicas no âmbito do ordenamento dos diversos países.

3.4. As gerações de direitos

Desde as Declarações de Direitos, marco inicial da doutrina dos direitos humanos, identificamos em sua evolução significativa ampliação do seu conteúdo e da sua titularidade.

Se, na fase inicial, as Declarações tiveram por objeto os direitos individuais de liberdade, em fases posteriores incorporaram, sucessivamente, direitos econômicos, culturais e sociais, direitos coletivos e direitos difusos. Nessa marcha, aos titulares de direitos – originariamente, os indivíduos considerados em sua singularidade – foram incorporados grupos, povos e a própria humanidade.

Para fins didáticos, esse desenvolvimento é estudado em "gerações", de forma a permitir uma visão em perspectiva dos contínuos processos de ampliação, aprofundamento, especificação e positivação dos direitos humanos e, bem assim, da afirmação da dignidade humana em documentos escritos.

Primeira geração. Direitos individuais. Em sua primeira fase, a doutrina dos direitos humanos propiciou a "declaração" (não a criação) de *direitos individuais*, de extração jusnaturalista, nas Declarações clássicas. Seu objeto são os direitos de liberdade (as *liberdades públicas* da doutrina francesa), direitos subjetivos consistentes em poderes de agir reconhecidos a todos os indivíduos, tais como a liberdade de ir e vir, a liberdade religiosa, de expressão, de associação, de profissão etc. que, na Declaração Francesa, são os "direitos do homem", sendo "direitos dos cidadãos" as disposições relativas à participação do indivíduo na vida pública.

São seus sujeitos passivos não só o Estado como também todos os demais indivíduos que não o titular do direito exercido, que se abstém de atuar, omissiva ou comissivamente, contra a liberdade do titular. As primeiras Declarações de Direitos veicularam, exclusivamente, essa geração de direitos fundamentais.

Segunda geração. Direitos econômicos, sociais e culturais. Os direitos econômicos, sociais e culturais são direitos de exigir determinadas prestações do Estado, cuja realização depende de sua intervenção (saúde, educação, previdência, trabalho etc.). São direitos subjetivos, como os direitos individuais, mas, ao contrário daqueles, consistem em direitos de exigir. São direitos de crédito, de parte dos indivíduos, em relação à coletividade ou direitos de exigir, que exprimem, no sistema jurídico, a exigência de igualdade e solidariedade, com repercussões positivas na diminuição das diferenças sociais. Distinguem-se das liberdades e dos direitos políticos porque representam direitos que se realizam por intermédio da ação do Estado.

Seu objeto é uma contraprestação, geralmente em forma de serviço (médico, escolar, previdenciário etc.), que pode variar conforme o seu titular (o indivíduo, grupos de indivíduos, a criança, o jovem, o idoso etc.). Consistem na segunda geração de direitos humanos e seu fundamento se radica na igualdade; desta perspectiva, o indivíduo é considerado em seu grupo social. A Constituição de Weimar, de 1919, é o documento jurídico que, pioneiramente, previu esses direitos, muito embora a Constituição

Mexicana de 1917 já houvesse previsto um elenco de direitos ao trabalhador. Ambas assinalam uma nova concepção dos direitos humanos.

Terceira geração. Direitos de solidariedade. Compreendem direitos difusos ou de titularidade coletiva cujo fundamento se radica na fraternidade, uma vez que se voltam à garantia da qualidade de vida. São seus sujeitos passivos os grupos humanos, como a família, o povo, a nação, a coletividade ética e a própria humanidade. Desenvolvidos especialmente no plano internacional, incluem-se nessa geração: o direito à paz (deduzido do art. 20, do Pacto Internacional dos Direitos Civis e Políticos, AGONU/66); o direito ao desenvolvimento (Declaração sobre o Direito ao Desenvolvimento, ONU/86); o direito ao meio ambiente (Declaração de Estocolmo/72; Declaração do Rio de Janeiro/92); o direito ao patrimônio comum da humanidade (indiretamente, desde 74, na Carta dos Direitos e Deveres Econômicos dos Estados, em relação ao fundo do mar e subsolo); o direito à autodeterminação dos povos (plena afirmação no Pacto sobre Direitos Civis e Políticos/66, art. 1º: "todos os povos têm direito à autodeterminação"), o direito à comunicação (objeto de várias manifestações da Unesco, a partir dos anos 1980).

Caracterizam-se por serem indeterminados pela titularidade, indivisíveis com relação ao objeto, e colocados a meio caminho entre os interesses públicos e os privados, próprios de uma sociedade de massa e resultado dos conflitos de massa, carregados de relevância política e capazes de transformar conceitos jurídicos estratificados, como a responsabilidade civil pelos danos causados no lugar da responsabilidade civil pelos prejuízos sofridos etc.

Tais direitos são reconhecidos às gerações futuras, na medida em que esteja em causa a sobrevivência da sociedade – que se fundam numa identidade de circunstâncias de fato e não em impulso associativo, como os de proteção da natureza e de defesa do meio ambiente e do patrimônio cultural e, em alguns aspectos, os direitos dos consumidores.

Quarta geração. Direitos de proteção. A quarta geração de direitos compreende os direitos necessários à proteção contra os avanços das tecnologias de comunicação e da biotecnologia, assim como os perigos ecológicos e genéticos. Pretendem proteger o indivíduo do desenvolvimento científico e tecnológico, ampliado pelo direito à identidade genética, pelo direito à privacidade, contra os riscos de transmissão e utilização de imagem e dados pessoais, inclusive por via eletrônica, tudo implicando o alargamento e o adensamento das liberdades e direitos de defesa. Direitos de diversidade expressos pela necessidade de preservação da diversidade cultural da humanidade, como seu patrimônio comum, em face do comércio internacional e da evolução das tecnologias de informação e comunicação. São "direitos circulares", como os denomina o constitucionalista português **José Carlos Vieira de Andrade,** cujos fundamentos radicam numa nova trilogia: segurança, diversidade e solidariedade.[25]

Como se pode notar, acumulação, variedade e abertura como palavras-chave da evolução histórica dos direitos humanos.

DISCUTINDO CONCEITOS – III
A DECLARAÇÃO FRANCESA DOS DIREITOS DO HOMEM E DO CIDADÃO DE 1789

Os representantes do povo francês, reunidos em Assembléia Nacional, considerando que a ignorância, o esquecimento ou o desprezo dos direitos do homem são as únicas causas dos males públicos e da corrupção dos governos, resolveram expor, em uma declaração solene, os direitos naturais, inalienáveis e sagrados do homem, a fim de que essa declaração, constantemente presente junto a todos os membros do corpo social, lembre-lhes permanentemente seus direitos e deveres; a fim de que os atos do poder legislativo e do poder executivo, podendo ser, a todo instante, comparados ao objetivo de qualquer instituição política, sejam por isso mais respeitados; a fim de que as reivindicações dos cidadãos, doravante fundadas em princípios simples e incontestáveis, estejam sempre voltadas para a preservação da Constituição e para a felicidade geral.

Em razão disso, a Assembléia Nacional reconhece e declara, na presença e sob a égide do Ser Supremo, os seguintes direitos do homem e do cidadão:

Art. 1º – Os homens nascem e são livres e iguais em direitos. As distinções sociais só podem ter como fundamento a utilidade comum.

[25] Os direitos fundamentais na Constituição portuguesa de 1976, p. 62

Art. 2º – A finalidade de toda associação política é a preservação dos direitos naturais e imprescritíveis do homem. Esses direitos são a liberdade, a prosperidade, a segurança e a resistência à opressão.

(...)

Art. 10º – Ninguém pode ser molestado por suas opiniões, incluindo opiniões religiosas, desde que sua manifestação não perturbe a ordem pública estabelecida pela lei.

Art. 11º – A livre comunicação das idéias e das opiniões é um dos mais preciosos direitos do homem; todo cidadão pode, portanto, falar, escrever,imprimir livremente, respondendo, todavia, pelos abusos dessa liberdade nos termos previstos na lei.

(...)

Art. 15º – A sociedade tem o direito de pedir contas a todo agente público pela sua administração.

Art. 16º – A sociedade em que não esteja assegurada a garantia dos direitos nem estabelecida a separação dos poderes não tem Constituição.

Art. 17º – Como a propriedade é um direito inviolável e sagrado, ninguém dela pode ser privado, a não ser quando a necessidade pública legalmente comprovada o exigir e sob condição de justa e prévia indenização.[26]

4. O constitucionalismo liberal

O constitucionalismo foi o movimento político e jurídico que, a partir do século XVIII, pretendeu estabelecer governos moderados, submetidos a Constituições escritas.

Parafraseando o constitucionalista português **J. J. Gomes Canotilho**, podemos dizer que, rigorosamente, "não há um constitucionalimo, mas vários constitucionalismos" (o inglês, o americano, o francês).

[26] Cf. https://www.senat.fr/lng/pt/declaration_droits_homme.html. Acesso em 22/12/2022.

Mais rigoroso ainda seria falar de vários movimentos constitucionais, dos quais derivam técnicas específicas de limitação do poder, o que, no fundo, revela uma teoria normativa da política.[27] Esses movimentos não podem ser compreendidos fora das grandes correntes filosóficas e políticas que lhe são contemporâneas e que traduzem uma compreensão específica do Estado e do Direito.

O constitucionalismo encerra um conjunto de valores e concepções políticas de natureza moderna, com raízes na tradição inglesa de proteção às liberdades e supremacia do Parlamento, no contratualismo e na ideia da lei como expressão da vontade geral, presentes, igualmente, nas declarações de direito e nas diversas técnicas de separação e racionalização do poder.

No plano político, confunde-se com o liberalismo, dada a sua coincidência de propósitos: submeter o Estado ao direito, instituir governos moderados, com poderes limitados, e implementar um sistema econômico autônomo ou, pelo menos, descentralizado. O que significa que o Estado deve ser racionalmente construído de forma a transformar o súdito em cidadão, a assegurar-lhe a liberdade, a segurança e a propriedade (direitos imprescritíveis e invioláveis), e a distribuir o poder político entre diversos órgãos (além do governante, o Parlamento, os Tribunais). Nesse registro, o Direito é um direito racional, protetor das liberdades.

Antecedentes. É evidente que a ideia de limitar o poder do Estado por via de documentos escritos não foi inventada pelo constitucionalismo.

Na Inglaterra, desde a Magna Carta (1215), eram celebrados *pactos* entre o monarca e parte dos súditos para garantia de alguns direitos; são exemplos desse sistema, entre outros, a *Petition of Rights* (1628). No continente europeu, durante a Idade Média, proliferaram *forais* e *cartas de franquia*, também destinados à proteção de direitos dos súditos contra o poder do príncipe; na América do Norte foram celebrados entre a Inglaterra e os peregrinos os famosos *contratos de colonização*, dos quais são exemplos o *Compact* (1620) e as Leis fundamentais de Connecticut (1639).

[27] Direito constitucional e teoria da constituição, p. 51.

Tampouco era nova a concepção de que um corpo de normas superiores ao poder do monarca e do legislativo era necessário para proteger o Estado. Na França estamental e absolutista, a despeito das teorias da legitimação monárquicas, as *leis fundamentais do reino* tinham esse propósito. Destinadas a assegurar a unidade da soberania e da religião – o que significava proteger a continuidade do Estado – as leis fundamentais constituíam um conjunto de normas, escritas e costumeiras, consideradas imutáveis, que regulavam a aquisição, o exercício e a transmissão do poder, ao qual os reis juravam obediência. Suas disposições vagas e imprecisas, contudo, não se preocupavam em regular a atividade do governante, tampouco as suas relações com os governados. A Lei Sálica, que determinava o direito da primogenitura na ordem sucessória da Coroa francesa, por exemplo, integrava esse corpo de leis.

O Constitucionalismo moderno. A diferença entre esses tipos de documentos e as Constituições contratuais do século XVIII reside no fato de que estas últimas instituíam o Estado e, simultaneamente, constituíam o *status* de filiação dos cidadãos a essa nova comunidade política, a todos assegurando uma unidade imaginária traduzida pelo estágio atual das ideias políticas e jurídicas.

A doutrina do constitucionalismo postulava, adicionalmente:

conferir à Constituição o sentido de documento escrito, formal e solene, composto de regras jurídicas que não só prescreviam a estrutura do Estado como a da sociedade perante o Estado;

desenvolver uma teoria de legitimação do poder fundada na auto-organização de um povo ou de uma nação (na acepção revolucionária do termo).

O escopo do constitucionalismo moderno, portanto, ia muito além da ancestral necessidade de constituir um conjunto de regras fundamentais pertinente ao exercício do poder. Para o pensamento constitucionalista – iluminista e liberal – a Constituição deveria proteger e garantir as liberdades do cidadão, adotar a separação de Poderes, expressar o poder de auto-organização e, por decorrência, contrapor-se à antiga legitimidade monárquica, instituindo um novo Estado.

Com esse sentido específico, de natureza garantista, a palavra *constituição* aparece nas Constituições da Virgínia (a primeira a ser escrita, em 1776), na dos Estados Unidos (1787) e na francesa (1791). Essas são as *Constituições contratuais clássicas*, isto é, as constituições que expressam os princípios do constitucionalismo do século XVIII, com algumas características comuns e outras tantas importantes variações.

No caso francês, a Constituição é um contrato social celebrado hipoteticamente entre os indivíduos – ou seja, a Nação – para a fundação do autogoverno. No caso americano, a par do autogoverno, a Constituição expressou um contrato de coalizão que institucionaliza um sistema político de dois níveis, o federalismo. E se o contrato social francês permanece hipotético, inserido no âmbito da doutrina constitucionalista, o contrato de organização americano é celebrado de fato entre os treze Estados independentes, com a finalidade de criar a União, o Estado federal.

De outra parte, a incorporação da Declaração dos Direitos do Homem e do Cidadão de 1789 à Constituição Francesa de 1791 foi talvez o primeiro sinal da tendência à concepção da Constituição como norma que se disseminaria no século XIX, de resto confirmada, anos mais tarde, pela decisão da Suprema Corte Americana, de 1803, em Marbury *versus* Madison. Nela, a Constituição Americana foi, pela primeira vez, caracterizada como direito diretamente aplicável, superior a todas as demais normas e decisões governamentais.

Registra-se, assim, que as Constituições clássicas não se limitaram a ser a expressão concreta do constitucionalismo garantista do século XVIII; seu papel ampliou-se na direção da juridicização de leis fundamentais, paradigma dominante em todo o planeta nos séculos seguintes.

Paralelamente, a doutrina constitucionalista preocupou-se com o problema da legitimação da Constituição, que remetia à identificação do "quem" e à definição do "como". Suas diversas interpretações levam à teoria do poder constituinte, da qual são expressão as proposições de **Locke** e **Sieyès**.

John Locke, que nunca empregou a expressão "poder constituinte", sugere, em sua obra, a distinção entre o poder do povo de instituir uma nova forma de governo (poder originário e supremo) e o poder ordinário do governo ou do legislativo, no exercício de suas funções. Posteriormente, **Emmanuel Joseph Sieyès** (*O que é o terceiro Estado?*,

1789) formula a distinção teórica entre poder constituinte e poderes constituídos, tacitamente consagrada na fundação dos Estados Unidos da América.

Segundo **Sieyès,** a titularidade da soberania é da "Nação", entidade que compreende todos os estamentos sociais, sendo a vontade nacional a origem de toda a legitimidade e legalidade: "O poder só exerce um poder real enquanto é constitucional. Só é legal enquanto é fiel às leis que foram impostas. A vontade nacional, ao contrário, só precisa de sua realidade para ser sempre legal: ela é a origem de toda a legalidade".[28] É da Nação, portanto, a competência exclusiva de instituir o Estado e estabelecer a ordem jurídica, como está expresso no art. 1º, do Título III, da Constituição Francesa de 1791, complementado pelo seu art. 2º.

Tal doutrina pressupõe a existência de um poder pré-estatal – *o poder constituinte originário* – do qual é titular a Nação, condicionado tão somente pelas declarações de direitos (legitimação material) e pela exigência da divisão dos Poderes do Estado (legitimação formal). Para **Sieyès:**

> A nação existe antes de tudo. Sua vontade é sempre legal, é a própria lei. Antes dela e acima dela só existe o direito natural [...] a Constituição não é obra do poder constituinte, mas do poder constituído. Nenhuma espécie de poder delegado pode mudar nada nas condições de sua delegação. É nesse sentido que as leis constitucionais são fundamentais.[29]

Além de instituir o Estado, o poder constituinte originário define na Constituição a divisão de poderes, suas instituições, competências e procedimentos, condicionando a validade dos seus atos. **Sieyès** argumenta, racionalmente:

> [...] que seria impossível criar um corpo para um determinado fim sem dar-lhe uma organização, formas e leis próprias que preencham as funçoes às quais quisemos destiná-lo. Isso é o que chamamos a *constituição* desse corpo. É evidente que não pode existir sem ela.[30]

[28] Sieyès, Emmanuel Joseph. Qu'est-ce que le tiers État?, 1982, p. 68.
[29] Ibidem, p. 67.
[30] Ibidem, p. 116.

4.1. O sentido moderno de Constituição

A palavra *constituição* deriva, etimologicamente, do substantivo *constitutio*, proveniente do verbo *constituere* que, no latim clássico, significa instituir, fundar.

Constituere era verbo de uso corrente em Roma, a contrário do substantivo *constitutio*, termo técnico-jurídico empregado para designar os editos e decretos promulgados pelo Imperador (isto é, as decisões *instituídas* pelo Imperador). Este foi o sentido geral de *constituição* no direito público romano, embora **Cícero,** excepcionalmente, a tenha empregado para indicar a "forma de uma cidade". Mas não foi com esse significado que o substantivo se integrou à linguagem política.

Durante toda a Idade Média e, posteriormente, mesmo nos anos do Protetorado Inglês (1649-1660) – nos quais a ideia da limitação do poder se fez presente em diversos documentos escritos, estes foram chamados *convenant, instrument, agreement, fundamental Law*, mas não *constituição.* **Bolingbroke** foi quem, afinal, retomou o sentido utilizado por Cícero, o qual, anos depois, à falta de outro, foi adotado por americanos e franceses. "Quando se começou a falar de "constituição" no contexto do constitucionalismo do século XVIII", observa **Sartori**, "esse termo já era, há algum tempo, um termo vacante, escolhido justamente porque estava disponível para o significado *ad hoc* que lhe foi assinalado".[31]

Na França, é encontrado no conhecido art. 16 da Declaração dos Direitos do Homem e do Cidadão, de 1789: "Uma sociedade em que a garantia de direitos não está assegurada e a separação de Poderes não está determinada não tem Constituição". E, nos Estados Unidos, enunciado por **Thomas Paine** em seu *Os direitos do homem* (1791/1792):

> É evidente que os homens querem dizer coisas distintas e separadas quando falam de constituições e de governo. Por que esses termos são usados distinta e separadamente? Uma constituição não é um ato de governo, mas de um povo constituindo um governo. Um governo sem constituição é poder sem direito (Capítulo IV – "Das constituições").[32]

[31] Elementos de teoria política, p. 14.
[32] Os direitos do homem, 1988, p. 160.

Em ambos os sentidos, a ideia de Constituição deriva do contrato social, mas indica, sobretudo, a regulamentação jurídica do Estado de acordo com os princípios proclamados pelas grandes Revoluções Burguesas. E o que poderia ter sido apenas uma designação oportuna, tornou-se um conceito poderoso, graças a sua finalidade, conteúdo e força jurídicos específicos.

Durante todo o século XIX, e até o término da Primeira Guerra Mundial, as Constituições guardaram o seu significado moderno inaugural. Nesse período, não obstante o vigor simbólico da Constituição como fonte de legitimidade do poder e do Direito, diversas forças políticas, na Europa continental, pretendem destituí-la do significado.

De um lado, as monarquias restauradas com a queda de Napoleão recorrem à ideia de Constituição como simples codificação formal da estrutura política do Estado. Em alguns casos, tal utilização pretendeu ser uma reedição moderna dos pactos medievais, em benefício do poder do soberano, com fundamento no princípio monárquico.

A Carta Constitucional francesa de 1814, modelarmente, recuperou, por breve espaço de tempo, a noção de que "toda a autoridade reside na pessoa do rei". Em 1830, a restauração da antiga monarquia de direito divino dá lugar a uma nova forma de monarquia, fundada sobre a soberania nacional, mantida até o reestabelecimento do Império por Napoleão III, em 1848. Na Alemanha, o art. 57 da Ata Final do Congresso de Viena (1820) assim determinava:

> [...] uma vez que a Federação alemã, com exceção das cidades livres, se constitui a partir dos príncipes soberanos, ela deverá, em consequência dos conceitos fundamentais assim aceites, manter todo o poder do Estado no chefe do Estado e o soberano somente pode estar obrigado, por via de uma Constituição estamental, à colaboração das Cortes para o exercício de determinados direitos.

Também o projeto da Constituição estamental de 1816 para Würtemberg estabelecia que "o rei é o chefe de Estado e reúne em si todos os direitos que integram o poder do Estado, segundo as disposições estabelecidas na constituição do *Land*".[33] No Brasil, a Constituição Imperial de 1822 revela, igualmente, traços do princípio monárquico, do qual o poder moderador é exemplo paradigmático.

A concepção de Constituição como instrumento codificado das estruturas de poder também foi adotada pelos seguidores de **Marx** e **Engels**, sob fundamento diverso, no outro extremo do espectro político. Os ataques provenientes dos socialistas pretenderam reduzir a ideia de Constituição a um retrato da estrutura real do poder, em uma dada sociedade. É expressivo desse entendimento o famoso opúsculo de **Ferdinand Lassale**, *O que é uma Constituição política?* (1862), de grande repercussão em sua época.

Segundo **Lassale**, uma Constituição é a soma dos fatores reais de poder, definidos como a força ativa e eficaz que está presente nas leis e instituições jurídicas. Nesse sentido, todos os Estados, em todos os tempos, tiveram Constituição, pois seria inimaginável uma sociedade política na qual não houvessem fatores reais de poder. Segue-se, portanto, ser totalmente equivocado pensar-se nas Constituições como produto do pensamento liberal e iluminista.

Munido desses argumentos, **Lassale** diferenciou a Constituição política e real da Constituição escrita, isto é, daquela que apenas exteriorizaria formalmente a estrutura jurídica da sociedade. Não havendo correspondência entre elas, a Constituição escrita seria "um corpo sem alma" ou mera "folha de papel"; por outro lado, caso refletisse a soma das forças capazes de alterar o modo de ser da sociedade, corresponderia à Constituição política.

O conceito jurídico. No início do século XX, a elaboração do conceito jurídico de Constituição, por obra de **Hans Kelsen** e de seus seguidores da Escola de Viena, leva à sua concepção como norma fundamental, fundamento e ápice do sistema jurídico. **Hamilton**, nos arts. XVI e XVII, de *O federalista*, já havia assinalado a força e a segurança conferidas pela Constituição à União, em comparação com a legislação dos Estados. Esta,

[33] Heun, Werner. "El principio monárquico y el constitucionalismo alemán del siglo XIX". Fundamentos: Cuadernos monográficos de teoría del estado, derecho público e historia constitucional, n. 2, 2000, p. 559-86. Disponível em: http://dialnet.unirioja.es/servlet/articulo?codigo=204826.

mesmo que considerada no seu conjunto, representava treze diferentes vontades, enquanto a Constituição era o law of the land (posição confirmada pela Suprema Corte em 1803, por ocasião do famoso julgamento Madison *versus* Marbury).

Após 1918, alimentado pelo positivismo jurídico, o conceito de Constituição deixou de se condicionar à justiça ou a qualquer valor. Tratava-se de um conceito meramente formal, identificado com a "lei fundamental" que **Kelsen** havia defendido em sua rigorosa *Teoria pura do direito.* Nessa construção, o Direito nada mais representa senão a norma coativa estabelecida pela autoridade, e o Estado é simplesmente um Estado legal. Logo, se o Estado atua conforme suas normas, será, inevitavelmente, um Estado de Direito, a despeito do conteúdo material de suas normas, como conclui o próprio **Kelsen.**[34]

Por causa dessas alterações de sentido, a doutrina distingue entre Constituição em sentido político e Constituição em sentido jurídico.

Em sentido político, a Constituição expressa um conjunto de reivindicações políticas (o pacto social) traduzido para o Direito. Em sentido jurídico, é a norma fundamental de um sistema jurídico, que encerra um conjunto de regras voltadas à forma de Estado, ao regime político, aos modos de aquisição, exercício e perda do poder, organização da estrutura administrativa do Estado.

O conteúdo material da Constituição em sentido jurídico não se limita à organização do Estado. Com fundamento nos valores e princípios pré-estatais que incorpora (os quais, via de regra, constam do preâmbulo das Constituições), alcança a definição do regime político, da forma de Estado e de governo, das competências, procedimentos e composição dos Poderes do Estado e de sua organização administrativa; definição de finalidades e prioridades na atividade do Estado, assim como dos impostos gerais que devem custeá-las; limites da atuação do Estado.

Para fins didáticos, identificam-se dois tipos de Constituição em sentido jurídico: *a)* as Constituições escritas, com princípios e regras expressas em documento único, formal e solene; e *b)* as não escritas, que podem, ou não, ter princípios e regras escritas em documentos únicos ou espar-

[34] Op. cit., p. 34 e segs.

sos, mas que necessariamente compreendem costumes (lei não escrita). De modo geral, as Constituições escritas da atualidade exigem procedimentos especiais para sua alteração, o que lhes garante estabilidade; são chamadas pela doutrina de "constituições rígidas". Por oposição, as Constituições não escritas são chamadas "flexíveis", porque não exigem procedimentos especiais de alteração.

O constitucionalista **Carlos Santiago Nino** elaborou sete conceitos de constitucionalismo, correspondentes à evolução da própria ideia de Constituição, que variam de acordo com o grau de densidade ou robustez das garantias oferecidas:

> (i) o conceito menos robusto encontra-se associado à ideia de Rule of Law, o que implica a preservação de algumas regras jurídicas fundamentais as quais, em certa medida, limitam a atividade de órgãos de governo, democrático ou não; (ii) um conceito um pouco mais robusto diz respeito ao modo pelo qual o governo se encontra limitado por normas jurídicas, previstas em Constituição rígida, escrita ou não escrita, que é a norma máxima do sistema; (iii) um conceito mais robusto ainda contém restrições formais que a Constituição impõe às leis sujeitas à sua supremacia, requerendo que estas sejam gerais, objetivas, públicas, não retroativas e estáveis, que se apliquem imparcialmente, sem distinções; (iv) esse último conceito torna-se mais forte quando agregado à separação de Poderes, com ênfase na independência do Judiciário, ampliando-se, sucessivamente, conforme a ele se agregam: (v) a previsão expressa de direitos fundamentais na Constituição, (vi) o controle judicial de constitucionalidade e (vii) a democracia.[35]

DISCUTINDO CONCEITOS – IV
PRINCÍPIOS E VALORES NA CONSTITUIÇÃO

Os princípios nos sistemas jurídicos são a expressão do relacionamento entre Direito e moral; correspondem aos direitos fundamentais, base moral que torna o direito obrigatório. Princípios constitucionais fundamentais, por decorrência lógica, são aqueles que definem e qualificam a sociedade e

[35] NINO, Carlos Santiago. La constitución de la democracia deliberativa, 1997, p. 16-7.

o Estado, e enumeram as principais opções político-constitucionais; nas suas múltiplas dimensões e desenvolvimentos, formam o "cerne da Constituição" e consubstanciam sua "identidade intrínseca". Também denominados "normas fundamentais", "princípios prescritivos" ou "princípios deônticos", "preceitos fundamentais", traduzem os valores que inspiram as Constituições e são fontes imediatas das demais normas. Como prescrições genéricas que se especificam em regras, além da função de direcionamento, exercem função corretiva, segundo uma estrutura hierarquizada.

Valor é referência axiológica que qualifica o fato (acontecimento social, de natureza política ou econômica, psicológica, religiosa ou ideológica), e se consagra na norma, seja ela princípio ou regra. É, pois, por intermédio dos valores, consagrados em princípios, que a Constituição indica os seus fundamentos.

A Constituição espanhola é exemplo paradigmático dessa concepção. Diz seu art. 1º que são "[...] valores superiores de seu ordenamento jurídico a liberdade, a igualdade e o pluralismo político", sendo valores superiores os valores da Constituição material, ou seja, do núcleo básico das normas constitucionais que se voltam a organizar o exercício do poder.

A Constituição brasileira, em seu Preâmbulo, fala em "valores supremos", localização que, como se sabe, não lhes confere caráter normativo, mas indica a opção política pré-constitucional. Menciona os valores, novamente, ao infirmar os "valores sociais do trabalho e da livre iniciativa", como fundamento do Estado, no Título I, referente aos seus Princípios Fundamentais, no inciso II do art. 1º. Evidentemente que, neste último caso, contém um sentido análogo ao dos "valores superiores" da Constituição espanhola, porquanto cuida de materialidade essencial. Não obstante a distinção teórica entre princípios e valores, o sentido normativo de ambos, em termos de eficácia, exige integração legislativa ou interpretação judicial frente ao caso concreto.

O substantivo "fundamento", a seu turno, implica, na língua portuguesa, a ideia de alicerce, suporte, sustentáculo. Essa ideia se reflete na acepção constitucional, a ponto de a omissao de qualquer um dos fundamentos do art. 1º causar a descaracterização do Estado Democrático de Direito. Mas "fundamento" também pode significar elemento primordial, como se depreende do teor do referido art. 1º; é nesse sentido que qualifica os objetivos previstos no art. 3º da Constituição Federal, impondo-lhes prioridade de atendimento. Por essa razão, fundamentos e princípios, em última análise, referem-se ao cerne constitucional.

4.2. O constitucionalismo do final do século XX e início do século XXI. O neoconstitucionalismo

Na segunda metade do século XX, a abertura do Direito a valores ético-políticos deu ensejo ao surgimento das chamadas teorias neoconstitucionalistas e da nova teoria do direito natural, na qual são retomados aspectos da filosofia aristotélica e da de **Santo Tomás de Aquino**, no sentido de ser possível determinar a moralidade ou imoralidade social de determinadas práticas.[36]

Neoconstitucionalismo é um termo obviamente empregado para distinguir essa doutrina daquela do final do século XVIII, para designar a superação, em certa medida, do positivismo e do jusnaturalismo. Embora ambas designem doutrinas que se voltam à limitação do poder estatal, enquanto a última diz como uma Constituição deve ser, o neoconstitucionalismo é, sobretudo, uma política constitucional, a indicar não como o direito é, mas como deve ser.

Refere-se também à identificação do constitucionalismo como teoria específica do Direito, tal como proposto por **Robert Alexy** no final da década de 1980, no século XX. Aperfeiçoando as concepções de **Ronald Dworkin** sobre os princípios e regras constitucionais, **Alexy** introduz o conceito de princípio como "mandamentos de otimização, que são caracterizados por poderem ser satisfeitos em graus variados e pelo fato de que a medida devida para sua satisfação não depende somente das possibilidades fáticas, mas também das possibilidades jurídicas".[37]

Para **Alexy**, os princípios caracterizam-se mais pelo peso que pela dimensão de validade,[38] o que significa uma alteração substancial no conteúdo do Estado de Direito, mesmo quando encarado a partir dos pressupostos básicos do velho constitucionalismo, em especial das declarações de direito. E isso porque a tese central de **Alexy** reside na atribuição da natureza de princípios aos direitos fundamentais que, por essa razão, são mandamentos de otimização do sistema jurídico.

Segue-se daí outro aspecto a se considerar no neoconstitucionalismo, relativo à superação da rígida separação entre Direito e moral, presente

[36] Cf. Farrali, Carla. A filosofia contemporânea do direito, 2006, p. 22.

[37] Teoria dos direitos fundamentais, 2006, p. 90.

[38] Ibidem.

nas teorias positivistas: as constantes avaliações e reavaliações políticas e jurídicas, mediante a adoção de critérios de validade material das normas, como também o admitem **Dworkin** (*O império do direito*, 1999) e **Zagrebelsky** (*El derecho ductil*, 2003). A tomada de posição moral assim exigida aproxima-se do imperativo categórico de **Kant**, na medida em que "somente da perspectiva do participante, ou seja, daquele que aceita moralmente o direito como guia para o próprio comportamento e como critério de crítica para o comportamento dos outros, seria possível compreender o que o direito é e o que não é; somente por essa via seria possível justificar ações e decisões".[39] É nesse sentido que o neoconstitucionalismo promove a confluência dos paradigmas positivista e jusnaturalista, designando direitos fundamentais positivados, que incorporam valores morais, de conteúdo interpretado e assegurado pela jurisprudência.

O neoconstitucionalismo está presente no constitucionalismo europeu do pós-guerra, como se extrai, em particular, da Lei Fundamental de Bonn (1948), da Constituição da República Italiana (1948), da Constituição espanhola (1978) e da Constituição portuguesa (1976), nas quais há marcante positivação de normas de direitos fundamentais e princípios de justiça material, como expressões normativas dos valores sociais, sob fiscalização constitucional rígida pelos tribunais constitucionais. Como se sabe, a Constituição brasileira de 1988 é tributária, em certa medida, dessa corrente teórica.

Tais Constituições, ao expressarem os valores morais assumidos pelas sociedades políticas a que se referem, garantem os direitos fundamentais à força do poder estatal de coerção. São Constituições materiais rígidas, longas e densas, cujos princípios e regras limitam o poder, definem as linhas de atuação do Estado, e condicionam a atividade dos particulares em suas relações privadas, em maior ou menor medida. De tudo resulta que a legitimidade ou ilegitimidade do modelo político adotado e, consequentemente, a própria legitimidade do poder do Estado passam a ser auferidas em face dos direitos fundamentais.

A Constituição, portanto, é a "zona de mediação", como aponta **Elías Díaz,** entre a justiça e a legitimidade, "o espaço de convergência entre

[39] Pozzolo, 2006, p. 85

legitimidade democrática e justiça material", o que significa dizer que sua função vai muito além da habitual mediação legitimidade/legalidade inerente ao Estado de Direito, posto ser a legitimidade democrática uma "legitimidade procedimental em liberdade", isto é, aquela na qual se articula consensualmente a vontade da maioria, sem perda da referência da vontade das minorias.[40] Aos Estados que adotam tal modelo de Constituição tem sido atribuída a denominação "Estado constitucional de direito".

Nesse tipo de Estado, como se pode notar, há uma alteração substantiva na posição da lei em relação aos sujeitos e ao Estado, posto que submetida a uma situação de adequação, e não de subordinação, a um estrato jurídico mais alto. Logo, não há prevalência de nenhum dos poderes, entre si ou em relação aos sujeitos, na medida em que todos, sem exceção, estão igualmente vinculados à Constituição; o que significa dizer que, no Estado constitucional de direito, os postulados do Estado de Direito são levados às últimas consequências.

O Direito, nesse contexto, apresenta uma característica particular: não é rígido. É maleável, plástico, porque os seus valores e princípios não são absolutos, mas atuam em permanente interação com o imperativo do pluralismo democrático (conteúdo material), com lealdade às regras do jogo (aspectos procedimentais), adaptando-se às necessidades de coexistência e compromisso das sociedades complexas.

A Constituição, por sua vez, não é apenas um conjunto de regras jurídicas hierarquicamente superiores ao restante do ordenamento, mas antes o conjunto de regras jurídicas que são superiores ao restante do ordenamento em razão de seu particular conteúdo. É um acordo sobre valores fundamentais, daí se extraindo o modelo axiológico da Constituição como norma.

Para o constitucionalismo contemporâneo, o que está em jogo é o grau de densidade e vigor dessas previsões, sendo certo que a robustez do conceito de constitucionalismo variará de acordo com o modelo de democracia adotado e suas instituições específicas, tais como: a representação, a democracia direta e a necessidade de contar com um corpo legislativo

[40] Díaz, Elías. Ética contra política. Los intelectuales y el poder, 1990, p. 34-5.

coletivo ou unipessoal de eleição popular. A aplicação desses princípios é tarefa do Judiciário, particularmente das Cortes superiores, instituições legitimamente incumbidas da guarda da democracia e da Constituição.

DISCUTINDO CONCEITOS – V
O CASO LÜTH E A IRRADIAÇÃO DOS PRINCÍPIOS CONSTITUCIONAIS NO SISTEMA JURÍDICO

Os princípios constitucionais, nos sistemas jurídicos contemporâneos, são a expressão do relacionamento entre o Direito e a moral. Além disso, na medida em que consubstanciam um sistema de valores, os princípios se irradiam por todo o sistema jurídico, com força conformadora.

A doutrina costuma fazer referência à decisão *Lüth,* de 1958, do Tribunal Constitucional da República Federal Alemã (BVerfGE 7), como a base jurisprudencial mais desenvolvida da posição. Em verdade, considera-se que esta decisão revolucionou o direito constitucional, pois dela resulta a tese dos direitos fundamentais implícitos como integrantes do ordenamento jurídico, com relação ao art. 20, al. 3, da Lei Fundamental de Bonn.

O direito não se identifica com a totalidade das leis escritas. Em certas circunstâncias, pode haver "mais" de direito em relação aos estatutos positivos do poder do Estado, que tem a sua fonte na ordem jurídica constitucional como uma totalidade de sentido e que pode servir de corretivo para a lei escrita; é tarefa da jurisdição encontrá-la e realizá-la em suas decisões.

O caso Lüth, paradigmático no âmbito do direito constitucional, chegou ao Tribunal Constitucional por força de uma decisão do Tribunal Estadual de Hamburgo que teria, supostamente, proferido uma sentença violadora do direito fundamental de livre expressão do pensamento, garantido pela Lei Fundamental alemã.

Para melhor compreensão do caso: a Reclamação Constitucional que culminou no julgamento do Tribunal Constitucional teve como origem um conflito de direito privado, entre Eric Lüth – então presidente do Clube de Imprensa Alemão – e Veit Harlan – cineasta alemão que, durante o nazismo, produziu filmes de conteúdo racista contra os judeus. Lüth, que conhecia o passado de Harlan, organizou, na década de 50, um boicote ao novo filme dele (ainda que este não possuísse qualquer conteúdo racista), estimulando o povo alemão a não assistir ao seu recém-lançado filme. Vendo-se prejudicado (pois o boicote parece ter surtido efeitos), Harlan – juntamente com os produtores do filme – propôs uma ação civil argumentando que a conduta de Lüth violava o Código Civil alemão e pleiteando a imediata interrupção do movimento de boicote.

A tese de Harlan foi absolutamente acolhida pelo Tribunal Estadual de Hamburgo, resultando em sentença favorável à interrupção do boicote e obrigando Lüth a retirar suas afirmações e opiniões contrárias à reputação do cineasta. Lüth, então, recorreu argumentando que tal decisão violava a garantia constitucional de livre expressão do pensamento (liberdade de expressão), ingressando com Reclamação Constitucional perante o Tribunal Constitucional, tendo em vista a violação de um direito fundamental.

Com a propositura dessa Reclamação Constitucional, três foram os temas centrais que permearam a decisão do Tribunal Federal: 1) os direitos fundamentais não representam simplesmente uma garantia do cidadão contra o Estado, mas expressam uma ordem objetiva de valores que devem ser observados por todos os órgãos jurisdicionais em suas decisões – trata-se da onipresença dos direitos fundamentais; 2) dessa aplicabilidade ampla dos direitos fundamentais decorre a eficácia horizontal de tais direitos, sendo aplicáveis também nas relações entre particulares; 3) a necessidade de ponderação de valores e princípios, nas hipóteses em que haja colisão de dois ou mais princípios.

O Tribunal Constitucional, diante do conflito entre a livre expressão de pensamento e norma de direito civil pela qual aquele que causa prejuízo deve cessar o ato danoso e reparar os danos causados, julgou procedente a Reclamação proposta por Lüth, determinando que a decisão proferida pelo Tribunal Estadual violara o direito fundamental em tela, devendo assim ser revogada.

CAPÍTULO 17
O ESTADO DEMOCRÁTICO

1. Definição

O Estado democrático, como tipo específico de Estado moderno, caracteriza-se por associar a *supremacia da vontade popular*, à *garantia da liberdade* e à *igualdade de direitos*.

A regulação jurídica do poder e do governo é feita pela Constituição, com o objetivo de promover, realizar e proteger esses valores. Constitucionalismo e democracia são princípios complementares, um garantindo o outro: não há democracia sem Constituição, não há Constituição sem democracia (cf. Capítulo 3, item 3).

Na evolução histórica dos Estados, distingue-se didaticamente a democracia, como sistema político, entre antiga, moderna e contemporânea. Seus fundamentos são diversos, conquanto a ideia de governo do povo seja comum a todos os tipos. Isso significa que "democracia" tem diferentes significados para diferentes povos, em diferentes lugares e em tempos diversos.

A antiga, praticada na Grécia durante o sec. IV a.C. e na república romana; outras formas assemelhadas são identificadas nas cidades estado do norte da Itália (por volta de 1100). A moderna, ou representativa, resultou das revoluções do século XVIII; foi praticada durante o século XIX e primeira metade do século XX. A contemporânea, notada a partir da segunda metade do século XX e primeira metade do século XXI, caracteriza-se por ser um sistema político de participação popular, mediante representação.

O problema, nas complexas sociedades do séc. XXI, é garantir a participação de todos os cidadãos, ou, em outras palavras, garantir que o povo se governe.

O problema não é novo; em contextos diversos já fora apontado por **J. J. Rousseau** (para quem a vontade não se representa, daí porque o fato de escolher representantes não significava autogoverno[1]) e por **Alexis de Tocqueville** (que alerta para os perigos da *tirania da maioria* e *do despotismo democrático)*[2], entre outros. Desde os anos 1950, a ciência política norte-americana, em particular, vem se dedicando a estudar empiricamente os sistemas democráticos de forma a aprimorá-la.

Nesse sentido, merece especial referência a teoria de **Robert Dahl** – adiante comentada (item 3) – segundo a qual a democracia contemporânea caracteriza-se por ser uma *poliarquia* , ou *governo de muitos.* Nesse sistema, o povo, com direitos políticos iguais, participa decisivamente da eleição de seus governantes, trata-se de uma visão empírica – não idealizada – do governo pelo povo, na qual a eleição é o aspecto fundamental.

1.1. Das modalidades democráticas antigas, medieval e renascentistas à moderna democracia representativa

Entre a democracia contemporânea e as modalidades democráticas anteriores, o que varia é o espectro da participação política, de acordo com o grau de cidadania conferido à população ativa paulatinamente ampliado à medida que os privilégios individuais são abandonados e se afirma a natureza fundamental dos direitos civis, políticos, sociais, econômicos e culturais, o que não ocorreu de modo simultâneo.

1.1.1. A democracia na Grécia antiga é comumente associada à conotação negativa que a tipologia aristotélica das formas de governo lhe conferiu. De acordo com essa tipologia, as formas de governo são classificadas conforme a quantidade de pessoas que exercem o poder e a qualidade de seu exercício.

Segue, em consequência, que o poder poderá ser bem ou mal exercido em qualquer uma das seis formas de governo identificadas por **Aristóteles**. Será bem exercido quando se voltar ao bem comum, isto é, ao bem da *pólis*, e mal exercido quando se voltar a interesses privados, seja de um ou de muitos. Realeza, aristocracia e politeia são formas boas em oposição à

[1] Do Contrato Social, Livro III, Cap. 15.
[2] A democracia na América.

tirania, à oligarquia e à democracia, que são formas ruins; cada uma delas designa, respectivamente, o governo de um, de poucos ou de muitos.

Por mais de dois mil anos, a democracia dos antigos conservou tal conotação negativa, em parte em razão de certa incompreensão de seus pósteros sobre o significado da simbiose entre vida política e vida religiosa, e entre titularidade e exercício do poder, que se operava nas cidades gregas, e, em parte, por causa da confusão dos conceitos de democracia e república.

No primeiro caso, a concepção da lei como expressão da vontade ilimitada de alguns cidadãos e a tomada de decisões por unanimidade, mediante aclamação, são, na visão dos modernos, os problemas mais evidentes que emergem dessa simbiose.

Consideremos, porém, que a *pólis* não era, propriamente, uma cidade-Estado, como muitas vezes é definida, mas uma cidade-comunidade, ou *koinonia*, na qual tudo se fundia no *demos* (povo); reconhecer a regra da maioria ou o princípio da soberania popular, nesse contexto, equivaleria a fomentar a desunião. Além disso, a participação política, exclusivamente masculina, associava-se ao pertencimento à cidade-Estado, condição *sine qua non* da cidadania.

Também o governo republicano em Roma, com participação popular, contemporâneo ao grego, foi originalmente restrito aos homens pertencentes à aristocracia (patrícios). Ainda que paulatinamente ampliada a participação política aos cidadãos, não houvea correspondente adaptação das instituições políticas ao aumento dos cidadãos e dos territórios romanos no período, de tal sorte que a participação popular manteve-se proporcionalmente restrita levando-se em conta a magnitude do aumento populacional.

1.1.2. Na Idade Média, a discussão coletiva de problemas comuns, assim como a participação coletiva na tomada de decisões, foram características da Confederação Helvética (1291) e, posteriormente, da Itália renascentista, em cidades estado do norte, entre os séculos XII e XIV, da República das Sete Províncias Unidas da Holanda (1579-1795) e do Sacro Império Germânico (800-1806).

Com exceção da Confederação Helvética, inexiste nos demais casos representações políticas mais amplas. A participação sempre se dá em âmbito local. Experiências de participação popular em assembleias regionais são registradas na Europa do Norte (Noruega, Dinamarca e Suécia) [3], já no século X e, em âmbito nacional, na Inglaterra, a partir do século XIII, com a institucionalização de representações de condados (dois cavaleiros) e cidades (dois burgueses). A atuação dessas assembleias e parlamentos não correspondia, por evidente, à supremacia da vontade popular, nem os seus membros eram representantes do povo. Ademais, eram enormes as desigualdades de direitos, deveres, privilégios, influencia e poder entre proprietários e não proprietários, homens e mulheres, nobres e gente comum, trabalhadores independentes e aprendizes. A garantia de liberdade, nesse cenário, também era muito restrita, inclusive a liberdade de expressão, em particular se fosse contra o governante.

O avanço das ideias democráticas dependia de determinadas condições, que as revoluções americana e francesa propiciaram pela extinção dos privilégios e a proclamação da igualdade entre todos.

1.1.3. A democracia moderna incorpora a participação popular e o paradigma representativo. Em sua versão original, é produto do pensamento do final do século XVIII. Foi concebida, portanto, como um sistema de governo representativo, limitado pela Constituição, onde figuram as garantias de direitos e as liberdades individuais e a composição política entre os poderes do Estado. Nesse sentido, destacam-se as ideias de **Montesquieu e James Madison.**

Montesquieu elabora as ideias da (a) representação moderna, na qual o representante fala por si e não como preposto do representado (como ocorria na representação medieval e (b) da eleição do representante (cf. Capítulo 6, do Livro XI, e Capítulo e, do Livro II do Espírito das Leis). **James Madison** consolida o paradigma de que o poder deriva do povo, mas é exercido pelos representantes, por tempo limitado, sendo as eleições periódicas atributos necessários do regime (O Federalista, no. 10 e seguintes). Vale notar que **Madison** não emprega a palavra democracia para referir-se ao modelo que desenhava, mas "república" ou "governo representativo".

[3] Dahl, Robert. Sobre a Democracia. Pp. 30 e 31.

O passo decisivo em direção à consolidação teórica da democracia representativa, contudo, foi dado anos mais tarde por **John Stuart Mill** (*O governo representativo*, 1861). É **Mill** quem emprega a expressão "democracia representativa":

> [...] é evidente que o único governo capaz de satisfazer inteiramente todas as exigências do estado social é aquele em que o povo todo participe [...]. Todavia, desde que é impossível a todos, em uma comunidade que exceda a uma única cidade pequena, participarem pessoalmente tão só de algumas porções muito pequenas dos negócios públicos, segue-se que o tipo ideal de governo perfeito tem de ser o representativo.
> Democracia representativa [...], representativa de todos e não somente da maioria – nas quais os interesses, as opiniões, os graus de intelecto que são excedidos pelo número seriam, apesar disso, ouvidos, e que teriam a oportunidade de obter pelo peso do caráter e pela força do argumento influência que não pertenceria à força numérica – essa democracia, que é a única igual, a única imparcial, a única que seja governo de todos por todos, o único tipo de verdadeira democracia, ver-se-ia livre dos maiores males das democracias assim falsamente chamadas, que hoje predominam, e das quais se deriva exclusivamente a ideia corrente de democracia.[4]

Como se pode perceber, a relação entre liberalismo e democracia, no século XIX, expressa a tensão entre a necessidade de limitar o poder e a de distribuí-lo.

Na segunda metade do século XIX, a democracia representativa caracteriza-se, pois, pela participação indireta da maioria (não pela participação de todos), mediante eleição de representantes; trata-se, portanto, de uma democracia aristocrática. Nesta fase, os cidadãos esperam que seus interesses sejam protegidos pelo Estado, e a sua participação na vida pública tem este objetivo.

A preeminência do Parlamento sobre o Executivo e o Judiciário e os problemas inerentes à "tirania da maioria", contudo, alimentados pelos percalços de um sistema representativo defeituoso, demonstram que a

[4] O governo representativo, p. 49.

democracia, nesta fase, mais acentua o jogo de forças entre os poderes do Estado do que assegura reais condições de participação popular nas decisões políticas.

Num período posterior, sem prejuízo do sufrágio (masculino) universal, são introduzidos – ou igualmente revalorizados – elementos de democracia semidireta, como o referendo e o plebiscito, para legitimação das ações de governo.

Em boa parte do século XX, contudo, a milhares ainda foi negado o direito de voto, inclusive na democracia americana, da qual não participaram os negros até os movimentos pelos direitos civis e políticos dos anos 1950 e 1960 do século XX.

Foi somente com a extensão do sufrágio universal a homens e mulheres adultos e, em algumas situações, a jovens e analfabetos, como é o caso brasileiro, que a democracia representativa assumiu sua feição contemporânea.

DISCUTINDO CONCEITOS – I
A LIBERDADE DOS ANTIGOS E A LIBERDADE DOS MODERNOS

Benjamin Constant, no discurso que apresentou no Ateneu Real de Paris, em 1818, denominado *A liberdade dos antigos e a liberdade dos modernos*, aponta clareza a diferença entre a democracia dos antigos e a dos modernos, tomando por critério a ideia de liberdade:

O objetivo dos antigos era a distribuição do poder entre todos os cidadãos de uma mesma pátria: era isso que eles chamavam de liberdade. O objetivo dos modernos é a segurança nas fruições privadas: eles chamam de liberdade às garantias acordadas pelas instituições para aquelas fruições. [...] Não podemos mais usufruir da liberdade dos antigos, que era constituída pela participação ativa e constante no poder coletivo. A nossa liberdade deve, ao contrário, ser constituída pela fruição pacífica da independência privada.[5]

[5] A liberdade dos antigos e a liberdade dos modernos. Disponível em: www.fafich.ufmg.br/luarnaut/constant_liberdade.pdf.

2. Evolução teórica do moderno Estado democrático

O problema da representação será retomado no século XX por diferentes correntes teóricas, de perspectivas diversas.

Direitos fundamentais, participação e competição políticas são os elementos em torno dos quais as diversas teorias democráticas perfilariam a liberdade e a igualdade como condição dos Estados democráticos.

Teorias procedimentais – **Hans Kelsen**, por exemplo, entende que "a democracia é uma forma, apenas um método de criação da ordem social"[6], seja ela direta ou indireta, o que não resolve o problema do conteúdo da vida social. Mas a grande vantagem da democracia é o relativismo político, que lhe é inerente, e que garante a liberdade: "A democracia julga da mesma maneira a vontade política de cada um, assim como respeita igualmente cada credo político, cada opinião política cuja expressão, aliás, é a vontade política".[7]

Assim sendo,

> [...] [a] ordem coercitiva estatal deve ser organizada de tal modo que mesmo a minoria, que não está completamente equivocada nem absolutamente privada de direitos, possa tornar-se maioria a qualquer momento. Esse é o sentido exato do sistema político que denominamos democracia e que pode ser oposto ao absolutismo político apenas porque é expressão do relativismo político.[8]

Em **Kelsen** (*A essência e o valor da democracia*, 1929, e outros ensaios escritos entre 1922 e 1948), o valor fundamental da democracia é a liberdade individual e, mais precisamente, a garantia do menor grau possível de não liberdade; daí se segue que o princípio da maioria simples é preferível ao da maioria ou ao da unanimidade, por permitir que a minoria se torne maioria. Seu objetivo é acentuar a influência dos eleitores sobre o governo.

[6] A democracia, 1993, p. 103.
[7] Ibidem.
[8] Ibidem, p. 107.

Os pontos fundamentais de sua doutrina democrática, portanto, encontram-se focados no problema da contraposição entre autonomia (como aspiração do homem à liberdade) e heteronomia (coerção externa exercida pelo Estado) e entre liberdade e não liberdade. É que a teoria das formas de governo de **Kelsen** encontra-se organizada pelo critério da força, que tanto pode derivar da base da pirâmide social (governo ascendente), como de seu vértice (governo descendente). A democracia é o sistema político pelo qual a ordem social é criada e aplicada pelos que estão sujeitos à ordem, de tal modo que a liberdade política, no sentido de autodeterminação, esteja assegurada. Mas não basta a liberdade política, é necessário que a liberdade e a autonomia intelectuais também estejam asseguradas, para que a oposição se expresse.

Na prática, o modelo proposto por Kelsen foi construído em torno dos partidos e de programas de governo, em torno dos quais os candidatos se organizariam. É a chamada "democracia de partidos", por meio da qual o eleitor ao eleger o representante também definiria a política de governo.

Associada a esta prática, foram associadas, em diversos Estados, outros meios de participação direta dos cidadãos, tais como o *referendum* (manifesta direta do povo), o plebiscito (consulta), o veto popular (possibilidade de intervenção), a iniciativa popular (apresentação de projeto de lei).

Além da teoria procedimental de **Kelsen**, podemos dizer, em brevíssimo resumo, que o debate se desenvolveu entre realistas, pluralistas, democratas participativos e neoliberais. São seus expoentes: **Joseph Schumpeter** entre os realistas (também chamados revisionistas ou "minimalistas"); **Robert Dahl** entre os pluralistas; **Crawford Brough Macpherson** e **Carole Pateman** entre os teóricos da democracia participativa; **Robert Nozick** e **Friedrich Hayek**, que podem ser apontados como neoliberais que creditam ao mercado as virtudes da condução da vida social e econômica, preconizando o Estado mínimo.

Teorias realistas, revisionismo ou minimalistas- Procurando entender o funcionamento real das democracias (realismo), **Schumpeter** conclui que as sociedades democráticas não são governadas pelo povo ou pela maioria, mas por representantes eleitos, que atuam em conformidade com seus próprios interesses e com juízos de conveniência e oportunidade, sob influência de partidos políticos não eleitos e servidores burocratas.

O bem público, portanto, não será buscado nem encontrado em parte alguma; nesse contexto, a educação é irrelevante: os problemas políticos domésticos e internacionais encontram-se tão longe da vida normal da população que por eles poucos se interessam.

Por todas essas razões, **Schumpeter** propõe a revisão da teoria clássica da democracia (revisionismo). Na verdade, afirma, nem o romantismo de **Rousseau** ou o utilitarismo de **Mill**, ao considerarem que as preferências particulares gravitariam naturalmente em direção ao bem comum, são reais. Nas sociedades do século XX, a democracia nada mais é senão um método de garantir a concorrência na escolha de governos (minimalismo), dentro das elites disponíveis, denominado *leadership democracy* ou *competitive elitism* (*Capitalism, socialism and democracy*, 1942).

Logo, qualquer sociedade política em que se processem eleições livres e justas, nas quais todos votam em iguais condições, independentemente de sexo, cor, religião, classe etc. é tão democrática quanto qualquer outra que assim o faça. Como podemos verificar, **Schumpeter** retoma as ideias kelsenianas acerca da não essencialidade da soberania popular nas democracias. A despeito disso, **Schumpeter** não deixou de considerar que a democracia exige líderes políticos qualificados, burocracia especializada, cidadãos reciprocamente tolerantes e pluralismo partidário, assim como Constituição rígida e sistemas eficientes de controle de constitucionalidade.

O minimalismo de **Schumpeter** não deve ser confundido com o Estado mínimo preconizado pela corrente da "democracia legal", identificada com as teorias políticas de direita, neoliberais ou neoconservadoras, que retomam o entendimento da doutrina liberal clássica, segundo o qual vida política e vida econômica são assuntos concernentes à liberdade individual.

Teorias políticas de direita, neoliberais ou neoconservadoras – Seus principais teóricos são **Robert Nozick** e **Friedrich Hayek**, que, ao preconizarem a redução do Estado mínimo, pensam na expansão do mercado como uma forma de ampliar as liberdades individuais, limitada pelo poder da burocracia, dos sindicatos e dos grupos de interesses. Advogam, pois, novamente, a ideia de que o bem de cada indivíduo conduzirá, necessariamente, ao bem comum, na medida em que o Estado não interfira na competição individual. A vinculação com o mercado é a chave da organização econômica e social, o que, paradoxalmente, exige um Estado forte o suficiente para assegurar a prosperidade do próprio mercado. Como o problema aqui volta a ser o da compatibilização democracia/liberalismo, o Estado de Direito é concebido como instrumento assecuratório da liberdade individual e da liberdade de iniciativa.

Teorias da democracia participativa – Contrapondo-se a esse modelo, **Macpherson** e **Pateman**, no período que se estende do início dos anos 1970 ao início dos anos 1990, desenvolvem a teoria da democracia participativa, segundo a qual somente a mais ampla igualdade de direitos garantiria que a participação política estivesse voltada para os problemas comuns da sociedade. Para tanto, entre outras medidas, propõem que os cidadãos participem diretamente da regulamentação das instituições sociais e que os partidos políticos prestem contas diretamente aos cidadãos.

Podemos notar que, se na teoria democrática liberal, na democracia representativa e no pluralismo clássico os problemas giram em torno da participação e da igualdade, na teoria realista a discussão se dá em torno do problema da representação, assim como ocorre na democracia legal. Nas duas últimas, os argumentos teóricos decorrem de observações empíricas sobre a distribuição de poder nas diversas sociedades estatais. As visões acerca do pluralismo também variam de umas para as outras: liberal-democratas e neoliberais entendem que o pluralismo permite aos indivíduos a busca de seus próprios interesses; para os minimalistas, como o âmbito da participação política é reduzidíssimo, o pluralismo restringe-se à competição entre partidos e políticos. Em todas, porém, o Estado de Direito é invocado como estrutura essencial; todas apontam, igualmente, a participação e as instituições democráticas como condições essenciais da democracia.

De outra parte, vistas a partir dos ângulos da finalidade da participação política e do âmbito da atividade estatal, ou as teorias democráticas se encontram voltadas para a realização política do indivíduo ou para a segurança coletiva dos cidadãos, seja contra o poder estatal, seja para sua proteção mútua. No último caso, a democracia se apresenta como meio e não como fim; tem caráter instrumental: preserva as liberdades e garante um mínimo de bem-estar, por intermédio do Estado de Direito, do sistema eleitoral e de redes de proteção social. No primeiro caso, a democracia propicia uma espécie de autorrealização, valorizada a participação política como atividade cívica, voltada ao bem comum. Exemplificando, é nesse quadro que se afirma o Estado Democrático de Direito, do qual o Estado social democrático espanhol e o Estado de Direito democrático português são modalidades análogas.

E ainda que essas teorias não permitam atribuir um sentido unívoco à democracia, nenhuma delas discrepa do quanto consta do art. 21 da DUDH:

> Art. 21. 1. Toda pessoa tem o direito de tomar parte no governo de seu país, diretamente ou por intermédio de representantes livremente escolhidos.
> 2. Toda pessoa tem igual direito de acesso ao serviço público do seu país.
> 3. A vontade do povo será a base da autoridade do governo; essa vontade será expressa em eleições periódicas e legítimas, por sufrágio universal, por voto secreto ou processo equivalente que assegure a liberdade de voto.

Nem dos arts. 25 e 26 do Pacto Internacional dos Direitos Civis e Políticos:

> Art. 25. Todos os cidadãos gozarão, sem qualquer das distinções mencionadas no art. 2º, e sem restrições indevidas, dos seguintes direitos e oportunidades:
> a) Participar na direção dos assuntos públicos, quer diretamente, quer por intermédio de representantes livremente eleitos;
> b) Votar e ser eleito em eleições periódicas, autênticas, realizadas por sufrágio universal, por voto secreto que garanta a livre expressão da vontade dos eleitores;
> c) Ter acesso, em condições gerais de igualdade, às funções públicas do seu país.
> Art. 26. Todas as pessoas são iguais perante a lei e têm direito, sem discriminação, a igual proteção da lei. A esse respeito, a lei proibirá toda discriminação e garantirá a todas as pessoas proteção igual e efetiva contra qualquer discriminação por motivos de raça, cor, sexo, língua, religião, opiniões políticas ou de outras naturezas, origem nacional ou social, posição econômica, nascimento ou qualquer outra condição social.

No início do século XXI, contudo, o que está em questão não é apenas a manifestação da soberania popular ou o bom desempenho dos governos, mas a qualidade da democracia e a confiança que os cidadãos depositam nas instituições democráticas e, em particular, em seus representantes.

DISCUTINDO CONCEITOS – II
DEMOCRACIA NA DEFINIÇÃO DE GIOVANI SARTORI E NORBERTO BOBBIO

Giovani Sartori concebe simultaneamente a democracia como princípio de legitimidade, sistema político e ideal, para, por fim, defini-la, paradoxalmente, como uma instituição política insaciável.

Por ser princípio de legitimidade democrática, impede as auto-investiduras e o emprego da força como fonte do poder; como regime político, vincula-se aos problemas qualitativos e quantitativos relativos ao autogoverno, ao passo que, como ideal, a democracia inevitavelmente se depara com o dilema do progressivo aumento da igualdade, isto é, o dilema de como converter o que deve ser em ser, que jamais será suficientemente resolvido.

Em face do paradoxo da insaciedade democrática, Sartori conclui que somente a democracia representativa é viável nas complexas sociedades contemporâneas, porque não exige a separação entre a titularidade do poder e o seu exercício.[9]

Daí a importância de se aliar a proposta de Sartori à definição mínima de democracia de Norberto Bobbio, de caráter procedimental, expressa nos seguintes termos:

> (...) por regime democrático entende-se primariamente um conjunto de regras de procedimento para a formação de decisões coletivas, em que esta prevista e facilitada a participação mais ampla possível de interessados.[10]

[9] Cf. Elementos de Teoria Política.

[10] Estado, governo e sociedade, 1992, p. 12.

3. O Estado democrático do séc. XXI como poliarquia

No início do século XXI, a democracia nas complexas sociedades de massa contemporânea exige cidadãos ativos, capazes de formular e expressar suas preferências a seus concidadãos, governantes e representantes.

Exige, também, que os cidadãos tenham suas preferências consideradas por representantes e governantes na determinação de políticas públicas e ações governamentais, sem discriminação de conteúdo ou fonte de preferência.

Um regime democrático, portanto, é aquele que tem capacidade de responder e de ser responsável pelas preferências de seus cidadãos, todos, sem exceção, considerados politicamente iguais.

Essa é a conhecida e influente tese de **Robert Dahl** (*Polyarchy*, 1971) acerca da democracia nas sociedades de massa, na qual os regimes políticos relativamente democratizados são denominados *poliarquias*, e o termo democracia é atribuído apenas aos regimes políticos que detêm capacidade total, ou quase total, de responder e ser responsável por seus cidadãos.

A opção de **Dahl** pela palavra *poliarquia*, literalmente "governo de muitos" na tradução do grego, tem um propósito específico: evitar discussões semânticas ou terminológicas a respeito da diferença entre democracia em sentido prescritivo e democracia em sentido descritivo, discussão que entende ser irrelevante para a apuração do grau de contestação pública existente em uma dada sociedade política estatal.

A contestação, que é um dos conceitos-chave na formulação de **Dahl**, designa debate, conflito ou oposição, como o próprio **Dahl** esclarece, enquanto a palavra *responsiveness*, sem tradução literal para o português, é utilizada para designar "capacidade de responder", no sentido de "atender completamente a uma demanda". A palavra *accountability* também não tem tradução em português. A doutrina política atribui-lhe o sentido de expressar a contínua preocupação com controles, supervisão e restrições institucionais ao exercício do poder. Fundamentalmente, a noção de *accountability* requer duas condições básicas – a obrigação de ser responsável, por parte dos agentes públicos, pelo que fazem e dizem, e a capacidade institucional de aplicar sanções, por parte dos agentes controladores.

Vejamos algumas ideias centrais na tese de **Dahl**:

> [...] a característica central de uma democracia é o dever governamental de responder continuamente às preferências de seus cidadãos, tidos como iguais politicamente. Eu reservaria o termo "democracia" para designar um sistema político cuja característica é a qualidade de ser completamente, ou quase completamente, atento e ativo frente às necessidades de todos os seus cidadãos.[11]

Poliarquias, portanto, podem ser pensadas como regimes relativamente, porém não completamente, democráticos ou, em outras palavras, poliarquias são regimes que foram substancialmente liberalizados, isto é, altamente inclusivos e extensivamente abertos à contestação pública.[12]

Os processos de democratização constituem processos progressivos de ampliação da competição e da participação políticas. Em outras palavras, constituem processos nos quais a contestação pública pode livremente se manifestar, para o que são indispensáveis determinadas condições institucionais, como o pluralismo, o multipartidarismo e garantias efetivas para os direitos civis, políticos, econômicos, sociais e culturais.

Regimes não democráticos são denominados "regimes hegemônicos", podendo o grau de hegemonia variar de acordo com as condições de competição e participação públicas e de garantia de direitos que apresentem. Hegemonias fechadas, por conseguinte, são aquelas que apresentam baixa ou nenhuma possibilidade de competição e participação, e ínfima ou nenhuma garantia de direitos. Se o regime se liberaliza, isto é, se ampliam-se todas aquelas condições, a hegemonia é diminuída até o ponto de se tornar "oligarquias competitivas" ou, em situações de maior contestação pública, poliarquias. Na hipótese de o regime político tornar-se apenas mais participativo, e não competitivo, a evolução se faz em direção ao que **Dahl** denomina "hegemonias inclusivas".[13] Acima da poliarquia está a democracia, entendida como o regime com elevadíssimo e contínuo grau de *responsiveness*.

[11] Polyarchy, p. 1-2.
[12] Ibidem, p. 8
[13] Ibidem, p. 5-7.

Todas as hegemonias fechadas podem caminhar sucessivamente ou diretamente em direção à poliarquia, assim como para os estágios da hegemonia inclusiva, da oligarquia competitiva e da poliarquia; da mesma maneira que hegemonia inclusivas e oligarquias competitivas podem se tornar poliarquias e, finalmente, democracias. Para tanto, é necessário que se criem e se ampliem, em benefício dos cidadãos, oportunidades de formular, significar e ter as suas preferências atendidas pelo governo, o que, no mínimo, faz supor os seguintes requisitos: a liberdade de associação e a de expressão, o direito de votar e ser votado, o direito de disputa política, a existência de fontes alternativas de informação, assim como a de instituições que permitam a adoção de políticas governamentais mediante manifestações de preferência, além de eleições livres e justas (op. cit., p. 03).

De acordo com observações empíricas, Dahl verificou que a existência de condições e requisitos favoráveis à ampliação da contestação pública independem do processo histórico de desenvolvimento local, posto que as estruturas políticas favoráveis à ampliação do grau de democracia podem ser igualmente encontradas em países desenvolvidos e subdesenvolvidos.

Conclui, finalmente, que o sucesso ou insucesso das transições democráticas está, pois, vinculado às relações entre liberdade política e pluralismo, consideradas a partir das variáveis "competição política" e "participação política", sendo estes os critérios metodológicos empregados nas pesquisas conduzidas por Dahl, no campo da teoria democrática, acerca das condições de transição de regimes não democráticos para democracias, no período posterior à II Guerra Mundial.

A discussão a respeito da qualidade da democracia não é inédita (**Aristóteles** foi precursor do debate), mas remete a um estágio avançado do debate teórico, no qual a pesquisa empírica assume importância capital, como demonstra **Dahl**. Daí porque as instituições e os mecanismos de representação democrática são, hoje, o objeto principal das análises acerca da qualidade da democracia, tendo em vista seu aprimoramento.

DISCUTINDO CONCEITOS – III
A INOVAÇÃO METODOLÓGICA DE R. DAHL NO ESTUDO DAS DEMOCRACIAS CONTEMPORÂNEAS

Robert Dahl foi um dos mais importantes cientistas políticos do pós-guerra, não só devido às suas reflexões sobre as democracias contemporâneas, mas também por ter propiciado a construção teórica de paradigmas empíricos para analisá-las.

Dahl elaborou a sua classificação dos regimes políticos contemporâneos, comparando 114 Estados de acordo com as variáveis competição e participação políticas no ano de 1969. Os diferentes níveis de oportunidade para oposição variam numa escala que vai do maior (1) ao menos (31), considerado poliarquias os regimes que se incluam entre 1 e 8. Nos níveis mais elevados (1 a 8), incluem-se, sucessivamente, Suíça, Bélgica, a Dinamarca, a Finlândia, Luxemburgo, Holanda, Noruega, Suécia, Chile, Islândia, EUA, Israel, Islândia, Chipre, Itália, República Dominicana, Reino Unido, Austrália, Áustria, Canadá, Alemanha Ocidental, Japão, Nova Zelândia, Filipinas, Uruguai, França, Turquia, Líbano, Índia, Jamaica, Trinidad e Tobago, Costa Rica e Malásia. Nos piores níveis (30 a 31), encontram-se Cuba, Nigéria, Arábia Saudita, Togo e Yemen. O Brasil, àquela altura, foi classificado no nível 19, juntamente com Ruanda.

A abordagem pragmática que caracteriza a definição de Dahl não mira um ideal, mas a desejável implementação progressiva das reais condições de participação democrática (a conversão do dever ser em ser, de que nos fala Sartori), inclusive devido à possibilidade de melhoria contínua dessas condições. Dahl, bem ao estilo anglo-saxão, não enfatiza postulados teóricos – até porque seria impensável uma definição de democracia que fosse operativa em todo e qualquer contexto social – mas sim a necessidade de procedimentos e instituições, o que dá destaque às "regras do jogo" tão caras a Bobbio (1994:38). Sob esse prisma, Dahl revela a importância do direito e das instituições políticas na configuração do regime democrático, para o fim de facilitar a mais ampla participação na formação das decisões coletivas.

É no contexto das novas democracias que o conceito e a definição de poliarquia, fundados sobre as ideias de *responsiveness* e *accountability*, e nas condições de participação e competitividade políticas, vêm se mostrando operativos, inclusive em face do conteúdo que a doutrina jurídica atribui ao Estado constitucional de direito. E isso porque as eleições, embora indispensáveis, não garantem a democratização nem asseguram a qualidade da democracia, mas demonstram que a escolha de representantes está submetida à soberania popular.

De fato, a experiência recente tem evidenciado que regimes políticos caracterizados como democracias eleitorais, mesmo assegurando a ampliação dos direitos civis e políticos dos cidadãos, não atendem, necessariamente, a todos os critérios que demonstram o caráter democrático do regime. Tanto a violação do primado da lei ou dos direitos humanos, como a corrupção e/ou a malversação de recursos públicos em benefício de interesses privados são situações na quais não se pode falar em Estado materialmente democrático, porquanto, nesses casos, não há *responsiveness*, e muito menos *accountability* por parte dos governos, malgrado a existência da democracia formal. O que está em jogo, na verdade, é a qualidade da democracia, ainda que não existam sinais de preferência por regimes antidemocráticos.

4. A qualidade da democracia

Aprofundando a abordagem de **Dahl**, o politólogo italiano **Leonardo Morlino** (*Assessing the quality of democracy*, 2004) usa uma definição mínima de democracia – que supõe, necessariamente, sufrágio adulto universal e eleições livres, justas, competitivas e periódicas, além da existência de mais de um partido e mais de uma fonte de informação – para propor um teste empírico de qualidade, fundado em três diferentes critérios de análise: procedimento, conteúdo e resultado.

A "boa" democracia, ou a democracia de qualidade, é a que se apresenta "como uma estrutura estável, que promove a liberdade e a igualdade dos cidadãos por meio do correto funcionamento de suas instituições e mecanismos".[14] Na base dessa definição encontram-se, pelo menos, a supremacia do direito (*Rule of law*) e *accountability* (procedimento), *responsiveness* (resultado), os direitos civis e políticos e a progressiva implementação dos direitos econômicos, sociais e culturais, em benefício da equidade (conteúdo).

Especificando cada um desses elementos, **Morlino** inclui, entre as condições necessárias à efetiva supremacia do direito, as garantias de

[14] Assessing the quality of democracy, 2004, p. 129.

igualdade perante a lei, inclusive no plano supranacional; inexistência de corrupção nas áreas policiais, administrativas e judiciárias; existência de burocracias competentes, que apliquem a lei sem favoritismos e que sejam responsabilizas por erros que venham a cometer; a existência de uma polícia eficiente, que respeite direitos e liberdades fundamentais; igual acesso ao judiciário; independência do judiciário e mecanismos de resolução de conflitos.

Embora ressalte as dificuldades práticas de averiguação dessas condições, **Morlino** enfatiza que recentes pesquisas acerca da efetividade do Estado de Direito sugerem que a difusão dos ideais democráticos e liberais junto à população e às elites, complementada por uma boa imagem do serviço público e do Legislativo, são instrumentos essenciais à total implementação do Estado de Direito em bases democráticas.[15]

A *accountability*, por sua vez, deve ser vertical e horizontal. A vertical se verifica quando os eleitores pedem contas a seus representantes; a horizontal, quando os governantes prestam contas a instituições ou partidos com competências de controle. *Accountability* supõe a supremacia da lei, com as características anteriormente apontadas, assim como alternativas eleitorais genuínas e polarização entre os partidos políticos e imprensa livre. Além dessas condições, é essencial que cidadãos ativos, interessados, educados e informados, que tenham internalizado os valores fundamentais da democracia, estejam envolvidos no processo político. A participação, em última análise, é a chave para a efetiva *accountability*, conclui **Morlino**. A capacidade de o governo atender às demandas dos governados (*responsiveness*), isto é, a representação *in action*,[16] relaciona-se diretamente com a *accountability*: depende da adequação das políticas públicas ao interesse público; do bom funcionamento dos serviços públicos e da extensão dos bens simbólicos que criam, reforçam ou reproduzem sentimentos de lealdade e apoio da população em relação ao governo.

Os direitos civis e políticos, assim como os econômicos, sociais e culturais, são elementos de conteúdo que não têm aplicabilidade ou efetividade sem os elementos procedimentais, ainda que sejam mais importantes que estes para o sucesso da democracia. O problema de sua efetivação,

[15] Ibidem, p. 133-4.
[16] Ibidem, p. 138.

porém, reside mais nos custos que os direitos sociais, em particular, impõem à comunidade, do que na existência daquelas condições; além disso, o ideal da equidade nem sempre é compartilhado pelos defensores da democracia, alerta **Morlino**.

As democracias, nessa metodologia, variam de acordo com a maior ou menor realização das condições apontadas e das combinações que se estabelecem entre elas. Democracias sem qualidade são as que realizam parcialmente, ou de forma reduzida, ineficiente, irresponsável, desigual ou ilegítima, aquelas condições. Segundo o autor, a maioria das democracias neste início de século pode ser incluída nesta última categoria, em diferentes graus.

Ao compararmos os objetivos das pesquisas de **Dahl** e **Morlino** – a identificação das causas que levam à democratização de regimes hegemônicos e a identificação dos requisitos e condições que conferem qualidade aos regimes democráticos, respectivamente – podemos perceber quão problemáticos e dificultosos são ambos os processos. Quando agregamos a esses processos as atuais desilusão e a insatisfação públicas com os regimes democráticos, em virtude da perda de confiança nas instituições democráticas, da crescente alienação política dos cidadãos e da generalizada percepção de que governos democráticos e políticos são corruptos e irresponsáveis, mais complexos se tornam. Nessa contextura, já há algum tempo, muitos autores falam em *crise da democracia*.[17]

Não podemos perder de vista, contudo, que deles emergem a competição e a participação políticas como instrumentos fundamentais tanto para a transição democrática quanto para a busca contínua da qualidade da democracia. Podemos dizer, portanto, que se as discussões sobre a representação caracterizaram a democracia nos séculos XIX e XX, no final deste e no início do século XXI a participação política do cidadão ativo assumiu especial relevância.

[17] Cf. Kaase, Max; Newton, Kenneth. Beliefs in government, 1995; Pharr, Susan J.; Putnam, Robert D. (eds.). Dissafected democracies: What's troubling trilateral countries, 2000.

5. Crise da democracia

Nas primeiras décadas do séc. XXI intensificaram-se as discussões sobre a crise da democracia ante a deterioração, o desgaste e mesmo a destruição paulatina das instituições e normas democráticas. Seriam as democracias vulneráveis a crises, entendidas estas como situações nas quais as instituições democráticas tradicionais são afetadas negativamente, perdendo força e importancia?

No campo da ciência política, estudos comparativos conjunturais, presentes nas obras de **Adam Przeworski** (Crises da democracia, 2020), **Yascha Mounk,** (O Povo contra a Democracia, 2018), **David Runciman** (Como a democracia chega ao fim, 2018), **Steven Levitsky** e **Daniel Ziblatt** (Como as democracias morrem, 2018), ganharam corpo ante a onda autoritária das primeiras décadas dos anos 2000, com novas agendas de pesquisa: a democracia tem capacidade de sobreviver em quaisquer circunstâncias? Como? O sistema democrático pode chegar ao fim? Quais os sintomas de retrocesso (*backsliding*) da democracia?

Governos democráticos são recentes na história política da humanidade. A primeira eleição em nível nacional, por meio de sufrágio individual, mas não universal, foi realizada nos Estados Unidos em 1788, ocasião em que se elegeu George Washington. Também nos Estados Unidos deu-se a primeira sucessão governamental por meio de eleição realizada por sufrágio individual, em 1800 (Thomas Jefferson). Como demonstram as ondas de democracia (Huntington) e as pesquisas sobre a qualidade da democracia, este regime é um fenômeno histórico, desenvolvido sob condições específicas. Daí porque colapso e sobrevivência da democracia estão associados a determinadas condições, presentes ou não nos Estados nacionais.

Basta lembrar que até os anos 2020, Rússia e China nunca alternaram o poder entre partidos diversos como resultado de eleições. De outra parte, a ascensão da extrema direita – exemplificada pelos governos de Viktor Orbán na Hungria (início em 2010, com cinco mandatos sucessivos), Recep Erdogan na Turquia (eleito em 2014, reeleito em 2018), Andrzey Duda na Polônia (2015, com reeleição em 2020) , da eleição de Donald Trump nos Estados Unidos (2017) e Jair Bolsonaro no Brasil (2018) – reascenderam as discussões sobre autoritarismo e fascismo em circunstancias que parecem não violar normas constitucionais. Tais cenários podem ameaçar e, no limite, destruir as instituições democráticas? Para esses autores, sim.

Segundo **Przeworsky** (2020), duas condições estruturais merecem atenção em cenários de crises democráticas: a) a coexistência entre igualdade política, base da democracia, e desigualdade econômica, produto do sistema capitalista; b) competição política – a busca pelo poder político, esteja ou não fundada em interesse econômico. **Mounk** (2018), por sua vez, põe em xeque a consolidação e a estabilidade democráticas em Estados ricos nos quais o exercício do poder se alternou repetidas vezes por meio de eleições livres e justas, com fundamento em pesquisas empíricas. Aparentemente, essas condições não são suficientes para assegurar a persistência de regimes democráticos liberais, sendo instável, portanto, o consenso democrático alcançado por via de alto desenvolvimento econômico nacional. **Runciman** (2018), e **Levitsky** e **Ziblatt** (2018), em abordagens diversas, identificam crises da democracia na paradoxal subversão de instituições democráticas pelo emprego delas próprias (aparelhamento do poder judiciário, de agências governamentais e das forças militares e policiais, cooptação financeira do legislativo e da mídia, conservadorismo de costumes) no fortalecimento do autoritarismo. Daí porque as democracias morrem ser recorrer ao uso de forças militares, apontam Levitsky e Ziblatt. Runciman adverte, ainda, que a democracia pode entrar em falência mesmo permanecendo intacta, na medida em que não se inovar diante das atuais circunstâncias do mundo contemporâneo.

DISCUTINDO CONCEITOS – IV
EXCERTO DE: O FIM DA HISTÓRIA REVISITADO
– YASCHA MOUNK (2020)

"Até pouco tempo, os otimistas reinavam supremos. A democracia liberal, muitos argumentavam, era o regime mais justo e politicamente atraente. Já havia triunfado em muitos países militarmente dominantes, economicamente avançados e culturalmente influentes. Com o tempo, outros países certamente seguiriam o mesmo caminho. A manifestação mais evidente desse otimismo foi a tese de Francis Fukuyama sobre o "fim da história". Escrevendo poucos meses antes da queda do Muro de Berlim, Fukuyama argumentava que a evolução ideológica da humanidade havia chegado ao fim. (...).

Muitos cientistas sociais rejeitaram por completo a obra de Fukuyama. Mas a verdade é que acadêmicos que nunca se atreveriam a fazer as afirmações ousadas que fizeram de Fukuyama uma celebridade mundial acreditavam em suposições igualmente radicais. (...) Segundo Adam Przeworski e Fernando Limongi, países que tivessem trocado de governante por meio de eleições livres e justas ao menos duas vezes, e que tivessem atingido um nível de renda anual per capita superior ao da Argentina em 1975 (o equivalente a 6.055 dólares "expressos em dólares constantes calculados em paridade de poder de compra (PPP) a preços de 1985" ou perto de 14.500 dólares a preços de 2019) seriam democracias consolidadas. Poderiam apreciar a vida eterna. (...)

Os últimos anos representaram um desafio fundamental a essa autoconfiança extraordinária. Um ataque violento de más notícias, da eleição de Donald Trump às democracias agonizantes na Hungria e na Venezuela, serviu de inspiração a uma intensa bibliografia sobre a crise democrática. Após a arrogância das décadas anteriores, essas obras representam um importante sacudida. Mas, por focarem em uma ampla gama de fenômenos e se basearem em um conjunto muito díspar de abordagens metodológicas e disciplinares, a natureza do desafio elencado por esses trabalhos à filosofia triunfalista da história segue pouco compreendida.

Três acontecimentos empíricos inesperados minaram a crença na estabilidade garantida da democracia liberal em seus redutos tradicionais da América do Norte e Europa Ocidental, sem falar da hegemonia democrática pelo mundo. Primeiro, como Larry Diamond registrou, está em curso uma longa "recessão democrática": em cada um dos últimos treze anos mais países se afastaram da democracia do que se aproximaram dela. Segundo, como Roberto Stefan Foa e eu mostramos, muitas pessoas parecem ter se desencantado com a democracia liberal: em países do Reino Unido à Austrália, cidadãos tornaram-se mais críticos em relação à democracia liberal e mais abertos a alternativas autoritárias. Terceiro, e talvez mais importante, o plano de forças populistas de desafiar as regras e normas mais básicas da democracia liberal se intensificou em muitos países democráticos. Embora esses acontecimentos estejam fortemente inter-relacionados, cada um apresenta um desafio distinto aos pressupostos triunfalistas do que está rapidamente se assemelhando a uma era anterior. (...)

Em resumo, os últimos anos mostraram que muitos cidadãos de países como a Hungria estão dispostos a seguir com um regime que *alega* preservar a liberdade individual e a autodeterminação coletiva ao mesmo tempo em que destrói esses valores fundamentais. Isso mostra que a condição de consenso democrático não mais se aplica. Mas, como as autocracias que se apoiam no populismo ainda são jovens, temos pouca informação disponível se elas estarão mais aptas a gerir suas próprias contradições internas. E, se ficar claro que a condição de contradições autocráticas ainda se aplica, então ditaduras eleitas construídas por governantes como Orban podem se mostrar, em última medida, nada mais que um desvio no caminho tortuoso em direção à estabilidade democrática.

Disso segue que a tentadora frase "o fim do fim da história" é, por ora, prematura. A última década nos mostrou que a condição de consenso democrático foi violada: as contradições internas da democracia liberal são mais profundas do que muitos, por muito tempo, pensavam. A condição de contradições autocráticas, no entanto, ainda pode valer: na atual conjuntura, pelo menos, não parece tão óbvio que qualquer alternativa sistemática à democracia liberal conseguirá ser mais bem-sucedida em evitar suas contradições internas.

Talvez uma proporção crescente de cidadãos diga que não se importa com a liberdade individual e a autodeterminação coletiva – e esteja disposta a votar em partidos e candidatos populistas – porque a democracia liberal é muito menos capaz de atender aos desejos humanos mais prementes do que seus defensores por muito tempo acreditavam. Mesmo depois de perderem suas liberdades, os antigos cidadãos de democracias liberais podem não lamentar sua perda. Mas parece igualmente plausível que a ascensão de populistas autoritários resulte por fim em uma contrarreação. Nesse cenário esperançoso, os cidadãos que se desencantaram com a democracia reconhecerão o que perderam quando acordarem para a realidade vivida de um regime autocrático – e, uma vez mais, embarcarão na importante luta pelo alinhamento do mundo real e material a suas ideias e consciência."[18]

[18] Publicado originalmente no **Journal of Democracy** *(vol. 31, n. 01, janeiro de 2020, pp. 22-35), sob o título The End of History Revisited.* https://www.journalofdemocracy.org/articles/the-end-of-history-revisited/
Acesso em 28/11/2022. Tradução em português em: https://estadodaarte.estadao.com.br/yascha-journal-fim-historia-revisited/

CAPÍTULO 18
O ESTADO DEMOCRÁTICO DE DIREITO

1. Definição

O *Estado Democrático de Direito* é a modalidade do *Estado constitucional e internacional de direito que, com o objetivo de promover e assegurar a mais ampla proteção dos direitos fundamentais, tem na dignidade humana o seu elemento nuclear e na soberania popular, na democracia e na justiça social os seus fundamentos.*

Nessa definição, o " democrático ", por sua própria dinâmica (o exercício da soberania popular), garante a atualização do Estado. O Direito, de outra parte, representa o seu elemento conservador, de tal forma que os fins e objetivos estatais, assim como a sua forma de realização, são determinados pela via do livre processo político, sob a ordem jurídica.

O livre processo político exige cidadãos ativos, capazes de formular e expressar suas preferências, individual e coletivamente, dado que as suas preferências são os elementos direcionadores de políticas e ações governamentais. Essa concepção de democracia – que é correlata ao conceito de Estado de Direito em sentido amplo – supõe o pluralismo, o multipartidarismo e as garantias efetivas de direitos civis, políticos, econômicos, sociais e culturais.

Na evolução do Estado de Direito, a primeira mudança de paradigma do direito, em direção ao Estado constitucional de direito, exprimiu-se com a afirmação do princípio da legalidade e da onipotência do legislador. A segunda mudança, mais recente, deu-se com a afirmação da supremacia da Constituição sobre a lei, que a esta se subordina, com as seguintes consequências: para a teoria da validade das leis, a diferenciação entre forma e substância; para o princípio da separação de Poderes, a mudança do papel do Judiciário, que passa a ser encarregado de verificar a adequação da lei aos princípios e regras constitucionais; para a teoria do Direito, a alteração do seu paradigma epistemológico, o que lhe confere um papel ao mesmo tempo científico e crítico, voltado às necessárias correções de um sistema normativo complexo, como é o do Estado Democrático de Direito.

Todos esses aspectos implicaram a revisão das teorias democráticas procedimentais, ou seja, daquelas que não levam em conta a qualidade da democracia, mas, prioritariamente, a observância das regras do jogo democrático. A constitucionalização de princípios e valores voltados à garantia dos direitos fundamentais, vinculando a legislação e condicionando a legitimidade do sistema jurídico e político à sua promoção, proteção e garantia, conferiu ao princípio democrático uma dimensão substantiva, complementar à sua dimensão formal e política.

Visando demonstrar a magnitude desse movimento, **Ferrajoli** elaborou o "modelo tetradimensional de democracia", articulado em torno dos direitos civis, políticos e sociais e das liberdades públicas. Os direitos civis e políticos, de natureza instrumental, concernentes à esfera de legitimidade dos procedimentos de tomada de decisão nos campos da política e da economia, compõem a dimensão formal da democracia; os direitos sociais e as liberdades, necessários à autonomia política e econômica, sustentam a legitimidade das decisões: consistem na dimensão substancial da democracia.[1] Evidentemente, essas dimensões não são homogêneas e, quanto a isso, não podemos deixar de reconhecer a importância das metodologias de **Dahl** e **Morlino**, em sentido amplo: se a dimensão política é imprescindível, não é suficiente; porém todas as demais dimensões pressupõem a dimensão política e devem constantemente ser aprimoradas e fortalecidas.

O paradigma do Estado Democrático de Direito supõe a interação e a síntese das quatro dimensões, como forma de impedir os excessos do poder da maioria: não há disponibilidade sobre direitos fundamentais e sobre o regime democrático por parte de qualquer poder decisional, público ou privado, assim como não o há em relação à forma federativa de Estado, à separação de Poderes e aos demais mecanismos de controle

[1] "Sobre la definición de democracia. Una discusión con Michelangelo Boverto". Isonomia, n. 19, out/2003, p. 232.

do poder. É também pela síntese das quatro dimensões que a noção contemporânea de cidadania, mais do que o tradicional sentido do pertencimento e da nacionalidade, invoca a igualdade em direitos. Só assim a democracia é poder do povo: a todos e a cada um correspondem direitos políticos e a todos e a cada um correspondem os demais direitos fundamentais, que aqueles asseguram e aos quais todos e cada um se encontram submetidos.

Esse tipo de Estado é correspondente ao atual estágio de evolução do Estado constitucional brasileiro. Conceito nuclear do regime político jurídico adotado pela Constituição da República Federativa do Brasil de 1988, nele, o "democrático" é a espinha dorsal que lhe dá sentido, direção e conteúdo normativo. Se imaginarmos o Estado brasileiro como uma circunferência, composta de três círculos concêntricos, teremos, no núcleo, a democracia; logo a seguir, no círculo intermediário, os princípios que asseguram a democracia: a soberania, a cidadania, a dignidade da pessoa humana e os direitos fundamentais que lhe são inerentes, os valores sociais do trabalho e da livre-iniciativa, o pluralismo político e a declaração da origem popular do poder; acompanham-nos o princípio republicano, a forma federativa e a separação de Poderes. No último círculo, estão as garantias jurídico-processuais relativas ao regime democrático e à vida política.

O Estado social democrático espanhol e o Estado de Direito democrático português são modalidades análogas a esse tipo. De modo geral, a opção político-constitucional expressa nos três modelos implica a previsão de garantias jurídico-processuais relativas ao regime democrático e à vida política.

A dignidade da pessoa humana como elemento axiológico e a construção de uma sociedade livre, justa e solidária como elemento teleológico são, no nosso entender, os traços mais marcantes do Estado Democrático de Direito brasileiro. A dignidade humana constitui, igualmente, a base da República Portuguesa (art. 1º da Constituição da República Portuguesa – CRP) e da Monarquia Espanhola (art. 10, da Constituição Espanhola – CE).

Daí se segue que os regimes democráticos português, espanhol e brasileiro, independente das diferentes dimensões históricas que os particularizam nos diversos contextos nacionais, partem de um valor comum e têm uma dimensão genérica, indispensável, que compreende um núcleo mínimo de garantias jurídico-processuais, sem o qual não há democracia política. É da combinação e interação desses princípios que emergem as garantias institucionais da democracia, em ambiente de igualdade perante a lei e de prevalência dos direitos fundamentais. É o primado da lei, aliás, que assegura tal igualdade, sendo a igualdade o pressuposto fundamental dos direitos de cidadania.

2. Escolhas políticas, decisões jurídicas

Os sistemas políticos enfrentam problemas de escolha; escolher pressupõe comparação entre o melhor e o pior e entre as maneiras de como realizar o melhor. Todas as chamadas novas democracias – instaladas no sul da Europa nos anos 1970 (Espanha e Grécia), na América Latina nos anos 1980 (Argentina, Brasil, Guatemala e Peru), no Leste Europeu em 1989 (Polônia, Romênia e Hungria) e na União Soviética em 1991 –, apesar de suas muitas diferenças econômicas, sociais e culturais, fizeram escolhas políticas voltadas à superação de regimes totalitários ou ditatoriais e à restauração de democracias que, em nenhum dos casos, haviam antes se consolidado. Em todas, o modelo de Estado, com algumas variações, seguiu o padrão do Estado constitucional de direito. Trataremos a seguir dos casos de Portugal, Espanha e Brasil, em razão de seu sentido geral comum.

2.1. Portugal

Em Portugal, a transição democrática iniciou-se com o golpe promovido pelas Forças Armadas, em 25 de abril de 1974, denominado "Revolução dos Cravos". Realizadas eleições para a Assembleia Constituinte (nas quais o Partido Socialista e o Partido Comunista alcançaram, juntos, a maioria das 250 cadeiras do Parlamento), a atividade constituinte, submetida ao pacto celebrado com as Forças Armadas e influenciada pelo fervor revolucionário do período, produziu uma Constituição que refletiu esses dois condicionamentos.

A Constituição da República Portuguesa – CRP, de 2 de abril de 1976, a sexta das Constituições portuguesas e a terceira do século XX, garantiu às Forças Armadas, por intermédio do Conselho da Revolução, extinto apenas em 1982, uma função de supervisão no governo; à ordem econômica e social, por sua vez, conferiu um detalhado conteúdo programático, voltado ao alcance do socialismo.

A natureza política pré-constitucional da CRP repercutiu diretamente na compatibilização do princípio democrático ao Estado constitucional de direito: continha o que **Vital Moreira** denominou "excesso de Constituição", ou seja, um excesso de limitação da liberdade da maioria, o que, em última instância, limitou o próprio princípio democrático.[2] O seu caráter de "Constituição dirigente", ademais, ao vincular a política econômica do Executivo, produziu um déficit de direção, em decorrência da hipertrofia das normas programáticas.

Todos esses fatores, alinhados aos problemas econômicos da política externa e à dinâmica política interna, transformaram a Constituição em objeto de discussão política, imediatamente após a sua promulgação. De parte dos empreendedores privados, era vista como um obstáculo ao desenvolvimento da Nação; de parte dos partidos de direita, em particular o Partido Social Democrata, era vista como obstáculo à alternância política, própria dos regimes democráticos. Essas foram as razões pelas quais sua revisão foi um dos principais objetivos de ambas as correntes.

A CRP sofreu sete revisões entre 1980 e 2005, a despeito de sua extrema rigidez relativamente aos limites materiais de revisão, que não se limitavam apenas aos princípios fundamentais, e do período quatrienal de intangibilidade constitucional. Na opinião de **Vital Moreira**, as sete revisões não alteraram o espaço constitucional: "[...] verificou-se uma extensa flexibilização de numerosos preceitos constitucionais, que atenuaram grandemente o efeito da hiperconstitucionalização e que funcionam, assim, como sucedâneo ou contorno da desconstitucionalização que não houve coragem para fazer".[3]

A flexibilização, que **Vital Moreira** denomina "poder constituinte evolutivo", merece qualificações. A alteração da versão originária da CRP, sem rupturas formais, inclusive em aspectos anteriormente vetados à revisão constitucional, foi possível, diz o constitucionalista, mediante "uma interpretação *soft* das cláusulas pétreas, que as reduziu a salvaguarda de

[2] "Constituição e democracia na experiência portuguesa". In: MAUÉS, Antonio G. Moreira (org.). Constituição e democracia, 2001, p. 272.
[3] Ibidem.

princípios genéricos, mais do que à garantia do concreto regime estabelecido nas formulações constitucionais".[4] Com isso, na revisão de 1989, foram revistos os próprios limites originários que, eliminados, modificados ou suavizados, libertaram determinadas matérias. Adequou-se, assim, o sistema jurídico português às necessidades reais da política e da economia, especialmente em razão de seu ingresso na Comunidade Europeia, o que, por evidente, era incompatível com uma Constituição dirigente. O problema é que, diante de tantas revisões, a CRP, aos olhos da população, apresenta pouca legitimidade.

DISCUTINDO CONCEITOS – I
A CONSTITUIÇÃO DIRIGENTE DE J. J. GOMES CANOTILHO

A concepção dos princípios como exigência de justiça e equidade e da Constituição como ordem axiologicamente comprometida subjaz à concepção da "Constituição dirigente", expressão formulada por José Joaquim Gomes Canotilho na doutrina portuguesa (*Constituição dirigente e vinculação do legislador*, 1982) e de grande repercussão no Brasil.

A Constituição dirigente supõe a situação de vinculação do legislador ordinário, em matéria de direito econômico e social, aos princípios e diretrizes programáticas adotadas pelo poder constituinte. Canotillho, como se sabe, reviu sua posição original, tendo em vista as alterações ocorridas na economia e política em Portugal desde o início da década de 1980, centrando suas reflexões em um "constitucionalismo moralmente reflexivo", cuja função "[...] consiste na substituição de um direito autoritariamente dirigente, mas ineficaz através de outras fórmulas que permitam completar o projeto de modernidade – onde ele não se realizou – nas condições complexas de pós-modernidade".[5]

A função de autovinculação das Constituições, em perspectiva moralmente reflexiva, esclarece o constitucionalista português:

[4] Ibidem.

[5] "Rever ou romper com a Constituição dirigente? Defesa de um constitucionalismo moralmente reflexivo". Revista de Processo, Sao Paulo, RT, abril-junho 2000.

> [...] as autoridades surgem sob a forma positiva: transportam dimensões substantivas (princípios), têm de adaptar-se à evolução das leituras morais reflexivas e, por isso, são flexíveis, conformam escolhas, interferem na própria preferência dos atores sociais (individuais ou coletivos).[6]

O tema das Constituições como mecanismos de autovinculação não é novo. Está presente, de diferentes maneiras, nas reflexões de Rousseau em *O contrato social* ("É absurdo que a vontade crie impedimentos para o futuro."), e também nas de David Hume (*Of the original contract*, 1752), Thomas Paine (*Common sense*, 1776) e Thomas Jefferson (*Draft of the Kentucky resolutions*, 1798), entre outras.

É também conhecida a referência de John Elster (*Ulysses and the sirens*, 1979) à decisão de Ulisses de ser amarrado ao mastro de sua nau para ultrapassar a zona de naufrágio sem se deixar seduzir pelo "canto das sereias", para descrever a autovinculação social e política do povo soberano, ou seja, o pré-cometimento de uma determinada sociedade a um determinado modelo político, garantido por uma Constituição rígida. Evidentemente, o problema para as sociedades democráticas está na tensão entre pré-cometimento e comprometimento das gerações futuras, sem a obtenção de seu consentimento pela regra da maioria; o que significa dizer que o povo precisa de uma Constituição permanente, assim como Ulisses precisava ser amarrado ao mastro, do que se segue que, como o povo pode conduzir o barco ao naufrágio, em nome de prazeres vãos, deve ser igualmente "amarrado".

2.2. Espanha

Na Espanha, a transição se fez por vias completamente diferentes; não houve golpe e a promulgação da Constituição, em 1º de dezembro de 1978, após *referendum* popular, encerrou um processo de transição marcado pelo compromisso e pelo consenso, que se havia iniciado em agosto de 1977.

Os fundamentos dessa transição encontram-se no Pacto de Moncloa (que levou o nome do local onde foi celebrado), de resultados altamente positivos. À exceção de uma breve insurreição militar em 1981, o Pacto

[6] Op. cit. p. 1.433.

promoveu a paz social e propiciou a passagem da ditadura de Francisco Franco, instalada após a Guerra Civil (1933-1936), para a democracia, sem quebra da legalidade.

A peculiaridade do caso espanhol reside no fato de o processo constituinte do país ter se desenrolado sob a lei da reforma política, espécie de "lei-ponte", que permitiu a superação das leis fundamentais franquistas em direção à nova ordem constitucional. A lei da reforma política, submetida à aprovação do povo espanhol, por meio de *referendum*, estabeleceu as normas eleitorais que presidiram a convocação das eleições para as Cortes Gerais, órgãos do poder Legislativo compostos pelo Congresso dos Deputados e pelo Senado.

Em razão da singular composição das Cortes, nenhum partido ou tendência obteve maioria. Além disso, tomou-se a decisão de evitar polarizações e politização extremas nos debates públicos, medida particularmente bem-sucedida diante de temas candentes da política espanhola, tais como a autonomia das regiões e as relações entre o Estado e a Igreja. Analistas políticos, como **Bruneau** e **Éthier** (1990), creditam aquela decisão comum à traumática herança da Guerra Civil e dos quarenta anos da ditadura de Francisco Franco. Não por outras razões, em seus 169 arts., a Constituição espanhola preocupa-se mais com o processo político do que com questões socioeconômicas.

A Constituição foi aprovada pelo referendum de 6 de dezembro de 1978 e sancionada pelo rei perante as Cortes após dezesseis meses de elaboração. Em relação às Constituições europeias que lhe são anteriores, como a francesa (1958), a alemã (1948), a italiana (1948) e a portuguesa (1976), não apresenta, de forma geral, novas concepções a respeito do regime democrático, mantendo as linhas mestras de suas predecessoras. A grande inovação fica por conta do chamado Estatuto das Comunidades Autônomas, tradução constitucional da vocação de autogoverno de dezessete regiões do país, às quais o art. 2º reconhece e garante o direito de autonomia das "nacionalidades e regiões". São elas: Andaluzia, Aragão, Astúrias, Baleares, País Basco, Ilhas Canárias, Cantabria, Catalunha, Castela-La Mancha, Castela e Leão, Extremadura, Galiza, La Rioja, Comunidade de Madrid, Região de Múrcia, Comunidade Foral de Navarra, Comunidade Valenciana e as cidades autônomas de Ceuta e Melilla.

A diferença mais marcante entre as Constituições portuguesa e espanhola, independente dos respectivos processos constituintes, reside em suas respectivas perspectivas: enquanto a espanhola compatibilizou o passado a novas demandas sociais, apresentando, em trinta anos, notável estabilidade, a portuguesa mirou o futuro, com medidas economicamente irrealistas e politicamente limitadas no tempo, que exigem revisão contínua diante de novas demandas sociais.

No conjunto das novas democracias, a transição espanhola foi um caso à parte; constituiu o padrão de referência para futuras transições em outros países, inclusive no Brasil. Mas a cópia do modelo espanhol não poderia se dar no Brasil, nem em qualquer outro país do Cone Sul; as condições eram muito diferentes.

O alto grau de estruturação dos grupos sociais, na Espanha, permitiu que fosse conferida a seus representantes ampla margem de legitimidade. O rei Juan Carlos I, militar de carreira, tinha, ademais, prestígio suficiente para aproximar todas as correntes. Nem no Chile, no Brasil ou na Argentina a conjuntura social, política ou econômica se aproximavam da espanhola. De mais a mais, em todos esses países foram mantidas, em certa medida, instituições autoritárias do regime anterior, mesmo após a transição, como ocorrera em Portugal. Foi o caso do Chile, onde as Forças Armadas conservaram parte de seu poder, e também o do Brasil, considerado o relativo apoio ao regime militar. Na Argentina, ao contrário das experiências chilena e brasileira, a transição se fez de forma brusca, em virtude, sobretudo, do fracasso da Guerra das Malvinas.

O art. 1º da Constituição espanhola proclama a soberania popular, confirmando o caráter democrático do Estado, e emprega, simultaneamente, o termo "social" para distinguir a nova democracia da fórmula liberal do século XIX, como de resto já o fizera a Lei Fundamental de Bonn, especificando os seus princípios no Capítulo III, do Título I. Tanto na fórmula do art. 1º da Constituição espanhola como na do art. 1º da Constituição brasileira expressa-se tão somente o ponto de partida do constituinte.

Relata **Aragon Reyes** que o emprego do termo social, no art. 1º da Constituição espanhola, foi objeto de intensos debates doutrinários acerca do aporte que sua inclusão expressa ao texto constitucional trazia à ação social do Estado, às pretensões jurídicas dos indivíduos e às obrigações do Estado. As correntes se dividiram entre aqueles que entendiam a fórmula do "Estado social e democrático de direito" como designadora do princípio da constituição econômica, sendo esta a majoritária; os que argumentavam em favor de uma forte intervenção na economia, a corrente intermediária; e os que, no outro extremo, preconizavam que a fórmula não tinha expressão constitucional, mas apenas infraconstitucional, o que significava dizer que não tinha outra expressão senão programática. Firmou-se a primeira corrente, restando assentado não ser possível, por parte dos cidadãos, deduzir pretensões jurídicas imediatas do art. 1º, pois seu desenvolvimento, na legislação infraconstitucional, é que demonstra a eficiência prática. Outro ponto importante, nessa construção, foi a afirmação do caráter principiológico do Estado social, critério de interpretação das normas infraconstitucionais e de orientação para a atividade do Estado.[7]

2.3. Brasil

A Constituição brasileira, em relação às duas anteriores, se por um lado garantiu os direitos de cidadania em geral – com inovações importantes no capítulo dos direitos individuais –, foi, na área econômica, um "espelho retrovisor", como a qualifica **Bolívar Lamounier**,[8] opinião também compartilhada por constitucionalistas (**Bastos**, 1993; **Ferreira Filho**, 2006), em decorrência de seu marcante viés nacionalista, estatista e intervencionista, a exigir, igualmente, constantes revisões (68, até o final de 2011).

O Brasil foi o primeiro país da América Latina a entrar em regime militar (1964) e o último a sair (1985). A transição democrática, iniciada em 1974 pelo general Geisel, sob as denominações indefinidas de "liberalização", "distensão" e "abertura", só foi concluída quatorze anos depois, com a promulgação da nova Constituição, em 1988. Liberalização e democratização são conceitos diferentes. A primeira designa um conjunto de mudanças políticas e sociais dentro de um regime autoritário, tais como libertação de presos políticos, volta de exilados políticos, menos censura de imprensa, reintrodução de garantias legais etc. Democratização supõe contestação política, pelo direito de assumir o governo, o que requer elei-

[7] Reyes, Manuel Aragón. Temas básicos de derecho constitucional, 2001, p. 162.
[8] Da Independência a Lula: dois séculos de política, 2005.

ções livres. A liberação diz respeito às relações Estado – sociedade civil, a democratização, às relações Estado – sociedade política.

Mas, ainda que a liberalização tenha começado dentro do governo e sido estimulada por algumas de suas próprias instituições, não pode ser desvinculada de uma série de eventos. Nos anos de 1970, a pressão das oposições, a atuação da Igreja na denúncia das torturas, as greves sindicais, os desentendimentos entre os setores civis que apoiavam o regime e, principalmente, problemas no interior das Forças Armadas, do Exército em particular. Nos anos de 1980, os movimentos sociais que, aliados à realização de eleições diretas para vereadores e governadores e à grande mobilização da sociedade pela eleição direita para presidente da República, provocaram uma inflexão na percepção da população acerca dos valores democráticos.

A importância conferida às eleições, à legitimidade do mandato dos eleitos e à liberdade de expressão demonstra que a democracia, no Brasil, foi objeto de intensos e profundos debates, característica que distingue sua transição dos demais processos sul-americanos e europeus que lhe foram contemporâneos. Por isso mesmo, a despeito de sua duração e complexidade, o período de transição, que culminou com a eleição indireta de Tancredo Neves e a convocação da Assembleia Nacional Constituinte, pode ser visto como uma prova da capacidade da elite política brasileira de alcançar o Estado de Direito e a democracia.

A Assembleia Constituinte iniciou seus trabalhos em 1º de fevereiro de 1987, conforme determinara a Emenda Constitucional n. 26, e os encerrou, formalmente, em 05 de outubro de 1988, com a promulgação da nova Constituição.

É fato notório que a Assembleia, convocada pela Emenda Constitucional n. 26, de autoria do Poder Executivo, foi uma constituinte congressual e não autônoma. Acumulou poderes constituintes com funções legislativas ordinárias, a serem reassumidas logo após o término da Constituição, o que pôs em xeque sua legitimidade, mormente porque, além da sub-representação dos grandes Estados na composição do colégio constituinte, os 23 senadores indiretos, os chamados senadores "biônicos", indicados pelo general Ernesto Geisel em 1982, àquele foram integrados. Na verdade, mesmo a eleição dos novos senadores foi entendida como quebra da soberania plena, porquanto já revelaria um pré-compromisso com a forma federativa de Estado. De mais a mais, o Congresso Nacional, como poder constituído e limitado, não era, a rigor, um órgão de soberania.

A fragilidade partidária, produto da dissolução dos partidos no período militar, se aprofundou em conta da sua não reorganização para a fase constituinte. De fato, saídos de uma eleição geral, os partidos não modificaram seus programas, nem ajustaram suas práticas partidárias à missão constituinte. Mas não foi só: as regras eleitorais elaboradas durante a transição propiciaram fragmentação e infidelidade partidárias, a ponto de quase cem constituintes mudarem de legenda antes do término do processo constituinte.

À falta de lideranças, balizamento partidário ou projeto de Constituição próprio, observa **Lamounier**, também deputado constituinte, "o Congresso engajou-se num processo de elaboração constitucional atomizado, seguramente um dos mais desagregados e carentes de foco até hoje registrados pela Ciência Política".[9] Tanto assim que diversos dispositivos constitucionais resultaram de maiorias eventuais, e não de projetos ou de consenso. Vale salientar que os trabalhos foram desenvolvidos por oito Comissões Temáticas, cada uma delas dividida em três Subcomissões, que trabalharam isoladamente, criando sérios problemas de harmonia interna no texto. Esse fato, acrescido do enfraquecimento da ação partidária e do consequente fortalecimento dos grupos com os quais o governo dialogava, inclusive para encaminhar soluções de maioria para as votações, refletiu na sua difícil sistematização.

De tudo resultou um longo texto constitucional, com 245 artigos, somados a outros setenta do Ato das Disposições Constitucionais Transitórias, que adentra em áreas de natureza não constitucional, refletindo os anseios corporativos dos diferentes grupos que atuaram na Assembleia Constituinte. Não se pode negar, porém, que o princípio democrático constituiu sua espinha dorsal, conferindo-lhe, nesse aspecto, unidade de sentido, nem que o texto aprovado se mostrava sintonizado com os grandes temas da atualidade, tais como a garantia de direitos fundamentais e proteção do meio ambiente, inclusive pela incorporação de normas inter-

[9] Op. cit., p. 189.

nacionais. Na área econômica, contudo, foi na contramão das políticas liberalizantes dos anos de 1980, impondo pesada nacionalização das suas estruturas, a despeito da previsão do inciso IV, do art. 1º, que designa os valores sociais do trabalho e da livre-iniciativa como um dos fundamentos do Estado brasileiro.

Politicamente, as opções positivadas na Constituição confirmam a inexistência de um compromisso mais consistente entre todos os grupos, em termos de prioridades ou de consciência das reais possibilidades de efetivação das normas; em termos jurídicos, indicam que, se a ideia dos diversos grupos havia sido constitucionalizar as mais diferentes regras, para assegurar o seu cumprimento, o resultado não foi o desejado. Ao impor ao Estado e à sociedade obrigações materiais nem sempre exequíveis, a Constituição acabou por passar à população a sensação de que dificilmente seus princípios e suas regras se transformariam em práticas cotidianas, desvalorizando a própria ideia de Constituição e, bem assim, sua pretensão normativa. Outro fator de incerteza foi a transitoriedade da Constituição que, refletindo o clima de instabilidade vivido no País, previu a definição do sistema presidencialista e da forma republicana mediante plebiscito popular, para cinco anos após sua promulgação (art. 2º do Ato das Disposições Constitucionais Transitórias – ADCT), assim como sua primeira revisão (art. 3º do ADCT).

Em curto prazo, as promessas constitucionais não cumpridas contribuíram tanto para a decepção da população com a democracia, reduzindo sua força simbólica, quanto para as constantes revisões constitucionais, o que conturbou a síntese entre o Estado de Direito e o Estado social. Esses são aspectos que vêm exigindo do Supremo Tribunal Federal uma intensa atividade de integração e exegese constitucional, para que não se frustrem os princípios e os valores da Constituição, mas, pelo contrário, para que sejam assegurados, em nome da coerência, consistência e unidade de sentido do ordenamento jurídico.

Não se pode perder de vista, entretanto, que a Constituição é uma "obra em construção", e que sua autoridade não advém da coação ou da força de suas estruturas, nem de sua legitimação material ou formal, mas da disposição de todos para realizá-la. A constitucionalização, na verdade, não é um processo que se esgota na fase constituinte, é apenas o primeiro passo do árduo processo de implementação dos princípios e regras constitucionais, sendo inegável que, em vinte anos de vigência, a Constituição Federal de 1988, estruturada em torno do princípio democrático, induziu modernização social e política.

Pesquisas empíricas conduzidas por **Sonia Draibe** demonstram que os processos de reforma social no Brasil, desde então, apresentaram significativa melhoria quando comparados aos períodos anteriores, podendo-se mesmo apontar uma inflexão no padrão brasileiro de proteção social. A alteração positiva percebida deve-se, fundamentalmente, a quatro condições promovidas pela Constituição Federal de 1988: valorização dos direitos sociais e impulso à sua universalização; descentralização de competências; novos parâmetros para alocação de recursos e a redefinição das relações público-privadas no que diz respeito ao financiamento e oferecimento de bens e serviços sociais. E apesar do ajuste fiscal promovido no período, cresceram os gastos públicos realizados no período com reformas sociais, como comprovam os dados oficiais que fundamentam a pesquisa de **Draibe**.[10]

Malgrado os inegáveis avanços, o País ainda apresenta indicadores sociais ruins. Permanecem iniquidades no campo social e econômico, resultado do alto nível de pobreza e de baixa escolaridade, em meio a outros fatores. Nesse contexto, as demandas pela consolidação da cidadania, identificada como o eixo de articulação das demandas por inclusão e emancipação sociais, próprias das sociedades complexas, desiguais e diferenciadas como a brasileira, superaram as discussões sobre a política e a democratização.

De toda sorte, a modéstia dos resultados sociais alcançados de nenhum modo faz justiça à intensidade das mudanças que, mesmo sem grandes reformas, alteraram o perfil do Estado social brasileiro, inclusive em prol da consolidação da cidadania, afirma a autora da pesquisa. O que nos leva a concluir que, a despeito dos problemas institucionais e estruturais da Assembleia Constituinte, o árduo processo de implementação das normas constitucionais vem produzindo resultados.

[10] "Social policy reform in the context of fiscal adjustment and democracy consolidation: the recent Brazilian experience". The Bildner Center for Western Hemisphere Studies Seminar: Reforming Brazil I – A Preliminary Assessment, may-june/2001.

CAPÍTULO 19
CENÁRIOS E DESAFIOS

1. Um novo tipo de Estado?

O Estado moderno tem pouco mais de três séculos e meio de consolidação. Analisada em perspectiva, uma das mais evidentes conclusões acerca de seu desenvolvimento é a capacidade de adaptação dos seus elementos estruturantes.

Em seus primórdios, correspondeu a uma comunidade histórica de cultura independente, na qual o fator de unificação política não era religioso, étnico, tribal ou militar, sendo essa a característica que o distinguiu das demais formas históricas de organização do poder. A unificação foi favorecida pela base territorial e, no decorrer do tempo, pela noção jurídica de território como âmbito de validade e aplicação da norma jurídica e por um complexo de instituições destinadas a fazer funcionar o Governo por meio de atividades regulares e contínuas. Esses traços, em linhas gerais, se mantiveram no seu percurso evolutivo, constituindo os fundamentos políticos das estruturas e categorias do Direito Público elaborado a partir do século XIX. Podemos concluir, portanto, com **Gianfranco Poggi**, ser da própria natureza do Estado moderno o fato de existirem várias modalidades de "Estados", dado que, em face da multiplicidade de arranjos institucionais apresentados desde a sua origem no século XVII, até o final do século XX, "só nos é lícito falar do Estado moderno como *um* sistema de governo em alto nível de abstração".[1]

Mas há outras maneiras de explicar o triunfo secular do Estado moderno. Por via da paulatina racionalização jurídica do poder do Estado, as afirmações da vontade estatal deixaram de ser arbitrárias ou regidas

[1] A evolução do Estado moderno, p. 26.

pela força bruta; exemplos marcantes desse processo são o constitucionalismo e a teoria do poder constituinte originário, o reconhecimento da personalidade jurídica do Estado e a distinção e diferenciação das funções do Estado, com atribuição de competências a seus diversos órgãos. Em razão da positivação dos direitos fundamentais em Constituições, alteraram-se as formas e os sistemas de governo, a ponto de estruturas políticas excludentes de determinadas classes sociais serem substituídas por instituições democráticas, com progressiva ampliação da participação popular nas relações políticas. Consagraram-se, ainda, os princípios da liberdade e da igualdade como elementos de legitimação do poder do Estado.

O papel desempenhado por essas instituições não se limitou a aspectos de legitimação do poder. O aparato teórico do Estado de Direito se compôs com diferentes concepções de democracia. Tais diferenças, de início, são mais perceptíveis no jogo de forças entre os poderes do Estado do que nas reais condições de participação popular nas decisões políticas.

Na fase do Estado liberal de direito, os cidadãos esperam que seus interesses sejam protegidos pelo Estado, por via de representantes eleitos que atuem em nome da soberania popular, e a sua participação na vida pública tem esse objetivo. Uma variante desse modelo de democracia liberal é aquela na qual a participação dos cidadãos na vida pública, além da proteção dos próprios interesses, visa a construir uma sociedade informada e comprometida com os mesmos valores, modalidade adequada ao *Rule of Law* americano, com seu modelo de Constituição rígida e clara separação de Poderes. O poder do Estado é impessoal, a lei é geral e abstrata. A Constituição garante a liberdade contra o poder arbitrário e a igualdade perante a lei, além de alguns direitos civis e políticos. Nessa etapa, a democracia requer um espaço público institucionalizado para se manifestar, o que foi perfeitamente possível dentro do modelo do Estado nacional clássico, mediante a contenção do Poder Executivo e a preeminência do Parlamento sobre aquele.

Na fase do Estado social de direito assiste-se à revalorização do Executivo, seja para diminuir o poder do Parlamento, seja para conferir-lhe maior margem de ação discricionária diante das necessidades sociais e econômicas que lhe foram contemporâneas. Em um período posterior, sem prejuízo do sufrágio (masculino) universal, são introduzidos – ou igualmente revalorizados – elementos de democracia semidireta, como o referendo e o plebiscito, para legitimação das ações de governo. A eles se soma o controle de constitucionalidade, como garantia da vontade popular.

Na terceira fase, a do Estado constitucional de direito, a maior ênfase nos controles jurídicos que nas garantias políticas opera em favor de uma concepção de democracia que vai muito além da regra da maioria ou do respeito às regras do jogo democrático. Tal como o Direito, que incorpora em nome de sua própria garantia, esse tipo de Estado orienta-se por valores fundados na dignidade humana e nos direitos fundamentais. Os cidadãos têm iguais direitos e obrigações instituídos pela Constituição, a partir de determinados valores, que se traduzem na fórmula do Estado Democrático de Direito, espécie do Estado constitucional e internacional de direito, tipo mais recente na escala evolutiva do Estado moderno.

Desde a segunda metade do século XX, esse tipo de Estado enfrenta os desafios da individuação e da globalização, intensificados na primeira década do século XXI. Tais desafios, próprios de cenários ambivalentes, relacionam-se à compatibilização das novas formas de socialidade contemporânea, simultaneamente global e local, à tradição liberal-democrática e aos postulados do Estado moderno, traduzidos pelos dilemas um/todos e unidade/pluralidade, pela perda de confiança da razão jurídica e pelo desafio teórico de inovar tais tradições.

Do lado do pluralismo estão as novas formas de socialidade contemporânea, com destaque para a expansão do associativismo, a vitalidade da sociedade civil e a positivação de novos direitos ligados a identidades coletivas e difusas que complementaram o elenco de situações favoráveis à afirmação dos interesses e preocupações regionais, locais e particularistas; estão também os novos pontos de vista relacionados à diferença, à assistência, à solidariedade, à empatia, à autorresponsabilidade, à responsabilidade pelo meio ambiente, pelas novas gerações, pelo nascituro etc. Do outro lado, repercute o fenômeno da individuação, em suas diversas manifestações, por via do qual se acentuam as singularidades individuais e se amplia o campo das ações individuais em detrimento das normas (o pensar não sistêmico do Direito), dos valores, dos laços tradicionais de solidariedade e da complementaridade entre o público e o privado. Adicionalmente, as novas modalidades de divisão e processo de trabalho e de formas de poder corporativo impõem outras relações entre a sociedade civil e o Estado.

Nessa temática é inevitável considerar que se o princípio da nacionalidade desempenhou papel fundamental no Estado moderno, no desiderato de legitimar a submissão e a obediência incondicionais dos súditos à autoridade e, desse modo, garantir a continuidade do próprio Estado, dele não mais se esperam os mesmos efeitos. O direito internacional continua a adotá-lo como referência da distribuição da população mundial sobre o planeta e os sistemas jurídicos nacionais não abandonaram o critério preliminar à concessão do vínculo jurídico e político entre o Estado e o indivíduo, expresso pela noção jurídica de cidadania. Destes ângulos, não se constata, no estágio atual do desenvolvimento dos Estados nacionais, nenhuma tendência para substituição daquele princípio que, no entanto, sociologicamente, não impacta o indivíduo em termos de responsabilidade pública.

A identidade nacional – cuja dimensão subjetiva diz respeito à consciência individual e coletiva de pertencimento a determinada sociedade estatal, por muito tempo não conheceu competidores nem opositores e, por essa razão, estabeleceu fronteiras claras entre o "nós" e "eles". Aliás, como já o provaram **Arendt** (1989) e **Lafer** (1988), no que são corroborados por **Bauman** (2005), a ideia de pertencimento não teria o mesmo brilho se não fosse seletivo nem alimentado pela ameaça e prática da exclusão, com efeitos perversos sobre o sentimento de segurança propiciado pela identidade nacional. Nos primórdios do século XXI, à exceção, talvez, do fundamentalismo islâmico, as identidades se diluíram e a noção de cidadania, se por um lado foi ampliada em conteúdo material, foi de outro esvaziada da ficção da natividade, em decorrência das várias formas de aquisição e sobreposição de cidadanias e da crescente e benéfica expansão do direito internacional de proteção da pessoa humana.

Estariam esses acontecimentos a anunciar uma nova metamorfose do Estado moderno, ou, mais radicalmente, a crise dos seus postulados? Até que ponto a soberania ainda pode ser definida como uma competência estatal ou como uma competência comum, referida a todos os atuais atores econômicos, sociais e culturais? Mais, se a emergência do Estado moderno está ligada à combinação de uma série de variáveis que ensejaram uma forma particular de desenvolvimento político, respondendo a necessidades sociais e culturais específicas, é possível supor a permanência e a eficaz utilização das suas estruturas para fins diversos dos que originalmente se apresentaram? De que modo a esfera política nacional se adaptará às exigências contemporâneas de descentralização e atuação consertada entre os Estados?

Não há respostas prontas para essas questões nem teorias que as expliquem, definitivamente. Existem encaminhamentos possíveis, ainda em construção. Um deles destaca uma nova concepção de soberania, fundada na responsabilidade comum dos Estados; outro, complementar ao primeiro, visualiza a emergência do constitucionalismo global. Os dois são de difícil implementação, apresentando inconsistências e dificuldades tanto do ponto de vista político quanto do jurídico.

2. Responsabilidade comum e constitucionalismo global

2.1. Responsabilidade comum

Para essa corrente, consideradas as necessidades sociais que definem as funções atribuídas ao Estado contemporâneo, o conceito de soberania deveria ser adaptado à noção de responsabilidade comum dos Estados. Nela se incluem, sob diferentes vertentes, **Bertrand Badie**, **Timothy Garton Ash** e **Kofi Annan**, entre tantos outros. Suas proposições confluem na direção do constitucionalismo global.

Bertrand Badie cunhou a expressão "Estado instrumento" para identificar o Estado moderno não mais como um fim em si mesmo, mas como um instrumento a serviço da comunidade humana.[2] Seu escopo é a responsabilidade solidária pelo espaço terrestre, dado que a maioria das suas ações e a dos desafios com os quais se confronta têm efeitos globais. Antes de ser soberano, portanto, é responsável, o que vem ao encontro da noção de Estado constitucional de direito, antes mencionada. Na mesma direção caminharam as reflexões de **Timothy G. Ash** sobre o "mundo livre" e as de **Kofi Annan** sobre o imperativo do multilateralismo, sob coordenação da ONU, sem concessão ao unilateralismo: cada Estado desenvolvido é responsável pelo seu próprio desenvolvimento e pela pro-

[2] "Da soberania à competência dos Estados". In: SMOUTS, Marie-Claude. As novas relações internacionais: práticas e teorias, 2004, p. 51.

teção e garantia dos direitos de seus cidadãos, mas sozinho não tem como realizar essa missão.[3]

Annan prega a indivisibilidade entre desenvolvimento, segurança e direitos humanos associada à cidadania mundial, noção fundada em nossa humanidade comum e em princípios e responsabilidades compartilhadas, que compõem o núcleo do conceito de liberdade defendido. A liberdade, nessa perspectiva, transcende as tradicionais configurações elaboradas pela doutrina dos direitos humanos, mediante as sucessivas gerações de direitos (liberdades públicas e direitos civis e políticos, direitos econômicos e sociais, direitos de solidariedade), visando alcançar um patamar no qual a indivisibilidade e a interconexão das áreas, bem como a ausência de fronteiras para garantia formal e material de direitos de desenvolvimento, segurança e vida digna, romperiam os limites anteriores. Estes também são os argumentos apresentados por **Ash** para desenvolver a ideia do "mundo livre".

A fundamentação do direito internacional público, hoje, embora ainda repouse em valores do pensamento contratualista, subjacentes à visão grociana da sociedade de Estados, foi acrescida da liberdade, da igualdade, do consentimento, da reciprocidade e da imparcialidade. Se os atores internacionais contemporâneos não são os lobos de que nos fala **Hobbes**, é possível supor a intensificação da estruturação do direito internacional a partir de princípios de justiça aceitáveis por todos os Estados, democraticamente legitimados e fundados no valor da dignidade humana. É o que consta do art. 28 da Declaração Universal dos Direitos do Homem: "Toda pessoa tem direito a uma ordem social e internacional em que os direitos e liberdades estabelecidos na presente Declaração possam ser plenamente realizados".

Há quem veja nesses novos arranjos a oportunidade de difusão mundial da democracia, do entendimento e da paz que, favorecida pela diluição das fronteiras, pelo livre comércio, pela interdependência e pela internacionalização, permite a construção, pelos Estados, de regimes jurídicos internacionais, de modo a organizar expectativas e comportamentos na ordem internacional. É o que decorre das chamadas "cláusulas

[3] Respectivamente, Free world (2005) e "In larger freedom: decision time at the UN". Foreing affairs, may/june/2005, v.84, n.3, p. 64.

democráticas", em relação ao reconhecimento internacional dos Estados não comprometidos com os valores ocidentais, ou mesmo no que concerne à sua inclusão em organismos internacionais. Pode-se deduzir dessas circunstâncias uma responsabilidade estatal comum que, por vezes, transcende as fronteiras nacionais para adquirir uma dimensão internacional, do que é prova a ingerência humanitária, igualmente beneficiada pela relativização da soberania.

Essas ideias se encontram expressas no art. 8º da Declaração e Programa de Ação de Viena, elaboradas por ocasião da II Conferência Mundial para os Direitos Humanos em 1993:

> A democracia, o desenvolvimento e o respeito aos direitos humanos e liberdades fundamentais são conceitos interdependentes que se reforçam mutuamente. A democracia se baseia na vontade livremente expressa pelo povo de determinar seus próprios sistemas políticos, econômicos, sociais e culturais e em sua plena participação em todos os aspectos de suas vidas. Nesse contexto, a promoção e proteção dos direitos humanos e liberdades fundamentais, em níveis nacional e internacional, devem ser universais e incondicionais. A comunidade internacional deve apoiar o fortalecimento e a promoção da democracia e o desenvolvimento e respeito aos direitos humanos e liberdades fundamentais no mundo inteiro.

A reflexão crítica, porém, nos lembra que as boas intenções não são suficientes para garantir soluções. O *corpus* ideológico da responsabilidade comum é cheio de confusões, incoerências e miopias de alto risco. Os Estados continuam a acumular recursos bélicos que potencializam o seu papel de ator principal no cenário internacional, processo claramente demonstrado pela dissuasão nuclear.[4] De outra parte, a relativização da soberania, aliada à descoberta da heterogeneidade, nacional e internacional, poderia afetar o domínio dos valores e marcar a vitória do utilitarismo, enviesado pelos nacionalismos e pelo protecionismo econômico. A esses princípios somam-se o multilateralismo, a solução

[4] Nesse sentido, cf. LAFER, Celso. Comércio, desarmamento, direitos humanos, 1999.

pacífica de controvérsias entre Estados, a criação de tribunais internacionais etc.

2.2. Constitucionalismo global x cidadania global

Celso Lafer mostra-se cético a respeito da possibilidade de afirmação de uma ordem cosmopolita no início do século XXI, uma vez que não se confirmaram os sinais premonitórios tendentes à construção de uma ordem dessa natureza, verificados desde a década dos 1990. A razão reside na lógica da "fragmentação de forças centrífugas", que tanto enseja a sublevação de particularismos como o solapamento da ONU pelo unilateralismo (à maneira de **Carl Schmitt**), a xenofobia, os maciços investimentos em armamentos etc. De tudo isso resulta a multiplicação de tensões, de hegemonia e de equilíbrio, que têm o efeito de impedir, no plano dos fatos, a indivisibilidade da solidariedade.[5]

Ora, o ideal kantiano da paz perpétua foi o que levou à criação da Liga das Nações em 1919 e da ONU em 1945. Muito embora a Liga das Nações não tenha alcançado o almejado universalismo, tampouco a efetividade necessária para fazer frente a potências agressoras, a organização criada pelo Tratado de Versalhes pretendeu constituir-se em fórum permanentemente aberto aos Estados para a discussão e resolução de questões internacionais, o que finalmente foi alcançado com a bem-sucedida criação da ONU.

Desde então, seus princípios vêm alicerçando o que a doutrina contemporânea denomina *constitucionalismo global*,[6] sistema jurídico que tem na desterritorialização da cidadania seu corolário. Desterritorialização bem entendida, no sentido de que a titularidade dos direitos expressos na DUDH e nos Pactos de Direitos Civis, Políticos, Econômicos, Sociais e Culturais aplica-se universalmente, independentemente da concepção de cidadania como pertencimento a uma dada comunidade nacional.

Por outro lado, deve ser lembrado que na elaboração do constitucionalismo global, e também nos organismos internacionais, em geral, não há espaço público institucionalizado para o exercício da democracia. Não entraremos aqui no debate do *déficit democrático* nas relações internacio-

[5] A internacionalização dos direitos humanos, 2005, p. 75.

[6] Cf. Ferrajoli, Luigi. Derechos y garantías, 1999, p. 116.

nais, termo empregado para indicar, nesse campo, a ausência de um dos princípios fundamentais da democracia representativa, qual seja, o da conexão dos cidadãos às decisões que os afetam. Para superá-lo, far-se-ia necessário, idealmente, desenvolver parâmetros cosmopolitas de legitimação democrática, conectados à igualmente complexa ideia de cidadania mundial ou global.

Temos, assim, o seguinte paradoxo: enquanto a substância da política se globaliza nas áreas do comércio, economia, pandemias, segurança, proteção dos direitos fundamentais, produção do direito internacional etc., o processo político se mantém atrás. As instituições democráticas tradicionais permanecem ancoradas no nível nacional ou local (eleições, partidos políticos, parlamentos), verificando-se que sua influência e aplicabilidade em matéria de governança mundial são muito pequenas. A clássica separação de Poderes com seus mecanismos de controle do Executivo pelo Legislativo tampouco se aplica tão claramente às instituições intergovernamentais. Como implementar, portanto, a cidadania global?

Mais relevante que o problema da implementação é, certamente, o da convicção política individual acerca da cidadania global. A ética política, visando ao interesse e à salvaguarda da coletividade mundial, não pode ser um simples reflexo da moralidade individual; a cidadania supõe, nesse sentido, a conciliação dos direitos do homem com os deveres do cidadão, frequentemente esquecidos. O problema se amplia em virtude do não compartilhamento de valores universais por todos os povos, por conta de fatores eminentemente culturais, problema sobre o qual muito já se discutiu em matéria de direitos humanos, tanto do ângulo do relativismo quanto do universalismo.[7]

[7] Cf., além da conhecida obra de Amartya Sen, Desenvolvimento como liberdade, 2000; Flávia Piovesan, Direitos humanos e justiça internacional, 2006; Boaventura de Souza Santos (org.). Reconhecer para libertar. Os caminhos do cosmopolitismo multicultural, 2003; Antonio Augusto Cançado Trindade, "Dilemas e desafios da proteção internacional dos direitos humanos no limiar do século XXI". Revista dos Estudantes de Direito da Universidade de Brasília, 1998, p. 31-4; Jack Donelly, "Cultural relativism and universal human rights". Human Rights Quartely, v. 6, n. 4, p. 400-19, 1984.

2.3. Novos arranjos?

Diversos autores trataram, sob várias perspectivas, do embate entre autonomia e interdependência, culturalismo e universalismo, mas nenhum deles exclui a necessidade de compartilhamento de valores aceitos pelas diversas comunidades estatais e não estatais. **Badie** conclui pela vitória do mundo da distinção e das autonomias múltiplas, de complexidade e heterogeneidade crescentes.[8] Sua hipótese parece confirmar outras visões do mesmo problema, segundo as quais as saídas para os atuais processos de contestação tanto poderiam rumar para um "federalismo internacional", por níveis de regionalização, como para um "tribalismo planetário", por via de decomposições convulsivas. O regionalismo, porém, tem sido a tendência prevalecente, por causa da crescente conscientização do imperativo da cooperação e desenvolvimento concertados.

Stephen Krasner, mais pragmático, se pronuncia pela acomodação sucessiva das novas entidades e instituições à ordem internacional, como ocorreu com as ex-colônias europeias na década de 1960, e anteriormente com a Autoridade Palestina, e mesmo com a Ordem de Malta e Andorra, que obtiveram reconhecimento internacional fora dos padrões convencionais. Para o politólogo norte-americano, como o sistema internacional não é um jogo de xadrez, os legisladores internacionais jamais excluirão alternativas, muito embora as instituições internacionais operem em ambiente fluído. O que significa dizer que há espaço e interesse no desenvolvimento de formas de cooperação e interdependência que atendam politicamente aos interesses comuns da ordem mundial, desde que os valores em que se fundem sejam compartilhados.[9]

Por outro lado, é inegável a existência efetiva de um direito de cooperação, expresso por normas internacionais a serviço das necessidades humanas, com vocação para se estender a todos os domínios, inclusive àqueles que tradicionalmente constituíam matéria de direito interno, como é o caso da proteção dos estrangeiros, saúde, educação etc. Prova disso são os fins coletivos de proibição do recurso à força, de emancipação dos povos colonizados, o direito ao desenvolvimento, a proteção do patrimônio comum da humanidade, entre outros, demonstram que o

[8] Um mundo sem soberania, p. 322.

[9] Sovereignty: organized hypocrisy, 1999, p. 237.

direito internacional não está exclusivamente a serviço da "ordem interestatista". Igualmente o comprova a elaboração do Direito de Assistência Humanitária e do Direito Internacional dos Refugiados, assim como do Direito Internacional de Proteção ao Meio Ambiente.

É em face desta conjuntura, especificamente, que **Peter Haberle** sustenta a plausibilidade da visão culturalista do Estado e do direito constitucional contemporâneo, tanto mais quando a cultura dos direitos humanos já se converteu em cultura jurídica não teorizada. Mais especificamente, o enfoque cultural do Estado, no espaço mundial da globalização, se apresenta hoje como uma das esperanças do direito público, em especial para o direito público que reage aos excessos do positivismo, este, sim, privado de conteúdo histórico, social e cultural.[10] Abordando a problemática de outro ângulo, **Donald Lutz** analisa os processos contemporâneos de pluralismo/unilateralismo em termos de *beneficial innovation*, noção que não designa "progresso" tampouco "inovação", mas aquilo que pode ser livremente identificado, por meio de processos democráticos que garantam o exercício da soberania popular como benéfico pelos cidadãos.[11] Assim, qualquer decisão acerca de novos arranjos políticos, jurídicos e institucionais é possível, desde que preservados os fundamentos do constitucionalismo e a soberania popular.

Dessa sumaríssima exposição podem ser extraídas algumas conclusões de caráter mais amplo. Em primeiro lugar, a evidência de que o Estado é instância indispensável de mediação pública, interna e externa, e de garantia dos direitos humanos; além disso, o espaço público (assegurado no Estado) e a cidadania (conferida pelo Estado) são condições imprescindíveis para o desenvolvimento e a segurança das sociedades humanas. Logo, o postulado da soberania estatal tem aderência às circunstâncias e necessidades atuais. Em segundo lugar, que o problema do Estado, no início do século XXI, resume-se, em última análise, em assegurar aquelas condições de mediação pública e garantia de direitos, seja em razão de exacerbamento, supressão ou erosão da soberania estatal.

Portanto, se o postulado da centralidade do poder estatal funda-se no pressuposto de que só o Estado tem a capacidade de exercer as funções

[10] Cf. El Estado constitucional, 2001.

[11] Principals of constitutional design, 2006, p. 134.

de proteção e ordem que se esperam do poder político, não haveria um novo tipo de Estado. Também por essa razão, a nova forma de socialização que domina a comunidade internacional significa que se tenha substituído o conteúdo político westfaliano, isto é, o padrão horizontal da igualdade entre os Estados que pautou as relações internacionais, ou ainda o elemento jurídico como critério prevalecente na conceituação teórica do Estado contemporâneo. Além disso, no plano doméstico dos Estados nacionais, instituições políticas e jurídicas consolidadas e em bom funcionamento dificilmente serão afetadas pela ambivalência contemporânea, na medida em que se fundamentem em valores amplamente compartilhados pela comunidade e em estruturas hierárquicas de autoridade.

Não parece haver dúvidas de que o Estado nacional do início do século XXI seja uma modalidade de Estado moderno, na qual os elementos típicos que o identificam são inevitavelmente atualizados pelas próprias transformações históricas, sociais e políticas que deram causa a essa nova modalidade. Nesse processo dialético, o "alto nível de abstração" do conceito de Estado moderno permite que um conceito tão preciso e sintético seja simultaneamente maleável e adaptável às circunstâncias da evolução humana, sem perda da sua funcionalidade.

ANEXO

PERFIS RESUMIDOS DE AUTORES, FILÓSOFOS E JURISTAS

Adam Smith (Escócia, 1723-1790). Economista e filósofo escocês, professor da Universidade de Glasgow. Considerado o pai da economia moderna e o mais importante teórico do liberalismo econômico, destaca-se, entre suas obras, a *Causa da riqueza das nações* (1776), clássico do pensamento econômico no qual apresenta ideias fundamentais, como a divisão do trabalho e a organização natural da vida econômica.

Adam Przeworski (Polonia, 1940). Cientista político, professor emérito da Universidade de Nova Iorque. Desenvolve pesquisas nas áreas de política econômica, teoria da democracia, métodos de pesquisa comparada.

Alain Touraine (França, 1925). Sociólogo, diretor da Escola de Altos Estudos em Ciências Sociais onde fundou o Centro de Estudos dos Movimentos Sociais, área na qual desenvolveu a maior parte de sua vasta obra. Dedicou especial atenção aos movimentos sociais na América Latina e, mais recentemente, na Polônia. Entre seus escritos, encontram-se: *O pós-socialismo* (2004), *O mundo das mulheres* (2006), *Podemos viver juntos? Equidade e diferença* (2000).

Albert Einstein (Alemanha, 1879-1955). Físico teórico autor da teoria da relatividade. Recebeu o Prêmio Nobel de Física de 1921 pela explicação do efeito fotoelétrico; seu trabalho teórico possibilitou o desenvolvimento da energia atômica, apesar de o cientista não ter previsto tal possibilidade.

Albert Venn Dicey (Inglaterra, 1835-1922). Jurista e advogado militante, autor de *An introduction to the study of the law of the Constitution* (1885), obra clássica no campo do direito constitucional na qual são apresentados os fundamentos teóricos da Constituição e do direito constitucional inglês. Seu profundo conhecimento acerca das instituições governamentais e constituições de diversos Estados europeus, as quais compara com o sistema inglês, apresentando diferenças e similaridades, conferiu caráter inovador à *The law of the Constitution.*

Em *The American commonwealth* (1888), obra produzida mediante observação empírica e estudos teóricos, analisa o modelo constitucional americano.

Alberto do Amaral Jr. (Brasil, 1955). Advogado, professor de Direito Internacional Público da Universidade de São Paulo (USP) e professor visitante da Universidade de Yale em 2003 e 2007. Entre suas obras: Direito de assistência humanitária (2003), A solução de controvérsias na OMC (2008), Comércio internacional e proteção do meio ambiente (2011) e Curso de direito internacional público (2012).

Alessandro Groppali (Itália, 1874-1959). Professor emérito da Universidade de Milão, autor da *Doutrina do Estado* (1968), obra na qual analisa o Estado do ponto de vista unitário em suas evoluções, organização, funções e formas mais típicas, com a intenção de determinar suas leis formativas, fundamentos e fins. Autor de diversas obras no campo da Sociologia e do Direito, entre elas *Estudos jurídicos e sociais* (1954) e *Filosofia do Direito* (1944).

Alexander Hamilton (Antilhas, 1757-1804). Jurista e advogado, comandou o exército rebelde na Guerra de Independência Americana. Coautor dos *Artigos Federalistas* (1787-1788) juntamente com John Jay e James Madison. Na Convenção Constitucional de Filadélfia, liderou a ala favorável a um governo central forte, em detrimento do poder dos Estados. Foi o primeiro Secretário do Tesouro norte-americano, nomeado por George Washington. Criou o First Bank of the United States e formulou as bases do capitalismo americano, por isso é considerado o patrono da escola americana de filosofia econômica. Morreu em um duelo, aos 47 anos, com o então vice-presidente Aaron Burr.

Alexis Henri Charles Clérel, visconde de Tocqueville ou **Alexis de Tocqueville** (França, 1805-1859). Magistrado, advogado da Corte Real de Paris, historiador e escritor, tornou-se célebre por suas análises da Revolução Francesa. Suas obras incluem: *Do sistema penitenciário nos Estados Unidos e sua aplicação na França* (1833), *Da democracia* (1840) e *O Antigo Regime e a revolução* (1856); a mais célebre, resultado das observações que fez nos Estados Unidos, entre 1831 e 1832, é *A democracia na América* (1835), clássico da teoria política moderna, na qual reconhece que o sistema democrático requer sólida base moral.

Amartya Sen (Bangladesh, 1933). Economista, professor da Universidade de Harvard e ex-reitor da Universidade de Cambridge. Recebeu, em 1998, o Prêmio Nobel de Economia por seu trabalho sobre a economia do bem-estar social. É autor, entre outros, de *Desenvolvimento como liberdade* (2000) e *A ideia de justiça* (2009).

Andreas Schedler (Áustria, 1964). Professor de Ciência Política na Faculdade Latino-Americana de Ciências Sociais, na Cidade do México, pesquisador do Programa Austríaco de Pesquisas Avançadas e Tecnologia e conferencista do Instituto de Ciência Política da Universidade de Viena. É autor de *The self-restraining State: power and accountability in new democracies* (1999), *Democracia y tiempo* (1999) e *The end of politics? Explorations into modern antipolitics* (1997).

Anthony Giddens (Grã-Bretanha, 1938). Sociólogo, foi diretor da London School of Economics and Political Science entre 1997 e 2003, e professor de sociologia em Cambridge. Sua obra abrange diversos temas, como a história do pensamento social, a estrutura de classes, elites e poder, as nações e os nacionalismos, identidade pessoal e social, a família, relações e sexualidade. Foi um dos primeiros autores a trabalhar o conceito de globalização. Obras mais conhecidas: Capitalism and modern social theo-ry (1971), The class stricture of advances societies (1973) e The constitution of society – Outline of the theory of structuration (1984).

Antonin Gregory Scalia (Estados Unidos, 1936). Juiz da Suprema Corte americana desde 1986, foi juiz da Corte de Apelação para o Distrito de Columbia (*D.C. Circuit*). Graduou-se na Universidade de Georgetown e na Universidade de Friburgo, na Suíça; obteve doutorado na Faculdade de Direito de Harvard. De posição conservadora, é coautor de *A matter of interpretation: federal courts and the law* (1997) e *Making your case: the art of persuading judges* (2008).

Antonio Candido de Mello e Souza (Brasil, 1918). Professor emérito de Teoria Literária e Literatura Comparada da Universidade de São Paulo (USP) e doutor *honoris causa* da Universidade Estadual de Campinas (Unicamp). Ensinou literatura brasileira na Universidade de Paris, entre 1964 e 1966, e literatura brasileira e comparada na Universidade de Yale, em 1968. Destacam-se entre suas obras: *Introdução ao método crítico de Sílvio Romero* (1945), *Formação da literatura brasileira – momentos decisivos* (1957), *Ficção e confissão* (1956), *O observador literário* (1959), *Parceiros do Rio Bonito* (1964) e *Formação da literatura brasileira* (1975).

Aristóteles (Grécia, 385 a.C.-322 a.C.). Filósofo, foi aluno de Platao e educador de Alexandre, o Grande. Ensinou em Atenas, no Liceu, escola assim denominada devido à sua proximidade com o Templo de Apolo Lício. Nela, por mais de doze anos, apresentou suas ideias acerca de temas diversos, enquanto caminhava com seus discípulos. O aristotelismo teve influência profunda no pensamento filosófico e teológico nas tradições judaico-islâmicas durante a Idade Média, na teologia cristã e na tradição escolástica da Igreja Católica. Destacam-

-se: *Organon*, *Parva naturalia*, *Magna moralia* e *Da longevidade e brevidade da vida*. No campo do direito, destaca-se *A política* (325 a.C.), obra seminal na qual apresenta os fundamentos do direito constitucional sob perspectiva histórica, geral e comparativa, com abordagem sociológico-jurídica e política, composta por metódica compilação e análise de 158 constituições de Estados ou de confederações, e de apêndices sobre governos tirânicos.

Bártolo de Sassoferrato (Itália, 1313-1357). É considerado o maior jurista da Idade Média, ao ponto de, sobre ele, se ter criado um adágio clássico: "ninguém é bom jurista se não for bartolista". Escreveu comentários sobre quase todas as partes do *Corpus iuris civilis* e foi autor de um grande número de tratados sobre matérias jurídicas específicas.

Bertrand Badie (França, 1950). Cientista político especializado em relações internacionais, professor da Sciences Politiques, de Paris. Para ele, as antigas forças que regiam as relações internacionais estão desaparecendo graças a três elementos novos: a globalização, o fim da Guerra Fria e da bipolaridade e a crise dos Estados. Obras mais recentes: *O multilateralismo* (2007), *O Estado do mundo* (2008), *O diplomata e o intruso* (2008).

Boaventura de Souza Santos (Portugal, 1940). Sociólogo e professor catedrático jubilado da Faculdade de Economia da Universidade de Coimbra, cujos Centro de Estudos Sociais da Faculdade de Economia e do Centro de Documentação 25 de Abril estão sob sua direção. Entre seus temas de pesquisa estão a epistemologia, a sociologia do direito, a democracia, a interculturalidade, a globalização, os movimentos sociais e os direitos humanos. Entre suas obras, destacam-se: A crítica da razão indolente: contra o desperdício da experiência (2000), reinventar a democracia (1998), Pela mão de Alice: o social e o político na pós-modernidade (1994), Introdução a uma ciência pós-moderna (1989), Um discurso sobre as ciências (1988) e Reconhecer para libertar: os caminhos do cosmopolitismo multicultural (organizador, 2003).

Bolívar Lamounier (Brasil, 1943). Sociólogo e professor da Pontifícia Universidade Católica de São Paulo (PUC/SP) e da Universidade de São Paulo (USP). Presidiu o Conselho Diretor do Centro de Estudos de Opinião Pública da Universidade de Campinas (Cesop) de 1993 a 1999. Integra atualmente o Comitê Acadêmico do Clube de Madri, entidade formada por ex-chefes de Estado com o objetivo de fortalecer internacionalmente as democracias. Em 1997 foi eleito para a Academia Paulista de Letras. Entre suas obras, incluem-se: Democracia brasileira no limiar do século XXI (1995); como organizador, Brasil e África do

Sul: uma comparação (1996), Rui Barbosa e a construção institucional da democracia brasileira (1999) e Da independência a Lula: dois séculos de política brasileira (2005).

Bruce Arnold Ackerman (Estados Unidos, 1943). Professor na Escola de Direito da Universidade de Yale. Autor de cinco livros e de mais de oitenta artigos publicados em revistas especializadas. Sua área de estudos abrange teoria constitucional, filosofia política, direito comparado, política e economia, história constitucional americana, meio ambiente e justiça social. Seus livros mais conhecidos são *Social Justice in the Liberal State* (1980) e *We the People* (1991).

Brunella Casalini (Itália, 1963). Pesquisadora de filosofia política na Faculdade de Ciências Políticas da Universidade de Florença. Entre suas publicações destacam-se: *Antropologia, filosofia e política em John Dewey* (1995); *American citizenship between past and future*, em R. Bellamy, et al.; *Lineages of European citizenship* (2004).

Carl Friedrich von Gerber (Alemanha, 1823-1891). Jurista e político, foi Ministro de Estado e Ministro da Cultura da Saxônia. Discípulo de Wilhelm Albrecht, von Gerber foi um importante teórico do direito público moderno. Suas ideias tiveram grande influência na Constituição da Federação Alemã. *Pontos principais (Grundzüge)* (1880) é a sua obra mais conhecida, tendo inspirado grandes teóricos do Direito do Estado.

Carl Schmitt (Alemanha, 1888-1985). Jurista e filósofo político, é um dos mais importantes e controversos especialistas em direito constitucional e internacional de seu tempo, por sua proximidade com o regime nacional-socialista alemão. Seu pensamento tinha raiz na fé católica e se dirigiu em especial às questões do poder, da violência e da materialização dos direitos. Obras: *A ditadura* (1921), *Teologia política* (1922), *Guardião da constituição* (1929) e *A tirania dos valores* (1960).

Carlos Santiago Nino (Argentina, 1943-1993). Jurista, dedicou-se a temas de filosofia do Direito e direito constitucional. Atuou politicamente na redemocratização da Argentina, tendo participado de reformas institucionais naquele País, na década de 1980. Entre suas obras destacam-se: *Ética y derechos humanos* (1984), *El constructivismo ético* (1989), *Fundamentos de derecho constitucional* (1992), *El presidencialismo puesto a prueba* (1992), *Radical evil on trial* (1996) e *La constitución de la democracia deliberativa* (1997).

Carole Pateman (Inglaterra, 1940). Cientista política e professora da Universi-dade da Califórnia, dedica-se a temas relativos à teoria democrática, à moder-na teoria política e à obrigação política, entre outros. Foi presidente da Inter-national Political Science Association. Em sua obra doutrinária destacam--se: Contract and domination (coautor Charles W. Mills, 2007); The disorder of women: democracy, feminism, and political theory (1989); The sexual contract (várias edições); The problem of political obligation: a critical analysis of liberal theory (1979); Participation and democratic theory.

Celso Bastos (Brasil, 1938-2003). Jurista, professor titular de Direito Constitucional e de Direito das Relações Econômicas Internacionais da Pontifícia Universidade Católica de São Paulo (PUC/SP). Destacam-se entre suas obras: Curso de direito constitucional; Comentários à Constituição do Brasil, em coautoria com o Prof. Ives Gandra Martins; Curso de direito financeiro e tributário; Curso de direito constitucional; Curso de direito administrativo; Curso de teoria do estado e ciência política, todos com diversas reedições.

Celso Lafer (Brasil, 1941). Jurista e diplomata, professor titular de Filosofia do Direito da Faculdade de Direito da Universidade de São Paulo (USP). Ex-Ministro das Relações Exteriores, em 2006 Lafer foi eleito para ocupar a cadeira 14 da Academia Brasileira de Letras, sucedendo ao jurista Miguel Reale. Ele também é membro da Corte Permanente de Arbitragem Internacional de Haia. Obras importantes: *Desafios: ética e política* (1995); *A reconstrução dos direitos humanos, um diálogo com o pensamento de Hannah Arendt* (1998); e A identidade internacional do Brasil e a política externa brasileira (2004).

Charles de Secondat. Barão de Montesquieu et la Brède (França, 1689-1755). Político, filósofo e escritor, elaborou a clássica teoria da separação dos Poderes. Autor talentoso, concebeu livros importantes e influentes, como *Cartas persas* (1721), *Considerações sobre as causas da grandeza dos romanos e de sua decadência* (1734) e, em especial, *O espírito das leis* (1748), sua obra de maior repercussão. Contribuiu também para a célebre *Enciclopédia*, ao lado de Diderot e D'Alembert.

Charles Tilly (Estados Unidos, 1929-2008). Sociólogo, cientista político e historiador, lecionou e escreveu sobre as relações entre a política e a sociedade. Formou-se em Oxford e Harvard, lecionou nas universidades de Delaware, Toronto, Michigan e Columbia. Publicou mais de 600 artigos e 51 livros e monografias. Entre estes, *La Vendée: análise sociológica da contra revolução de 1793* (1964), *Clio e Minerva* (1970) e *Mundo urbano* (1974).

Cláudio Ptolemeu ou **Ptolomeu** (Grécia, 90-168). Cientista grego que viveu em Alexandria (Egito), reconhecido por seus trabalhos em matemática, astrologia, astronomia, geografia e cartografia. Também realizou importantes trabalhos em ótica e teoria musical. Sua obra mais conhecida é o *Almagesto* (O grande tratado) de astronomia, uma das mais importantes e influentes da Antiguidade Clássica.

Cláudio Salvador Deddeca (Brasil, 1956). Professor titular do Instituto de Economia da Universidade Estadual de Campinas – Unicamp. Sua trajetória de pesquisa inclui as áreas de economia social e do trabalho e de crescimento, flutuações e planejamento econômico. A atuação de pesquisa privilegia os temas sobre regulação social, políticas sociais, emprego, mercado de trabalho, desemprego, relações de trabalho, recursos humanos em ciência e tecnologia e em saúde. Livros publicados: Emprego e trabalho na agricultura (2009); Economia, políticas públicas e trabalho (2006); e Trabalho e gênero no Brasil: formas, tempo e contribuição socioeconômica (2005).

Confúcio (China, 551 a.C. 479 a.C.). Filósofo e professor, pregou valores de conduta pessoal e social que influenciaram fortemente a cultura chinesa. Durante a dinastia Han foram compilados vários de seus aforismos em: I-king ou I-ching; O livro das mutações, o Chu-king; O cânone da história, o Chi-king; O livro das canções; o Li-king; e O livro dos rituais.

Crawford Brough Macpherson (Canadá, 1911-1987). Cientista político, professor de teoria política na Universidade de Toronto. Seu trabalho mais influente foi The political theory of possessive individualism: from Hobbes to Locke (1962), uma análise da filosofia política inglesa do século XVII. Sua obra também inclui: The real world of democracy (1965), Democratic theory: essays in retrieval (1973), The life and times of liberal democracy (1977), Burke (Past Masters series) (1980), Foreword to Leviathan by Thomas Hobbes (1982) e The rise and fall of economic justice (1985).

Dalmo de Abreu Dallari (Brasil, 1931). Jurista, professor emérito da Faculdade de Direito da Universidade de São Paulo, da qual foi diretor e professor titular de Teoria Geral do Estado. Entre suas principais obras destacam-se Elementos de teoria geral do Estado e O futuro do Estado.

Danilo Zolo (Croácia, 1936). Professor aposentado de Filosofia do Direito da Faculdade de Direito da Universidade de Florença. Foi pesquisador associado da Universidade de Boston, professor visitante das universidades de Cambridge, Harvard e Princeton. Suas obras recentes incluem: Epistemologia reflexiva (1989), Democracia e complexidade (1992), Chi dice umanitá. Guerra, diritto e ordine globale (2000), Globalizzazione. Una mappa dei problemi (2004). Em parceria com Pietro Costa, publicou O Estado de Direito: história, teoria, crítica.

Daniel Ziblatt (Estados Unidos, 1972). Cientista político, é professor na Universidade de Harvard (*Eaton Professor of the Science of Government*). Especializou-se em estudos europeus. Publicou, além de "Como as democracias morrem", em co-autoria com Steve Levitsky (2018), *Conservative Parties and the Birth of Democracy (2017).*

Dante Alighieri (Itália, 1265-1321). Considerado o primeiro e o maior poeta da língua italiana. Concebeu, entre 1307 e 1321, em italiano, o poema épico e teológico – *La divina commedia* – que se tornou a base da língua italiana moderna e, desde então, vem influenciando poetas e escritores. Entre suas obras: *De monarchia* (c1317), na qual trata das relações entre o Estado e a Igreja; *Convivio* (c1304), um tratado de filosofia; e *De vulgari eloquentia* (1304), obra inacabada na qual discute o uso do vernáculo na poesia.

David Runciman (Inglaterra, 1967). Sociólogo, professor na Universidade de Cambridge, junto ao Departamento de Política e Estudos Internacionais. Entre suas obras, além de "Como a democracia chega ao fim" (2018): *Where power stops* (2019); *Don't be a Kerensky* (2020).

David Hume (Escócia, 1711-1776). Filósofo, historiador e ensaísta escocês, célebre por seu empirismo radical e seu ceticismo filosófico. É considerado um dos mais importantes pensadores do chamado iluminismo escocês, do empirismo britânico e da própria filosofia ocidental. Hume opôs-se particularmente a Descartes e às filosofias que estudavam o espírito humano com ponto de vista teológico e metafísico. Assim, abriu caminho à aplicação do método experimental aos fenômenos mentais. Teve profunda influência sobre Kant, sobre a filosofia analítica do início do século XX e sobre a fenomenologia. Entre suas obras mais notáveis estão Tratado da natureza humana (1739-1740) e Investigação sobre o entendimento humano (1748).

Diane Éthier (Canadá). Professora de ciência política da Universidade de Montreal, na qual ensina relações internacionais e política comparada. Suas linhas de pesquisa concentram-se na análise de transições democráticas na Europa Meridional, na América Latina e no Sudoeste Asiático. Entre suas obras destacam-se: Economic adjustment in new democracies: lessons from Southern Europe (1997); "Does economic adjustment affect the legitimacy of democracy? Comparing seven west-european cases", in International Journal of Comparative Sociology (1999); "Is democracy promotion effective? Comparing conditionality and incentives", in Democratization (2003); "Promotion de la démocratie dans les Balkans. L'inégale efficacité de la conditionnalité et des incitatifs", in

Revue Canadienne de Science Politique (2006); "L'imposition de la démocratie a-t-elle été l'exception ou la règle depuis 1945?", in Études Internationales (2010).

Donald S. Lutz (Estados Unidos). Cientista político, professor da Universidade Houston. Sua principal área de pesquisa é teoria política americana, teoria das confederações e teoria constitucional comparada. Suas últimas obras incluem: A preface to American political theory (1992), The origins of American constitutionalism (1988), Colonial origins of the American Constitution: a documentary history (1997), e o mais recente, Principles of consitutional design (2006).

Earl Warren (Estados Unidos, 1891-1974). Advogado, foi governador da Califórnia e presidente (Chief Justice) da Suprema Corte Americana, na qual serviu até 1969. Durante esse período foram julgados casos importantes como o fim da segregação racial nas escolas.

Edmund Burke (Irlanda, 1729-1797). Filósofo e político anglo-irlandês. Eleito para a Câmara dos Comuns pelo partido liberal, destacou-se na defesa das liberdades e do constitucionalismo inglês. Crítico intransigente da Revolução Francesa em razão de seus excessos, escreveu, em 1790, Reflexões sobre a Revolução na França, na qual discute as ideias que animaram o movimento. Sua obra inclui inúmeros discursos e cartas, marcados por opiniões liberais; nela destaca-se o Discurso aos eleitores de Bristol (1774), na qual discute a independência da representação parlamentar, orientada apenas pelo bem geral da comunidade e da própria consciência.

Edward Coke, Sir (Inglaterra, 1552-1634). Jurista e parlamentar, foi *Lord Chief Justice* da Court of Common Pleas e da Court of King's Bench, além de *solicitor general* e *attourney general.* Como advogado, defendeu a supremacia da lei sobre as prerrogativas do rei, princípio incorporado ao *Rule of Law* britânico. Entre suas obras, destacam-se os *Institutes of the laws of England* (1628), além dos votos proferidos em inúmeros casos judiciais de grande repercussão no constitucionalismo britânico, como o *Slade's case, Case of proclamation* e *Dr. Bonham's case.*

Eli Diniz (Brasil). Professora titular aposentada do Instituto de Economia da Universidade Federal do Rio de Janeiro (IE/UFRJ). Foi coordenadora do Programa de Pós-Graduação Interdisciplinar em Políticas Públicas, Estratégias e Desenvolvimento (IE/UFRJ/Instituto Oswaldo Cruz/Fiocruz/Ministério da Saúde – de março de 2007 a setembro de 2008) e pesquisadora associada do Instituto Universitário de Pesquisas do Rio de Janeiro (Iuperj). Foi professora visitante do Centro de Estudios Brasileños (CEB), da Universidade de Salamanca, em 2003, e do Programa de Doctorado en América Latina Contemporánea, do Instituto Universitario Ortega y Gasset, de 2005 a 2008.

Elías Díaz García (Espanha, 1934). Jurista e filósofo. Formado pela Universidade de Salamanca, doutorou-se na Universidade de Bolonha, participou da resistência ao franquismo na década de 1960, foi professor visitante da Universidade de Pittsburgh (Estados Unidos) e professor de Filosofia do Direito na Universidade Autônoma de Madri. Entre suas obras destacam-se: *Estado de Direito e sociedade democrática* (1966); *Revisão de Unamuno: análise crítica do seu pensamento político* (1968); *Sociologia e filosofia do direito* (1971); *Estado, justicia, derecho* (2002); e *De la institución a la constitución* (2009).

Emmanuel Joseph de Sieyès (França, 1748-1836). Eclesiástico, constitucionalista, foi deputado do Terceiro Estado nos Estados Gerais e participante ativo na criação da Assembleia Nacional. Seu pensamento insere-se na tradição de modernização da sociedade francesa, de extração liberal. Em sua obra *Qu'est-ce que le tiers État?* (1789) – na qual apresenta propostas sobre a reforma do Estado, em atendimento à convocatória dos Estados Gerais de 1788 – teoriza sobre a soberania nacional, a representação popular e o poder constituinte.

Enrique Ricardo Lewandowski (Brasil, 1948). Jurista, professor titular de Teoria Geral do Estado na Faculdade de Direito da Universidade de São Paulo (USP). É ministro do Supremo Tribunal Federal, tendo exercido a presidência do Tribunal Superior Eleitoral. Compôs o Tribunal de Alçada Criminal do Estado de São Paulo de 1990 a 1997, quando foi indicado para o Tribunal de Justiça de São Paulo. Entre suas obras destacam-se: *Globalização, regionalização e soberania* (2003); *A proteção dos direitos humanos no Mercosul* (2002); e *Direito comunitário e soberania* (1997).

Epicteto (Grécia, 55-135 a.C). Filósofo estoico que viveu a maior parte de sua vida em Roma. De sua obra se conservam o *Enchyridion,* ou *Manual de Epicteto,* e as *Diatribes,* além de alguns discursos recolhidos e organizados por seus discípulos. Embora suas obras sejam pouco conhecidas atualmente em função do declínio do ensino da cultura clássica, tiveram enorme influên-cia sobre diversos pensadores.

Eric John Earnest Hobsbawm (Egito, 1917-2012). Historiador, seu trabalho é guiado pela análise marxista da História a partir do princípio da luta de classes. Foi membro da Academia Britânica e da Academia Americana de Artes e Ciências. Foi professor de história no Birkbeck College (Universidade de Londres) e na New School for Social Research de Nova York. Além de estudos sobre as classes populares, como Os *trabalhadores, Bandidos* e *História social do jazz*, escreveu também trabalhos sobre a história das ideologias políticas e sociais, como *Nações e nacionalismos, A invenção da tradição* e também uma autobiografia, *Tempos interessantes* (2002), além de *Era dos extremos* (1995), *A era dos impérios* (2006), *A era do capital* (2007), entre outros.

Fábio Konder Comparato (Brasil, 1936). Professor titular aposentado da Faculdade de Direito da Universidade de São Paulo (USP), doutor em Direito pela Universidade de Paris e doutor *honoris causa* da Universidade de Coimbra. Entre suas obras estão: *Ética – Direito, moral e religião no mundo moderno* (2006); *Afirmação histórica dos direitos humanos* (2005) e *O poder de controle na sociedade anônima* (2005).

Fábio Nusdeo (Brasil, 1931). Economista e advogado, professor titular aposentado de Direito Econômico da Faculdade de Direito da Universidade de São Paulo (USP). É membro do Conselho Estadual de Política Econômica, vice-presidente da Sociedade de Estudos Jurídicos Brasil-Alemanha. Autor de diversos livros, como: *Curso de economia – introdução ao direito econômico* (2001), *Fundamentos para uma codificação do direito econômico* (1995) e *Desenvolvimento e ecologia* (1975).

Ferdinand Lassale (Polônia, 1825-1864). Advogado e filósofo, orador brilhante. Viveu na Prússia, onde fundou a Confederação Geral Alemã de Trabalhadores, cujos princípios socialistas levariam ao que, posteriormente, seria denominado social-democracia. Influenciado pelas ideias de Hegel e pelas ideias econômicas de Thomas Malthus e David Ricardo, defendeu o nacionalismo, o sufrágio universal e a emancipação econômica do trabalhador. Entre suas obras, a mais difundida é *O que é uma constituição política* (1863), na qual se propõe a demonstrar que a essência de uma Constituição são os fatores reais de poder.

Francesco Calasso (Itália, 1904-1965). Professor e historiador de direito italiano nas universidades de Urbino, Catania, Módena, Pisa, Firenze e Roma. Inovou metodologicamente o estudo do ordenamento e das instituições jurídicas italianas, buscando sua unidade. Entre suas principais obras estão: *La legislazione statutaria dell'Italia meridionale* (1929); *La convenientia* (1933); *I glossatori e la teoria della sovranità* (1945); *Gli ordinamenti giuridici del Rinascimento medievale* (1948); *Introduzione al diritto comune* (1951); *Medio Evo del diritto*, v. I (1954); *Il negozio giuridico* (1957).

Francis Fukuyama (Estados Unidos, 1952). Cientista político, pesquisador do Centro de Desenvolvimento da Democracia e do Estado de Direito da Universidade de Stanford. Foi professor da John Hopkins University. Sua área de pesquisa está centrada em temas relativos à democracia e à política econômica internacional. Entre suas obras encontram-se o *Fim da história e o último homem* (1992), *Construção de Estados* (2004) e *Origens da ordem política* (2011).

Francisco de Vitória (Espanha, 1483-1546). Teólogo neoescolástico, fundador da tradição filosófica conhecida como "Escola de Salamanca". Jurista e professor da Universidade de Salamanca, é reconhecido como um dos principais filósofos do direito por suas contribuições para a teoria da Guerra Justa e por ser um dos criadores do moderno direito internacional, no qual o Estado é apresentado com sua feição moderna; como teólogo, justificou a obra evangelizadora da Espanha na América. Deve-se a Vitória a concepção da sociedade internacional como um todo orgânico e solidário, na qual os Estados têm soberania limitada.

Franklin Delano Roosevelt (Estados Unidos, 1881-1945). Presidente norte-americano, de 1933 a 1945, ano de sua morte. Foi o único presidente norte-americano a se eleger para mais de dois mandatos, permanecendo doze anos no comando da nação (possibilidade excluída da vida política americana, em 1951, com a aprovação da 22ª Emenda, que limita o exercício da presidência a dois mandatos consecutivos). Nesse período ampliou os poderes do governo federal por meio de programas e reformas conhecidos como *New Deal*; tais programas e reformas ampliaram igualmente os poderes do Presidente da República e redefiniram o liberalismo americano.

Friedrich Carl Von Savigny (Alemanha, 1779-1861). Jurista, professor das Universidades de Berlim e da Baviera. Contrário ao movimento de codificação de leis, integrou a Escola Histórica do Direito como seu principal representante. Foi Grande Conselheiro da Prússia, ocasião em que realizou reformas no direito comercial e familiar alemão. Produziu grandes obras jurídicas, entre elas *Da vocação de nosso tempo para a legislação e a jurisprudência* (1814).

Friedrich Hayek (Áustria, 1899-1992). Economista de nacionalidade britânica, integrante destacado da Escola Austríaca de Economia, ganhador do Prêmio Nobel de Economia em 1973. Defensor do capitalismo de livre mercado e da democracia liberal, contribuiu em outros campos do conhecimento, como a teoria política e a psicologia. Foi professor na London School of Economics, na Universidade de Cambridge e na Universidade de Chicago. Entre sua vasta obra destacam-se: *Monetary theory and the trade cycle* (1929); *Prices and production*

(1931); *Monetary nationalism and international stability* (1937); *Profits, interest and investment and other essays on the theory of industrial fluctuations (1939); O caminho da servidão (1944); Individualism and economic order (1948); The counter-revolution of science: studies on the abuse of reason (1952); The constitution of liberty (1960); The fatal conceit: the errors of socialism (1989).*

Friedrich Julius Stahl (Alemanha, 1802-1861). Constitucionalista e filósofo conservador, professor e estadista, distinguiu-se no direito público alemão do século XIX. Protegido de Carl Von Savigny, foi influenciado pela obra de Edmund Burke, propugnando, como este, o retorno a uma Europa pré-Revolução Francesa em termos políticos, legais e culturais. Sua *Doutrina do direito e do Estado como fundamento de uma visão cristã do mundo* (1837) compõe, juntamente com a *História da filosofia legal* (1830), a obra-prima *Filosofia do direito,* na qual os fundamentos conservadores e cristãos não impedem a emergência do liberalismo que caracterizou sua época.

Gaetano Mosca (Itália, 1858-1941). Jurista e cientista político, senador e professor de direito constitucional nas Universidades de Roma e Turim. Elaborou o conceito de classe política minoritária, de grande influência no movimento fascista, a partir da aplicação da metodológica histórica à ciência política. Desenvolveu a *Teoria das elites* (1896) com Vilfredo Pareto. Obras importantes: *Sulla teorica dei governi e sul governo parlamentare* (1884) e *The ruling class* (1896), na qual defende a tese de que as sociedades são inevitavelmente governadas por minorias, sejam estas militares, eclesiásticas, oligárquicas ou aristocráticas.

Gaio (Roma, 130-180). Jurisconsulto, autor dos *Institutos* (161, aproximadamente), obra na qual encontram-se analisados os principais institutos do Direito Romano, posteriormente utilizada como base da codificação promovida por Justiniano.

George Jellinek (Alemanha, 1851-1911). Jurista e professor, integrou a chamada Escola Técnico-Jurídica, de orientação positivista e formalista. Sua vida acadêmica e científica foi extremamente fecunda, tendo suas obras traduzidas para vários idiomas. Dedicou-se a estudos acerca do papel do Direito na vida ética de uma comunidade social e do problema dos direitos públicos subjetivos. Sua obra capital, *Teoria geral do Estado,* publicada em 1900, deveria ser seguida de outra – *Teoria especial do Estado* –, da qual só se conhecem os esboços, em virtude de sua morte.

Georg Wilhelm Friedrich Hegel (Alemanha, 1770-1831). Filósofo do idealismo absoluto, corrente que pretendia conciliar e fundar na razão todas as doutrinas e formas de cultura. Entre outras atividades, foi redator-chefe da Gazeta de Bamberg (1807), dirigiu o Jornal Crítico de Filosofia (1807) e o Novo Liceu Clássico de Nuremberg (1808) e tornou-se professor da Universidade de Heidelberg (1816). A filosofia de Hegel é considerada o ápice do idealismo alemão do século XIX, de impacto profundo no materialismo histórico de Karl Marx. A primeira de suas obras foi a *Fenomenologia do espírito* (1807), à qual se seguiram *Propedêutica filosófica* (obra póstuma, datada de 1809), *Ciência da lógica* (1817), *Enciclopédia das ciências filosóficas* (1817), *Filosofia da história* (1818), entre outras.

Georges Burdeau (França, 1905-1988). Cientista político e professor de direito público, de tradição liberal. Foi professor honorário da Universidade de Direito, Economia e Ciências Sociais (Paris II); doutor *honoris causa* das Universidades de Gand e de Bruxelas, além de diretor do Centro de Preparação para a Administração Geral de Paris. Entre suas obras, encontram-se o *Tratado de ciência política* (1980), *A democracia* (1966), *O liberalismo* (1951) e *O Estado* (1970), esta última de grande repercussão no campo da Teoria do Estado.

Geraldo Eulálio do Nascimento e Silva (França, 1917-2003). Professor de direito internacional público em Paris, Roma e Viena. Diplomata, foi diretor do Instituto Rio Branco (1969-1972), presidente da Sociedade Brasileira de Direito Internacional, membro do Institut de Droit International e diretor do Instituto Hispano-Luso-Americano de Direito Internacional. Autor de extensa obra de direito internacional, entre elas o *Manual de direito internacional público* (1948), em coautoria com Hildebrando Accyoli, posteriormente atualizada por Paulo Borba Casella.

Gianfranco Pasquino (Itália, 1942). Cientista político, professor de ciências políticas da Universidade de Bolonha. Foi aluno de Norberto Bobbio e pós-graduando orientado por Giovanni Sartori, na Universidade de Florença. Sua vida profissional se divide entre a Universidade de Florença, a Universidade de Harvard, a Universidade da Califórnia e a Escola de Estudos Avançados Internacionais de Washington. Entre suas obras, encontram-se: *Modernização e desenvolvimento político* (1970), *Crise dos partidos e governabilidade* (1980), *A complexidade da política* (1985), *Uma certa ideia de esquerda* (1987) e *A democracia exigente* (1997).

Gianfranco Poggi (Itália, 1934). Jurista e sociólogo, dedica-se principalmente ao estudo das instituições políticas modernas e aos clássicos da política. Lecionou nas Universidades de Florença, Edimburgo, Virginia e, atualmente, em Trento. Entre suas obras, estão: *A evolução do Estado moderno* e *O Estado: sua natureza, desenvolvimento e perspectivas* (1992).

Gianluigi Palombella (Itália, 1955). Professor de Filosofia do Direito da Universidade de Parma e professor visitante de diversas universidades internacionais, como Yale, University of New South Wales (Austrália) e Florença. Sua principal linha de pesquisa é o Estado de Direito em sistemas de governança extranacionais. É autor de obras traduzidas para diversos idiomas, com foco em teoria do Direito, democracia e direitos fundamentais, constitucionalismo europeu e comparado. Alguns dos seus títulos publicados são: *A autoridade dos direitos* (2002), *Depois da certeza* (2006), *The Rule of Law* e *Democracy and international law* (2007).

Giorgio Balladore Pallieri (Itália, 1905-1980). Jurista, formou-se na Universidade de Turim, em 1926, lecionou nas Universidades de Messina, Gênova e na Pontifícia Universidade Católica do Sagrado Coração, em Milão, e na Academia de Direito Internacional de Haia. Em 1959, integrou o Tribunal Europeu dos Direitos do Homem, do qual foi presidente entre 1974 e 1980. Atuou também como professor nas áreas de direito constitucional e teoria do estado. Entre suas obras, encontram-se a clássica *Doutrina do Estado* (1958), *Direito constitucional* (1950), *Direito bélico* (1964) e *Direito internacional eclesiástico* (1927).

Giorgio Del Vecchio (Itália, 1878-1970). Filósofo do direito italiano, com atuação destacada na primeira metade do século XX. Professor da Universidade de Roma, entre 1920 e 1953, e das universidades de Ferrara, Sassari, Messina e Bologna. Como muitos dos veteranos da Primeira Guerra Mundial, aderiu ao fascismo, quando de sua ascenção, dele se desligando logo depois. Foi um dos principais intérpretes do neokantismo italiano, criticando o positivismo filosófico. Criou a *Rivista internazionale di filosofia del diritto* em 1920, e fundou o Instituto di Filosofia del Diritto da Universidade de Roma em 1933 e a Società Italiana di Filosofia del Diritto, em 1936. Sua obra teve influência direta sobre as teorias de Norberto Bobbio, entre outros. Entre suas principais obras estão *Presupposti, concetto e principio del diritto* (1921), *La giustizia* (1946), *Lezioni di filosofia del diritto* (1948), *Studi sullo stato* (1958), *Studi su la guerra e la pace* (1959) e *Humanité et unité de droit* (1963).

Giovanna Zincone (Itália, 1946). Fundadora e presidente do Fórum de Pesqui-sas Internacionais e Europeias sobre Migração, líder do Centro de Pesquisas Mul-tilaterais sobre Governança e Migração. Foi professora de ciências políticas da Universidade de Turim até 2005 e é membro do Comitê Científico da Es-cola de PhDs em Ciência Política do Instituto de Estudos Humanos de Florença. Suas principais áreas de pesquisa incluem políticas de imigração, integra-ção de imigrantes e direitos de cidadania. Entre suas obras estão: De súdito a cidadão: a via do Estado e da sociedade civil (1992), *Modèles de citoyenneté au féminin* (1992), *Immigrants in Italy: the Three dimensions of political rights* (1993), *USA con cautela: l'Italia che cambia e il modello americano* (1995), *Citizenship between state a society* (1999) e *A model of reasonable integration: summary of the first report on the integration of immigrants in Italy* (2000).

Giovanni Sartori (Itália, 1924). Cientista político e professor emérito da Univer-sidade de Florença e, desde 1976, das Universidades de Harvard (1964-1965), Yale (1968-1969), Stanford (1976-1979) e Columbia (1974-1994), entre outras. Nesta última, ocupa a Cátedra Albert Schweitzer em Humanidades. Autor de vasta obra, traduzida para vários idiomas, nas áreas de teoria democrática, partidos políticos e engenharia constitucional. É membro da American Academy of Arts and Sciences e ganhador de inúmeros prêmios e distinções, incluindo o Outstanding Book Award of the American Political Science association. Entre suas obras estão: Teoria da democracia revisitada (1987), Elementos de ciência política (1992), Homo videns (1988), *La democrazia in trenta lezioni* (2008), *Mala costituzione e altri malanni* (2006) e *Semantics, concepts and comparative method* (2005).

Giuliano Urbani (Itália, 1937). Cientista político, professor de Política Comparada da Universidade de Florença e da Universidade Luigi Bocconi de Milão. É autor de vasta obra, na qual destacamos: *L'analisi del sistema politico* (1971), *La politica comparata* (1973), *Sindacati e politica nella società post-industriale* (1976), *Cosa pensano gli operai* (1983), *Politica ed economia* (1987), *Dentro la politica* (1992) e *La politica per tutti* (1994).

Guido Zanobini (Itália, 1890-1964). Jurista e professor de Direito Administrativo nas universidades de Sassari, Siena, Pisa e Roma. Entre suas principais obras estão: *La pubblicazione delle leggi nel diritto italiano* (1917); *I poteri regi nel diritto privato* (1917); *L'esercizio privato delle funzioni e dei servizi pubblici* (1920, *Trattato di diritto amministrativo,* V. E. Orlando, v. II, parte 3ª); *Le sanzioni amministrative* (1924); *Corso di diritto ecclesiastico* (1933); *Corso di diritto amministrativo* (1935-1959).

Gustavo Gozzi (Itália, 1947). Professor de História das Doutrinas Políticas, Direitos Humanos e Direito Internacional na Universidade de Bolonha. Atualmente, desenvolve três principais linhas de pesquisa: história e filosofia dos direitos humanos, do século XVI ao século XX; multiculturalismo e história do direito internacional a partir do século XVI-XVII. Já publicou, entre outros trabalhos, *Democracia e direitos: Alemanha – do Estado de Direito à democracia* (1999); *A carta de direitos no mundo islâmico* (2003); Direito e soberania do jus gentium ao direito internacional contemporâneo (2002).

Gustavo Zagrebelsky (Itália, 1943). Jurista, professor de direito constitucional nas Universidades de Torino e Sassari, foi juiz da Corte Constitucional Italiana entre 1995 e 2004. Integra a chamada corrente doutrinária neoconstitucional. Entre suas obras, estão: *Il diritto mite. Legge, diritti, giustizia* (1992); *Il "crucifige!" e la democrazia* (1995); em colaboração com Pier Paolo Portinaro e Jorg Luther, *Il futuro della Costituzione* (1996); com Carlo Maria Martini, *La domanda di giustizia* (2003); *La leggenda del grande inquisitore* (2003); *Principi e voti. La Corte costituzionale e la politica* (2005); com Massimo Salvadori, Riccardo Guastini, Pier Paolo Portinaro e Luigi Bonanate, *Norberto Bobbio tra diritto e politica* (2005); *Imparare la democrazia* (2007); *Contro l'etica della verità* (2008).

Hannah Arendt (Alemanha, 1906-1975). Filósofa e pensadora política de origem judaica, seus trabalhos sobre filosofia existencial e sua busca pela discussão política livre a tornaram figura central no domínio público intelectual da segunda metade do século XX e nos debates contemporâneos. *As origens do totalitarismo* (1951), seu primeiro livro, teve impacto mundial; seguem-lhe *A condição humana* (1958), *Sobre a revolução* (1963), *Eichmann em Jerusalém* (1963) e vários outros, relacionados à filosofia, à política, à liberdade, ao antissemitismo, aos judeus e ao mundo moderno. Postumamente, foram ainda publicados *The Jew as a pariah* (1978) e *The life of the mind* (1978).

Hans Kelsen (Checoslováquia, 1881-1973). Jurista, foi um dos principais representantes da Escola Positivista. Participou da redação da Constituição austríaca de 1920 e foi membro do Tribunal Constitucional da Áustria entre 1921 e 1930. Professor de Direito Internacional da Universidade de Colônia, abandonou a Alemanha com a ascensão do nazismo, transferindo-se para a Suíça, de onde imigrou para os Estados Unidos, onde lecionou nas Universidades de Harvard (1940-1942) e Berkeley (1942-1952). Publicou cerca de 400 livros e artigos, alguns dos quais traduzidos em mais de vinte idiomas, destacando-se a Teoria pura do direito. Obras principais: *Teoria geral do Estado* (1934), *Natureza e sociedade* (1945), *A lei das Nações Unidas* (1951), *Princípios de direito internacional* (1952), *A paz por meio do direito* (1944).

Henri-Benjamin Constant de Rebeque (Suíça, 1767-1830). Pensador, escritor e político, foi ativo participante da política francesa como líder da oposição de esquerda liberal. Em sua obra prevalecem temas inovadores, relacionados ao direito constitucional. Em estudos sobre as monarquias constitucionais, identificou o Poder Moderador – adotado no Brasil e em Portugal. Em reflexões acerca da participação política, inova com a obra *Sobre a liberdade dos antigos comparada com a dos modernos* (1819), na qual contrapõe a liberdade dos indivíduos em relação ao Estado ("liberdade de") à liberdade dos indivíduos no Estado ("liberdade em"). Além dessas obras, ainda publicou: *De la force du gouvernement actuel de la France et de la nécessité de s'y rallier* (1796), *Des réactions politiques* (1797), *Des effets de la terreur* (1797).

Henry Campbell Black (Estados Unidos, 1860-1927). Advogado, praticou a profissão por cerca de cinco anos, período após o qual dedicou-se inteiramente ao estudo do Direito. Autor de manuais de Direito e do *Black's law dictionary*, ainda hoje considerada a melhor obra de verbetes do Direito anglo-saxão, publicada originalmente em 1891 e amplamente utilizado pelas Cortes Americanas, incluindo a Suprema Corte. Foi editor da *The Constitutional Review* entre 1917 e 1927, ano de sua morte.

Henry de Bracton (Inglaterra, 1210-1268). Padre e jurista medieval notabilizado pela defesa do princípio da legalidade, especialmente na atuação do rei. Entre suas obras estão *De legibus et consuetudinibus angliae – Sobre as leis e costumes ingleses* (1235), um dos mais antigos tratados sobre o direito comum inglês. Foi o responsável pela ampliação das fontes do direito comum ao invocar, em sua aplicação, princípios extraídos do Direito Romano e do Direito canônico. Foi juiz itinerante do Rei Henrique III, em 1245, e juiz do Coran Rege (de 1247 a 1257), posteriormente transformado na Court of Queen's Bench.

Hermann Heller (Alemanha, 1891-1933). Jurista e teórico político, responsável por reintroduzir a teoria política na Alemanha. Foi professor nas universidades de Kiel, Leipzig, Berlim e Frankfurt. Envolveu-se em diversos debates e controvérsias políticas, principalmente com Hans Kelsen, Carl Schmitt e Max Adler, por sua reinterpretação da teoria social hegeliana. Exilado, faleceu em Madri, deixando inacabada sua obra principal, *Teoria do Estado*, publicada postumamente em 1934.

Heródoto (Grécia, 485?-420 a.C.). Historiador, considerado o primeiro autor a analisar o passado com enfoque filosófico e científico, em busca do conhecimento do comportamento humano. Tal metódica foi desenvolvida no relato e na análise da invasão persa na Grécia, nos primeiros anos do século V a.C., constante de Histórias (provavelmente escrita entre 450 e 430 a.C.).

Hildebrando Pompeu Pinto Accioly (Brasil, 1888-1962). Diplomata e jurista especializado em direito internacional público. Foi catedrático de Direito Internacional Público da Universidade Católica de São Paulo e professor do Instituto Rio Branco. Integrou diversas associações nacionais e internacionais ligadas ao direito internacional. Coautor do *Manual de direito internacional público* (1948), juntamente com Geraldo Eulálio do Nascimento e Silva e Paulo Borba Casella. Autor, entre outras obras, de *Raízes ou causas históricas do pan-americanismo* (1953) e *Atos internacionais vigentes no Brasil* (1927).

Hugo Grotius (Holanda, 1583-1645). Jurista, diplomata, filósofo, dramaturgo, poeta e grande nome da apologética cristã. Considerado um dos precursores do direito internacional clássico, em virtude do caráter contratual dos acordos internacionais tal como expõe em sua obra mais conhecida, o *De iure belli ac pacis* (*Das leis de guerra e paz*, 1625). Advogou para a Companhia das Índias e para o Príncipe de Nassau, foi procurador-geral para a Holanda, Zeeland e West Friesland (1607), governador de Rotherdam (1613) e embaixador holandês na França (1634), entre outras atividades públicas.

Immanuel Kant (Alemanha, 1724-1804). Filósofo e professor, dedicou-se ao estudo da ciência, da física e da matemática. Sua obra rompe com a filosofia antiga (em permanente discussão com as obras de Descartes, Leibniz e Spinoza, entre outros), dialoga com seus contemporâneos (David Hume, John Locke e George Berkeley) e anuncia o período contemporâneo, desconstruindo a ilusão metafísica. Promoveu, ainda, na epistemologia, uma síntese entre o racionalismo continental (de Descartes e Leibniz, no qual impera a forma de raciocínio dedutivo) e a tradição empírica inglesa (que valoriza a indução). Entre suas obras, destacam-se as Três Críticas: *Crítica da razão pura* (1781), *Crítica da razão prática* (1788) e *Crítica do julgamento* (1790), que correspondem à teoria do conhecimento, da moral e da estética, respectivamente. Além destas, entre outras, destacam-se a *Fundamentação da metafísica dos costumes* (1784) e os *Primeiros princípios metafísicos da ciência natural* (1786).

Isaac Newton, Sir (Inglaterra, 1643-1727). Físico, matemático, astrônomo, alquimista, filósofo natural e teólogo. Sua obra *Philosophiae naturalis principia mathematica*, publicada em 1687, descreve a lei da gravidade e as três leis que fundamentaram a mecânica clássica.

Jacques-Bénigne Bossuet (França, 1627-1704). Teólogo e eclesiástico, desenvolveu a chamada teoria do direito divino dos reis, doutrina política e religiosa voltada à afirmação do absolutismo político, com fundamento na ideia de que o poder real proviria de Deus e não dos súditos ou do Parlamento. Seus fundamentos estão expostos em *A Política tirada das Sagradas Escrituras*, obra publicada postumamente, em 1709.

James Madison (Estados Unidos, 1751-1836). Advogado, foi o quarto presidente dos Estados Unidos (1809-1817) por dois mandatos. É chamado pai da Constituição Americana por ter participado ativamente da sua elaboração. Coautor dos *Artigos federalistas* (1787-1788), com Alexander Hamilton e John Jay; autor de diversas leis ordinárias e das dez primeiras emendas à Constituição. Foi Secretário de Estado durante o governo de Thomas Jefferson, com quem fundou o Partido Republicano.

James Mill (Escócia, 1773-1836). Filósofo político, historiador e economista, dedicou-se também à teoria educacional e à psicologia. Professor da Universidade de Edimburgo, colaborador de Jeremy Bentham e pai de John Stuart Mill, foi partidário do liberalismo e representante do utilitarianismo, escola filosófica que defendia, além de uma base científica para a filosofia. Eclipsado tanto pelas ideias de seu filho quanto pelas de Bentham, seus interesses alcançaram um largo espectro de matérias, como demonstra sua vasta obra, na qual se destacam, entre outras, Analysis of the phenomena of the human mind (1829), Elements of political economy (1821), History of British England (1808), além de diversos estudos acerca de reforma prisional e penas criminais.

Jean Bodin (França, 1530-1596). Jurista, eclesiástico, membro do parlamento francês e professor de direito em Toulouse. Desenvolveu a primeira teoria política consistente acerca da soberania real, na qual defende a necessidade da centralização do poder e da atribuição exclusiva ao rei das competências executivas, administrativas e judiciárias necessárias para tanto. Em *Os seis livros da República* (1576), apresenta os fundamentos da soberania como poder político e jurídico perpétuo que tem como únicas limitações as leis divinas e naturais.

Jean-Jacques Rousseau (Suíça, 1712-1778). Filósofo político, escritor e compositor autodidata, questionou o iluminismo francês por meio de críticas às artes e à ciência. Discutiu os temas centrais da filosofia política, tais como a passagem do estado de natureza para o estado civil, o contrato social, a liberdade, a origem da propriedade, a vontade geral e a soberania popular. Contratualista, entre suas principais obras políticas estão o *Discurso sobre a origem e fundamentos da desigualdade entre os homens* (1755) e O *contrato social* (1762). Legou-nos, ainda, o romance *A nova Heloísa* (1760), uma das obras que influenciam positivamente o entendimento dos direitos humanos, em razão das noções de igualdade ali expostas.

Jeremy Bentham (Inglaterra, 1748-1832). Filósofo utilitarista e crítico do sistema jurídico vigente, suas ideias giram em torno do princípio de que toda ação deve conduzir ao máximo de felicidade sendo este o seu fundamento moral. Por isso propõe reformas estruturais, inclusive na área penal, que influenciaram James Mill, entre outros. Entre suas obras, estão *Uma introdução aos princípios da moral e da legislação* (1789).

João Carlos de Ataliba Nogueira (Brasil, 1901-1983). Jurista e político, foi professor da Faculdade de Direito da Universidade de São Paulo (USP), fundador do Partido Social Democrático, deputado federal e secretário da educação do Estado de São Paulo (1964).

Joaquín Abellán Garcia (Espanha, 1947). Filósofo, cientista político e jurista, professor catedrático de ciência política da Faculdade de Ciências Políticas e Sociologia da Universidade Complutense de Madri. Entre algumas de suas obras recentes estão: *Historia del concepto de democracia* (2010) e inúmeras traduções de obras de Max Weber, I. Kant e Isaiah Berlin, entre outros.

Johann Caspar Bluntschli (Suíça, 1808-1881). Político, jurista e professor da Universidade de Heidelberg, promoveu a codificação do direito internacional alemão no século XIX (*O direito internacional codificado*, 1886) e fundador do *Institut de Droit International,* em Ghent. Atuou, igualmente, na área da teoria do Estado, publicando, em 1875, a *Teoria do Estado moderno*, obra densa e complexa, na qual analisa as constituições nacionais da época e as teorias políticas que as sustentam.

Johannes Althusius (Alemanha, 1557-1638). Jurista, filósofo e teólogo calvinista, elegeu a política como o cetro de suas reflexões teóricas. Espírito independente, opôs-se ao poder monárquico afirmado que a soberania do Estado era de origem popular, uma vez que não seria possível pensar o Estado sem levar em conta a sociedade que nele vive. Seguindo essa ordem de ideias, elabora a noção de federação como uma pirâmide hierárquica na qual as partes políticas encontram-se vinculadas por laços de compromisso. Notabilizou-se por sua obra *A política metodicamente concebida e ilustrada com exemplos sagrados e profanos*, editada entre 1610 e 1614. Suas ideias serviram de base para que fosse considerado o primeiro federalista e destacado defensor da soberania popular.

John Austin (Inglaterra, 1790-1859). Jurista e filósofo empirista e utilitarista, dedicou-se à teoria do direito (*jurisprudence*). Autor de uma única obra – *A* *determinação do campo da jurisprudência: a filosofia do direito positivo* (1832) – na qual distingue a filosofia (ser) da ciência da legislação (dever ser) e define o Direito como comando, diferenciando-o da moral. Sua concepção de direito positivo parte da definição da lei como um comando geral e abstrato. Suas ideias, influenciadas por Jeremy Bentham e juristas alemães, representam o traço de união entre as várias correntes jurídicas europeias que contribuíram para o surgimento do positivismo jurídico, doutrina dominante nos séculos XIX e XX, segundo a qual não existe outro Direito senão o positivo.

John DeWitt. Pseudônimo adotado por um antifederalista de Massachusetts em cinco ensaios publicados no *Boston American Herald*, entre outubro e novembro de 1787, em oposição à ratificação da Constituição americana de 1787. Tais ensaios compõem, juntamente com artigos de autores diversos (*Centinel, Cato, Brutus* e *The federal farmer*) os chamados *Anti-federalist papers*. Originalmente, este foi o nome de um político holandês, que viveu entre 1625-1672, assassinado durante a Guerra Franco-holandesa, período no qual o setor orangista tomou o poder na República da Holanda.

John Glover Roberts Jr. (Estados Unidos, 1955). Advogado, é o 17º e atual presidente da Suprema Corte dos Estados Unidos da América, desde 29 de setembro de 2005, indicado pelo Presidente George W. Bush.

John Jay (Estados Unidos, 1745-1829). Jurista, diplomata, político, estadista e revolucionário. Autor da Constituição do Estado de Nova York e coautor dos *Artigos federalistas* (1787-1788), juntamente com Alexander Hamilton e James Madison. Foi Ministro da Relações Exteriores e o responsável pelo tratado de paz com a Grã-Bretanha. Foi também *Chief Justice* da Suprema Corte (1789-1794) e governador do Estado de Nova York por dois mandatos.

John Locke (Inglaterra, 1632-1704). Filósofo, é considerado o principal representante do empirismo britânico e um dos maiores teóricos do contrato social. Rejeitava a doutrina das ideias inatas e afirmava que todas as nossas ideias têm origem no que é percebido pelos sentidos (em o *Ensaio sobre o entendimento humano, 1690,* desenvolve sua teoria sobre a origem e a natureza do conhecimento). No campo da ciência política, em *Dois tratados sobre o governo civil* (1690) justifica a Revolução Gloriosa na Inglaterra e a legitimidade da deposição de Jaime II por Guilherme de Orange e pelo Parlamento, com fundamento no direito de resistência. O *Segundo tratado*, em particular, marco do pensamento político liberal, consiste em ensaio sobre a origem, extensão e objetivos do governo civil, que exerceu grande influência no pensamento revolucionário do século XVIII.

John Marshall (Estados Unidos, 1755-1835). Jurista, foi o quarto presidente da Suprema Corte dos Estados Unidos e um dos fundadores do sistema constitucional daquele país, em razão de suas concepções acerca dos fundamentos do Poder Judiciário e do federalismo americano. O primeiro dos casos de grande repercussão jurídica que examinou durante os trinta anos em que integrou a Corte foi *Marbury* v. *Madison* (1803), no qual restou consagrado o princípio do controle de constitucionalidade difuso (*judicial review*). Sua defesa do federalismo, tal como assentada em *McCulloch* v. *Maryland* (1819), reconheceu a autoridade do Congresso para criar o Banco dos Estados Unidos da América.

John Stuart Mill (Inglaterra, 1806-1873). Filósofo, economista e um dos pensadores liberais mais influentes do século XIX, foi defensor do utilitarismo, teoria ética proposta inicialmente por Jeremy Bentham, que influencia sua concepção de sociedade e indivíduo. Sua obra, de marcantes traços democráticos, conduz a teoria liberal à incorporação de princípios universais de ampla participação política popular, defesa do pluralismo e diversidade societal. Entre suas obras estão: *Sistema de lógica dedutiva* (1843), *Princípios de economia política* (1848), *A liberdade* (1859) e *Utilitarismo* (1861).

Jorge Manuel Moura Loureiro de Miranda (Portugal, 1941). Professor catedrático das faculdades de Direito de Lisboa e da Universidade Católica Portuguesa, onde leciona direito constitucional e direitos fundamentais. Eleito deputado à Assembleia Constituinte, convocada após a Revolução dos Cravos, de 1975, teve papel destacado na elaboração da Constituição da República Portuguesa de 1976, e também na elaboração das Constituições de São Tomé e Príncipe (1990), Moçambique (1990), Guiné-Bissau (1991) e Timor Leste (2001). É autor de: *Contributo para uma teoria da inconstitucionalidade* (1968), *A Revolução de 25 de abril e o direito constitucional* (1975) e *Teoria do Estado e da constituição* (2002).

Jon Elster (Noruega, 1940). Cientista político, professor da Universidade de Columbia. Também lecionou em Paris, Oslo e Chicago. Suas linhas de pesquisa incluem áreas, como justice redistributive, história do pensamento social, com foco em Marx e Tocqueville, além do estudo comparado de processos de elaboração constitucional. Entre suas publicações, destacam-se Ulisses e as sereias (1979), Sour grapes: studies in the subversion of rationality (1983); Making sense of Marx (1985); The cement of society: a study of social order (1989); Solomonic judgments: studies in the limitation of rationality (1989); Nuts and bolts for the social sciences (1989); Ulysses unbound: studies in rationality, pre-commitment, and constraints (2000); Closing the books: transitional justice in historical perspective (2004); Explaining social behavior: more nuts and bolts for the social sciences (2007); Reason and rationality (2009); Alexis de Tocqueville: the first social scientist (2009).

José Joaquim Gomes Canotilho (Portugal, 1941). Jurista e professor catedrático da Faculdade de Direito da Universidade de Coimbra, da qual foi vice-reitor, é considerado um dos mais relevantes nomes do direito constitucional da atualidade. Bibliografia básica: *Direito constitucional e teoria da constituição* (1998), Estado de Direito (1999) e *Estudos sobre direitos fundamentais* (2008).

José Ortega y Gasset (Espanha, 1883-1955). Filósofo liberal e ensaísta, elaborou suas ideias e reflexões em época social e politicamente conturbada na qual seu país oscilou entre o republicanismo monárquico e a ditadura. Sua filosofia política desenvolve-se em torno da ideia da responsabilidade pessoal, contra o individualismo. Entre suas obras encontram-se *Meditaciones del Quijote* (1914), *España invertebrada* (1921), *Una interpretación de la historia universal, En torno a Toynbee* (1960) e *Pasado y porvenir para el hombre actual* (1962).

Joseph Alois Schumpeter (Áustria, 1883-1950). Economista célebre pela criação da teoria dos ciclos econômicos, na qual explica que as suas flutuações decorrem de um processo coerente e dinâmico. Naturalizado americano, dedicou-se à investigação econômica em Harvard, tendo publicado nume-rosa obra doutrinária. Dela destacamos: A teoria do desenvolvimento e-conômico (1911) e História da análise econômica (1954, publicação póstuma).

Joseph Ernest Renan (França, 1823-1892). Filósofo, filólogo e historiador, autor de diversas obras consagradas a temas religiosos (entre elas, *Histoire des origines du christianisme,* 1881, e *Vie de Jésus,* 1863) e a textos de referência como *Qu'est-ce qu'une nation?* (1882), de grande *influência* e repercussão no século XIX. Além destes, encontram-se *Marco Aurélio* (1881), *Eclesiastes* (1881), *Lembranças de infância e de juventude* (1883), *Novos estudos da história religiosa* (1884), *Dramas filosóficos* (1888) e *O futuro da ciência* (1890).

Joseph Reese Strayer (Estados Unidos, 1904-1987). Historiador medievalista, discípulo de Charles H. Haskins, lecionou na Universidade de Princeton por décadas, desde 1930, e foi presidente da American Historical Association. Envolveu-se com a CIA e suas operações de desestabilização de governos democraticamente eleitos (Irã, Brasil, Congo, República Dominicana, Guiana, Chile).

Suas obras mais destacadas são *Feudalismo* (1965), *As origens medievais do Estado moderno* (1970) e *O reinado de Felipe, o Belo* (1980).

Jürgen Habermas (Alemanha, 1929). Filósofo e sociólogo, um dos últimos integrantes da Escola de Frankfurt, a chamada Escola da Teoria Crítica. Considerado um dos mais influentes pensadores da atualidade, foi professor nas universidades de Heidelberg e Frankfurt. Desde 1971, é codiretor do Instituto Max Plank para a Investigação das Condições de Vida do Mundo Técnico-Científico. Dedicou-se à teoria sociopolítica, à estética, à epistemologia e à filosofia das religiões, focando temas relacionados à democracia, ao Estado de Direito, à política contemporânea e às sociedades capitalistas da perspectiva da crítica social-evolutiva. Entre suas obras: Racionalidade e comunicação; Comentários à ética do discurso; Direito e moral; Mudança estrutural na esfera pública; e Conhecimento e interesse.

Karl Popper (Áustria, 1902-1994). Austríaco naturalizado britânico, oponente implacável do totalitarismo em todas as suas formas, é reconhecido como um dos mais importantes filósofos da ciência do século XX, além de filósofo social e político. Entre suas obras estão: *A miséria do historicismo* (1961), *Conjecturas e refutações* (1963), *Conhecimento objetivo* (1972) e *A sociedade aberta e seus inimigos.*

Karoline Postel-Vinay (França). Cientista política, professora e pesquisadora do Centre d'Études et de Recherches Internationales da Sciences Politiques, Paris. Especialista em geopolítica asiática, dedicou-se particularmente ao Japão, onde estudou e viveu. Entre suas obras destacam-se: L'Occident et sa bonne parole. Nos représentarions du monde de l'Europe coloniale à Amérique hégémonique (2005) e Corréé, au coeur de la nouvelle Asie (2002).

Keith D. Ewing (Inglaterra). Professor de Direito Público do King's College de Londres e autor de obras de direito constitucional e direito do trabalho. Formado pela Universidade de Edimburgo (Escócia), lecionou na Universidade de Cambridge (Inglaterra), na Universidade Monash (Austrália) e no Osgoode Hall (Canadá) antes de ingressar no King's College, em 1992. Entre suas obras: *Freedom under Thatcher: civil liberties in modern Britain* (1990), *A fogueira das liberdades* (2010), *Direito constitucional* e *direito administrativo* (2007), com Keith Bradley.

Kenichi Ohmae (Japão, 1943). Engenheiro, estrategista corporativo, desenvolveu o chamado "modelo dos 3 Cs", baseado em processos de integração da corporação, do consumidor e do competidor para garantia de sucesso competitivo em negócios. Entre suas obras: *The mind of strategist* (1982), *Triad power*

(1985), *The borderless world* (1999) e *The end of the nation State: the rise of regional economies* (1996).

Kofi Annan (Gana, 1938). Economista, foi o sétimo secretário-geral da Organização das Nações Unidas (ONU) de 1997 a 2006, na qual trabalhou como funcionário de carreira desde 1961. Recebeu o Prêmio Nobel da Paz em 1991 pela sua atuação na criação do fundo mundial contra a aids. Atualmente dedica-se a atividades que ajudem a minorar as necessidades das populações mais vulneráveis e à mediação de conflitos, por via da Fundação Kofi Annan. É chanceler da Universidade de Gana e professor visitante da Universidade de Columbia e da Escola Lee Kuan Yew School de políticas públicas da Universidade Nacional de Singapore. Sua obra mais recente é Interventions: a life in war and peace (2012).

Konrad Hesse (Alemanha, 1919-2005). Jurista, professor da Universidade de Freiburg, integrou a Corte Constitucional da Alemanha de 1975 a 1987 da qual foi presidente. Sua obra mais conhecida é A força normativa da Constituição (Die normative Kraft der Verfassung), aula inaugural proferida na Universidade de Freiburg em 1959, na qual enfatiza a força ativa da Constituição em virtude da disposição de cada um e de todos em orientar sua conduta segundo a ordem nela estabelecida.

Larry Alexander (Estados Unidos, 1943). Professor de Direito Constitu-cional, Direito Penal e Teoria do Direito (*jurisprudence*) da Faculdade de Di-reito da Universidade de San Diego. Atua nas áreas de filosofia e teoria do Direito, teoria criminal, teoria da Constituição e teoria política, tendo publicado vasta obra. Nela, destacamos: Is there a right of freedom of expression? (2005); Demystifying legal reasoning, com Emily Sherwin (2008); Crime and culpability: a theory of criminal law, com Kimberly Ferzan e Stephen Morse (2009); Is free-dom of expression a universal right? (2013).

Larry Diamond (Estados Unidos, 1951). Professor de ciência política e socio-lo-gia na Universidade Stanford e membro da Hoover Institution da mesma universidade, onde dirige o Centro para Desenvolvimento da Democracia e *Rule of Law*. É autor e editor de mais de trinta livros sobre o desenvolvimento democrático e assuntos internacionais. Seu livro *The spirit of democracy: the struggle to build free societies throughout the world* (2008) estuda as fontes e desafios do desenvolvimento democrático global e suas futuras possibili-dades.

Leonardo Morlino (Itália, 1947). Professor de ciência política da Universidade de Florença, professor visitante das Universidades de Oxford e Stanford, foi presidente da International Political Science Association (2009-2012). Dedica-

-se ao estudo das instituições democráticas, comparativamente. Destacam-se em sua obra: Introduzione alla ricerca comparata (2005); Democrazie e democratizzazione (2003). Como coautor: Democratization and the European Union. Comparing Central and Eastern European post-communist countries (2010); Rule of Law and democracy (2010); International actors, democratization and the rule of law: anchoring democracy? (2008); Party change in Southern Europe (2007); Partiti e caso italiano (2006); Europeizzazione e rap-pre-sentanza territoriale. Il caso italiano (2006); Assessing the quality of democracy. Theory and empirical analysis (2005); Fondamenti di scienza politica (2004).

Leôncio Martins Rodrigues (Brasil, 1934). Cientistas político, foi professor titular do Departamento de Ciência Política da Universidade de São Paulo (USP) e do Departamento de Ciência Política da Universidade Estadual de Campinas (Unicamp). Entre seus livros estão *Destino do sindicalismo* (1999), *Partidos, ideologia e composição social – um estudo das bancadas partidárias na Câmara dos Deputados* (2002) e *Partidos e sindicatos – escritos de sociologia política* (1990).

Luc Ferry (França, 1951). Filósofo e professor de filosofia nas universidades francesas de Lyon II, Caen e Paris VII, é também um dos fundadores do Collège de Philosophie. Suas reflexões giram em torno de temas como a responsabilidade moral, a visão contemporânea do amor e do sentido da vida em um mundo secularizado. Foi Ministro da Educação da França entre 2000 e 2004, ocasião em que elaborou a lei que baniu o uso de véu pelas estudantes muçulmanas nas escolas públicas francesas. Entre suas principais obras estão: *O que é uma vida bem-sucedida?* (2002), *Aprender a viver: Tratado de filosofia para uso das jovens gerações* (2006), *Kant: uma leitura das três "Críticas"* (2006), *Família, eu te amo: Política de privacidade e na idade da globalização* (2007), *Que futuro para a cristandade,* com Philippe Barbarin (2009).

Lúcio Aneu Sêneca (Espanha, 4 a.C-65). Advogado, filósofo estoico e autor de comédias, dramas e tragédias teatrais de grande influência na literatura ocidental, particularmente durante o Renascimento. A ele atribui-se a autoria de nove peças, entre elas *Hercules furens, Medea, Troades, Phaedra, Agamemnon, Oedipus, Hercules Oetaeus, Phoenissae.* Foi conselheiro do Imperador Nero (54-62).

Lucio Levi (Itália). Professor de ciência política e política comparada na Universidade de Turim. Focando temas relativos ao federalismo, à integração europeia e às organizações internacionais, incluem-se entre suas obras: *L'in-ter-nationalisme ne suffit pas: Internationalisme marxiste et fédéralisme* (1984) e *Altiero Spinelli and federalism in Europe and in the world.*

Luigi Ferrajoli (Itália, 1940). Jurista, professor de filosofia do direito e teoria do direito na Universidade de Camerino. Em suas reflexões encontram-se os temas do garantismo no direito penal e as crises contemporâneas do Estado nacional. Integram sua vasta obra, entre outros: *Teoria assiomatizzata del diritto* (1970); *Democrazia autoritaria e capitalismo maturo* (1978), em colaboração com D. Zolo; *Diritto e ragione. Teoria del garantismo penale* (1989); *La sovranità nel mondo moderno* (1997); *La cultura giuridica nell'Italia del Novecento* (1999); *Diritti fondamentali* (2001).

Luis Prieto Sanchis (Espanha). Jurista, catedrático de Filosofia do Direito da Universidade de Castilla-La Mancha. Seu campo de pesquisa centra-se na área da teoria do direito e dos direitos fundamentais, estendendo-se a temas de direito constitucional, penal e eclesiástico. Entre suas publicações, destacam-se: *Ideo-logía e interpretación jurídica* (1987), reeditada parcialmente como *Interpretación jurídica y creación judicial del derecho* (2005); *Estudios sobre derechos fundamentales* (1990); *Sobre principios y normas. Problemas del razonamiento jurídico* (1992); *Constitucionalismo y positivismo* (1997); *Ley, principios, derechos* (1998); *Derechos fundamentales, neoconstitucionalismo y ponderación judicial* (2002); *La filosofía penal de la ilustración* (2003); *Garantismo y derecho penal* (2011); *Justicia constitucional y derechos fundamentales* (2009); e *Apuntes de teoría del derecho* (2011). Participou das obras: *Garantismo. Estudios sobre el pensamiento jurídico de Luigi Ferrajoli* (2009), *Neoconstitucionalismo(s)* (2009) e *Teoría del neoconstitucionalismo. Ensayos escogidos* (2007).

Luiz Carlos Bresser Pereira (Brasil, 1934). Professor emérito da Fundação Getulio Vargas, onde ensina economia, teoria política e teoria social. É presidente do Centro de Economia Política e editor da Revista de Economia Política desde 1981. Em 2010 recebeu o título de doutor *honoris causa* pela Universidade de Buenos Aires. Foi Ministro da Fazenda, da Administração Federal e Reforma do Estado, e da Ciência e da Tecnologia.

Lynn Hunt (Panamá, 1945). Historiadora, dedica-se à história europeia moder-na e, em particular, à história francesa. Professora da Universidade da Califór-nia e da Universidade da Pensilvânia (1987-1998), foi presidente da Associação Americana de História (2002). Autora de A invenção dos direito humanos (2007) e também de Revolution and urban politics in provincial France (1978); The failure of the liberal republic in France, 1795-1799: the road to Brumaire, em coautoria com David Lansky e Paul Hanson (1979); Politics, culture, and class in the French Revolution (1984); e The family romance of the French Revolution (1992), entre outros.

Manoel Aragon Reyes (Espanha, 1944). Professor de direito constitucional e juiz do Tribunal Constitucional. Foi direitor da Universidad Autónoma de Madrid. Entre suas obras: La democracia constitucional: estudios en homenaje al Profesor Francisco Rubio Llorente (2002), Tribunal constitucional y derechos fundamentales (2001) e Organización del Estado (2001).

Manoel Gonçalves Ferreira Filho (Brasil, 1934). Advogado e professor titular aposentado de direito constitucional da Faculdade de Direito da Universidade de São Paulo (USP), da qual foi diretor. Entre sua vasta obra jurídica, encontram-se: *Direitos humanos fundamentais* (1998), *Princípios fundamentais do direito constitucional* (2010), *Estado de Direito e Constituição* (1999), *O poder constituinte* (2007), *Curso de direito constitucional* (1967).

Marc F. Plattner (Estados Unidos). Fundador e coeditor do Journal of Democracy, vice-presidente de estudos e pesquisas da National Endowment for Democracy (NED) e diretor do Fórum Internacional de Estudos Democráticos. Graduou-se, *summa cum laude,* em Yale e obteve o Ph.D em governança na Universidade Cornell. É autor dos livros *Democracy without borders? Global challenges to liberal democracy* (2008) e *Rousseau's state of nature* (1979), um estudo do pensamento de Jean-Jacques Rousseau.

Marcelo Caetano (Portugal, 1906-1980). Jurista e professor de Direito Constitucional e Administrativo da Universidade de Lisboa, último presidente do Conselho de Ministros do Estado Novo português (1968-1974) antes da Revolução dos Cravos, de 1974. Entre suas obras: Lições de direito constitucional e ciência política (1952) e Manual de direito administrativo (1956).

Marco Aurélio (César Marco Aurélio Antonino Augusto, Roma, 121-180). Imperador romano cujo reinado foi marcado por guerras ao norte e a leste do império. Dedicou-se à filosofia, em especial à corrente estoica. Em sua obra *Meditações* (170-180), escrita em grego, encontra-se condensado todo o seu pensamento filosófico, de grande influência sobre seus contemporâneos, e a sua noção de governo perfeito.

Marco Tulio Cicero (Roma, 106-43 a.C.). Filósofo, teórico político, advogado e orador de grande prestígio. Entre outros cargos públicos que exerceu, foi cônsul romano (63 a.C). Promoveu o retorno do governo republicano após o governo de Gaio Julio Cesar. Inimigo de Marco Antonio, atacou-o por meio de quatorze discursos (*Philippicae*), elaborados entre 44 e 43 a.C, foi proscrito de Roma pelo Segundo Triunvirato e posteriormente assassinado. Introduziu os romanos à filosofia grega, destacando-se também como linguista e tradutor. Escritor notável, a clareza de suas obras favoreceu a difusão de suas ideias a partir da Idade Média, devido à redescoberta de suas cartas (cerca de 900) por Petrarca (Itália, 1304-1374); destacam-se, entre elas, as noções relativas ao direito natural que influenciaram gerações de juristas e filósofos, tais como Erasmo, John Locke e os Federalistas. Algumas obras: *De re publica* (51 a.C), *De legibus* (52 a.C.), *De divinatore* (44 a.C), *Epistulae ad atticum* (68-43 a.C).

Marie-Jean-Antoine-Nicolas de Caritat Condorcet (França, 1743-1794). Literato, filósofo, economista, matemático e político. Após a Revolução Francesa, foi eleito para a Assembleia Legislativa; desempenhou um papel ativo na reforma do sistema educacional promovida pelos revolucionários. Em suas Cinq memóries sur l'instruction publique (1791), defende o ensino público, gratuito, universal e laico. Fundou a "Société de 1789" (em parceria com Sieyès), dirigiu o Journal de la Société, de 1789, a Bibliothèque de l'homme public (1790-1792), a Chronique de Paris (1792-1793), e o Journal d'Instruction Sociale (1793), entre outras atividades.

Marshall McLuhan (Canadá, 1911-1980). Educador e jornalista, professor da Universidade de Toronto e um dos mais influentes teóricos da comunicação do século XX. Cunhou a expressão "aldeia global" para designar a abolição de espaço e tempo no mundo, em virtude do desenvolvimento das tecnologias de comunicação e informação. Entre suas obras traduzidas para o português estão: *A galáxia de Gutenberg: a formação do homem tipográfico* (1969), *O meio é a mensagem* (1969) e *Guerra e paz na aldeia global* (1971).

Marsílio de Pádua (Itália, 1285-1343). Jurista, filósofo e médico, foi reitor da Universidade de Paris e, nesse período de sua vida, escreveu sua obra-prima, *O defensor da paz* (1324). Desavenças com a Cúria Romana obrigaram-no a refugiar-se na corte de Luís da Baviera, do qual se tornou médico e conselheiro. Os conflitos entre a Igreja e o nobre alemão influenciaram o modo como Marsílio propôs sua solução ao clássico problema da relação entre poder espiri-tual, representado pelo Papa, e poder temporal, representado pelo Imperador.

Martin Krygier (Austrália). Professor de direito e diretor do Centro de Direito Europeu da Universidade New South, País de Gales. Sua obra abrange os campos jurídico, social e político por analisar as diferentes características, consequências e valores de organizações, tais como o Estado, a burocracia e as leis, e as inter-relações e variáveis existentes entre essas instituições e algumas práticas sociais moralmente justificáveis. Desde 1989, Krygier tem dado atenção especial às perspectivas futuras do *Rule of Law* e da sociedade civil na Europa pós-comunista. Entre suas obras: *Between fear and hope: hybrid thoughts on public values* (1997) e *Civil passions* (2005).

Maurice Hauriou (França, 1856-1929). Professor de direito em Toulouse (1883-1929), autor de importantes obras no campo do direito público e da sociologia, dedicando-se à teoria das instituições e à análise do poder do Estado. De acordo com seu pensamento, a soberania estatal permitiria a existência do direito de exceção. Influenciou juristas europeus, entre eles Carl Schmitt, derivando de sua confrontação doutrinária com Léon Duguit uma renovação do direito público francês. Entre sua vasta obra encontram-se: *La souveraineté nationale* (1912); *Note sur le principe et l'étendue du droit à indemnité pour les victimes des dommages de guerre* (1915); *Principes de droit public* (1910); *Précis de droit constitutionnel* (1929); *Aux sources du droit: le pouvoir, l'ordre et la liberté* (1933).

Max (Maximillian) Weber (Alemanha, 1864-1920). Jurista e economista, foi um dos fundadores da moderna sociologia com o objetivo de captar a relação de sentido da ação humana, a partir de metodologia própria baseada em "tipos ideais", primeiro nível de generalização de conceitos abstratos. Lecionou em Berlim, Freiburg, Heidelberg, Viena e Mônaco. Foi um dos delegados alemães na assinatura do Tratado de Paz de Versalhes, em 1918, e conselheiro dos redatores da Constituição da República de Weimar. Entre suas obras, destacam-se: *A ética protestante e o espírito do capitalismo* (1904), com foco na sociologia da religião; *Ciência e política: duas vocações* (1919); *Sobre a teoria das ciências sociais* (1913); *Economia e sociedade* (1910-1921), publicado postumamente por sua esposa.

Michelangelo Bovero (Itália, 1928). Professor da Faculdade de Ciências Políticas da Universidade de Turim, onde foi aluno, colaborador e sucessor de Norberto Bobbio na cátedra de Filosofia Política. Como pesquisador, combina o estudo de autores clássicos a análises de teoria política, com foco na teoria da democracia e direitos fundamentais. Desde os anos 1980 lidera inúmeros grupos de pesquisa em teoria política. Dedicou, igualmente, especial atenção à interpretação e reconstrução sistemática do pensamento de Bobbio. É autor de *Contra o governo dos piores: uma gramática da democracia* (2002), além de outras obras. Em coautoria com Bobbio e Matteucci escreveu o *Dicionário de ciência política* (1975).

Miguel Reale (Brasil, 1910-2006). Filósofo, jurista e professor emérito da Faculdade de Direito da Universidade de São Paulo (USP), da qual foi reitor. Formulador da *Teoria tridimensional do Direito*, em que os elementos da tríade fato, valor e norma jurídica compõem o conceito de Direito. Entre sua vasta obra, citam-se, na área de teoria geral do Estado: *O Estado moderno* (1933), *Formação da política burguesa* (1935), *O capitalismo internacional* (1935), *Teoria do direito e do Estado* (1984), *Parlamentarismo brasileiro* (1962), *Pluralismo e liberdade* (1963), *Imperativos da Revolução de Março* (1965), *Da revolução à democracia* (1969), *Política de ontem e de hoje* (1978), *Liberdade e democracia* (1987) e *O Estado de Direito e o conflito das ideologias* (1998).

Nathan Roscoe Pound (Estados Unidos, 1870-1964). Jurista e acadêmico, reitor, entre 1916 e 1936, da Harvard Law School. Durante sua longa carreira, ocupou diversos cargos, entre eles o de presidente da Associação Americana de Escolas de Direito, além de ter recebido mais de duzentos títulos honorários de universidades americanas e estrangeiras. É autor de *Spurious interpretation* (1907), *Outlines of lectures on jurisprudence* (1914), *The spirit of the common law* (1921), *Law and morals* (1924) e *Criminal justice in America* (1930).

Neil MacCormick (Escócia, 1941-2009). Filósofo do direito, professor de Direito Público em Oxford e Edimburgo. Político, foi membro do Parlamento Europeu, representando o Partido Nacionalista Escocês, do qual foi vice-presidente. Em sua obra dedicou-se a temas de teoria do Direito e do Estado, nela se destacando *Questioning sovereignty* (1999), além de *Law, State, and practical reason institutions of law: an essay in legal theory* (2007); *Rhetoric and the rule of law: a theory of legal reasoning* (2005).

Nicola Matteucci Armandi Avogli Trotti (Itália, 1926-2006). Cientista político, constitucionalista e historiador do pensamento político italiano. Dedicou-se a temas liberais, com destaque para a limitação do poder político e a liberdade dos cidadãos. Foi colaborador de Norberto Bobbio, com quem produziu o Dicionário de ciência política (1975). Entre suas obras: *Antonio Gramsci e la filosofia della prassi* (1951); *Jacques Mallet-Du Pan* (1957); *Positivismo giuridico e costituzionalismo* (1963); *Ch.H. McIlwain e la storiografia sulla rivoluzione americana* (1965); *Il liberalismo in un mondo in trasformazione* (1972); *N. Machiavelli* (1973); *A. de Tocqueville* (1973); *Organizzazione del potere e libertà* (1976); *Alla ricerca dell'ordine politico: da Machiavelli a Tocqueville* (1984); *La rivoluzione americana: una rivoluzione costituzionale* (1987); *Organizzazione del potere e libertà. Storia del costituzionalismo moderno* (1988); *Lo Stato moderno: lessico e percorsi* (1993); *Le forme di governo* (2004); *Usare concetti non parole: eguaglianza e politica* (2006).

Nicolau Copérnico (Polônia, 1473-1543). Astrônomo e matemático, desenvolveu a teoria heliocêntrica do sistema solar. Foi também cônego da Igreja Católica, governador, administrador, jurista, astrólogo e médico. O helio-cen-trismo – que colocou o Sol como o centro do sistema solar, contrariando a até então teoria geocêntrica (que considerava a Terra o centro do universo) – é tido como uma das mais importantes hipóteses científicas de todos os tempos.

Nicolau Maquiavel (Itália, 1469-1527). Historiador, poeta, diplomata e músico, foi um dos precursores da ciência política moderna em razão de suas abordagens teóricas acerca do Estado e do governo, calcadas na realidade e não em projeções idealizadas. Entre suas obras, a maior parte escrita durante um exílio político, provocado pela retomada do governo de Florença pela família Médici, destacam-se: *O príncipe* (1512), *Discursos sobre a primeira década de Tito Lívio* (1513-1529), *A arte da guerra* (1519-1520) e *História de Florença* (1520-1525).

Norberto Bobbio (Itália, 1909-2004). Filósofo do Direito, cientista político, jornalista, professor universitário e ativista político ligado à resistência italiana durante a Segunda Guerra Mundial. Foi senador vitalício da República Italiana, nomeado em 1984. Lecionou nas Universidades de Camerino, Siena e Pádua. Entre as áreas às quais se dedicou, destacam-se a ética, a política, a filosofia do direito e a história das ideias, nas quais abordou temas como o Estado, a democracia, a tolerância, a natureza e as múltiplas dimensões do poder, a díade esquerda/direita, o futuro do socialismo não marxista e democrático, e os problemas da relação entre ética e política. Sua bibliografia reúne mais de 2 mil títulos, entre obras de ensaio, direito, ética, filosofia e peças de comentário político, visando sempre ao aprimoramento da democracia. Entre eles estão: Dicionário de ciência política (1975); *A teoria da ciência jurídica* (1950); *A teoria da norma jurídica* (1958); *A teoria da ordem jurídica* (1960); *O positivismo jurídico* (1961); *Estado, governo e sociedade* (1985); *A teoria das formas de governo* (1976); *A era dos direitos* (1990).

Octavio Ianni (Brasil, 1926-2004). Sociólogo, professor da Universidade de São Paulo (USP), integrou a chamada Escola de Sociologia Paulista, ao lado de Florestan Fernandes e Fernando Henrique Cardoso, e fez parte do corpo de pesquisadores do Centro Brasileiro de Análise e Planejamento (Cebrap). Dedicou-se, entre outras áreas, ao estudo da globalização e seus efeitos sociais. Suas principais obras: *Cor e mobilidade social em Florianópolis* (1960, em colaboração), *Homem e sociedade* (1961), *Metamorfoses do escravo* (1962), *Industrialização e desen-*

volvimento social no Brasil (1963), *Política e revolução social no Brasil* (1965), *Estado e capitalismo no Brasil* (1965) e *O colapso do populismo no Brasil* (1968).

Odete Medauar (Brasil, 1943). Professora titular de Direito Administrativo da Faculdade de Direito da Universidade de São Paulo (USP), dedicando-se também ao estudo e docência do Direito Ambiental, Administração Pública, Direito Urbanístico e Contrato Administrativo. Foi professora visitante da Universidade de Paris I – Panthéon – Sorbonne. É autora de *Direito administrativo moderno* (1998), *Direito administrativo em evolução* (1992), *Atuais rumos do processo administrativo* (2010), *Coletânea de legislação de direito ambiental* (2010), entre outras obras.

Otto Friedrich von Gierke (Alemanha, 1841-1921). Jurista e filósofo do Direito, um dos fundadores da Teoria Geral do Estado e expoente da Escola Germânica de Filosofia do Direito. Desenvolveu uma teoria acerca da natureza e do papel das associações, denominada *Genossenschaft Theory*, na qual sustenta sua personalidade real e não meramente atribuída pelo Direito. Foi professor em Breslau (1871-1884), Heidelberg (1884-1887) e Berlim (1887-1921). Entre suas obras: *Das deutsche Genossenschaftsrecht* (1868), *Naturrecht und Deutsches Recht* (1883) e *Deutsches Privatrecht Band* (1895).

Otto Mayer (Alemanha, 1846-1924). Jurista pioneiro nos estudos do direito administrativo liberal clássico, do final do século XIX, fundamentado no ato administrativo e seus efeitos jurídicos. É considerado um dos três principais nomes do direito administrativo alemão, ao lado de Otto Bachof e Hart-mut Maurer, embora tenha também atuado no campo do direito canônico. Sua obra principal, *Direito administrativo alemão* (1924), foi traduzida para o espanhol.

Otto Von Bähr (Alemanha, 1817-1895). Jurista, autor de *Estado de Direito – Esboço publicista*, no qual propõe que um Estado de Direito existe se estabelecido que ele faça da legalidade condição fundamental de sua existência. Para isso, é imperioso que haja um sistema jurídico independente e qualificado, que defina o que é correto em um caso concreto, dando assim base indiscutível à reabilitação da lei quando esta tiver sido violada.

Pasquale Mancini (Itália, 1817-1888). Jurista, diplomata e político, foi professor nas Universidades de Roma, Turim e Nápoles. Ministro da Justiça, da Educação Pública e de Relações Exteriores, apoiou a unificação italiana, o estabelecimento da monarquia constitucional e a abolição dos poderes temporais do Papa. Foi um dos fundadores da doutrina nacionalista, presente no direito internacional privado italiano do século XIX e posteriormente adotada por vários Estados, segundo a qual os direitos de cidadania e a lei nacional (*lex patriae*) são preservados pelos indivíduos mesmo fora de seu País. Entre suas obras: *Diritto internazionale* (1873), *L'abolizione della pena di morte* (1873), *Della vocazione del nostro secolo per la riforma e la condificoazione del dirito delle genti* (1874) e *Questioni di diritto* (1878).

Patrick Henry (Estados Unidos, 1736-1799). Político, um dos fundadores da nação americana, liderou o movimento pela independência na Virginia, na década de 1770. Governou este Estado por duas vezes. Ao lado de Samuel Adams e Thomas Paine, é lembrado como um dos expoentes do Republicanismo por suas denúncias contra a corrupção no serviço público e pela defesa dos direitos históricos, fazendo inclusive oposição à Constituição americana por considerá-la restritiva dos direitos dos Estados e da liberdade dos indivíduos.

Paul Ricoeur (França, 1913-2005). Filósofo, autor de substantiva obra na qual procura conciliar diversas correntes da filosofia do pós-Segunda Guerra Mundial, focalizando a linguística, a psicanálise, o estruturalismo, a hermenêutica e a política. Integrou o Centro Nacional de Pesquisa Científica Francês (CNRS), foi professor das universidades de Strasbourg, Nantes e Sorbonne. Lecionou também na Universidade de Chicago. Algumas de suas obras: *A filosofia da vontade* (primeira parte: *O voluntário e o involuntário*, 1950; segunda parte: *Finitude e culpa*, 1960); *O conflito das interpretações* (1969), *A metáfora viva* (1975); *O justo* (1995).

Paulo Bonavides (Brasil, 1923). Constitucionalista, professor emérito da Faculdade de Direito da Universidade Federal do Ceará (UFC) e doutor *honoris causa* pela Universidade de Lisboa. Titular de Teoria Geral do Estado, Bonavides é referência acadêmica na teoria dos direitos fundamentais e princípios constitucionais. Obras mais destacadas: *Dos fins do Estado* – tese para a livre-docência de Teoria Geral do Estado na Faculdade de Direito da UFC, 1955; *Do Estado liberal ao Estado social* (1961); *Ciência política* (1967); *A crise política brasileira* (1969); *Reflexões (política e direito)* (1973); *Direito constitucional* (1980); *Política e constituição. Os caminhos da democracia* (1985); *Constituinte e constituição. A democracia, o federalismo, a crise contemporânea* (1985).

Paulo Borba Casella (1960). Professor titular de Direito Internacional Público da Faculdade de Direito da Universidade de São Paulo (USP). Entre suas obras incluem-se: *Manual de direito internacional público* (com Hildebrando Accioly e G.E. Nascimento e Silva, 19ª edição em 2011), *Fundamentos do direito internacional pós-moderno* (2008) e *Direito internacional dos espaços* (2009).

Paulo de Tarso (Grécia, 5 a.C.-67 d.C.). Figura central do início do cristianismo, foi discípulo de Jesus. Dedicou atenção especial aos gentios e se distinguia dos demais discípulos por sua cultura. Educado em duas culturas (grega e judaica), é uma das principais fontes da doutrina cristã. Suas *Epístolas* formam uma das seções do Novo Testamento.

Peter Haberle (Alemanha, 1934). Constitucionalista, professor nas Universidades de Tubingen, Augsburg e Bayreuth. Doutor honoris causa pelas Universidades de Granada, Lisboa e Brasília, entre outras. Em sua vasta obra destacam-se: L'État constitutionnel, (2004); Nueve ensayos constitucionales y una lección jubilar (2004); Europäische Verfassungslehre (2005); Das Menschenbild im Verfassungsstaat (2005); El federalismo y el regionalismo como forma estructural del Estado (2006).

Philippe de Rémi de Beaumanoir (França, 1247-1296). Jurista, poeta, administrador, compilador medieval do direito consuetudinário francês e autor dos *Coutumes de beauvoisis*, de 1283 (impresso apenas em 1690). Embora tenha sido um autor de pequena expressão em seu tempo, em sua obra encontra-se o primeiro registro da noção de soberania.

Pierre Marie Nicolas Léon Duguit (França, 1859-1928). Jurista, constitucionalista e filósofo do direito, desenvolveu a Teoria do Direito Público e a noção de serviço público como fundamento do Estado e seu limite. Postulava que a ciência do direito deveria ser puramente positiva, rejeitando a ideia de direito natural, de juízos axiológicos e quaisquer outras concepções metafísicas. Foi professor da Faculdade de Bordeaux, da qual foi diretor. Entre suas obras estão: *L'État, le droit objectif et la loi positive*; *L'État les gouvernants et les agents; Souveraineté et liberté*; *Traité de droit constitutionnel* (1911); *Les transformations générales du droit privé* (1912); *Les transformations générales du droit public* (1913); *Rousseau, Kant e Hegel* (1918).

Pierre Samuel du Pont de Nemours (França, 1739-1817). Escritor, economista e ministro de Luiz XVI. Integrou um grupo de intelectuais liberais chamados économistes. Por volta de 1760, suas teorias econômicas, publicadas no livro Physiocracie, advogando livre comércio e redução de impostos, chamaram a atenção de luminares como Voltaire e Turgot, e influenciaram fortemente Adam Smith.

Pietro Costa (Itália, 1945). Professor da Faculdade de Direito da Universidade de Florença. Lecionou nas universidades de Macerata e Salerno. É membro do conselho editorial da publicação Cadernos Florentinos para a História do Pensamento Jurídico Moderno e autor de obras como O projeto jurídico (1974), O Estado imaginário (1986), A cidadania (1994) e História da cidadania na Europa (2001).

Platão (Grécia, 428-347 a.C.). Filósofo e matemático, foi discípulo de Sócrates e mentor de Aristóteles. Autor de diversos diálogos filosóficos e fundador da Academia (cerca de 386 a.C), em Atenas – primeira instituição de ensino superior do mundo ocidental. Construiu os alicerces da filosofia natural, da ciência e da filosofia ocidentais. Sua obra conservada abrange 43 diálogos, treze cartas e as Definições; entre elas, O banquete, A República, Leis e Górgias.

Políbio (Grécia, 203-120 a.C). Geógrafo e historiador, autor de Histórias, obra dedicada à história do mundo mediterrâneo no período de 220 a 146 a.C. Nesta, no Livro VI, faz uma descrição pormenorizada da constituição romana, redigindo um pequeno tratado de direito público romano, no qual defende o governo misto composto por cônsules, senado e eleições populares.

Raymond Carré de Malberg (França, 1861-1935). Jurista, constitucionalista e teórico do Estado, considerado um dos fundadores do positivismo jurídico, promovendo uma abordagem puramente jurídica do Estado. Em Contribuition à la théorie générale de l'État (1920-1922), na qual teoriza acerca do francês, promove uma recapitulação das doutrinas alemãs e francesas de direito público, entre 1870 e 1918, opondo as respectivas tradições e sintetizando-as. Foi professor na Faculdade de Direito de Caen. Outras obras: La loi, expression de la volonté générale (1931) e Confrontation de la théorie de la formation du droit public par degrés avec des idées et les institutions consacrées par le droit positive français relativement à sa formation (1933).

Reinhold Zippelius (Alemanha, 1928). Professor emérito de Filosofia do Direito e de Direito Público da Universidade Erlangen-Nuremberg. Presidente do Instituto de Filosofia do Direito e Teoria Geral do Estado da mesma universidade. Sua contribuição no campo do Direito se concentrou nas seguintes áreas: Estado, direito constitucional, filosofia do direito, teoria política e história constitucional. Obras mais divulgadas: Direito e justiça na sociedade aberta (1966), Filosofia de direito (2007), Teoria geral do Estado (2010) e Introdução ao direito (2000).

René Descartes (França, 1596-1650). Matemático, cientista e filósofo, elaborou uma nova visão das ciências, fundada na observação e no experimento, a partir da metodologia da dúvida. Na matemática, sugeriu a fusão da álgebra à geometria, dando origem à geometria analítica e ao sistema cartesiano de coordenadas. Entre suas obras, incluem-se: Regras para a direção do espírito (1628), O mundo ou tratado da luz (1632-1633), Discurso sobre o método (1637), Geometria (1637) e Meditações metafísicas (1641).

Robert Alan Dahl (Estados Unidos, 1915). Professor emérito de ciência política na Universidade de Yale, sendo considerado um dos expoentes mundiais da reflexão sobre as condições e processos da política democrática contemporânea. Alguns de seus livros são: Sobre a democracia (1998), Poliarquia: participação e oposição (1971). Um prefácio à democracia econômica (1985).

Robert Alexy (Alemanha, 1945). Jurista, filósofo do direito, professor da Universidade de Kiel. Suas principais linhas de investigação incluem: os fundamentos da argumentação jurídica, a estrutura dos direitos fundamentais, o conceito e a natureza do direito. Entre suas obras estão: Teoria da argumentação jurídica: a teoria do discurso racional como teoria da justificação jurídica (1983); Teoria dos direitos fundamentais (1994); Direito, razão, discurso: estudos para a filosofia do direito (1995); Conceito e validade do direito (2002), entre outros.

Robert Nozick (Estados Unidos, 1938-2002). Filósofo político, professor da Universidade de Harvard. Autor de Anarquia, estado e utopia (1974), obra na qual discute a Teoria da Justiça, de John Rawls, e defende o libertarismo (corrente filosófica que toma a liberdade como o valor político primário, na qual se incluem John Locke, John Stuart Mill, Adam Smith e Thomas Jefferson, entre outros). Seu último trabalho foi Invariances (2001), dedicada à teoria da realidade objetiva.

Robert Von Mohl (Alemanha, 1799-1875). Jurista, membro do parlamento de Württemberg, professor da Universidade de Heidelberg, Ministro da Justiça, professor de Ciências Políticas e Econômicas da Universidade de Tübingen. Foi um dos primeiros a cunhar a expressão "Estado de Direito", em oposição ao Estado Policial. É autor de A ciência política alemã na fundação do Estado de Direito (1866).

Robin West (Estados Unidos). Constitucionalista, vice-reitora de pesquisa da Faculdade de Direito da Universidade Georgetown, em Washington DC. Foi professora das Universidades de Maryland e Cleveland State, e professora visitante de Chicago e Stanford. Entre suas áreas de pesquisa estão temas ligados à abordagem legal do feminismo, à teoria do Direito, ao direito constitucional, à filosofia do direito e direito e literatura. Entre suas obras: Normative jurisprudence: an introduction (2011), A marriage is a marriage is a marriage: the limits of Perry v. Brown (2012) e Rights (2000).

Ronald Dworkin (Estados Unidos, 1931). Filósofo do direito e constitucionalista, professor de Teoria Geral do Direito do University College London e da Escola de Direito de Nova Iorque. Ele é conhecido por suas contribuições para a Filosofia do Direito e a Filosofia Política. Sua teoria do "direito como integridade" é uma das principais visões contemporâneas sobre a natureza do Direito. Entre suas obras encontram-se: Taking rights seriously (1977), A matter of principle e Law's empire (1986).

Ronaldo Porto Macedo Júnior (Brasil, 1962). Professor de filosofia do Direito e de Teoria Geral do Direito da Faculdade de Direito da Universidade de São Paulo (USP). Entre suas obras estão Contratos relacionais e defesa do consumidor (1998) e Carl Schmitt e a fundamentação do direito (2002).

Rudolf Von Gneist (Alemanha, 1816-1895). Jurista liberal, reformador legislativo e político cujos estudos, doutrinas e publicações sofreram grande influência do sistema inglês de governo e marcaram fortemente o direito administrativo alemão. Em suas obras, destacou as virtudes da justiça e da paz, em oposição a outros juristas alemães de sua época, impressionados com a onda revolucionária que marcou as nações europeias em meados do século XIX; entre elas, estão: Budget und Gesetz nach dem konstitutionellen Staatsrecht Englands (1867); Freie Advocatur (1867); Der Rechtstaat (1879); Das englische Parlament (1886).

Rudolf Von Jhering (Alemanha, 1818-1892). Jurista, professor das universidades de Berlim, Rostock, Basilea, Kiel, Giessen e Göttingen. Estudou nas universidades de Heildelberg, Göttingen e Berlim, tendo desenvolvido sua formação acadêmica de acordo com as teses da pandectística. Posteriormente, adere à concepção do direito como produto social, afirmando ser a finalidade o elemento configurador dos institutos jurídicos. Exerceu influência decisiva sobre os juristas de épocas posteriores, inclusive sobre o pensamento de Hans Kelsen. Entre suas obras estão: Der Geist des römischen Rechts auf den verschiedenen Stufen seiner Entwicklung (1852-1865); Der Kampf ums Recht [A luta pelo Direito] (1872); Der Zweck im Recht [O fim do direito] (1877-1883); Scherz und Ernst in der Jurisprudenz (1884).

Sabino Cassese (Itália, 1935). Jurista, professor de Direito Administrativo e de Teoria do Estado, juiz da Corte Constitucional Italiana. Lecionou na Facoltà di Ancona (da qual foi diretor), nas Universidades de Pisa, Roma, Urbino, Nápoles, Berkley, Stanford, Oxford e Paris. Obras recentes: La construction du droit administratif (2000); Portrait de l'Italie actuelle (2001); La crisi dello Stato (2001); "Is there really a 'democratic deficit?'", in Institutional reforms in the

European Union – memorandum for the convention (2002); Lo spazio giuridico globale (2003); "The age of administrative reforms", in Governing Europe (2003).

Samuel Huntington (Estados Unidos, 1927-2008). Cientista político e professor, foi diretor do John M. Olin Institute for Strategic Studies da Universidade de Harvard e fundador da publicação *Foreign Police*. Sua obra focaliza política comparada e temas militares; nela se destacam *A terceira onda – a democratização no final do século XX* (1991), e o polêmico artigo *O choque das civilizações* (1993), no qual defende a ideia de que, no futuro, os principais problemas políticos globais serão causados pelo choque entre diferentes países e civilizações.

Samuel Pufendorf (Alemanha, 1632-1694). Jurista, filósofo político, economista, historiador, estadista e professor de direito natural das universidades de Heidelberg e Lund; nesta, escreveu *Sobre o direito da natureza e das nações* (1672), obra na qual enfatiza ser a sociabilidade humana o fundamento do direito natural. Concebe o Estado como a soma das vontades individuais que o compõem e explicam; nesse sentido, demonstra ser um precursor de Jean-Jacques Rousseau e do contrato social.

Santi Romano (Itália, 1875-1947). Jurista, professor de Direito Constitucional, Direito Administrativo e Direito Internacional. Lecionou em Módena, Pisa, Milão e Roma. Principal idealizador da teoria institucional do direito, segundo a qual a norma jurídica, apesar da sua importância, não abrange todo o mundo do direito. Entre suas obras destacam-se: *Princípios do direito administrativo italiano* (1901); *Curso de direito colonial* (1918); *O ordenamento jurídico* (1917); *Fragmentos de um dicionário jurídico* (1947); *Curso de direito constitucional* (1945).

Santo Agostinho/Agostinho de Hipona (Argélia, 354-430). Bispo, escritor, teólogo, filósofo e doutor da Igreja Católica. Professor de retórica em Roma e Milão, foi figura central para o desenvolvimento do cristianismo no Ocidente. Aprofundou o conceito de pecado original e desenvolveu o conceito de Igreja como a Cidade de Deus. Seu pensamento influenciou fortemente a visão do homem medieval e direcionou por séculos a teologia católica. Algumas obras: Da doutrina cristã (397-426), Confissões (397-398), A cidade de Deus (413-426) e Da trindade (400-416).

Sófocles (Atenas, 495-406 a.C.). Teatrólogo, escreveu em grego cerca de 123 peças dramáticas, das quais são, hoje, conhecidas apenas sete: Ajax (450 a.C.); Antígona (441 a.C.); Édipo rei (431 a.C.), considerada sua obra-prima; Elektra (425 a.C.); As traquíneas (420 a.C.); Filoctetes (409 a.C.); e Édipo de

Colona (401 a.C.). Em seu estilo dramatúrgico, o enredo e a exposição dos fatos chegam a ser idênticos, de forma que a revelação dos acontecimentos do passado é o próprio enredo, o que amplia a dramaticidade da peça. Em Antígona, realça os direitos naturais do homem e os sentimentos de injustiça que resultam de seu desrespeito pelos governantes.

Sonia Draibe (São Paulo). Cientista política, é professora-adjunta do Instituto de Economia e pesquisadora sênior do Núcleo de Estudos de Políticas Públicas (Nepp) da Universidade Estadual de Campinas (Unicamp). Atua na área de economia, com ênfase em economia dos programas de bem-estar social. Atuou como pesquisadora no Instituto de Pesquisas em Desenvolvimento Social das Nações Unidas, tendo produzido as seguintes obras, entre outras: "Social policies in the nineties", in Brazil in the 1990s: an economy in transition (2002); "The Brazilian Welfare State in perspective: old issues, new possibilities" in The State of Social Welfare: The Twentieth Century in Cross-National Review (2002); e, com Milko Matijascic, "The market orientation of social security: the Brazilian case", in The marketization of social security (2001).

Stefano Mannoni (Itália, 1966). Advogado, professor de História das Constituições Modernas da Faculdade de Jurisprudência de Florença. É ex-professor convidado da Universidade de Paris I (Sorbonne), também do Instituto Universitário Europeu e do Nuffield College da Universidade de Oxford. Publicações recentes: *Fronteiras do direito público* (2004) e *Falso in bilancio* e *ordinamento comunitario* (2004).

Stéphane Beaulac (Canadá). Professor da Faculdade de Direito da Universidade de Montreal desde 2001. Leciona direito internacional dos direitos humanos, direito internacional público e interpretação das leis. É doutor em Direito Internacional pela Universidade de Cambridge e mestre em Direito Comparado. É autor (ou coautor e colaborador) das seguintes obras: *The power of language in the making of international law* (2004), *International human rights and Canadian law* (2007), *Précis d'interprétation législative* (2008), *Handbook on statutory interpretation* (2008) e *Interprétation des lois* (2009).

Stephen Krasner (Estados Unidos, 1942). Cientista político, professor de Relações Internacionais nas universidades de Stanford, Harvard da Califórnia. Sua atividade de pesquisa concentra-se em análises acerca da soberania estatal, de política externa americana e relações econômicas internacionais. Sua obra inclui: *Defending the national interest: raw materials investment and American foreign policy* (1978), *Structural conflict: the third world against global liberalism* (1985) e

Sovereignty: organized hypocrisy (1999). Como editor, publicou *International regimes* (1983); *Exploration and contestation in the study of world politics* (coeditor, 1999); *Problematic sovereignty: contested rules and political possibilities* (2001); e *Power, the State, and sovereignty: essays on international relations* (2009).

Steven Levitsky (Estados Unidos, 1968). Professor de Ciência Política na Universidade de Harvard (*David Rockefeller Proffesor of Latin American Studies* e *Professor of Government*). Suas pesquisas concentram-se sobre regimes políticos na América Latina e no mundo em desenvolvimento. É autor de *Competitive Authoritarianism* (2010); *Revolution and Dictatorship: The Violent Origins of Durable Authoritarianism* (com Lucan Way) (2022), entre outros.

Talcott Parsons (Estados Unidos, 1902-1979). Sociólogo e filósofo, professor no Amherst College e na Universidade de Harvard. Sua contribuição teórica, além da sociologia, estende-se às áreas de economia e antropologia. Naquela, desenvolveu a chamada "teoria da ação", baseada no voluntarismo e no princípio epistemológico do realismo analítico, visando equilibrar o positivismo utilitarista e a tradição hermenêutica. Entre suas obras, encontram-se: *The structure of social action* (1937), *The social system* (1951), *Essays in sociological theory* (1964), *Societies: evolutionary and comparative perspectives* (1966) e *Politics and social structure* (1969).

Thomas C. Bruneau (Estados Unidos). Cientista político dedicado ao estudo das instituições democráticas e à sua consolidação na América Latina e na Península Ibérica, é professor visitante na Universidade de Stanford e membro do corpo docente da Naval Postgraduate School, junto ao Departamento de Segurança Nacional. Entre suas obras encontram-se: Towards a new conceptualization of democratization and civil-military relations (2008); Global politics of defense reform (2008); Reforming intelligence: obstacles to democratic control and effectiveness (2007); Who guards the guardians and how: democratic civil-military relations (2006); "Constitutions and democratic consolidation: Brazil in comparative perspective", in Democratic transition and consolidation in Southern Europe, Latin America and Southeast Asia, com Diane Éthier.

Thomas Hobbes (Inglaterra, 1588-1679). Matemático, teórico político e filósofo contratualista, autor de O *Leviatã* (1651) e *Do cidadão* (1642), entre outras obras. Desenvolveu os fundamentos do contratualismo, no qual os homens são os autores da sociedade e do Estado e detentores dos meios de alcançar a paz e a prosperidade. Defensor da monarquia, submeteu a religião ao Estado e negou o direito natural do homem à propriedade. Suas teorias sobre o Estado, o poder e as relações sociais estão na base da elaboração da ciência política moderna.

Thomas Jefferson (Estados Unidos, 1743-1826). Advogado, principal redator da Declaração de Independência americana, embaixador na França em 1785 e simpatizante da Revolução Francesa. Foi o terceiro presidente dos Estados Unidos da América; considerado um dos pais fundadores da nação.

Thomas Paine (Inglaterra, 1737-1809). Político, intelectual e inventor, imigrou para as colônias britânicas da América a tempo de participar da Revolução Americana. Em janeiro de 1776, publicou *Senso comum*, em que atacava violentamente a monarquia britânica e a Constituição Inglesa em favor da independência da colônia; posteriormente, os artigos reunidos em *A crise americana* tiveram papel fundamental no ânimo dos revolucionários. É também o autor de *Os direitos do homem* (1791).

Thomas Samuel Kuhn (Estados Unidos, 1922-1996). Físico cujo trabalho incidiu sobre a história da ciência e a filosofia da ciência, tornando-se um marco no estudo do processo que leva ao desenvolvimento científico. Lecionou História da Ciência na Universidade da Califórnia, em Berkeley, em Princeton e no Massachusetts Institute of Technology (MIT), até sua morte. Entre suas obras mais conhecidas: *A estrutura das revoluções científicas* (1962); *O caminho desde a estrutura: ensaios filosóficos, 1970-1993* (2000); e *A tensão essencial* (1977).

Timothy Garton Ash (Inglaterra, 1955). Professor da Universidade de Oxford e da Escola de Economia de Londres e diretor do Centro de Estudos Europeus do St. Antony's College. Dedica-se à chamada "história do presente", focada nas transformações da Europa nos últimos trinta anos. Entre suas publicações estão: The uses of adversity: essays on the fate of central Europe (1989); We the people: The Revolution of '89 witnessed in Warsaw, Budapest, Berlin and Prague (1990); History of the present: essays, sketches, and despatches from Europe in the 1990s (2000); Free world (2004).

Tomás de Aquino (Itália, 1225-1274). Padre dominicano, teólogo, expoente da escolástica, proclamado santo e cognominado *doctor communis* ou *doctor angelicus*, pela Igreja Católica. Realizou a síntese do cristianismo com a visão aristotélica do mundo, obtendo uma sólida base filosófica para a teologia e retificando o materialismo aristotélico. Autor de vasta obra, em suas duas *Summae (Summa theologiae*, 1265, e a *Summa contra gentile*, 1273); sistematizou o conhecimento teológico e filosófico de sua época.

Uberto Scarpelli (Itália, 1924-1993). Filósofo do direito, suas reflexões giram em torno da ética e da política a elas associando análises no campo da semiótica e do método jurídico. Sucedeu a Norberto Bobbio – de quem foi colaborador – na Cátedra de Filosofia do Direito na Universidade de Turim, em 1971. Autor prolífico, publicou, entre outras obras: *Cos'è il positivismo giuridico* (1965); *Diritto e analisi del linguaggio, a cura di Uberto Scarpelli* (1976); *Thomas Hobbes. Linguaggio e leggi naturali. Il tempo e la pena* (1981); *L'etica senza verità* (1982); *La teoria generale del diritto. Problemi e tendenze attuali. Studi dedicati a Norberto Bobbio, a cura di Uberto Scarpelli* (1983); *Il linguaggio del diritto, a cura di Uberto Scarpelli* e Paolo Di Lucia (1994).

Ulpiano (Eneo Domitius Ulpiano) (Fenícia, 150-228). Jurista, autor de vasta e importante obra jurídica, de grande influência no Direito Romano. Nela destacam-se: *Libri ad Sabinum* (Livros contra Sabino) e *Libri ad edictum praetoris urbani* (Livros sobre os editos dos pretores urbanos), compilações feitas, provavelmente, na época de Dioclesiano (séculos III e IV), além de comentários sobre direito privado, penal e administrativo.

Vital Moreira (Portugal, 1944). Jurista, professor da Faculdade de Direito da Universidade de Coimbra, juiz da Corte Constitucional Portuguesa de 1983 a 1989 e atual membro do Parlamento europeu. Integrou a Assembleia da República entre 1976 e 1982 e de 1996 a 1997. Entre suas obras incluem-se: Constituição da República Portuguesa anotada (com J. J. Gomes Canotilho, várias edições desde 1978); Constituição e revisão constitucional (1980); Os poderes do Presidente da República (com J. J. Gomes Canotilho, 1991); Fundamentos da Constituição (com J. J. Gomes Canotilho, 1991); A mão visível: mercado e regulação (com Maria Manuel Leitão Marques, 2003); O Tribunal Penal Internacional e ordem jurídica portuguesa (2004); Constituição da República Portuguesa: Lei do Tribunal Constitucional: compilação (com J. J. Gomes Canotilho, 2005).

Walden Flores Bello (Manila, 1945). Sociólogo, graduado pela Universidade de Princeton. Pacifista, crítico da globalização econômica, atualmente é professor da Binghamton University (The State University of New York). Entre suas obras estão: The Food Wars (2009), Walden Bello Introduces Ho Chi Minh (2007), Dilemmas of Domination: the Unmaking of the American Empire (2005), The Anti-Development State: the political economy of permanent crisis in the Philippines (2004) and Deglobalization: ideas for a new world economy (2004).

Walter Benjamin (Alemanha, 1892-1940). Filósofo, crítico literário e ensaísta, ligado à Escola de Frankfurt. Sua importância como filósofo pode ser aquilatada pela influência intelectual que exerceu nos anos 1920 e 1930 e a contínua produtividade de seu pensamento. Entre seus ensaios destacam-se "As afinidades eletivas de Goethe", "Sobre alguns temas em Baudelaire", "Teses sobre filosofia da história", "Paris, capital do século 19" e "A obra de arte na era de sua reprodutibilidade técnica".

Wilhelm Eduard Albrecht (Prússia, 1800-1876). Jurista, constitucionalista e professor em Königsberg e Göttingen. Concebeu a noção de Estado como entidade legal (pessoa jurídica) em oposição à ideia de Estado como pessoa coletiva, defendida por Otto von Gierke.

William Blackstone, Sir (Inglaterra, 1723-1780). Jurista, lecionou Direito Civil e Direito Público na Universidade de Oxford, foi juiz e deputado na Câmara dos Comuns. Publicou, sob o título de *Comentários sobre as leis da Inglaterra* (1765-1769), em quatro volumes, suas aulas na universidade. Seus textos tiveram grande influência quando da elaboração da Constituição dos Estados Unidos da América.

William de Ockham (Inglaterra, 1288-1348). Frade franciscano, filósofo escolástico de grande influência no pensamento medieval. No campo da política, avançou em ideias que contribuíram para a afirmação do constitu-cionalismo ocidental, tais como a limitação do poder do governante, a responsabilidade do governante e a separação entre a Igreja e o Estado, expostas nos *Dialogus* (1332-1348). Sua teoria sobre os direitos de propriedade também tiveram impacto nas doutrinas liberais.

William Rehnquist (Estados Unidos, 1924-2005). Jurista, presidiu a Suprema Corte Americana entre 1986 e 2005, tendo nela ingressado em 1972. De perfil conservador, construiu consenso em torno de diversos casos difíceis. Escreveu várias obras sobre a história da Suprema Corte, entre elas: *The Supreme Court: how it is, how it was* (1987); *Grand inquests* (1992); e *All the laws but one: civil liberties in wartime* (2000).

Woodrow Wilson (Estados Unidos, 1856-1924). Presidente dos Estados Unidos da América de 1912 a 1921, um dos principais idealizadores da Liga das Nações e autor dos chamados "14 pontos da paz", que estabeleceram as diretrizes do processo internacional de paz que sucedeu o final da I Guerra Mundial. Por esse trabalho recebeu o Prêmio Nobel de 1919. Foi, também, reitor da Universidade de Princeton, tendo desenvolvido sua carreira acadêmica nas áreas de filosofia do direito e política econômica.

Yascha Mounk (Alemanha, 1982). Professor Associado da Universidade Johns Hopkins, dedica-se ao estudo de crises da democracia liberal e ascensão do populismo. Autor de: O povo contra a democracia: Por que nossa liberdade corre perigo e como salvá-la (2019); *The Great Experiment: Why Diverse Democracies Fall Apart and How They Can Endure* (2022); The Age of Responsability (2017), entre outros.

Zaki Laïdi (Marrocos). Cientista político, professor e pesquisador na Sciences Politiques, Paris, no campo das relações internacionais. Fundador do *site* Telos, dedicado aos grandes temas da atualidade. Entre suas obras encontram-se: *EU foreign policy in a globalized world. Normative power and social preferences* (2008); *Le monde selon Telos* (2006); *Géopolitique du sens* (1998); *Le Temps mondial* (1997).

Zygmunt Bauman (Polônia, 1925). Sociólogo que, censurado em seu país na década de 1960, reconstruiu sua carreira acadêmica no Canadá, nos Estados Unidos, na Austrália e na Grã-Bretanha. Professor emérito de Sociologia das universidades de Leeds (Inglaterra) e Varsóvia. Autor de vasta obra, dedicando-se, desde a década de 1980, às relações entre modernidade, burocracia, racionalidade e exclusão social. Na década de 1990, incorporou às suas reflexões os temas da pós-modernidade e consumo e suas inter-relações. Obras recentes: *Modernidade e ambivalência* (1991), *Ética pós-moderna* (1993), *Modernidade líquida* (2000), *Amor líquido* (2003), *Vida líquida* (2005), *Vida para consumo* (2008), *A arte da vida* (2008), *Confiança e medo na cidade* (2009) e *Capitalismo parasitário e outros temas contemporâneos* (2010).

REFERENCIAS

ABRANCHES, Sérgio. "O presidencialismo de coalizão: o dilema institucional brasileiro". In: *Dados* 31(1), 1998.

ACCIOLY, Hildebrando; NASCIMENTO E SILVA, G. E & CASELLA, Paulo Borba. *Manual de direito internacional público.*

ALEMANHA. 1996. A Lei Fundamental da República Federal Alemã. Com ensaio e anotações de Nuno Rogério, Coimbra, Coimbra Editora.

ALVES, Angela L. A. – Globalização, desglobalização e impactos na soberania estatal. Tese de Livre Docência apresentada à Faculdade de Direito da Universidade de São Paulo. São Paulo, 2021.

ALEXANDER, Larry. *Is there a right of freedom of expression?*, 2005.

ALEXY, Robert. Direitos fundamentais no Estado constitucional democrático, Revista de direito administrativo, jul-set, Rio de Janeiro, 217, p.55-66 1999.

—. Teoria dos direitos fundamentais, tradução Luiz Virgílio Afonso da Silva. São Paulo, Malheiros. 2008

ALIGHIERI, Dante. *Monarchia, Líber secundus*, v. 1. Edição eletrônica, disponível em: www.liberliber.it/biblioteca/a/alighieri/monarchia/pdf/monarc_p.pdf.

ALLISON, J. W. F. 2007. The english historical constitution – continuity, change and European effects, Cambrigde, Cambridge University Press.

ALLOTT, Philip. 2001. Euronomia. New order for a new world, Oxford, Oxford University Press.

ALSTON, Philip. "Conjuring up new human rights: a proposal for quality control". *American Journal of International Law*, New York, American Association of International Law, 1984, v. 78.

ALTHUSSER, Louis. 1959. Montesquieu, La Politique et L'Histoire, 1.ed., Paris, Presses Universitaires de France.

ALTO COMISSARIADO DOS DIREITOS HUMANOS DAS NAÇÕES UNIDAS, 2005. Status of ratifications of the principal international human rights treaties. wwww.unhchr.ch/pdf/report/pdf [26-1-2005].

ALVES, José Augusto Lindgren. 2001. Relações internacionais e temas sociais – a década das conferências, Brasília, Instituto Brasileiro de Relações Internacionais.

AMARAL JUNIOR, Alberto do; JUBILUT, Liliana Lyra (org.) 2009. O STF e o Direito Internacional dos Direitos Humanos, São Paulo, Quartier Latin.

AMARAL JÚNIOR, Alberto do. *O direito de assistência humanitária,* Rio de Janeiro, Renovar, 2003.

ANNAN, Kofi. *"In larger Freedom: Decision time at the UN". Foreing affairs,* may--june/2005, v. 84, n. 3.

APONTE TORO, Roberto P; BARRETO Rozo, Antonio et alii. 2005. Los límites de la democracia, SELA 2004 Seminario en latinoamérica de teoría constitucional y política, Buenos Aires, Del Puerto.

ARENDT, Hannah. "The rights of man: what are they?" *Modern Review. New York, American Labor Conference on International Affairs,* 3:24-37

ARISTÓTELES. *A política.*São Paulo, Martins Fntes, trad. Roberto Leal Ferreira, 1991

ARMITAGE, David. *Declaração de independência – uma história global.* São Paulo, Companhia das Letras 2007.

ASH, Timothy G. *Free world,* New York, Vintage Books 2005.

ASHLEY, Mike. *Taking liberties – the struggle for britain's freedoms and right.* London, British Library. 2008.

ATIENZA, Manuel. 2001. El sentido del derecho, Barcelona, Editora Ariel.

AUBY, Jean-Bernard. 2003. La globalisation, le droit et l'Etat, Paris, Montchrestien.

BADIE, Bertran. "Da soberania à competência dos Estados". In: SMOUTS, Marie--Claude. *As novas relações internacionais: práticas e teorias,* Brasilia, Universiade de Brasilia,2004.

— Birnbaum, Pierre. *Sociologie de l'État,* Paris, Collectio n Pluriel Grasset., 1982.

—. *Um mundo sem soberania: os Estados entre o artifício e a responsabilidade,* Lisboa, InstitutoPiaget,1999.

BAUMAN, Zigmunt. *Modernidade e ambivalência.* Rio de Janeiro, Jorge Zahar Editor, 1999.

BEAUD, Olivier. *La puissance de l'État.* Paris, Léviathan, Presses Universitaires de France, PUF, 1994.

BIERSTEKER, Thomas; WEBWE, Cynthia. *State sovereingty as social construct,* Cambridge: Cambridge University Press, 1996.

BLACK, Henry Campbell. *Black's Law dictionary,* West Publishing Co., Saint Paul, 1990.

BOBBIO, Norberto. *A teoria das formas de governo.* 7.ed., Brasília, UnB, 1994

—. *Antologia.* trad. César Benjamim e Vera Ribeiro, Rio de Janeiro, Contraponto. 2003.

—. MATTEUCCI, Nicola; PASQUINO, Gianfranco. 1991. Dicionário de política, Brasília, UnB, vol. 1 e 2. *1991.*

—. *Estado, governo e sociedade, para uma teoria geral da política,* 4.ed., Rio de Janeiro, Paz e Terra 1992.

—. *Liberalismo e democracia.* São Paulo, Brasiliense, 2000.

—. *Teoria geral da política.* 7.ed., Michelangelo Bovero (org.), Rio de Janeiro, Campus.

—. Teoria do ordenamento Jurídico, Brasília, Polis. 1991, O futuro da democracia, 5.ed., Rio de Janeiro, Paz e Terra. 1986.

BODIN, Jean. *Os seis livros da República.* Les six livres de la Republique. De l'impr. de Jean de Tournes (à Lyon), Bibliothèque nationale de France, disponível em: <http://gallica.bnf.fr/ark:/12148/bpt6k536293.r=.langPT>, acesso em 12/maio/2009

BONAVIDES, Paulo. 1995. Teoria do Estado, São Paulo, Malheiros.

—. 1980. Do Estado liberal ao Estado social, 4.ed., Rio de Janeiro, Forense.

BRITISH HUMAN RIGHTS. Disponível em: www.opsi.gov.uk.

BURDEAU, Georges. *O Estado.* São Paulo, Martins Fontes, 2005.

CAETANO, Marcello. Manual de ciência política e direito constitucional, 6.ed., Coimbra, Almedina. 2006.

CAMPOS, Paloma Biglino. "Derechos fundamentales y competências de la Unión: El argumento de Hamilton", *Revista de Derecho Comunitário Europeu,* Madrid, Centro de Estudios políticos y Constitucionales, 2003, n. 5.

CÂNDIDO, Antônio. *Vários escritos.* São Paulo, Rio de Janeiro, Duas Cidads, Ouro sobre azul, 2004.

CANOTILHO, José Joaquim Gomes. 2008. Estudos sobre direitos fundamentais, Coimbra, Coimbra.

—; MOREIRA, Vital. 2007. Constituição da República Portuguesa Anotada, 1.ed., São Paulo, Revista dos Tribunais; Coimbra, PT, Coimbra Editora.

CANOTILHO, José Joaquim Gomes. 2002. Direito constitucional e teoria da constituição, 6.ed., Coimbra, Almedina.

—. 1994. Constituição dirigente e vinculação do legislador, Coimbra, Coimbra.

—. 1993. Direito constitucional, Coimbra, Almedina.

—. "Rever ou romper com a Constituição dirigente? Defesa de um constitucionalismo moralmente reflexivo", *Revista do Processo,* São Paulo: *RT,* abr-jun/2000.

— e Vital Moreira. CRP-Constituiçao da República Portuguesa Anotada, Coimbra, Coimbra Editora; Sâo Paulo, Ed. Revista dos Tribunais, 2007.

CASELLA, Paulo Borba; CELLI JUNIOR, Humberto; POLIDO, Fabrício; MEIRELLES, Elisabeth de Almeida (orgs.). 2008. Direito Internacional, Humanismo e Globalidade – Guido Fernando Silva Soares Amicorum Discipulorum Liber, São Paulo: Atlas.

—. 2005. Fundamentos do direito internacional pós-moderno. 2006. Tese (Concurso para Professor Titular) – Faculdade de Direito, Universidade de São Paulo, São Paulo, 2006.

CASELLA, Paulo Borba. *Direito internacional dos espaços.* São Paulo, Almedina, 2ª. Ed., 2021.

CASSESSE, Sabino. *L'Erozione dello Stato: uma vicenda irreversible? Dallo Stato monoclasse alla globalizazione*, Milano, 2000, Giuffré.

CASSIRER, Ernst. 2003. O Mito do Estado, São Paulo, Códex.

CASTELLS, Manuel. 2002. A Sociedade em Rede, vol. 1, Rio de Janeiro, Paz e Terra.

CHEVALLIER, Jacques. 2003. L'Etat post-moderne, Paris, L.G.D.J.

—. 1994. L'État de Droit, Paris, Montchrestien.

—. 1982. História do pensamento político, Rio de Janeiro, Guanabara.

CITTADINO, Gisele. 2004. Pluralismo, direito e justiça distributiva: elementos da filosofia constitucional contemporânea. Rio de Janeiro, Lumen Júris.

COLLIOT-HÉLÈNE, Catherine. 1999. O conceito de política posto à prova pela mundialização, Revista de Sociologia e Política, Universidade Federal do Paraná, Curitiba, jun-12:7-20. Artigo acessível em <http://redalyc.uaemex.mx/redalyc/pdf/238/23801201.pdf> Acesso em 05/12/10.

COLONOMOS, Ariel. 2004. O ator em rede colocado à prova do internacional, in SMOUTS, Marie-Claude (org). As novas relações internacionais: práticas e teorias, Brasília, UnB.

COMPARATO, Fábio Konder. *A afirmação histórica dos direitos humanos*, A afirmação histórica dos direitos fundamentais, São Paulo, Saraiva. 1999.

CONSTANT, Benjamin. *A liberdade dos antigos e a liberdade dos modernos*, 1818. Disponível em: www.fafich.ufmg.br/luarnaut/constant_liberdade.pdf. Acesso em 15/06/2012.

COSTA, Pietro; ZOLO, Danilo. 2006. O Estado de Direito: uma introdução histórica, in ___ , O Estado de Direito, História, Teoria, Crítica. São Paulo, Martins Fontes, p. 95 e ss.

COULANGES, Fustel de. *A cidade antiga.*São Paulo, Edameris, 1966.

COUTINHO, Jacinto Nelson de Miranda. 2003. Canotilho e a Constituição dirigente, Rio de Janeiro, Renovar.

CREVELD, Martin Van. 1999. The Rise and the Decline of the State, Cambridge, Cambridge University Press.

CUNNINGHAN, Frank. *Teorias da democracia*, Porto Alegre: Artmed, 2009.

DAHL, Robert A.. 1963. Modern Political analysis, New Jersey, Prentice Hall.

—. 1971. Polyarchy. Participation and opposition. New Haven, Yale University Press.

—.Sobre a democracia, Trad. Beatriz Sidou, Brasilia, Ed. da Universidade de Brasilia, 2001.

Dallari, Dalmo de A. - Elementos de teoria geral do Estado, 31.ed., São Paulo, Saraiva. 2012

—. 2002. O futuro do Estado, São Paulo, Saraiva.

—. 1993. Direitos fundamentais na constituição brasileira, Revista da Faculdade de Direito da Universidade de São Paulo, São Paulo, jan./dez., 88:421-37.

DALLARI, Pedro Bohomoletz de Abreu. 2003. Constituição e tratados internacionais, São Paulo, Saraiva.

—. 1994. Constituição e relações exteriores, São Paulo, Saraiva.

DECLARAÇÃO FRANCESA DOS DIREITOS DO HOMEM E DO CIDADÃO DE 1789. Disponível em: www.direitoshumanos.usp.br/index.php/documentos-anteriores-a-criacao-da-sociedade-das-nacoes-ate-1919/declaracao-de-direitos-do-homem-e-do-cidadao-1789.html. Acesso em 07/02/12.

DECLARAÇÃO UNIVERSAL DOS DIREITOS HUMANOS. Assembleia Geral das Nações Unidas, em 10 de dezembro de 1948. Disponível em: www.mj.gov.br. Acesso em 07/02/12.

DIAMOND, Larry; MORLINO, Leonardo. 2004. Assessing the quality of democracy, Maryland, The Johns Hopkins University Press.

DIAZ, Elias. 1977. Sociologia y filosofia del derecho, Madrid, Taurus.

—. 1990. Ética contra política. Los intelectuales y el poder, Madrid, Centro de Estudios Constitucionales.

—. 1981. Estado de Derecho y sociedad democrática, 8.ed., Madrid, Taurus Ediciones.

DICEY, Albert Venn. s/d. The Law of the Constitution, Indianapolis, Liberty Fund.

DONNELLY, Jack. 2003. Universal human rights in theory and practice, 2.ed. Ithaca/London, Cornell University Press.

DINIZ, Eli. "Planejando o Desenvolvimento: a centralidade da dimensão político-democrática". Disponível em: www.ie.ufrj.br/desenvolvimento/pdfs/

planejando_o_desenvolvimento_a_centralidade_da_dimensao_politico_democratica.pdf. Acesso: 13/04/12.

DRAIBE, Sonia. "Social policy reform in the context of fiscal adjustment and democracy consolidation: the recent brazilian experience". *The Bildner Center for Western Hemisphere Studies Seminar: Reforming Brazil I – A preliminary assessment,* may-june/2001, New York.

DUNNING, John (org.). 1997. Governments, globalization, and international business, Oxford, Oxford University Press.

DWORKIN, Ronald. 2002. Levando os direitos a sério, trad. Nelson Boeira, São Paulo, Martins Fontes.

EITHER, Diane. 1990. Processes of transition and democratic consolidation: theoretical indicators, in ___ (org.) Democratic transition and consolidation in southern Europe, Latin America and Southeast Asia, London, Macmillan, p. 03-24.

ENGELS, Friedrich e Karl Marx. Manifesto do partido comunista. Petropolis, Editora Vozes, 8ª. Ed., trad. Marco Aurélio Nogueira. 1998.

ESPANHA. 2003. Constitución Española, Madrid, Tecnos.

EWING, Keith D. "The case for social rights". In: CAMPBELL, Tom; GOLDSWORTHY, Jeffrey; STONE, Adrienne (orgs.). *Protecting human rights.* Oxford: Oxford Univesity Press, 2005, p. 331. 2005.

FARRALI, Carla. *A filosofia contemporânea do direito,* São Paulo: Martins Fontes, 2006,

FAVOREU, Louis. *Droit constitutionel,* Paris, Dalloz 1998.

FERRAJOLI, Luigi. 2003. Sobre la definición de democracia. Uma discusión com Michelangelo Bovero, in Isonomia, nº 19, octubre-2003, Buenos Aires, p-22-40. Disponível em www.cervantesvirtual.com/servlet/SirveObras/01372719724684726977680/Isonomia_10.pdf . Acesso em 05/05/09.

—. 2002. A soberania no mundo moderno, São Paulo, Martins Fontes.

—. 2002. Direito e razão. Teoria do garantismo penal. São Paulo, Revista dos Tribunais.

—. 1999. Derechos Y Garantias: La ley del mas débil, Madrid, Trotta.

FERREIRA FILHO, Manoel Gonçalves. 2005. A concretização dos princípios constitucionais no estado democrático de direito, in YARSHELL, Flavio Luiz;

ZANÓIDE, Maurício (orgs.). Estudos em homenagem à Professora Ada Pellegrini Grinover, São Paulo, DPJ, p.281-89.

—. 2003. Direitos Humanos Fundamentais, São Paulo, Saraiva.

—. 2001. A democracia no limiar do século XXI, São Paulo, Saraiva.

—. 1999. Estado de direito e Constituição, 2.ed., São Paulo, Saraiva.

—. 1996. Direitos fundamentais: problemas jurídicos particularmente em face da Constituição Brasileira de 1988, Revista de Direito Administrativo, Rio de Janeiro, jan-mar, n.203, p.1-10.

FERRY, Luc. *Aprendendo a viver*, Rio de Janeiro, Objetiva, trad. Vera Lucia dos Reis, 2007.

FLATMAN, Richard. 1994. Liberalism and the suspect enterprise of political institutuinalization: the case of the rule of law, in SHAPIRO, Ian, The Rule of Law, New York, New York University Press, p.297 e ss..

FORSTHOFF, Ernst. 1973. Stato di diritto in trasformazione, Milão, Giuffrè.

FRANKENBERG, Günther. 2007. A gramática da Constituição e do direito. Col. Del Rey Internacional, trad. Elisete Antoniuk, Belo Horizonte, Del Rey.

FUKUYAMA, Francis. 2005. Construção de Estados, Rio de Janeiro, Rocco.

—. 1992. The end of History and the last man, New York, Avon.

GARCIA DE ENTERRIA, Eduardo. 1994. La Constitución como Norma y el Tribunal Constitucional, Madrid, Civitas.

GARCÍA DE VEGA, Pedro. 2001. Mondializzazione e Diritto Costituzionale: la crisi del principio democratico nel costituzionalismo attual, in Diritto Publico, CEDAM, nº 3, p.1031-94.

GARCIA, Emerson. 2004. A efetividade dos direitos sociais, Rio de Janeiro, Lumen Juris.

GARCIA, Maria. 1994. Desobediência civil, direito fundamental, São Paulo, Revista dos Tribunais.

GARGARELLA, Roberto. 2008. As Teorias da Justiça depois de Rawls – Um breve manual de filosofia política, São Paulo, Martins Fontes.

—; DOMINGO, Pilar; ROUX, Theunis (orgs). 2006. Courts and social transformation in new democracies: an institutional voice for the poor?, Aldershot, Ashgate Publishing.

GIANNINI, Massimo Severo —. "La denominada crisis Del Estado". *Revista de La Facultad de Derecho de La Universidad Complutense*, Madrid, n. 73.1988.

GIDDENS, Anthony. 2001. O Estado nação e a violência. São Paulo, EDUSP.

—. 1990. The consequences of modernity, California, Stanford University Press.

GINSBURG, Tom. 2008. Rule By Law: The politics of courts in authoritarian regimes, New York, Cambridge University Press.

GRIMM, Dieter. 2006. Constituição e política, Belo Horizonte, Del Rey.

GROTIUS, Hugo. 1925. Del derecho de la guerra y de la Paz, Madrid, Editorial Reus S. A.

GUASTINI, Riccardo. 2007. Teoría e ideología de la interpretación Constitucional, Madrid, Trotta.

—. 2003. La constitucionalización del ordenamiento jurídico: el caso italiano, in CARBONELL, Miguel (org.). Neoconstitucionalismo(s). Madrid, Editorial Trotta.

HABERLE, Peter. 2001. El Estado Constitucional, México, Universidad Autônoma de México, Instituto de investigación Jurídica.

HABERMAS, Jürgen. 2008. Entrevista concedida a Thomas Assheuer, publicada no Caderno mais da Folha de São Paulo em 09 de novembro de 2008, tradução Érika Werner.

—. 2003. A Europa em Transição, in A era das transições, Rio de Janeiro, Tempo Brasileiro, p. 99.

—. 1999. Bestialidade e Humanidade, uma guerra no limite entre direito e moral. São Paulo: Cadernos de Filosofia Alemã, p. 77-87.

—. 1997. Direito e democracia entre facticidade e validade, vol. I e II, tradução Flávio Beno Siebeneichler, Rio de Janeiro, Templo Brasileiro. Texto disponível em <http://www1.folha.uol.com.br/fsp/mais/fs0911200811.htm>. acesso em mar-2009.

HAGOPIAN, Frances. 2005. Chile and Brazil, in DIAMOND, Larry; MORLINO, Leonardo. Assessing the quality of democracy, Maryland, The Johns Hopkins University Press, p. 123-62.

HAMILTON, Alexander; JAY, John; MADISON, James. *Os artigos federalistas.* (1787-1788). Rio de Janeiro, Nova Fronteira, 1993.

HAURIOU, Maurice. *Principes de droit publique.* Disponível em http://gallica.bnf.fr/ark:/12148/bpt6k553439/f34.table. Acesso 05/02/2012.

Hayek, Friedrich. *Individualism and economic order*, Chicago, University of Chicago Press, 1948.

—. *Law, legislation and liberty*, Chicago, University of Chicago Press,1973.

—. *The constitution of liberty*, Chicago, University of Chicago Press 1960.

—. *The fatal conceit: the errors of socialism*, Chicago, University of Chicago Press 1989.

HEGEL, Georg Wilhelm Friedrich. 1997. Princípios da filosofia do direito, São Paulo, Ícone.

HELD, David. 2006. Models of Democracy, 3.ed., Stanford, Stanford University Press.

HELLER, Herman, 2002. Teoria del Estado. México, Fundo de Cultura Econômica. Trad. Luis Tobio.

Henrique II. *Assize of Clarendon.* Disponível em: http://avalon.law.yale.edu/medieval/assizecl.asp. Acesso em 25/04/2009.

HESSE, Konrad. 1998. Elementos de direito constitucional da República Federal da Alemanha, Porto Alegre, Sergio Antonio Fabris Editor.

—. 1991. A Força Normativa da Constituição, Porto Alegre, Sergio Antonio Fabris Ed.

HEUN, Werner. "El principio monárquico y El constitucionalismo alemán del siglo XIX". *Fundamentos: Cuadernos monográficos de teoria del estado, derecho público e historia constitucional*, n. 2, 2000. Disponível em: http://dialnet.unirioja.es/servlet/articulo?codigo=204826. Acesso em 25/04/2009.

HOBBES, Thomas. Do cidadão, tradução Renato Janine Ribeiro, São Paulo, Martins Fontes. 1992.

— O Leviatã. Tradução Alex Marins. São Paulo, Martin Claret, 2002.

HOBSBAWM, Eric. 2007. Globalização, democracia e terrorismo, tradução José Viegas, São Paulo, Companhia das Letras.

—. 2006. A era dos impérios, Rio de Janeiro, Paz e Terra.

—. 2001. A falência da democracia, São Paulo, Caderno Mais – Jornal A Folha de São Paulo, edição de 09/09/2001, p. 5-7.

—. 2000. O Novo século: Entrevista a Antonio Polito. São Paulo, Companhia das Letras.

—. 1996. A era dos extremos, 2.ed., São Paulo, Companhia das Letras.

HOLMES, Stephens. 1988. Precommitment and the Paradox of Democracy, in ELSTER, John; SLAGSTAD, Rune (orgs.) Constitutionalism and Democracy, Cambridge, Cambridge University Press.

HUNT, Lynn. *A invenção dos direitos do homem – uma história.*

HUNTINGTON, Samuel P.. 1994. A terceira onda: a democratização no final do século XX, São Paulo, Ática.

—. "The clash of civilizations". *Foreing Affairs.summer 1993.* Disponível em *http://www.foreignaffairs.com/articles/48950/samuel-p-huntington/the-clash-of-civilizations. Acesso em 05/02/2013.*

IANNI, Otávio. 2001. Teorias da globalização, Rio de Janeiro, Civilização Brasileira.

JACKSON, Robert H.. 1996. Quase-states: sovereingt, international relations and the third world. Cambridge, Cambridge University Press.

JANIS, Mark; KAY, Richard: BRADLEY, Anthony. 2000. European human rights law – text and materials, 2. ed., Oxford, Oxford University Press.

JELIN, Elizabeth; HERSHBERG, Eric. 2007. Construindo a Democracia: Direitos Humanos, Cidadania e Sociedade na América Latina, São Paulo, Edusp.

JELLINEK, Georg. 1970. Teoria geral do Estado. Buenos Ayres, Albatros.

KANT, Immanuel. 2003. Idéia de uma história universal de um ponto de vista cosmopolita, São Paulo, Martins Fontes.

—. 2003. A metafísica dos costumes, tradução Edson Bini, São Paulo, Edipro.

—. 2002. A Paz perpétua e outros opúsculos, tradução Artur Morão, Lisboa, Ed. 70.

—. s/d. Metafísica dos costumes, Lisboa:Edições 70.

KAY, Richard S. 2005. Rights, rules, and democracy, in CAMPBELL, T.; GOLDSWORTHY, J.; STONE, A. Protecting human rights, Oxford, Oxford University Press.

KELSEN, Hans. 2003. La Paz por medio del Derecho, Madrid, Trotta.

—. 1995. Teoria geral do direito e do Estado, São Paulo, Martins Fontes.

—. 1993. A Democracia, São Paulo, Martins Fontes.

—. 1976. Teoria pura do direito, 4.ed., Coimbra, Armênio Amado.

KRASNER, Stephen D.. 1999. Sovereignty: Organized hypocrisy, Princeton, Princeton University Press.

KUHN, Thomas S. 1996. A estrutura das revoluções científicas, 4.ed., São Paulo, Perspectiva.

LAFER, Celso. 2008. A declaração dos direitos humanos - Sua relevância para a afirmação da tolerância e do pluralismo, in MARCÍLIO, Maria Luiza (org.). A declaração universal dos direitos humanos. Sessenta anos: sonhos e realidades, São Paulo, EDUSP.

—. 2005. A internacionalização dos direitos humanos, São Paulo, Manole.

—. 2005. Obstáculos a uma leitura kantiana do mundo, no início do séc. XXI, in Por uma governança global democrática. São Paulo, Instituto Fernando Henrique Cardoso, p. 73-82.

—. 2001. A identidade internacional do Brasil e a política externa Brasileira. Passado, presente e futuro, São Paulo, Perspectiva.

—. 1999. Comércio, desarmamento, direitos humanos, São Paulo, Paz e Terra.

—. 1991. A reconstrução dos direitos humanos, São Paulo, Companhia das Letras.

LAIDI, Zaki. 2004. O tempo mundial, in SMOUTS, Marie-Claude (org.), Novas relações internacionais: práticas e teorias, 1.ed., Brasília, UnB.

LAMOUNIER, Bolívar. 2005. Da Independência a Lula: dois séculos de política, São Paulo, Augurium Ed..

LASSALE, Ferdinand. 1987. O que é uma Constituição Política, São Paulo, Global.

LEAL, Roger Stiefelmann. 2009. Pluralismo, políticas públicas e a Constituição de 1988: considerações sobre a práxis constitucional brasileira 20 anos depois, in MORAES, Alexandre de (org.), Os 20 anos da Constituição da República Federativa do Brasil, São Paulo, Atlas, p.73-98.

LEWANDOWSKI, Enrique Ricardo. 2003. Globalização, regionalização e soberania, São Paulo, Ed. Juarez Oliveira.

—. 2002. A Proteção dos Direitos Humanos no Mercosul, in PIOVESAN, Flávia (coord.), Direitos humanos, Globalização Econômica e Integração Regional, São Paulo, Max Limonad, p. 255-84.

—. 1997. Direito comunitário e soberania, Revista da Faculdade de Direito da Universidade de São Paulo, São Paulo, v. 92.

LICHT, Robert A. 1993. Is the Supreme Court the Guardian of the Constitution?, Washington, D.C., The AEI Press.

LIMA, Francisco Gérson Marques de. 2006. Os deveres Constitucionais: O cidadão responsável, in BONAVIDES, Paulo; LIMA, Francisco Gérson Marques de; BEDÊ, Fayga Silveira (coords), Constituição e democracia; estudos em homenagem ao professor J. J. Gomes Canotilho, Faculdade Christus, São Paulo: Malheiros, p.140-87.

—. 2006. As implicações recíprocas entre os valores e o direito, in BONAVIDES, Paulo; LIMA, Francisco Gérson Marques de; BEDÊ, Fayga Silveira (coords), Constituição e democracia; estudos em homenagem ao professor J. J. Gomes Canotilho, Faculdade Christus, São Paulo: Malheiros, p.188-207.

LINDGREN, Alves, 2003. Os direitos humanos como tema global. 2.ed., São Paulo, Perspectiva.

LIPHART, Arend. 2002. Modelos de democracia. São Paulo, Civilização Brasileira.

LIPSET, Seymour Martin. 1967. O homem político (Political man), tradução Álvaro Cabral, revisão técnica Moacir Palmeira; Octávio Guilherme Velho, Rio de Janeiro, Zahar Editores.

LOCKE, John. 2004. Segundo Tratado sobre o Governo, São Paulo, Martin Claret.

—. 1689. A Letter Concerning Toleration, Disponível em <http://www.constitution.org/jl/tolerati.htm>. Acesso em 20/03/2009.

LOEWENSTEIN, Karl. 1957. Political oower and the governmental process. Chicago, University of Chicago Press.

LOQUIN, Eric & KESSEDJIAN, Catherine (orgs.) 2001. La mondialisation du droit. Litec. 004, 612p.

LOSANO, Mario G. 2004. Una carta fondamentale per l'Unione Europea: Costituzione o trattato?, São Paulo, ITALCostituzione.

LUÑO, Antonio Enrique Peres, 2003. Derechos humanos, Estado de derecho y Constitucion, 8.ed., Madrid, Tecnos.

LUTZ, Donald. *Principals of constitutional design*, Cambridge, Cambridge University Press, 2006.

MACEDO, Ronaldo Porto. *Carl Schmitt e a fundamentação do Direito.*São Paulo, Max Limonad, s/d.

MACCORMICK, Neil. *Questioning sovereignty: law, state and practical reason.* Oxford, Oxford University Press, 1999.

MACHADO, Jonatas. Direito Internacional, do paradigma clássico ao pós 11 de setembro. Coimbra, Almedina. 2003.

MACPHERSON, C B. 1978. Democracia liberal: origens e evolução. Rio de Janeiro, Zahar Editor.

—.*Democratic theory: essays in retrieval*, Oxford, Claredon Press, 1973.

—. *The life and times of liberal democracy*, Oxford, Oxford Univesity Press, 1977.

—. *The real world of democracy*, Toronto: Canadian Broadcasting Corporation, 1965.

—. *The rise and fall of economic justice*, Oxford, Oxford Univesity Press,1985.

MALBERG, R. Carré de. 2001. Teoria general del Estado, 2.ed., 2 reimpressão, México: Fondo de Cultura Econômica.

MANN, Michael. 1995. État-nation: mort ou transfiguration?, Le Débat, mars-avril, n°84, p. 49-69.

MANNONI, Stefano. "Estado de direito e direito internacional". In: COSTA, Pietro; ZOLO, Danilo. *Estado de direito, história, teoria e crítica.*

MARSHALL, T. H. 1967. Cidadania, Classe Social e Status. Rio de Janeiro, Zahar.

MASTELLONE, Salvo. 2006. Storia della democrazia in Europa, dal XVIII al XX secolo, UTET Università.

MAQUIAVEL, Nicolau. O Principe, trad. Maria Julia Goldwasser, São Paulo, Martins Fontes, 1990.

—. *Discursos sobre a primeira década de Tito Lívio.* Trad. Ana Martínez Aracón, Madrid. Alianza Editorial, 1987.

MARX, Karl. *A* guerra civil em França. Lisboa, Edições Progresso, 1984.

MEDAUAR, Odete. 2009. Direito administrativo moderno, São Paulo, Revista dos Tribunais.

—. 2003. Direito administrativo em evolução, 2.ed., São Paulo, Revista dos Tribunais

MILL, John Stuart. *O governo representativo.São Paulo, IBRASA,* 2ª. ED. 1983.

—. *Sobre a liberdade.* Coimbra, almedina, 2006.

—.

MIRANDA, Jorge. 2002. Teoria do Estado e da Constituição, Rio de Janeiro, Forense.

—. 1988. Manual de direito constitucional, vol. I, II, III, IV, Coimbra, Coimbra Editora.

MOISÉS, José Álvaro. 2009. O vôo cego do Parlamento Brasileiro, Jornal O Estado de São Paulo, São Paulo, edição de 26/04/09.

—. 2008. Cultura Política, Instituições e Democracia, Revista Brasileira de Ciências Sociais, nº 66, fev-2008, 23, p.11-44.

—. 2008. Os significados da democracia segundo os brasileiros. Trabalho apresentado no IV Congresso da Associação Latino-americana de Ciência Política – ALACIP, 5-7/8/08, Costa Rica e ao I Seminário Internacional de Estudos sobre o Legislativo – 20 anos da Constituição, 09/11/2008, Departamento de Sociologia da Universidade de Brasília. 2002-2006, paper to the Seminar 'Democracy and Distrust of Public Institutions in Brazil in comparative perspective', Center for Brazilian Studies, University of Oxford.

—; CARNEIRO, P. G.. 2008. Democracia, desconfiança política e insatisfação com o regime – o caso do Brasil, in Opinião Pública, 14(1), jun-2008, p.1-42.

—. 2006. Avaliação das instituições democráticas e a qualidade da democracia no Brasil, Trabalho apresentado no 20º. Congresso Mundial da IPSA – Fukuoka 2006, Julho (Sessão 'Latin American Cluster of Neglected Issues').

—. 2006. Citizens' Evaluation of Democratic Institutions and The Quality of Democracy in Brazil, paper apresentado no 20th IPSA World Congress, Fukuoka, July 8-13.

—. 2005. Cidadania, confiança e instituições democráticas, São Paulo, Lua Nova, 65, p. 71-94.

—. 2005. Democracia e desconfiança de instituições democráticas, Campinas, Opinião Pública, Vol. XI, nr. 1, Mar-2005; Unicamp, ISSN 0104-6276 e IRS – International Review of Sociology , vol. 16, nº3, Nov-2006, Colchester, Routledge Taylor & Francis Group.

MONTESQUIEU, Charles de Secondat, Barão de. 1992. O Espírito das Leis, 2.ed., São Paulo, Saraiva.

MOREIRA, Vital, 2001. Constituição e democracia na experiência portuguesa, in MAUÉS, Antonio G. Moreira (org.). Constituição e democracia, São Paulo, Max Limonad, p.261-90.

MORRIS, Clarence (org). 2002. Os grandes filósofos do direito, São Paulo, Martins Fontes.

MORRISON, Wayne. 2006. Filosofia do direito – dos gregos ao pós-modernismo, tradução Jefferson Luiz Camargo. São Paulo, Martins Fontes.

MOUNK, Yascha. O povo contra a democracia. Por que nossa liberdade corre perigo e como salvá-la. São Paulo, Companhia das Letras, 2018.

NAÍM, Moisés. 2005. Ilícito, Rio de Janeiro, Jorge Zahar Editor.

NALINI, José Renato. 2008. Os desafios da aplicação e efetivação dos direitos humanos, in MARCÍLIO, Maria Luiza (org.). A declaração universal dos direitos humanos. Sessenta anos: sonhos e realidades, São Paulo, EDUSP.

NINO, Carlos Santiago. 1997. La Constitución de la democracia deliberativa, Barcelona, Ed. Gedisa.

—. 1989. Ética y derechos humanos, Buenos Aires, Ed. Ástrea.

NOGUEIRA, Marco Aurélio. 2009. Partidos vazios, Jornal O Estado de São Paulo, São Paulo, edição de 28/03/09.

NOVAIS, Jorge Reis. 2003. As restrições aos direitos fundamentais não expressamente autorizadas pela constituição, Lisboa, Coimbra.

NOGUEIRA, Ataliba. "Teoria do município". Revista de Direito Público, São Paulo, Ed. Revista dos Tribunais, no. 6, pp. 7/21.

NOZICK, Robert. *Anarchy. State and utopia*, 1974.

NUSDEO, Fábio. *Curso de economia*, 3.ed., 2001.

O' DONNEL, Guillermo. 2009. Poderosas tentações, Jornal O Estado de São Paulo, São Paulo, edição de 15/05/09, p. J4.

OELCKERS CAMUS, Oswaldo. 1998. Modernizacion del Estado y etica gubernamental, Revista de Ciencias Sociales. Facultad de derecho y ciencias Sociales, Valparaiso, Universidad de Valparaiso, 43, p.29-40.

Organização dos Estados Americanos. Carta Democrática Interamericana. Disponível em: www.mre.org.br. Acesso em 05/02/2013.

OHMAE, Kenichi. 1993. The rise of the region state, Foreign Affairs, 72, Spring, p-78-87.

PAINE, Thomas. *Os direitos do homem*, trad. Jaime A. Clasen, Rio de Janeiro, Ed. Vozes, 1988.

PALOMBELA, Gianluggi; WALKER, Neil. 2009. Relocating the Rule of Law, Oxford, Hart Publishing.

PALTI, Elias. 2002. La nación como problema – los historiadores y la "questión nacional", Buenos Ayres, Fondo de Cultura Econômica S.A.

PANNUNZIO, Eduardo. "A judicialização das relações internacionais no Brasil, em face do princípio constitucional da previdência dos direitos humanos". Tese de Doutorado defendida na Faculdade de Direito da Universidade de São Paulo, abril de 2012.

PARSONS, Talcott. *Towards a general theory of action*, Harvard, Harvard Univessity Press, 1951.

PATERMAN, Carole. *Participation and democratic theory*, Cambridge, Cambridge Univesity Press, 1970.

PEREIRA, Luiz Carlos Bresser. "A reforma do Estado dos anos 90: lógica e mecanismos de controle. Disponível em: www.clad.org.ve/fulltext/0030101.html. Acesso em 05/02/2013.

PEREZ LUÑO, Antonio Enrique. 1995. Los Derechos Fundamentales, Madrid, Tecnos.

PERRIN DE BRICHAMBAUT & alii. 2002. Leçons de droit international public, Paris, Presses de Sciences Pó.

PERRONE-MOISÉS, Cláudia. 1998. Direito ao desenvolvimento e investimentos estrangeiros, São Paulo, Oliveira Mendes.

Piovesan, Flávia. *Direitos humanos e justiça internacional*, 7.ed., São Paulo, Saraiva, 2006.

PLATÃO. *A república. Trad. Maria Helena da Rocha Pereira*, Lisboa, Fundação Calouste Gulbenkian, 8ª. Ed., s/d.

POGGI, Gian Franco. 1981. A evolução do Estado moderno, Rio de Janeiro, Zahar Editores.

PORTO MACEDO, Ronaldo. 2001. Carl Schmitt e a fundamentação do Direito, São Paulo, Max Limonad.

POSTEL-VINAY, Karoline. 2004. A transformação espacial das relações internacionais, in SMOUTS, Marie-Claude (org), As novas relações internacionais: Práticas e teorias, Brasília, UnB.

POUND, Roscoe. 1976. Liberdades e garantias constitucionais, 2.ed., São Paulo, Ibrasa.

POZZOLO, Susanna e Écio Oto Ramos Duarte. Neocinstitucionalismo e positivismo jurídico. São Paulo, Landy Editora, 2006.

PRZEWORSKI, Adam. Crises da Democracia. Rio de Janeiro. Zahar, 2020.

RANIERI, Nina. "A constituição européia e a proteção dos direitos fundamentais na União Europeia", *Revista do Instituto dos Advogados de São Paulo*, v. 7, 2004.

—. 2004. Estado e Nação: novas relações?, in Política Externa, São Paulo, Paz e Terra, jun-jul-ag, 13, p.29-38, nº 1.

—. *Um conceito mais amplo de liberdade: desenvolvimento, segurança e direitos humanos para todos – multilateralismo e cidadania mundial*, v. 14, n. 2, set-out-nov/2005.

—. 2008. Conceitos de Estado, in CASELLA, Paulo Borba; CELLI JUNIOR, Humberto; POLIDO, Fabrício; MEIRELLES, Elisabeth de Almeida (orgs.). Direito Internacional, Humanismo e Globalidade – Guido Fernando Silva Soares Amicorum Discipulorum Liber, São Paulo: Atlas.

—. 2008. La Constitution brésilienne et la protection et la promotion de la diversité des expressions culturelles, in LACHAPELLE, Guy. (org.). Diversité culturelles, identités et mondialisation: de la ratification à la mise en uvre de la convention sur la diversité culturelle, Quebec, Le Presses de l'Université Laval.

—. 2018. O Estado unitário francês em mutação: descentralização e democracia de proximidade. In: Bucci, M. P. e GAPARDO, M. (org.). Teoria do Estado, sentidos contemporâneos. São Paulo, Saraiva, 2018, pp. 295-318.

RAWLS, John. 2002. Justiça e Democracia, São Paulo, Martins Fontes.

—. 2002. Uma Teoria da Justiça, São Paulo, Martins Fontes.

REALE, Miguel. 2000. Cinco temas do culturalismo. São Paulo, Saraiva.

—. 1999. O Estado democrático do direito e o conflito das ideologias, 2.ed., São Paulo, Saraiva.

—. 1988. Lições Preliminares de Direito, São Paulo, Saraiva.

—. 1980. Teoria Tridimencional do Direito, São Paulo, Saraiva.

—. 1970. Teoria do Direito e do Estado, 3.ed., São Paulo, Livraria Martins.

RESENDE DE BARROS, Sérgio. 2003. Direitos Humanos, Belo Horizonte, Del Rey.

—. 2003. Direitos Humanos – Paradoxo da Civilização, Belo Horizonte, Del Rey.

RENAN, Ernest. *Qu'est-ce qu'une Nation?* Disponível em http://classiques.uqac.ca/classiques/renan_ernest/qu_est_ce_une_nation/qu_est_ce_une_nation.html. Acesso em 05/02/2013.

REYES, Manuel Aragón. *Temas básicos de derecho constitucional*, Madrid, Civitas,2001.

RICOEUR, Paul. *O justo I e II.* São Paulo, Martins Fontes, 2008.

ROBERTSON, Geoffrey. 2002. Crimes agains humanity. The Struggle for global justice, 2.ed, London, Pinguin Books.

ROCHA, Cármen Lúcia Antunes. 1996. República e federação no Brasil: Traços constitucionais da organização política brasileira, Belo Horizonte, Del Rey.

RODRIGUES, Leôncio Martins, Cuba, a aventura que deu certo, Jornal O Estado de São Paulo, São Paulo, edição de 07/03/09, p. 2.

ROSECRANCE, Richard; BADIE, Bertrand, HASSNER, Pierre, de SENARCLENS, Pierre. 2002. Débat sur l'Etat virtuel, Paris, Presses de Sciences-Po.

—. 1996. The rise of the virtual Stat, Foreign Affairs, juillet-août, 75:.45-60, nº 4.

ROSS, Alf. 2007. Direito e justiça, 2.ed., Bauru, EDIPRO.

ROUSSEAU, Jean Jacques. 1996. O Contrato Social, 3.ed., São Paulo, Martins Fontes.

RUCINMAN, David. Como a democracia chega ao fim. São Paulo, Todavia, 2019.

RUIPÉREZ, Javier. 2004. Constitución y democracia: reflexiones rousseaunianas en defensa del Estado constitucional democrático y social, Teoría y Realidad Constitucional, jul-dez, Madrid, disponível em <http://dialnet.unirioja.es/servlet/articulo?codigo=1038119>, acesso em 03/04/2009.

RUSSEL, Bertrand. 2001. História do pensamento ocidental, São Paulo, Ediouro.

—. 1938. Power: A new social analysis. Allen & UNwin: Londres.

SANTI, Romano. *Fragmentos de um diccionario jurídico*, Fragmentos de un Diccionario Jurídico, Buenos Aires, Europa – América. 1964.

—. *O ordenamento jurídico*. Florianópolis, Fundação Boiteux, 2008.

SANTO AGOSTINHO. *A cidade de Deus*. Petrópolis, Editora Vozes, 5ª. Ed.

SANTO TOMÁS DE AQUINO. *Summa theologica*. São Paulo, Edições Loyola, 2005.

SANTORO, Emílio. "*Rule of Law*" e a 'liberdade dos ingleses' – a interpretação de Albert Venn Dicey". In: costa, Pietro; zolo, Danilo. *Estado de direito, história, teoria e critica*, 2006.

SANTOS, Boaventura de Souza (org.). *Reconhecer para libertar. Os caminhos do cosmopolitismo multicultural*, 2003.

SARLET, Ingo W. *A eficácia dos direitos fundamentais*, 1998.

SARTORI, Giovani. 1996. Engenharia constitucional: como mudam as Constituições, Brasília, UnB.

—. 1994. A teoria da democracia revisitada, São Paulo, Ática, vol. I e II.

—. 1994. A Teoria da democracia revisitada: o debate contemporâneo, São Paulo, Ática, vol. 1 e 2.

—. 1992. Elementos de teoría política, Madrid, Alianza Universidad Textos.

SCHEDLER, Andreas; DIAMOND Larry; PLATTNER, Marc F.. 1999. The Self-Restraining State: Power and accountability in new democracies. Lynne Rienner Publishers.

SCHIERA, Pierangelo. 1991. Estado moderno, in BOBBIO, N., MATTEUCCI, N., PASQUINO, G. Dicionário de Política, Brasília, UnB.

SCHMITT, Carl. 2007. O Guardião da Constituição, Belo Horizonte, Del Rey.

—. 2006. Teologia política, Belo Horizonte, Del Rey.

—. 2001. Teoria de la Constitucíon. Madrid, Alianza Editorial.

—. 1971. Legalidad y legitimidad, tradução José Dias Garcia, Madri, Aguilar.

SEN, Amartya. 2005. La democrazia degli altri, Milano, Oscar Mondadori

—. 2001. Desenvolvimento como Liberdade, São Paulo, Companhia das Letras.

SERGE, Sur. 1997. L'État entre l'Éclatemente et la Mondialisation, Revue Belge de Droit International, XXX: 1, p.5-20.

SHAPIRO, Ian. 1994. The Rule of Law, New York University Press.

SIEYÈS, Emmanuel Joseph. 1986. A Constituição Burguesa – Que é o Terceiro Estado? Org. e Introd. Aurélio Wander Bastos, trad. Norma Azeredo. Rio de Janeiro, Líber Júris.

—. 1982. Qu'est-ce que le tiers Etat?, Paris, Presses Universitaires de France.

SILVA RAMOS, Elival da. 2009. A evolução do sistema brasileiro de controle de constitucionalidade e a Constituição de 1988, in MORAES, Alexandre de. (org.), Os 20 anos da Constituição da República Federativa do Brasil, p-139-62.

—. 2009. Parâmetros dogmáticos do ativismo judicial em matéria constitucional, Tese (Concurso de Titularidade) – Faculdade de Direito, Universidade de São Paulo, São Paulo, 2009.

SILVA, José Afonso da. 2006. Comentários contextuais à Constituição, 2.ed., São Paulo, Malheiros.

—. 2006. O Estado democrático de direito, in QUARESMA, Regina; OLIVEIRA, Maria Lúcia de Paula (coords). Direito Constitucional Brasileiro: Perspectivas e controvérsias contemporâneas, Rio de Janeiro, Forense, p.7-25.

—. 2006. Direito constitucional comparado e processo de reforma do Estado, in BONAVIDES, Paulo; LIMA, Francisco Gérson Marques de; BEDÊ, Fayga Silveira (coords). Constituição e democracia; estudos em homenagem ao professor J. J. Gomes Canotilho, Faculdade Christus, São Paulo, Malheiros, p. 336-62.

—. 2005. A governabilidade num estado democrático de direito, in VALADÉS, Diego, Editor. Governabilidad y constitucionalismo en América Latina, México, Universidad Nacional Autónoma de México, p.1-19.

—. 2002. Direito ambiental constitucional, 4.ed., São Paulo, Malheiros.

SILVA, Luiz Virgílio Afonso da. 2004. A constitucionalização dos direitos: os direitos fundamentais nas relações entre os particulares. Tese (Concurso de Titularidade) – Faculdade de Direito, Universidade de São Paulo, São Paulo, 2004.

SKIDMORE, Thomas. 1988. Brasil: De Castelo a Tancredo, 4.ed., Rio de Janeiro, Paz e Terra.

SLAUGHTER, Anne-Marie. 2004. A New world order, Princeton, University Press.

SMOUTS, Marie-Claude (org). 2004. As novas relações internacionais: práticas e teorias, Brasília, UnB.

SOARES, Guido Fernando Silva. 2002. Curso de Direito Internacional Público, São Paulo, Atlas.

—. 2000. Common law – Introdução ao direito dos EUA, 2.ed., São Paulo, Revista dos Tribunais.

SOFOCLES. 1999. Antígona, trad. Donaldo Schüller, Porto Alegre, L&PM.

SORJ, Bernando; MARTUCCELLI, Danilo. 2008. O desafio latino-americano: coesão social e democracia, Rio de Janeiro, Civilização Brasileira.

SOUZA JUNIOR, SALDANHA, Cezar. 2002. O Tribunal Constitucional como Poder, Uma Nova Teoria da Divisão de Poderes, São Paulo, Memória Jurídica Editora.

SOUZA SANTOS, Boaventura de. 2003. Reconhecer para libertar: os caminhos do cosmopolitanismo multicultural. Rio de Janeiro, Civilização Brasileira.

—. 1997. Uma concepção multicultural de direitos humanos. São Paulo, Revista Lua Nova, v. 39.

SMITH, Adam. *A riqueza das nações*. Trad. Luís Cristóvãode Aguiar. Lisboa. Fundação Calouste Gulbenkian, 2ª. Ed., s/d.

STEPAN, Alfred (org.). 1988. Democratizando o Brasil. Rio de Janeiro, Paz e Terra.

—. 1986. Os Militares: da abertura à nova República, Rio de Janeiro, Paz e Terra.

STIGLITZ, Joseph E. 2003. Globalization and its discontents, New York-London, WW Norton Company.

STRANGE, Susan. 1996. The retreat of the State, The diffusion of power in the World Economy, Cambridge, Cambridge University Press.

STUCHI, Carolina Gabas. 2007. A inadequação entre idéia e a realidade na periferia: os limites da teoria geral do Estado São Paulo para a compreensão do Estado Brasileiro. Tese (Doutorado em Direito) – Faculdade de Direito, Universidade de São Paulo, São Paulo, 2007.

SUNDFELD, Carlos Ari; VILHENA VIEIRA, Oscar (coord). 1999. Direito Global, Sao Paulo, Max Limonad.

TAMANAHA, Brian Z. 2009. Law and Society. A companion to philosophy of law and legal theory, 2.ed., Dennis Patterson, ed., Blackwell Publishers, 2009; St. John's Legal Studies Research Paper Nº 09-0167. Disponível em: <http://ssrn.com/abstract=1345204> Acesso em 05/02/2013.

TAVARES, André Ramos; LENZA, Pedro; ALARCÓN, Pietro de Jesús Lora (coords). 2005. Reforma do judiciário: analisada e comentada, São Paulo, Método.

—. 2002. Curso de Direito Constitucional. São Paulo, Saraiva.

—. 1998. Tribunal e jurisdição constitucional. São Paulo, Celso Bastos; Inst. Brasileiro de Direito Constitucional.

STRAYER, Joseph R. *As origens medievais do Estado moderno.* Lisboa, Gradina, 1969.

THAKUR, Ramesh; MALCONTENT, Peter (orgs.). 2004. From sovereign impunity to international accountability. The search for justice in a world of states, United States, United Nations University Press.

TILLY, Charles. 1992. Coercion, capital, and European States, AD 990-1990. Malden, Blackwell Publishers.

TOCQUEVILLE, Aléxis de. 1987. A Democracia na América, Belo Horizonte, Itatiaia, São Paulo, EDUSP.

TODD, Emamanuel. 2008. Après la démocratie, Paris, Gallimard.

TOJAL, Sebastião Botto de Barros. 1997. Teoria geral do Estado: Elementos de uma nova ciência social. Rio de Janeiro, Forense.

TORRES, Ricardo Lobo (org). 1999. Teoria dos direitos fundamentais, Rio de Janeiro, Renovar.

—. 1990. O mínimo existencial e os direitos fundamentais, Rio de Janeiro, Revista de Direito da Procuradoria Geral, n. 42, jul-set, p. 69-70.

TOURAINE, Alain. 2004. O Pós-socialismo, São Paulo, Brasiliense.

TOURARD, Hélène. 2000. L'internationalisation des constitutions nationales, Paris, L.G.D.J.

THOMPSON, Edward P.; RAY, Douglas. *Whigs and hunters: the origin of the black act*, New York, Pantheon Books, 1975.

TRINDADE, Antonio Augusto Cançado. "Dilemas e desafios da proteção internacional dos direitos humanos no limiar do século XXI". Disponível em http://www.scielo.br/scielo.php?pid=S0034-73291997000100007&script=sci_abstract&tlng=pt. Acesso em 05/02/2013.

UITZ, Renata. 2008. The rule of law in post-communist constitutional jurisprudence, in PALOMBELLA, G.; WALKER, N. (orgs.) Relocating the rule of law, Oxford, Hart Publishing Relocating the Rule of Law, p. 71-98.

UNGARO, Gustavo. *Responsabilidade do Estado e direitos humanos*, São Paulo, Saraiva, 2012.

VAN CREVELD, Martin. 1999. The rise and decline of the State, Cambridge, Cambridge University Press.

VASAK, Karel (org.). 1982. The international dimensions of human rights, trad. Philip Alston, Connecticut, Greenwood Press. vol.1.

—. 1979. For third generation of human rights: the rights to solidarity, International Institute of Human Rights.

VERDÚ, Pablo Lucas. 1975. La lucha por el estado de derecho. Bolonia, Publicaciones Del Real Colégio de España.

VIEIRA de Andrade, José Carlos. 2005. Democracia e direitos Humanos no Brasil, São Paulo, Loyola.

VIEIRA, Oscar Vilhena. 2002. Supremo Tribunal Federal: Jurisprudência política, São Paulo, Editora Malheiros.

—. 1999. A constituição e sua reserva de Justiça, São Paulo, Malheiros.

VILLEGAS, Maurício Garcia; RODRÍGUEZ, César A. 2003. Derecho y sociedad em América Latina: propuesta para la consolidación de los estúdios jurídicos críticos, Bogotá, Universidad Nacional de Colômbia Facultad de Derecho, Ciencias Políticas y Sociales.

VILLENEUVE, Marcel de La Bigne. 1954. L'Activité Étatique, Paris, Sirey.

VITÓRIA, Francisco de. *Relectiones*. Disponível em http://www.constitution.org/victoria/victoria_.htm. Acesso em 05/02/2013.

VITZTHUM, Wolfgang Graf. 2000. L'action civique dans l'État démocratique: l'influence des citoyens sur les décisions politiques en Allemagne. Revue Française de Droit Constitutionnel, Paris, 43, p.463-80.

WALDRON, Jeremy. 2000. Arendt's constitutional Politics, in The Cambridge Companion to Hannah Arendt, Cambridge, Cambridge University Press.

WALZER, Michael. *Guerras justas e injustas.*São Paulo, Martins Fontes, 2003.

WEBER, Max, s/d. Ciência e política: duas vocações, trad. L. Hegenberg e Octany Silveira da Mota, São Paulo, Cultrix.

—. 1994. Economia e sociedade, 3.ed., Brasília, UnB, vol. I.

WEFFORT, Francisco. 1992. Qual democracia, São Paulo, Companhia das Letras.

WEIS, Carlos. 1999. Direitos humanos contemporâneos, São Paulo, Malheiros.

WEISS, Linda (org.). 2003. States in the global economy. Bringing domestic institutions back. Cambridge: Cambridge University Press.

WITTGENSTEIN, Ludwig. 1999. Investigaçöes filosóficas, Coleçao Os pensadores, trad. José Carlos Bruni, São Paulo, Nova Cultural.

WRIGHT, Vincent; CASSESE, Sabino (org.). 1996. La recomposition de l'Etat en Europe, Paris, La Découverte.

ZAGREBELSKY, Gustavo, 2008. El derecho dúctil. Ley, derechos, justicia, Madrid, Trotta.

ZANOBINI, Guido. “Autonomia pubblica e privata”. In: *Scriui giuridici in ollore di Frallcesco Carnelutti*. Pádua, Casa Editrice Dott. Antonio Milani, pp. 183-189.

ZINCONE, Giovanna. 1992. Da Sudditi a Cittadini, Bologna, Il Mulino.

ZIPPELIUS, Reinhold. 1997. Teoria geral do Estado, Lisboa, Fundação Calouste Gulbenkian.